战略人力资源管理

Strategic Human Resource Management

唐贵瑶 魏立群 编著

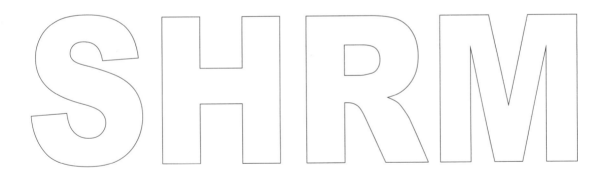

机械工业出版社
China Machine Press

图书在版编目（CIP）数据

战略人力资源管理 / 唐贵瑶，魏立群编著 . —北京：机械工业出版社，2018.8
ISBN 978-7-111-60595-9

I . 战… II . ①唐… ②魏… III . 人力资源管理 – 战略管理 – 高等学校 – 教材 IV . F241

中国版本图书馆 CIP 数据核字（2018）第 167558 号

  本书在汲取以往战略人力资源管理研究与教学成果的基础上，结合近几年中国人力资源管理的最佳实践和学术研究热点，对战略人力资源管理的内容进行了解读。在内容上，本书共分为三个部分：战略人力资源管理相关概念、理论基础与发展，战略人力资源管理的职能模块，当代中国情境下的战略人力资源管理。为了更好地呈现战略人力资源管理的相关理论和知识，本书设计了学习要点、前沿探讨、引例、SHRM 聚焦、学术观点、本章小结、战略导图、关键术语、复习思考题、文献导读、应用案例等栏目。

  本书既可作为管理学专业本科生、MBA、EMBA、MPA 和研究生的专业教材，也可作为企业管理者的参考读物。

出版发行：机械工业出版社（北京市西城区百万庄大街22号　邮政编码：100037）			
责任编辑：谢莉琦　鲜梦思		责任校对：殷　虹	
印　　刷：北京市兆成印刷有限责任公司		版　　次：2018年9月第1版第1次印刷	
开　　本：185mm×260mm　1/16		印　　张：17.5	
书　　号：ISBN 978-7-111-60595-9		定　　价：39.00元	

凡购本书，如有缺页、倒页、脱页，由本社发行部调换
客服热线：（010）88379210　88361066　　　投稿热线：（010）88379007
购书热线：（010）68326294　88379649　68995259　　　读者信箱：hzjg@hzbook.com

版权所有·侵权必究
封底无防伪标均为盗版
本书法律顾问：北京大成律师事务所　韩光 / 邹晓东

作者简介

唐贵瑶，博士，山东大学管理学院教授、博士生导师。研究方向是战略人力资源管理与组织领导，先后承担"人力资源管理""战略人力资源管理""国际人力资源管理"等课程的教学工作。主持国家社会科学基金项目1项、省部级课题5项等。在美国管理学会（AOM）、亚洲管理学会（AAOM）、中国管理研究国际学会（IACMR）等组织的具有影响力的国际会议上多次进行学术交流。在《管理世界》《管理科学学报》和 *Human Resource Management*、*International Journal of Human Resource Management* 等中英文学术期刊上发表论文40余篇。

魏立群，博士，香港浸会大学工商管理学院教授、博士生导师。担任 *Journal of Management* 的副主编，*International Journal of Human Resource Management* 的编委。研究方向是战略人力资源管理、高层管理团队和中国企业战略，先后主持国家自然科学基金项目、香港FEG项目等多项重大课题。在 *Journal of International Business Studies*、*Human Resource Management*、*Journal of Management Studies*、*Leadership Quarterly* 等英文学术期刊上发表论文30余篇。曾获全球管理学研讨会最佳论文奖（2013）、全球管理学年会最佳论文奖（2003、2010）等。此外，魏立群教授积极关注高管培训，并且为中国的中小企业提供咨询服务。

前　言

随着信息技术和经济全球化的发展，竞争环境瞬息万变，企业面临的竞争压力也不断加大，如何持续获得竞争优势已经成为企业管理研究者和实践者关注的重要焦点。人力资源作为企业持续竞争优势的来源，对企业当下和未来的发展来说都是重中之重。

在如此复杂多变的动态环境中，为了应对剧烈的变化和把握市场机会，企业不仅需要高素质、高技能的人才，更需要有创造力的人才来构建企业的未来竞争力。因此，如何获取、保留和发展关键人才对于企业的长效发展至关重要。随着我国市场经济体制的日臻完善，企业之间的竞争逐渐向人才靠拢，各种硬件设施、财务、生产与营销等传统资源为企业发展加速增量的贡献度正逐渐降低，而能动性更高的人力资源正成为企业制胜的关键。由于卓越的人才可遇不可求，因此在知识时代，企业之间的竞争已演化为人才的竞争，谁掌握了核心技能，谁拥有更多与企业发展相匹配的人才，谁才能抢占先机，拥有主动权和竞争力。为此，如何管理好人力资源正成为企业管理者面临的重要课题。

卓越的企业从制度到企业理念、企业文化，无不体现了人才兴企的价值观。但反观现实，一些中国企业仍处于构建和规范人力资源管理基本职能的阶段，这显然难以满足企业战略的发展需求。作为企业生存和发展的重要基础，战略人力资源管理（strategic human resource management，SHRM）的核心是将人力资源管理和企业战略目标联系起来以实现企业的成功。大量的研究和实践皆证明，企业实施战略人力资源管理有助于获取核心竞争力和提高竞争优势。要赢得未来企业之间的竞争，就需要从战略的高度重视企业软实力的发展，落实人力资源管理对企业战略的支撑作用，甚至先行于战略，引领企业未来的发展。只有完善了战略人力资源管理理念、制度、机制，才能更好地培育企业成员的知识、技能和能力，为企业可持续发展奠定基础。

要回应中国企业人力资源管理实践正在发生的变化，为企业实践提供优秀的管理人才，笔者认为对战略人力资源管理知识的系统学习必不可少。在当下战略人力资源管理研究和教学方兴未艾的背景下，既根植于企业管理实践又瞄准学术研究前沿的教材少之又少。本书得以面世，希望能够有助于学生系统学习战略人力资源管理知识，为企业管理者提供参考。

结构设计

按照前述对战略人力资源管理的理解，本书包括以下内容：战略人力资源管理重要的理论基础、发展历史、职能模块,以及在当代中国情境下的发展现状和未来方向(见图 0-1)。

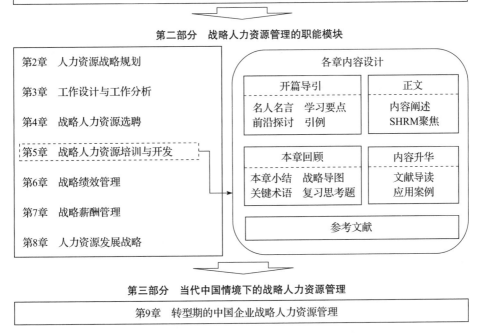

图 0-1　内容与框架设计

第一部分以第 1 章战略人力资源管理导论为主体,主要从战略的角度介绍了人力资源、战略人力资源等相关概念的含义与联系、战略人力资源管理的理论基础、战略人力资源管理系统。同时,针对目前直线经理在人力资源管理实践中的地位和作用,还论述了新组织情境下直线经理与人力资源管理的关系。

第二部分围绕"战略执行",将内容分为 7 章,即第 2~8 章,分别从人力资源战略规划、工作设计与工作分析、战略人力资源选聘、战略人力资源培训与开发、战略绩效管理、战略薪酬管理和人力资源发展战略这七大方面详细阐述了战略人力资源管理与企业战略管理、人力资源管理的关系,以及如何从上述七个方面落实人力资源管理战略,赢得竞争优势。

第三部分以第 9 章转型期的中国企业战略人力资源管理为主题,论述了当前中国企业在转型期面临的宏观环境,以及这些环境给企业发展带来的压力,尤其是对组织人力资源管理形成的挑战,并结合我国广大中小型企业人力资源管理的现状提出了管理建议。

内容特色

（1）前沿性与时效性相结合。在编写过程中，本书既吸收了以往战略人力资源管理研究与实践的精华，也纳入了近几年涌现出来的一些最佳管理实践，并结合学术研究热点，为读者提供了充分想象的空间。

（2）理论与实践相结合。本书设计了引例、SHRM聚焦和章末的应用案例等栏目，以期增强学生理论联系实践的意识，学以致用，使其提高自身分析、解决和表述问题的能力，为今后进入社会、参与实践做好准备。

（3）专业学习与学术探索相结合。本书在引用前人的知识成果时对主要的概念和观点追根溯源，寻找文献支持，同时在每章末尾选取了两篇学术论文，通过学术论文概要的方式建立学术与实践的桥梁，拉近学术与读者之间的距离，以加深读者对相关观点的理解和认识，并希望激发读者对学术的热忱，提高思想的深度和广度。专业知识的学习和学术探索的良好结合也为不同基础与兴趣的读者提供了更多的学习视角。

体例设计

为了更好地展开战略人力资源管理相关理论、知识的介绍，全书各章设计了以下几个栏目。

（1）学习要点。学习要点包括本章需要熟悉和掌握的内容，按照章节叙述顺序，便于读者在每章起始了解本章的内容，具有提纲挈领的作用。

（2）前沿探讨。不同于一般的人力资源管理，战略人力资源管理与企业战略密切相关。每章的战略观点都是从战略视角对本章核心内容的高度概括，以帮助读者形成一定的战略思维，再对本章进行正式的学习。

（3）引例。每章开篇通过典型企业极具启发性的战略人力资源管理实践案例，帮助读者了解企业实践并引发思考，带着问题和好奇心去学习。

（4）SHRM聚焦。结合关键知识点，SHRM聚焦叙述了当下企业中最新的管理实践，在了解企业管理实践、解决管理问题的过程中帮助读者加深对相关知识点的理解和掌握。

（5）本章小结。本章小结对本章知识点进行系统的串联和升华，帮助读者更好地把握本章内容的重点和难点，了解相关主题未来的发展趋势。

（6）战略导图。每章末尾都采用鱼骨图的形式对该章的框架结构、重点内容进行总结、回顾，不仅展现了各小节内容的上传下接、相互联系，还有助于读者用系统的、整体的视角把握整章的内容。

（7）关键术语。关键术语总结了本章重要的概念，在正文中均有详细的论述，读者可根据对关键术语的了解程度自测学习效果。

（8）复习思考题。每章末尾围绕本章主题设置了复习思考题，帮助读者对本章重难点进行复习。

（9）文献导读。围绕相应章节的主题，从人力资源管理、管理学等领域的优秀期刊论文中选取两篇学术论文，并做摘要性的内容介绍，拓展读者视野，加深读者对理论知识的理解。

（10）应用案例。在学习了基础的理论知识后，通过编排知名企业的管理实践并设置讨论题的方式，不仅拓展了读者对企业管理实践的认识，还有助于读者快速将知识应用到企业实践问题的分析和解决中。

（11）小知识。针对战略人力资源管理发展史上具有重要意义的事件，以及部分实践性比较强的内容，本书以小知识点的方式帮助读者加深对知识的理解，并提高其分析和解决人力资源管理实践问题的能力。

（12）参考文献。每章参考文献系统地整理了正文中相关定义、重要观点以及部分图表的资料来源，读者可就感兴趣的内容查阅相关文献，做进一步的学习和了解。

致谢

在编写过程中，本书参阅与借鉴了大量的学术文献、书籍和网络资料，并引用了部分公开发表和传播的案例，在此谨向这些资料的作者表示最诚挚的感谢。

目录

作者简介
前　　言

第1章　战略人力资源管理导论 …………1
学习要点 …………………………… 1
前沿探讨 …………………………… 1
引例　万科：人力资源与战略匹配 … 2
1.1　人力资源及相关概念 …………… 3
1.2　战略人力资源管理的概念及
　　　发展 …………………………… 4
1.3　有关战略人力资源管理的几个
　　　重要理论基础 ………………… 7
1.4　构筑企业战略人力资源管理
　　　系统 …………………………… 13
1.5　直线经理在人力资源管理
　　　中的作用 ……………………… 17
学术观点 …………………………… 20
本章小结 …………………………… 20
战略导图 …………………………… 21
关键术语 …………………………… 21
复习思考题 ………………………… 21
文献导读 …………………………… 21
应用案例　腾讯人才管理"真经"：
　　　　　人选对了，其他就几乎
　　　　　都对了 ………………… 22
参考文献 …………………………… 25

第2章　人力资源战略规划 ……………… 30
学习要点 …………………………… 30
前沿探讨 …………………………… 30
引例　手忙脚乱的人力资源经理 …… 31
2.1　人力资源战略概述 ……………… 32
2.2　人力资源战略的规划 …………… 42
本章小结 …………………………… 53
战略导图 …………………………… 53
关键术语 …………………………… 54
复习思考题 ………………………… 54
文献导读 …………………………… 54
应用案例　优衣库那股骄傲劲儿，
　　　　　来自它的人才战略 …… 54
参考文献 …………………………… 56

第3章　工作设计与工作分析 …………… 59
学习要点 …………………………… 59
前沿探讨 …………………………… 59
引例　王强到底要什么样的工人 …… 60
3.1　工作设计 ………………………… 61
3.2　工作分析 ………………………… 66
3.3　工作分析的程序和工作说明书的
　　　编写 …………………………… 68
3.4　工作分析方法 …………………… 75
本章小结 …………………………… 80
战略导图 …………………………… 81
关键术语 …………………………… 81
复习思考题 ………………………… 81
文献导读 …………………………… 81
应用案例　工作分析为何只能
　　　　　隔靴搔痒 ………………… 82

参考文献 ·················· 84

第4章　战略人力资源选聘 ·········· 86
学习要点 ·················· 86
前沿探讨 ·················· 86
引例　招聘＝相亲？ ············ 88
4.1　战略人员招聘与选拔概述 ······ 89
4.2　战略人员招聘的途径与方法 ···· 91
4.3　战略人员招聘与选拔的基本
　　　程序 ················ 102
4.4　战略人力资源招聘与选拔中的
　　　测试 ················ 105
4.5　如何吸引员工：战略型思考 ··· 112
4.6　结论 ·················· 114
本章小结 ·················· 115
战略导图 ·················· 116
关键术语 ·················· 116
复习思考题 ················ 116
文献导读 ·················· 116
应用案例　腾讯招聘总监自述：
　　　这样做HR才有未来 ······· 117
小知识 ···················· 119
参考文献 ·················· 120

第5章　战略人力资源培训与开发 ··· 122
学习要点 ·················· 122
前沿探讨 ·················· 122
引例　小A入职华为之路 ········ 123
5.1　战略人力资源培训与开发
　　　概述 ················ 124
5.2　战略人力资源培训与开发的
　　　方法和内容 ··········· 126
5.3　战略人力资源培训与开发
　　　设计及其影响因素 ····· 142
本章小结 ·················· 144
战略导图 ·················· 145

关键术语 ·················· 145
复习思考题 ················ 145
文献导读 ·················· 145
应用案例　IBM为何依然重金打造
　　　人才梯队"未来精英培训
　　　计划" ················ 146
参考文献 ·················· 148

第6章　战略绩效管理 ············ 151
学习要点 ·················· 151
前沿探讨 ·················· 151
引例　明朝灭亡之失败的"绩效
　　　考评" ················ 152
6.1　绩效、绩效考评与绩效
　　　管理 ················ 153
6.2　工作绩效考评的种类、程序和
　　　方法 ················ 155
6.3　战略绩效管理的主要工具与
　　　技术 ················ 163
6.4　绩效考评体系的完善 ······ 178
本章小结 ·················· 181
战略导图 ·················· 181
关键术语 ·················· 181
复习思考题 ················ 182
文献导读 ·················· 182
应用案例　如何做好绩效管理：
　　　海底捞进化论 ········· 183
参考文献 ·················· 184

第7章　战略薪酬管理 ············ 187
学习要点 ·················· 187
前沿探讨 ·················· 187
引例　华为的员工持股 ········ 188
7.1　战略薪酬管理的内容 ······ 189
7.2　战略薪酬体系的构成 ······ 194
7.3　战略薪酬体系的设计与决策··· 195

7.4　企业福利制度概述 ·············· 202
　　7.5　薪酬体系的发展趋势 ·············· 205
　　本章小结 ································ 209
　　战略导图 ································ 210
　　关键术语 ································ 210
　　复习思考题 ······························ 210
　　文献导读 ································ 210
　　应用案例　海底捞让华为、小米
　　　　　　　拜服和学习的根源是
　　　　　　　什么 ·························· 211
　　参考文献 ································ 213

第8章　人力资源发展战略 ·············· 215

　　学习要点 ································ 215
　　前沿探讨 ································ 215
　　引例　职业生涯管理：海底捞的
　　　　　晋升途径 ······················· 216
　　8.1　职业发展 ·························· 218
　　8.2　职业发展与其他人力资源
　　　　　管理活动之间的关系 ········· 224
　　8.3　职业计划的内容 ·················· 225
　　8.4　职业生涯管理 ······················ 229
　　8.5　职业发展的实施 ·················· 236
　　本章小结 ································ 241
　　战略导图 ································ 242
　　关键术语 ································ 242

　　复习思考题 ······························ 242
　　文献导读 ································ 243
　　参考文献 ································ 244

第9章　转型期的中国企业战略人力
　　　　　资源管理 ·························· 246

　　学习要点 ································ 246
　　前沿探讨 ································ 246
　　引例　德勤《2016年人力资本趋势》
　　　　　报告发布 ······················· 247
　　9.1　中国企业面临转型 ·············· 248
　　9.2　转型期对人力资源管理提出的
　　　　　要求和挑战 ······················· 250
　　9.3　中国企业发展战略人力资源
　　　　　管理的现状 ······················· 253
　　9.4　支持中国企业转型的战略
　　　　　人力资源管理措施 ············ 254
　　本章小结 ································ 261
　　战略导图 ································ 262
　　关键术语 ································ 262
　　复习思考题 ······························ 262
　　文献导读 ································ 262
　　应用案例　中国石油人力资源管理
　　　　　　　及SAP HR深化应用
　　　　　　　项目 ·························· 263
　　参考文献 ································ 266

第1章

战略人力资源管理导论

> 只有那些可以帮助组织达到目标的人力资源行动,才对组织有价值。
>
> ——菲尔普斯

▶ **学习要点**

- 人力资源的含义
- 人力资源与人力资本的关系
- 人力资源管理的含义
- 战略人力资源管理的含义
- 人事管理、人力资源管理与战略人力资源管理的关系
- 战略人力资源管理系统的含义
- 战略人力资源管理的特征与发展
- 直线经理与人力资源管理者的关系
- 直线经理在人力资源管理中的作用

▶ **前沿探讨**

在电子时代生存的三大法宝:决心、能力和速度

成功的组织转型需要有一个引人注目的愿景,即人们都相信的和愿意投入的关于未来世界的观点。在未来的世界里,成功是什么?我们将如何实现?努力从改变愿景开始。但是仅仅改变愿景是不够的,因为人才是起主导作用的因素。无论你的战略或计划多么完美,只有人参与才能带来实实在在的改变。考虑到这个世界是变幻莫测的,我们去拥抱未知,做出改变的能力,才是我们和组织生存的关键。

那怎么做才能跟上如今的大环境,掌握和寻找全新工作方式的关键呢?挑战无非来自三个维度,转换在个人特征上那就是:决心、能力和速度。能力在变化的世界里,已不再仅仅是你在当前需要的能力(假设你已经拥有了这种能力),更重要的是包含能让你在未来角色里同样出彩的能力。你是否准备好增强你的能力?决心是指希望和韧劲,你是否乐意尝试新的事物?你有兴趣参与组织美好未来的勾勒吗?速度是指做出改变的速度,它需要快,而且这种状况会持续:电子化生活发展的速度更快。有些人认为,聚焦于速度是反生产的,会陷入电子混乱中,主张应该比以往更加多关注决策。决心、能力和速度不是绝对清晰的界定,但是分开考虑它们的维度更有利于使变化带来的挑战具体化。

当我们考虑行业、组织甚至我们在这个电子时代的位置时,我们应经常问自己一些尖锐的问题:我准备好了吗?我能不能、想不想在这个进击中获得成功?我应该如何做才能获得成功?如今在商业中我

们经历的转变,对任何一个人来说都不是那么容易。去年的工作方式已经不适合今年的,明年也是如此。但是一旦你接受了必须做出改变、改变时时都在发生这样的事实,改变对你来说将不再是挑战,反而是一种机会。如果你具有决心、能力和速度,改变将变成一种激励:我准备好并且有能力为组织的未来贡献自己的力量。相反,如果你不具备这些条件或者你觉得改变带给你的只有恐惧和疲倦,那你就得重新审视你是否入对了行或者目前你在行业中的角色是否适合你。

资料来源:Will, Skill and Velocity: Survival Skills for a Digital World. MIT Sloan Management Review 2017.

基于战略观点的人力资源管理设计(strategy-based HRM design)

随着战略管理的发展,人力资源管理也上升到了战略的层次。现代人力资源管理已逐步成为企业经营战略的一部分,这就要求企业围绕战略目标,系统地看待企业人力资源管理,以指导整个人力资源管理工作。高层决策者在制定战略时,应同步思考未来发展所需要的人力资源配置。因此,了解战略人力资源管理的概念及其相关理论知识是现代企业实现人力资源管理有效性的关键。

引 例

万科:人力资源与战略匹配

在万科工作的17年里,万科人力资源执行总裁解冻不可避免地会被问到,人力资源管理在支持和推动企业战略方面,真的能起到很大的作用吗?在万科17年的人力资源管理工作经验告诉他,在一个卓越的企业里,人力资源管理完全可以胜任企业的战略合作伙伴的角色,尽管真正实现这一点并不容易,因为必须具备以下三个条件。

第一个条件是企业的最高管理者非常重视企业的人力资源管理,这是基础。在万科,正是万科的高管——王石、郁亮的关注,才奠定了人力资源部在万科的战略合作伙伴地位。比如,万科集团的人力资源部拥有一票否决制的特殊权力,假如新项目的开设缺乏对应匹配的人力资源,人力资源部则有权一票否决新项目。对人力资源的高度重视在一定程度上激发了万科人力资源团队不断地自我完善,保证人力资源对万科总体战略要求的满足。

第二个条件是定位——一个对自己的清晰、前瞻的认识。2000年前后,为了实现万科区域的高速扩张与发展的目标,万科人力资源部分析了万科的战略发展需求,重新认识了人力资源管理,进而提出了三个新定位,继而实现了长期发展(见图1-1)。

图 1-1

三个定位是相辅相成的,恰恰是因为认同这三个定位,万科才赋予了人力资源部特殊的使命和相应的职权。

第三个条件是人力资源专员需要持续提高自身的战略视野与专业能力。其一,人力资源专员的战略把握能力要提高,不断思考公司战略方向,从而将个人业务与公司未来战略相匹配。其二,人力资源专员也应该不断吸纳新方法进而提高专业功底,这样才能给集团提供更好的战略支持。这就需要人力资源专员不断思考、计划、实践。如为了实现国际化战略，人力资源部是否具备吸纳国际人才的意识？是否具有识别国际人才的眼光？是否具有合适的本土文化融合国际人才？正是这些因素决定企业战略的实施效果（见图1-2）。

"雇员可能是我们最大的负债，但人才却是我们最大的机遇。"彼得·德鲁克曾告诫我们。大量中国企业对人力资源高度重视，如企业高薪聘请顶尖人才的新闻多得数不胜数。就这些企业而言，第一个条件是具备的，然而要满足后两个条件则依赖于人力资源专员对自己的完善与思考。在一定程度上，战略合作伙伴是企业赋予人力资源的角色，但更重要的是该角色需要靠人力资源专员的不断努力去实现对企业在战略高度上的支持。

资料来源：神州英才管理咨询自媒体平台。

图1-2　HR1.0到HR2.0的升级

1.1　人力资源及相关概念

1.1.1　人力资源的概念

"人力资源"（human resource）这一概念最早在约翰·康芒斯（John Commons）1919年和1921年的著作《产业信誉》与《产业政府》中提出（张红琴，2011）。现代意义上的"人力资源"的概念是管理学大师彼得·德鲁克于1954年在他的《管理的实践》㊀（彼得·德鲁克，2011）一书中正式提出并加以明确界定的。他认为，与其他资源相比，人力资源是一种特殊的资源，必须通过有效的激励机制才能加以开发利用，并为企业带来可观的经济价值。20世纪60年代以后，随着西奥多·舒尔茨提出人力资本理论，人力资源的概念更加深入人心，对人力资源的研究也越来越多。虽然关于人力资源的定义有很多种，但总体上，学者把人力资源定义为存在于人体的智力资源，是指人类进行生产或提供服务，推动整个经济和社会发展的劳动者的各种能力的总称。企业人力资源是指人口资源中能够推动整个企业发展的劳动者的能力的总称，它包括数量和质量两个方面，而人才资源则指人力资源中具有创造力的资源（Van Den Brink，Fruytier & Thunnissen，2013）。

1.1.2　人力资源与人力资本的区别

"资本"一词在语义上有三种解释：一是掌握在资本家手中的生产资料和用来雇用工人的货币；二是经营工商业的本钱；三是谋取利益的凭借（萧鸣政，2005，P8）。马克思认为，资本是指那些能够带来剩余价值的价值。

对于"人力资本"（human capital）的含义，被誉为"人力资本之父"的西奥多·舒尔茨认为，人力资本是劳动者身上所具备的两种能力：一种能力是通过先天遗传获得的，是由个人与生俱来的基因所决定的；另一种能力是后天习得的，是由个人经过努力学习而形成的（Lepak & Snell，1999）。一般而言，人力资本是体现在劳动者身上的一种资本类型，它以劳动者的质量，即劳动者的知识程度、技术水平、工作能力以及健康状况等来表示，

㊀　此书中文版已由机械工业出版社出版。

是这些方面价值的总和。它是通过投资形成的，像土地、资金等实体性要素一样，在社会生产中具有重要作用。人力资本的投资主要有三种形式：教育和培训、劳动力迁移以及医疗保健。与其他类型的投资一样，人力资本的投资也存在这样一种含义：在当前时期付出一定的成本并希望在将来能够获得收益。因此，人们在进行人力资本的投资决策时主要考虑收益和成本两个因素，只有当收益大于成本或者至少等于成本时，人们才愿意进行人力资本的投资，否则，人们将不会进行人力资本的投资。

人力资本和人力资源既有联系又有区别。两者之间的相似之处在于两者都以人为研究对象，都是与人有关的概念。人力资源是资本性资源，是人力投资的结果，现代人力资源理论是以人力资本理论为根据，人力资本理论是人力资源管理的理论基础，两者都是在研究人力作为生产要素在经济增长与发展中的重要作用时产生的。除此之外，两者也有一定的区别。

第一，关注重点不同。人力资源是将人力作为财富的来源看待，从人的潜能与财富之间的关系角度来研究人力问题，是从更广泛的意义上对人力资源问题进行研究。人力资本则是通过投资形成的存在于人本身的资本，从投入与产出的角度来研究人力在效益和经济增长中的作用，关注的重点是收益问题，即投资能否带来收益以及带来多少收益。

第二，计量形式不同。资源是存量的概念，资本则兼有存量和流量的概念，人力资源是指一定时期内组织中的人所拥有的，能够支持组织目标实现的体力和脑力的总和，其存量表现为质和量两个因素的乘积。而人力资本，从生产活动的角度看，往往是与流量核算相联系的，表现为经验的不断积累、技能的不断增进、产出量的不断变化和体能的不断消耗；从投资活动结果的角度看，它又与存量核算相关联，表现为投入教育和培训、迁移和医疗保健等方面的资本在人身上的凝结。

第三，研究内容不同。如前所述，人力资源概念的外延比人力资本要宽。人力资源既包括未经开发的自然人力资源，又包括开发后的人力资源，是一个概括性的范畴。人力资本则是一个反映价值量的概念，是指能够投入到经济活动中并带来新价值的资本。人力资源问题的研究可以从开发、配置、管理和收益等方面进行，人力资本问题的研究则可以从投资和收益等方面进行。

1.2 战略人力资源管理的概念及发展

1.2.1 人力资源管理的概念

人力资源管理（human resource management，HRM）是企业战略管理的重要组成部分，科学化的人力资源管理是推动企业发展的基本动力。要想获得人才并留住人才，必须有好的人力资源管理。不同学者对人力资源管理的定义各不相同，下面列举几种定义。

人力资源开发与管理是指运用现代化的科学方法，对与一定物力相结合的人力进行合理的培训、组织与调配，使人力、物力经常保持最佳比例，同时对人的思想、心理和行为进行恰当的诱导、控制和协调，充分发挥人的主观能动性，使人尽其才、事得其人、人事相宜，以实现组织目标（张德和潘文君，2004）。

人力资源管理是对人力资源的获取、开发、保持和利用等方面所进行的计划、组织、指挥和控制的活动，是通过协调社会劳动组织中的人与事的关系和共事人的关系，以充分开发人力资源，挖掘人的潜力，调动人的积极性，提高工作效率，实现组织目标的理论、方法、工具与技术（韩淑娟和赵风敏，2000，P13）。

人力资源管理是指组织为了获取、开发、保持和有效利用在生产过程中所必不可少的人力资源，通过运用科学、系统的技术和方法所进行的各种相关的计划、组织、领导和控制的活动，以实现组织既定目标的管理过程（董克用，2003，P42）。

人力资源管理是指形成雇佣关系的一系列相互联系的决策，其质量直接关系到企业和员工实现其目标的能力。概括来说，人力资源管理是指运用科学方法，协调人与事的关系，处理人与人的矛盾，充分发挥人的潜能，使人尽其才，事得其人，人事相宜，以实现组织目标的过程。简而言之，是指人力资源的获取、整合、激励及控制调整的过程，包括人力资源规划、人员招聘、绩效考核、员工培训、工资福利政策等。

1.2.2 战略人力资源管理的定义及基本特征

1. 战略人力资源管理的定义

战略人力资源管理（strategic human resource management，SHRM）把人力资源管理视为一项战略职能，以"整合"与"适应"为特征，探索人力资源管理与企业生存和发展的关系。目前，对于战略人力资源管理的定义，国内外存在不同的看法。

在国内的相关研究中，赵曙明等人（2008）认为，战略人力资源管理有助于根据组织战略确定一个组织的变革方向、速度和重点。组织人力资源管理活动包括组织设计、确定人员配置需求、进行能力开发、提高工作绩效等，它们应该共同构成一个系统并与组织战略保持一致。陈维政等人（2013）认为战略人力资源管理的核心在于人力资源是企业持久竞争优势的来源，因此人力资源战略必须与企业战略整合。杨清等人（2003）认为战略人力资源管理就是人力资源实践活动与业务战略联系起来的过程，这个过程包括了识别业务战略所需具备的人力资源能力和保障这些能力而专门设计的政策和实践做法。安鸿章（1999）认为战略人力资源管理有两个特点：一是将人视作组织中最重要的资源，二是对人力资源战略进行系统化的管理过程。

在国外，按照 Wright 和 McMahan（1992）的定义，战略人力资源管理指的是为实现组织目标而采取的一系列、有计划的人力资源安排和活动，而 Schuler 和 Walker（1990）认为它是人力资源管理者与直线管理者在解决与人相关的组织经营问题时共同制定的一系列过程和行动。Tyson（1997）认为，战略人力资源管理通过把各项职能活动（如招募与甄选、培训与开发、绩效管理、薪酬管理等）与战略管理过程紧密联系起来，促使人力资源管理活动不仅与组织战略保持动态协同，而且为组织战略的实施创造适宜的环境，发挥战略伙伴的作用，最终实现组织目标。Miller（1987）认为，战略人力资源管理是企业中所有与人力资源有关的决策，这些决策主要是为了协助组织实施战略以获得竞争优势。

总的来说，管理学者在战略人力资源管理的概念上逐渐达成了一定的共识，即战略人力资源管理强调人力资源管理的各项内容要与组织战略相匹配。实施战略人力资源管理的企业更加具备充分利用组织人力资本的能力，更加致力于发展企业人力资源管理在支持乃至制定企业战略方面的作用，以期提升组织的竞争力。

2. 战略人力资源管理的基本特征

C. A. Lengnick-Hall 和 M. L. Lengnick-Hall（1988）归纳了战略人力资源管理模式的四大特征：第一，战略人力资源管理模式更加强调战略的实施，而非战略的制定；第二，与传统的模式相比，战略人力资源管理更加注重将战略与人进行协调；第三，战略人力资源管理更加强调组织对于发展和变革的能动性；第四，大多数战略人力资源管理模式强调组织人力资源管理实践与战略之间的一致性，或称契合。总的来说，战略人力资源管理的特征可以提炼并总结如下：

（1）战略性。战略性是战略人力资源管理的本质特征，强调人力资源管理所有活动的开始皆"聚焦"于实现组织战略目标。战略人力资源管理不再局限于人力资源管理系统本身，而是自觉地与组织的战略结合起来；不是仅仅满足组织短期的发展需要，而是着眼于未来，更加关注影响组织长期发展的战略性因素，注重从人力资源的角度构建组织的核心竞争力，确保组织持续、稳健地发展。在这种理念下，人力资源管理职能在组织中的地位发生了转变，人力资源管理部门的地位得到了提升，人力资源管理方式也发生了根本性的改变。传统人力资源管理中大量具体、琐碎的日常事务被外包或以计算机代替，人力资源管理的重心向战略性工作转移。

| SHRM 聚焦 |　　迪士尼为什么花了很大力气来挑选和培训清洁工

迪士尼主题公园的价值主张是"地球上最快乐的地方"，因此为游客创造独一无二的快乐体验，是迪士尼最重要的战略能力。

在公园内，与游客接触最多的就是清洁工，包括问路、咨询、寻求其他帮助等。清洁工的表现，将在很大程度上影响甚至决定游客的体验。因此，在清洁工的挑选和培训等方面的投入，能够带来战略性绩效。

迪士尼的实践极力倡导人才战略观，就是从业务战略出发，明确支撑战略的核心能力，进而找到核心能力的支点——关键岗位，把 A 类人才配置到这些 A 类职位上，通过大幅倾斜的资源投入，更有力地驱动战略目标的达成。

资料来源：布莱恩·贝克尔，等. 重新定义人才 [M]. 曾佳，康至军，译. 杭州：浙江人民出版社，2016.

（2）匹配性。匹配性是战略人力资源管理的核心要求，包括外部匹配和内部匹配。外部匹配是指人力资源战略与企业战略协调一致，与企业的发展阶段相适应；内部匹配是指发展和强化人力资源管理的各种政策和实践之间的内在一致性，也就是整合人力资源管理的各项活动，使它们保持内部一致性，从而达到相辅相成的效果。进一步讲，战略人力资源管理关注人力资源战略与组织战略的契合性，重视员工目标与组织目标的一致性，强调人力资源管理各项实践活动之间的协作性，通过战略整合来实现人力资源管理实践与组织战略的动态匹配以及各项人力资源政策、职能活动之间的动态匹配，从而发挥组织的协同效应和促进战略目标的达成。

（3）系统性。人力资源管理的系统性主要体现为以系统论的观点看待人力资源管理。战略人力资源管理是组织管理体系的一个重要组成部分，是一个包含着若干子系统的大系统。系统性意味着系统内各组成要素之间相互协调与配合，以追求系统整体功能的最优，同时，人力资源管理的业务边界逐渐淡化，不再只是人力资源管理部门的职责，非人力资源部门管理者的人力资源管理职责日益突出。

（4）动态性。战略人力资源管理的动态性基于这样的基本假设：组织的内外部环境是不断变化的。组织在进行战略人力资源管理时，需要考虑到它对组织内外部环境的适应性和灵活性。动态性对组织和管理者都提出了全新的要求，组织追求的不再是"最佳的"人力资源管理实践，而是要求人力资源管理实践与组织的内外部环境之间持续保持动态的适应。为此,管理者需要不断地增强战略人力资源管理的战略弹性,以提高组织的学习创新能力(Tang, Chen & Jin, 2015)。一方面,面对外部环境的改变时,能够积极地调整人力资源战略;另一方面,在组织内部进行战略匹配时,能够保持灵活的动态互动过程,从而确保组织能够有效应对各种不同的发展需求和复杂多变的竞争环境。

1.3 有关战略人力资源管理的几个重要理论基础

战略人力资源管理理论的发展,吸收了来自各个领域的一些重要观点,包括经济学、政治学、社会学、心理学等各个学科。战略人力资源管理理论建立在以上各个领域的重要思想之上,形成了以下几种观点:资源学派的观点(包括资源基础论和以能力为基础的观点)、人力资本理论、代理理论/交易成本理论、资源依赖理论、行为学派的观点、控制/系统论、制度理论等。以下就各学派主要观点进行介绍,以概括战略人力资源管理的理论发展历程。

1.3.1 资源学派的观点

由组织经济学和战略管理观点衍生而来的资源基础论(resource-based view,RBV)主要是弥补了产业组织经济学的静态和均衡观点所带来的不足,同时也不同于传统的战略理论(传统的战略理论更加侧重于组织所在的产业和环境的分析),它将企业战略与组织内部的资源连接起来,从组织拥有的资源角度确立其可能在竞争中的地位(Wernerfelt, 1984)。正如学派主要倡导者Barney(1991)所强调的,组织的资源可以成为其竞争优势的来源。虽然传统的战略理论认为,同一产业中的组织所拥有的资源是同质的(homogeneous),资源学派的观点却恰恰相反,认为组织所拥有的资源(包括物质资源、人力资源以及组织资本)是不同的,即异质的(heterogeneous)。另外,由于相互竞争的企业之间很难进行资源转移,即不同企业所拥有的资源具有不可移动性(immobility)[⊖],企业可能实行一种不同于其他组织的、利用特有资源进行价值创造的战略,构造自己的竞争优势。

为了获得持续的竞争优势,企业拥有的资源必须具备以下几个条件,即资源必须是对企业有正向价值的,对于当前的竞争对手来讲是独特的或者是稀缺的,不易模仿的和不可替代的(Barney, 1991)。如果企业拥有的资源满足以上条件,这种资源就可以作为构造组织持续竞争优势的基础,而这是不具备满足以上条件的组织资源的企业所不可能购买或者自行创造的。关于企业的人力资源是不是这样一种资源,是否能够成为组织获取持续竞争优势的源泉,许多学者(如Barney & Wright, 1998;Schuler & MacMillan, 1984,Ulrich, 1991;Wright & McMahan, 1992等)进行了相关探讨,其中尤以Wright和McMahan(1992)的论证最为深入。作者将企业人力资源与以上四个特征相对应,首先,如果人力资源可以成为企业持续竞争优势的源泉,它必须为企业提供正向价值。事实上,企业对于劳动力需求的异质性和劳动力实际拥有技能的异质性相对应,为这一假设提供了解释。其次,关于人力资源的稀缺性。基于人力资源能力的正态分布假设,企业所希望雇用到的那些高素质员工总是属于少数,因此,企业利用员工遴选体系吸引与筛选优秀员工就显得尤为重要。再次,因为企业历史发展条件的独特性、形成特定企业竞争优势之因果关系的模糊性以及不同情形下促成竞争优势之社会关系的复杂性,所以企业人力资源具有很高的不可模仿性。

⊖ 这一点不同于传统的战略观点,即资源是可移动的,企业可以购买或自行创造竞争对手所拥有的资源。

最后，关于企业人力资源的不可替代性。由于优秀素质员工数量上的有限性，由企业高素质员工构筑的企业竞争优势较难获得。因此，他们在为企业创造竞争优势方面都是不可替代的。

对组织内部资源的关注使得资源基础论在战略人力资源管理领域得到广泛的应用。这些研究包括关于人力资源成为组织竞争优势的条件的探讨、人力资源与战略的配合以及与组织绩效的关系等。例如，Schuler 和 MacMillan（1984）通过一些典型企业的实例分析得出结论，认为组织可以通过利用人力资源具体措施获得持续的竞争优势，而 Wright 等（1992）在探讨组织人力资源成为竞争优势来源的条件时认为，组织持续竞争优势的源泉在于人力资源本身，而不是所采用的人力资源措施，如吸引、选拔和保留等。另外，关于组织人力资源与战略的配合及其对组织绩效的影响，学者发现，不存在所谓"最佳的战略"，只要采用与组织资源相匹配的战略，就会引致组织成功（Wright, Smart & McMahan, 1995），而从长期来讲，引致组织成功的各种企业资源中，只有人力资源的影响效果最为显著（Welbourne & Wright, 1997）。[⊖]

与资源学派相关的另一个观点是以能力为基础的观点（competency-based perspective）。它将可能创造组织持续竞争优势的资源和能力扩大至包括组织文化、组织信誉与形象、组织程序、特定的资产、知识与技能、学习能力等方面（Barney, 1986; Nelson & Winter, 1982），只要它们对某个组织来讲是独特的，不易在不同组织之间进行转移（由于植根于特定的组织结构、过程以及人际关系氛围）或者被取代，就可以成为组织持续竞争优势的源泉。由于企业人力资源体系的设计直接影响到组织能力的作用发挥，采用那些提高组织能力的人力资源措施（competency-enhancing HR system），就可以促进组织持续竞争优势的形成（Lado & Wilson, 1994; Huselid, 1997）。

1.3.2 人力资本理论

现代人力资本理论的创始人是美国经济学家舒尔茨和贝克尔。贝克尔对人力资源理论的贡献，主要表现在对人力资源的微观分析上，而对人力资源要素作用进行计量分析则首推丹尼森。由于舒尔茨的重大贡献，他被公认为"人力资本理论之父"，并于 1979 年获诺贝尔经济学奖。

20 世纪 60 年代以来，随着美国芝加哥大学经济学教授西奥多·舒尔茨完整地提出并论证了人力资本理论，人力资本日益成为企业管理关注的焦点。人力资本是体现在人身上的、可以被用来提供未来收入的一种资本，包括符合组织战略目标的知识和技能等。Youndt 等人（1996）认为，组织成员所具有的知识与技能是具有经济价值的，并且人力资源管理活动与人力资本的提升具有正相关关系。而且，人力资本具备不同于物质资本或其他非人力资本的显著特征，这些特征决定了人力资源可以通过获取人力资本优势成为组织的战略资产：第一，由于人力资本在时间、健康和寿命等方面的局限性，并且依附于人的知识、技能、才干和资历具有不可完全让渡性，因此人力资本作为一种资源具有稀缺性。第二，人力资本的价值性，一方面是指人力资本的递增性，即人力资本在使用中因人的不断学习而使其存量增加；另一方面是指人力资本投资收益的多重性，即人力资本的投资收

⊖ Welbourne 和 Wright（1997）的纵向研究中比较了五种组织资源，即管理、技术、人员、产品以及奖励对组织绩效的影响。结果发现，人力资源对组织的短期效益影响并不显著甚至是负向的，但对组织绩效的长期影响是唯一显著的。

益不仅是货币收益，还包括心理收益和社会收益等。第三，人力资本具有可变性、层次性、投资不可逆性和难以测度性，这些特征是人力资本在长时间的投资和不断使用中逐渐积累形成的，决定了人力资本的复杂性，即增加了人力资本模仿和替代的难度。第四，人力资本的依附性体现在其对员工个体及所处环境的依赖。因此，组织应该将人看作资本，如同投资于机器设备一样投资于人，并通过对员工的培训、保留、激励等方式使组织的人力资本优势最大化。

在知识经济时代，人力资本已超越了物质资本成为最主要的生产要素。人力资本理论是人力资源理论的重点内容和基础部分。人力资本是指劳动者赖以获得劳动报酬的专业知识与技能，它是对人力资源进行开发性投资所形成的、可以带来财务增值的资本形式。

人力资源管理的核心是把人当成一种活的资源来加以开发与利用。因此，组织的成功越来越取决于该组织管理人力资本的能力。人力资本，对一个组织来说是具有经济价值的个人的知识、技巧和能力的总和。尽管并没有在公司的资产负债表上反映出来，但对一个组织的绩效而言，却是十分重要的因素。公司的人力资本可以定义为员工、承包商、供应商以及其他与公司有关系的人解决客户问题的各种能力。公司范围里的人力资本资源是关于对公司重要的事务的技术诀窍和体制化的记忆。人力资本包括共同的经验、技巧以及公司所有人的总的技术诀窍。它之所以是一种资源是因为它可以为公司带来价值，但是公司如果没有员工本身的参与，就很难产生价值。

1.3.3 代理理论 / 交易成本理论

组织经济学的两个重要理论，即代理理论（agency theory）和交易成本理论（transaction cost theory）也被用来解决战略人力资源管理领域的问题。以经济学为基础的这两个理论是以契约（contract）为核心，主要探讨在企业内部或外部市场进行交易的成本比较，以及契约双方合同的效率问题。基于人性的有限理性（bounded rationality）和机会主义（opportunism）两个假设，在一定的外部环境条件下（环境不确定以及少数交易关系），就会发生交易成本和代理成本的问题。随着外部交易成本的提高，将交易进行企业内部化就会成为一种倾向，而代理成本主要是围绕着契约双方委托 - 代理合同的效率而来的（Jensen & Meckling，1976）。由此，控制成为两个理论共同的核心问题。

与交易成本直接相关的人力资源问题是对组织绩效不利的员工偷懒行为和"搭便车"行为（Jones，1984）。企业人力资源管理实践的设计，如评估员工的实际贡献以及将其与奖励挂钩等措施就是帮助组织将员工行为与组织目标的实现更好地协调起来（Jones，Neiman & Hillbom，1988），而正是交易成本理论在员工激励方面的贡献促进了战略人力资源管理理论在个体、群体以及组织层面上的融合与发展。与代理成本更加直接相关的人力资源问题（如企业薪酬体系）的制定，主要反映在由工作本身的性质和企业信息系统所决定的员工业绩的可度量程度上，体现了风险 - 奖励（risk-reward）之间平衡的观点（Eisenhardt，1988；Nelson & Winter，1982；Carter & Welbourne，1997）。随着组织战略的改变，工作的性质随之发生变化（主要是不确定性和可观察程度两个方面），由此需要进行相应的人力资源措施的变化，以便对员工工作投入、工作行为和结果实施有效的监控，即组织的战略人力资源管理过程。

1.3.4 资源依赖理论

不同于战略管理中的资源学派观点，资源依赖理论（resource dependence theory）主要关注的是企业内部或企业间的权利关系（Pfeffer & Salancik，2003）。它也假设企业经营依赖的是一系列有价值的资源，如资金、技术和技能等，但是由于获取这些资源的能力不同，这种能力本身就成为个人或群体权利的一种重要来源（Pfeffer，1981）。随着宝贵资源价值稀缺性的增加，控制这种资源相应的权利需求越大。企业内部各项职能政策的制定最终取决于各种相关利益的权利关系。例如，这种权利关系影响着企业的薪酬决策，反映为对稀缺资源控制者的报酬水平的考虑或者是以对稀缺资源的控制程度而不是实际工作业绩而进行的绩效评估。同样，由于组织的生存和发展总是依赖或受制于掌握关键资源的其他组织，尽量减少由这种依赖产生的确定性、增强组织的自主性就成了组织管理过程的重要考虑。

与战略管理机械的理性分析[一]不同，资源依赖理论强调企业环境中的政治因素，认为它是企业决策中不可克服的一种现实存在，因此，战略人力资源管理除了要考虑与组织战略性配合的理性方面之外，还要考虑组织战略内容之外的相关政治因素可能引发的变数。例如，Cook 和 Ferris（1986）通过对三个不景气产业中高绩效和低绩效企业的对比及综合性实证研究发现，虽然通常认为选拔和培训对确保组织战略实现所必需的人力资源是同等重要的，当组织经营出现滑坡考虑削减职能预算时，管理者往往首先削减培训的费用而不是人员选拔方面的支出。对于企业来讲，如果不是选拔与培训存在着效果方面的实质性差异，那么管理者所感觉的吸引与发展员工的效能之间的不同就是一个极为可能的解释。

无论如何，企业战略人力资源管理的核心是通过企业拥有的人力资源提高竞争优势，而当企业意识到真正优秀的人力资源是十分重要的和稀缺的，以及提高人力资源职能的权利基础的重要性，[二]才可能真正实现人力资源与战略的配合，并以此提升企业竞争力。

1.3.5 行为学派的观点

作为战略人力资源管理应用最早和使用最多的理论，行为学派（behavioral perspective）的观点主要涉及员工的行为，并将员工行为作为由企业战略到组织绩效过程的中间变量，即由组织战略特征来确定理想的员工行为，然后制定出相应的人力资源措施，以保证员工实际行为符合需要，从而引致组织高效（Wright & McMahan，1992；Hendry & Pettigrew，1986）。行为学派观点的基本假设是企业人力资源管理实践可以控制和诱使理想的员工行为，帮助企业战略的实现（Kamoche，1994）。例如，Porter（2008）战略模型中的成本领先与差异化战略所需要的员工行为就会有所不同。成本领先战略的核心在于严格的成本控制、费用的降低以及规模效益的追求，其相应的人力资源措施就是削减员工的人数、利用更多的兼职人员以及采用外包的方法和进行工作简单化等，基本上是短期取向的、数量和结果导向的、个体和单向行为的以及低风险取向的，而采用差异化战略的组织更多地依赖员工的创新行为，因此相应的人力资源措施包括选择高技能的员工、授予员工更大的自主

[一] 从战略管理的角度，各种职能决策可以在理性分析的基础上得出最佳方案。

[二] 正如 Cook 和 Ferris（1986）在对三个下滑产业中的企业所做的调查结果显示，低绩效的企业比高绩效的企业更加倾向于先削减人力资源部门的整体预算。

权、较少地利用控制手段并且增加对人力资源的投资等，基本是长期取向的、团队和交互行为的以及高风险取向的（Schuler & Jackson，1987）。

类似地，也有学者试图将企业各种战略模式与员工行为及人力资源措施联系起来进行分析，如对 BCG 战略模型的探讨（Hendry & Pettigrew，1986）等。其中，尤以 Miles 和 Snow（1984）的研究为经典。早在 20 世纪 70 年代，Miles 和 Snow 通过对各种不同行业上百家公司的广泛调查，对组织竞争战略问题进行了研究，并从大量行之有效的组织战略和战术中总结出了三种基本的战略行为类型：防御者（defender）、探险者（prospector）和分析者（analyzer）。其中，防御者指的是那些具有相对较窄和较稳定的产品－市场范围的企业组织。这种类型的公司高层管理者通常是该领域内的专家，但是也常常试图寻求开发本领域外的新产品。由于定位狭窄，这种类型的公司很少需要对技术、结构或生产方法进行重大调整，而只需着眼于对当前的操作，提高效率。因此，典型防御者的战略实施者应该着重于企业内部的人力资源建设，即其人力资源战略可以称为"建设"（building）人力资源，即员工的"能力或技能建设"（skill building）。探险者指的是持续寻求产品和市场机会，并且随时应对环境变化进行试验的一类企业。这些组织常常主动寻求变化，然而，由于它们强烈地关注产品和市场创新，组织并不一定高效。探险者常常包括多样化的生产线和多种技术、产品或地域分散的结构以及注重产品研发、市场调研和开发工程方面的技能。为了更加迅速地弥补组织创新的需要，即时获取所需人力资源成为人力资源管理工作的重点，因此探险者的整体人力资源战略可以归纳为"获取"（acquiring）人力资源。采取分析者战略的企业主要占据两类产品－市场领域——一个相对较稳定，另一个是变化的。在稳定的领域，这些公司采用正式的结构实行程序化的高效经营，而在创新领域，处于关键位置的管理者则密切关注竞争者的变化，从中挖掘新的视点，并迅速采纳那些看起来有希望的方案。分析者具有有限的产品线，寻求少量的相关产品和／或市场机会，对稳定产品进行成本－效益分析和对新产品采用项目管理技术，并且采取混合性（通常是矩阵式）结构以及注重生产效率、过程控制和营销技能。由于兼具以上两者的特征，分析者主要是在两种经营类型界面之间进行人和管理过程的协调，以辅助企业的整体管理，因此，"分配"（allocating）人力资源是分析者的人力资源管理特征，它们常常必须同时既"购买"（buy）又"制造"（make）人力资源。

可以说，行为学派的观点着重于对符合企业战略的员工行为的探讨，然而，到目前为止，关于哪些具体的人力资源实践对哪些理想行为最为有效的研究还很缺乏。另外，对于员工所具有的知识和技能对这些理想行为的影响（Schuler & Jackson，1987）、产生这些行为的内部认知过程（Lado & Wilson，1994）以及各项人力资源管理实践之间的内部配合问题，即如何形成一体化的解决方案，还需进一步的研究（Snell，1992）。

1.3.6　控制／系统论

应用于探讨战略人力资源管理的另一个观点是控制／系统论（cybernetic perspective。Boulding，1956）。如果将组织看成是一个开放的系统，由投入－转化－产出三个部分组成，那么组织的人力资源管理实践也可以从这三个方面的控制过程来进行分析。企业人力资源系统的投入即组织从外部环境获得的人力资源的技能与能力，转化过程则是由组织系统中人力资源具体的行为来体现的，而产出表现为组织绩效和员工工作满意度的水平（Wright & Snell，1991）。在这个过程中，符合组织战略的员工技能与能力是十分重要的方面，因此如何获得、选拔以及保留具有所需技能与能力的人力资源成了控制的核心。

开放系统论另一方面的含义要求组织各项人力资源活动之间进行协调，尤其是要考虑如何在传统的职能链之间进行协调。事实上，控制／系统论是一个关于持续的外部环境监控和组织内部调整的动态模型。从整个开放系统的角度看，实施战略人力资源管理需要更多地从外部环境信息反馈入手，进行更加及时的内部调整（Wright & McMahan，1992）。

1.3.7　制度理论

制度理论（institutional theory。Scott，1987；Meyer & Rowan，1977；Zucker，1987）认为，除了组织内部因素的影响之外，组织结构、过程以及各种实践的制定还离不开社会环境的影响。这种影响主要表现为制度（institution），即人们对社会现实公认的合法性（legitimacy）过程，即组织为外部环境所接受，如符合职业机构的认定标准、国家的有关规定等（DiMaggio & Powell，2000）。对这些法定要素的接受增加了组织与制度环境的相似性（isomorphism），从而增强了组织的生存机会。除组织外部正式或非正式制度的规范性（normative）和强制性（coercive）要求之外，组织面临的不确定性也促进组织之间的模仿（mimetic），即向成功组织学习，进而增强了组织之间的相似性。然而，制度相似过程与组织有效性及效率的提高之间并不存在必然联系，如果组织模仿的确提高了组织效率，原因可能在于相似的组织之间可以更好地沟通、人才共享以及提高一些管理模式规范化的效率等（DiMaggio & Powell，2000）。

组织的战略人力资源管理过程同样受到制度环境的影响，包括国家政府对组织外部劳动力市场的有关规定、关于员工最低工资标准的规定等，是企业在考虑其人力资源战略与具体措施时必须遵守的强制性外部约束。同时，遵纪守法和对社会负责的组织合法化过程也是组织树立良好企业形象的一个重要方面。企业人力资源措施的制定在分析内部资源因素与竞争效率要求的同时，还必须权衡这些外在因素对企业带来的影响。总之，与资源依赖理论类似，制度理论对战略人力资源管理的启示在于组织的人力资源管理措施并非都是"基于组织战略目标的理性决策"[①]，它还总是受到社会环境的合法性过程要求的影响。

另外一个战略人力资源管理研究的相关方面是组织人力资源管理的"制度化"过程。由于组织惯性（inertia）的存在，在缺乏足够动力的情况下，过去一直使用的人力资源管理措施很难轻易改变。尽管某些人力资源实践被认为是先进而有效的，但并不一定能够在所有组织中得到及时的采用。因此，率先采用先进人力资源措施的组织可以将这些人力资源措施作为组织获取持续竞争优势的源泉（Schuler & MacMillan，1984）。类似的逻辑有不同时间成立的组织会采用不同的人力资源管理实践，即受到组织年龄的影响。例如，Eisenhardt（1988）在研究零售店的薪酬体系时发现，究竟是采用工资制还是佣金制受到这些商店成立时间的影响，组织成立时间的历史条件不同，决定了所采用的薪酬体系不同——越新（即成立越晚）的组织，越倾向于采用工资制。

除了以上七个重要的理论基础外，学者还尝试用其他一些理论来探讨战略人力资源管

[①] Wright & McMahan（1992），pp. 314.

理有关的问题，如人口生态（population ecology）理论（Hannan & Freeman, 1984）等。同时，利用多个理论进行比较研究或从不同角度分析同一现象的研究也越来越多，如 Taylor、Beechler 和 Napier（1996）的国际企业战略人力资源管理研究利用了资源基础论与资源依赖理论来解释跨国企业母公司对子公司的控制以及子公司内部能力培植以获取持续竞争优势。又如，Lepak 和 Snell（1999）以交易成本理论、人力资本理论以及资源基础论的观点为基础构建了人力资源结构框架（HR architecture），而组织可以据此采用不同的人力资源策略。近期发展起来的有关人力资源管理强度（HRM strength）的研究从实施过程的角度强调战略人力资源管理的最终结果，将该领域研究推向人力资源的受益者，也就是员工，从而考察人力资源管理的实施和落地（Bowen & Ostroff, 2004；唐贵瑶，魏立群和贾建锋，2013）。

1.4 构筑企业战略人力资源管理系统

1.4.1 战略人力资源管理系统概述

战略人力资源管理把人力资源管理提升到战略的地位，将人与组织系统地联系起来，建立统一性与适应性相结合的人力资源管理（Schuler, 1992）。战略人力资源管理是一个系统，强调和组织的使命、核心价值观、愿景与战略等协调一致，而且在组织战略目标的指导下和业务流程、组织架构与组织文化等相互匹配，并力求获得各项职能之间的协同效应。在组织中构建并实施有效的战略人力资源管理系统，可以确保组织战略的灵活性与可执行性，进而引导人力资源管理活动及盘活人力资源能力，使之"聚焦"于组织战略，从而真正形成具有高增值性、难以模仿性与不可替代性的人力资源队伍，不断提升组织的竞争优势，持续创造组织价值，并实现组织目标。

在明确了企业的使命、核心价值观、愿景和战略后，人力资源管理系统本身通过人力资源战略与规划、工作设计与工作分析、胜任素质、招募与甄选、职业生涯管理、培训与开发、绩效管理、薪酬管理、员工激励、劳动关系管理以及员工流动管理等基本功能或职能进行运作，各个职能之间相互影响、相互联系、相辅相成，构成了一个完整的体系。各职能之间较为重要与显著的关系表现为：工作设计和工作分析应该根据业务流程和组织架构展开，是其他各项职能的"基石"；根据工作设计与工作分析的结果，可以预测出组织所需的人力资源数量、质量以及结构（Salancik & Pfeffer, 1978）；人力资源的净需求量确定以后，据此制订招聘计划，然后选取合适的方法或手段进行招募，人员招募结束后，经过甄选确定合适的人选；对录用人员实施职业生涯规划，经过一定的培训后，配置于相应的职位；在人员使用过程中，必须根据组织战略目标对其绩效进行管理及考核，这是整个战略人力资源管理的核心职能，是员工加薪、晋升、培训与激励等人力资源管理决策的基本依据；依据绩效考核结果，对员工实施绩效加薪等薪酬管理工作，也是员工激励的一个主要途径；完善的员工激励措施与合理的员工流动政策无疑对改善劳动关系具有十分重要的意义。

此外，随着经济全球化和信息技术的迅猛发展，国际人力资源管理、人力资源外包与电子化人力资源管理的实践也持续发展，并已成为战略人力资源管理不可分割的、重要而独立的研究领域。同时，人力资源外包与电子化人力资源管理还是战略人力资源管理的重要支撑及技术平台，为战略人力资源管理的有效实施"保驾护航"。通过将传统的重复性、事务性的工作外包出去，人力资源部门可以把精力投入到对企业更有价值的层面，比如人力资源战略与规划，进而真正成为企业战略决策的参与者与合作伙伴；电子化人力资源管理的实施则可以将那些稳定的、机械性的、重复性和人事行政事务性的工作交由机器"代劳"，使人力资源管理者真正从烦琐的行政事务中摆脱出来，将精力集中于重要的战略性项目，进而使人力资源管理部门由原来的"边缘化"事务部门转变为核心的战略性部门。

| SHRM 聚焦 | 互联网大数据下的人力资源管理

互联网使得人力资源管理基于数据并用数据说话的决策方式成为可能，它使人力资源价值计量管理成为提升人力资源管理效能的有效途径。

数据化 HR 体现在：大数据为人力资源管理提供前瞻性的分析与洞察，可对人力资源的动态变化、未来趋势进行预测；为人力资源的决策与计量管理提供充分的基础数据支撑；基于大数据建立人力资源共享平台，进行人力资源职能优化和产品服务的设计与交付。

典型实践如谷歌基于大数据平台分析和重新定义 HR 的职能，基于大数据的员工管理模式（见表1-2）。

表 1-1　谷歌 HRM 的十大模式

氧气项目	HRM 实验室
人才保留公式	人才预测模式
人才数据多样性管理	高效招聘公式
优秀人才绝对值	环境设计法
提升学习机制	用数据影响员工观念

资料来源：中国人力资源管理网。

1.4.2　战略人力资源管理系统的运作

战略人力资源管理系统在运作中有两个基本要求，即战略匹配性（strategic fit）和战略弹性（strategic flexibility）。其中，战略匹配性包括纵向匹配和横向匹配。纵向匹配又包括三个层次：人力资源整合计划、组织架构及组织文化与战略的匹配；人力资源具体实践活动与人力资源整合计划的匹配；个体目标与组织目标的匹配。横向匹配也包括三个层次：人力资源整合计划与组织架构及组织文化的匹配；人力资源各种实践活动间的匹配；个体成员间的匹配。战略弹性是指战略适应竞争环境变化的灵活性。战略匹配是一个动态过程，战略弹性用来反映在这一动态过程中，战略对竞争环境变化的反应和适应能力，一个战略人力资源管理系统必须兼具战略匹配性和战略弹性。

1. 战略匹配性

战略匹配性是战略人力资源管理的核心要求，企业要通过战略整合来保持企业战略和人力资源战略的一致性。盖斯特（Guest, 1997）提出了五种类型的战略匹配。

（1）战略性互动匹配，即寻求组织人力资源实践与外部环境的匹配，使组织中的人力资源战略及相应实践与环境互动。

（2）突发性匹配，即确保组织中的人力资源政策及实践能够适应外部环境一些因素的突发性变化，如市场因素、法律因素的变化等，并及时对其做出反应。

（3）一个理想的实践组合的匹配，即提炼企业可以采用的最佳人力资源管理实践，并使组织努力接近这种最佳人力资源实践。

（4）作为整体性的匹配，即强调实践之间恰当组合的重要性。它主张有效的人力资源管理的关键在于发现人力资源管理各项实践的适当组合，认为各项实践的组合产生的效用远大于单个或部分效用。

（5）"捆绑"式匹配，即寻求互补的人力资源实践之间的捆绑结合，力图找到最有效果的，也就是最匹配的那种捆绑结构。这种匹配强调组织各项人力资源实践之间的匹配，以获取"捆绑"式人力资源实践的组合结构。

这五种战略匹配类型中，前两种匹配涉及组织与环境间的匹配，即外部匹配；后三种则是关于组织内部的匹配，即内部匹配。外部匹配是指人力资源战略和企业战略之间的一致性，以及与企业的发展阶段的一致性，考虑组织的动态性并完全吻合组织的特点。要实现外部匹配是很困难的，这是因为：①战略具有许多不同的类型、不同的层面和不同的风格；②战略形成的过程非常复杂；③组织的动态性决定了企业战略具有不断演化的性质，从而使企业战略很难有非常精确的表达；④人力资源管理关注的是承诺、激励员工等，很难评价其与企业业绩之间的内在联系。企业战略与人力资源战略所具有的这些特点使外部匹配变得相当有挑战性。

内部匹配是通过发展和强化人力资源的各种政策和实践之间的内在一致性而实现的。"捆绑"式匹配就是一起开发和执行几个互补的人力资源活动，从而使它们保持内部一致性，并达到互相加强的目的。实现内部匹配的困难主要是：①组织和战略的复杂性，使人力资源跨越各种范围和活动来相互整合变得困难；②高层管理者在进行创新时，人力资源活动常常被忽视，例如引入按业绩付酬的制度，却没有业绩管理流程与之相配套；③很难确定和环境相适应的"捆绑"；④人力资源工作人员对达到整合的要求理解不充分。

| SHRM 聚焦 |　　　　　战略和组织相匹配的人才策略

战略和组织的转变让任正非于 2013 年提出"少将连长"的概念，并试点推行，少将连长是指一线销售、经验丰富、具有资源整合能力的员工。针对重要的老客户和优质客户，必须要匹配以精锐全能的"海军陆战队员"，辅以配置合适资源。

任正非反思，"一线员工处于传统金字塔的最底层，而他们恰恰是我们面对复杂项目、面对极端困难突破的着力点"。由此在华为的新战略中，将原本不重要的一线销售人员定义为最重要的人才资源。这种创新的"战略性"人才策略是绝大多数组织缺乏的，这也正是任正非最卓越的地方：战略思维并不是追求完美和全面改善，关键在于要抓住主要矛盾，集中资源力量，一击破之。

资料来源：中国人力资源管理网。

2. 战略弹性

随着环境的不断变化，战略的弹性和匹配性将受到检验，一个有机的人力资源系统、一个拥有丰富人才的人力资源库才是组织真正需要发展的。从战略的角度看，最佳的人力资源管理运作方式强调协调组织内外部环境动态的变化。在动荡的外部环境中，企业竞争也表现出动态化趋势，对抗的关键在于对顾客需求的快速响应和对市场趋势的准确预测。在这种动态竞争环境中，企业不得不采取战略人力资源管理以增强企业核心竞争力，所以我国企业迫切需要提高人力资源管理的能力和竞争力，具体要注意以下几个方面（见图1-3）。

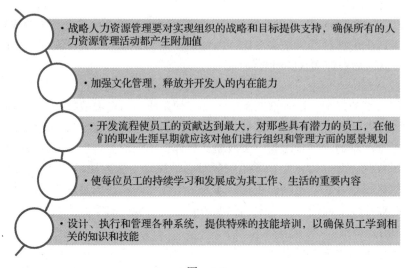

图 1-3

| SHRM 聚焦 |　　　　TCL 应对 HR 国际化的挑战

"人才国际化"，一是人才构成国际化，二是人才素质国际化，三是人才活动空间国际化。

随着经济全球化和区域一体化的不断深入，企业间的竞争开始聚焦到核心竞争力上，尤其是企业人力资源核心竞争力。以TCL为例，由于对海外市场开拓力度的加大，TCL集团更加关注员工的综合素质及其对海外市场的适应能力。并且，随着集团海外业务的增长，各分支机构对本地化人才的需求必将随之增加。目前，TCL集团外籍员工占集团总人数比例为17%，未来3～5年，这一比例将进一步提高。这给TCL集团人才的选拔、培训提出了不同于以往的挑战。

人才国际化战略与国际化人才息息相关。TCL集团从1999年正式开始以投资的形式进入国际市场，这是对集团人力资源管理的创新挑战。为应对复杂的经营背景和完全不同的管理环境，TCL在招聘、培训、团队建设等方面独创了其人力资源管理的实践之路。

为了提升管理人员的素质，适应人才国际化的需求，TCL采用内部提升与外部引进并重的人才战略方案。从内部看，对已有的管理人员进行国际化企业经营能力与跨文化管理的专业培训，并适时派遣部分管理人员前往海外事业部门进行任职管理；从外部看，用全球化的视野，从国际上寻找具有国际化经营和管理能力的人才，补充到关键岗位上。此外，在国内也搜寻有一定潜质和经验的专才，进行国际化人才的储备建设，自此形成人才的梯队化建设。

构建具有全球化视野的研发团队

TCL还创建研究院，积极从海内外雇用众多研发人才加盟TCL集团工业研究院，推动集团各产业的技术创新和长远发展。同时，在多媒体显示技术领域、基础软件平台开发领域，TCL树立了领先的行业地位，引领相关技术领域的发展，组织制定了工信部主导的 3D 显示器件的行业标准等。

2015 年 TCL 提拔了四位高管，包括华星光电总裁的王国、TCL 通讯国际业务的总经理 Zibell、TCL 集团副总裁黄伟及华星光电代理 CEO 金旴植。其中三位是外籍人士，选拔多为外籍人才，是对其跨文化协调能力和工作经验的肯定，更是 TCL 国际化发展的体现。

资料来源：[1] 职业培训教育网。[2] 宋殿辉. 人力资源管理与国际化战略的匹配——以 TCL 为例 [J]. 中国人力资源开发，2015（24）：31-37.

1.5　直线经理在人力资源管理中的作用

在密歇根大学的 MBA 课堂上，一位教授最喜欢抛给学生一道选择题：
谁应该为公司里的人力资源活动负责？
A. 各部门管理者
B. 人力资源人士
C. 各部门管理者和人力资源人士合作
D. 咨询专家
E. 没有人，自生自灭
大部分学生都会选 C。教授会告诉他们，C 是错误的，正确的答案是 A。

教授告诉学生："从根本上讲，各部门管理者对公司的产出和流程负有最大的责任。他们负责为股东提供经济利益，为顾客提供产品和服务，为员工提供工作的价值。为了达成这些产出，各部门管理者必须承担起人员管理的责任。"

1.5.1　直线经理的定义

直线经理是指诸如财务、生产、研发、销售等职能部门的经理，肩负着完成部门目标，进行部门管理的职责。他们不仅需要执行上级命令，指导下属工作，还需要与同级部门保持密切合作，整合内部资源，协调外部关系，工作任务非常繁重。不同领域、不同规模、不同发展阶段的企业均由特定的直线经理组成，企业的正常运转离不开直线经理的贡献。然而，对直线经理下一个确切的定义却并非易事。

Whittaker 和 Marchington（2003）认为，直线经理在工作场所中直接接触员工，因此他们的行为、决策更加及时妥帖，他们的解决方案更加符合企业实际，他们更多、更直观地贡献于组织目标和绩效的实现。根据 Larsen 和 Brewster（2003）的研究，传统的官僚组织结构极其重视直线经理的作用，相较之下，在新的组织结构（如虚拟组织结构、网络组织结构）中，直线经理的角色定位更加模糊，工作内容更加复杂。与此同时，国外已有众多研究表明，当前，人力资源管理职责正慢慢向直线经理转移，在时代发展的要求下，直线经理必须掌握更多的人力资源管理技能才能更好地应对日常管理事务，实现组织绩效。

在国内的相关研究中，张传庆和田旭（2012）认为直线经理是企业中接触员工最多、最频繁的群体，人力资源部门制定的政策和措施的成功实施依赖于直线经理。同时，直线经理参与人力资源管理活动是战略人力资源管理的一个重要组成部分。毕叶（2003）认为直线经理是直接贡献于组织目标实现的基层单位的管理者，他们直接面对一线员工并实现直线管理，如生产经理、销售经理、办事处主任等。江文和刘昕（2013）认为人力资源管理正越过人力资源部的界限,成为各级管理者的共同责任,特别是对于直线经理,他们负责组织的重要职责,例如生产、销售等,他们在贯彻和执行人力资源管理的政策和措施时发挥着越来越重要的作用。

总之,直线经理是在 HR 经理的指导和监督下,运用各种规章制度和管理工具,为实现部门或团队目标,制定和实施各种人事决策、人事建议、人事操作,并对员工进行激励、沟通、授权、考核、培训等人力资源管理活动的部门或团队负责人。好的直线经理必须具备基本的人力资源管理思想,并掌握现代化人力资源管理工具和方法,在把"管理"作为其本职工作的同时,始终将内部的"人力资源管理"作为其管理职能的一部分,使部门或团队在完成工作目标的基础上,实现可持续的发展。

1.5.2 直线经理与人力资源管理者的关系

在国外,直线经理掌管越来越多的人力资源管理职责,这一现象已成为一个普遍的趋势。这些被转移的职责所涉及的范围非常广泛,具体包括人力资源相关管理活动的预算、员工招聘和甄选、员工培训和发展、积极工作环境的创建以及薪酬和福利的制定等。从根本上说,人才管理是直线经理的责任。要打造人才驱动的组织,需要业务领导者抛弃"与人有关的问题是浪费时间和精力的杂事儿"的认识误区,真正承担起管人带队伍的责任,将人才视为驱动业务目标达成的杠杆资源(Alfes, Truss, Soane, et al., 2013)。

很多学者把直线经理与 HR 之间的关系描述为"战略性合作伙伴关系"。Ulrich 等人(1995)最早提出这一概念,他认为直线经理虽然可以直接进行价值创造,在企业的管理中拥有威信和权力,但他们应该将人力资源管理融入自己的工作中,才能达到更加优异的组织绩效。HR 具备一定的管理技巧和技术,在当今时代的要求下,其角色要逐渐向战略伙伴、行政专家、员工支持者和变革推动者转变,其中一条重要途径就是寻求与直线经理的合作。所以两者之间应该密切地合作,形成一种"伙伴"关系。之后,对于直线经理与人力资源管理者关系的研究一直是学术界追逐的热点话题之一。江文(2013)认为直线经理的态度、行为、实践对人力资源管理真正融入组织显得至关重要,因此,直线经理在承担相应人力资源管理职能的同时,要主动寻求专业人员在制定人力资源政策、解决人力资源问题上的帮助。Maxwell 和 Watson(2006)指出,在多数情境下,直线经理与人力资源专业人员的合作已经成为从事人力资源管理活动的主要运营模式。

Kulik 和 Bainbridge(2006)两位学者通过实证研究提出了直线经理与 HR 在人力资源管理过程中的具体分工,对于直线经理来说,晋升决策的制定、绩效管理、指导和规范员工的行为、工作设计、职业生涯规划、招聘与甄选员工以及制订继任者计划是其所参与的人力资源管理工作的侧重方面,而薪酬福利的管理、人力资源的规划、领导力的发展、组织文化的创建以及对于员工的培训工作都是人力资源管理专员的重点工作内容。

1.5.3 直线经理在战略人力资源管理执行中的作用

一项来自瑞典的研究表明,对 3 122 人持续 10 年的研究发现,跟着好主管(即体贴、为员工设定明确目标等的主管），患心脏病的风险至少降低20%。如果与好主管一起共事4年，至少会降低39%的风险！美国电话电报公司（AT&T）一项持续5年的研究表明，对一个年轻人的职业生涯最有影响的，极有可能是他遇到的第一位经理。在对67名大学毕业生的职业发展进行了持续跟踪之后，研究者发现第一年的期望和绩效与后来的绩效和成功都持续相关。他们由此提出建议，"必须由企业中最好的管理者担任来自校园的新雇员的最初上司"。

Nancy和Leda（2004）认为，当今社会经济和技术的变化发展必然使直线经理承担更多的人力资源管理职能，这些变化包括：①新技术的普遍应用为直线经理进行人力资源管理工作提供了可能；②组织内外变革周期缩短，绩效革命、员工授权、兼并收购等要求直线经理必须熟悉人力资源管理工作；③工作内容的变化也驱使直线经理必须更多地渗透到人力资源管理中，以满足业务增长的需求。随着组织分权化趋势的加强，直线管理者被赋予越来越多的责任和权力。Hoogendoorn和Brewster（1992）指出，这种责任和权利包括财务预算、资源分配以及人才管理等。为此他们更倾向于承担本部门内更多的人力资源管理职能。

对人力资源管理领域的专业人士来说，直线经理高质量地参与活动能够使他们从日常繁杂的工作中解脱出来，使得他们把精力集中在更有意义的战略人力资源的管理工作中。对直线经理来说，参与人力资源管理活动能够使得他们掌握更多的人力资源管理的技巧，从而影响员工的工作态度和行为，以致进一步影响组织的绩效水平。而且，直线经理掌握的人力资源管理技能越多，他们的管理技能越高，管理视角越全面，职业前景就会越好。对企业来说，直线经理的参与能够促进人力资源管理战略以及管理政策的成功实施，提高人力资源管理工作的质量，为企业带来决策速度提高、成本减少等优势。

然而在我国，直线经理大包大揽，不让人力资源部门插手薪酬、激励、绩效评估等工作的现象屡见不鲜。究其原因，是因为直线经理与HR之间没有形成"战略性合作伙伴关系"。因此，适当地对人力资源部门授权是改善该现象的重要途径。最佳雇主通过"对管理层的充分授权"，从而获得更多的执行回报。曾有一份"重量级"的研究成果揭示：在对1 200家组织进行研究之后发现，薪酬制度的成功实施，应该依靠一线经理而非HR部门，一线经理是组织内部推动薪酬制度实施的关键。

通过国外研究可以发现，在直线经理同人力资源管理人员的"战略性合作伙伴关系"中，人力资源管理人员侧重于规则制定，直线经理侧重于规则执行（Holt Larsen & Brewster，2003）。

国内的相关研究主要从选人、用人、育人、留人四个方面阐述了直线经理与人力资源部门的"战略性合作伙伴关系"。

（1）选人方面。直线经理要明确岗位任职要求，协助HR完成工作说明书。同时，直线经理要有人员储备意识，留意人员流动情况，协助HR做好招聘计划。

（2）用人方面。直线经理要妥善处理与员工的关系，帮助员工制定目标，公正公平地进行绩效考核，对员工绩效进行辅导。HR要负责整个绩效管理系统的系统开发、监督实施和评估维护工作（Green & James，2003）。

（3）育人方面。直线经理需要识别员工培训需求，在日常工作中给予员工帮助和支持，并确保员工把培训中学到的知识和技能运用到实际工作中。HR 负责筛选培训需求、组织实施培训、评估培训效果等工作。所有的工作都需要两者的紧密合作（Gibb, 2003）。

（4）留人方面。直线经理主要负责激励因素，如给员工安排有挑战性的工作（McCarthy, Darcy & Grady, 2010）。HR 主要负责保健因素，如福利体系的制定。在激励上两者要相互协助，HR 可以为直线经理提供激励技巧的培训和咨询，直线经理可以为 HR 提供岗位价值评估和薪资调整的建议。

随着现代企业人力资源管理职能的丰富，直线经理在人力资源管理中扮演着越来越重要的角色，其与人力资源管理者的"战略性合作伙伴关系"已经渗透到工作的各个环节中（Purcell & Hutchinson, 2007）。人力资源管理工作具有很强的针对性和综合性，直线经理的参与能够优化人力资源管理流程，规范员工角色内行为，为企业的绩效做出突出贡献。

▶ 学术观点

对于直线经理来说，晋升决策的制定、绩效管理、指导和规范员工的行为、工作设计、职业生涯规划、招聘与甄选员工以及制订继任者计划是其所参与的人力资源管理工作的侧重方面。

资料来源：Kulik C T, Bainbridge H T J. HR and the Line: The Distribution of HR Activities in Australian Organisations [J]. Asia Pacific Journal of Human Resources, 2006, 44 (2): 240-256.

在薪酬和福利方面，近来有向直线经理占据主导地位发展的趋势；在人员培训与发展计划上，两者合力做出决定，其中，人力资源部门更为主导；在人员雇用与甄选上，两者责任共享，但人力资源部门有责任增加的趋势。

资料来源：Panayotopoulou L, Papalexandris N. Examining the Link between Human Resource Management Orientation and Firm Performance [J]. Personnel Review, 2004, 33(5): 499-520.

▶ 本章小结

本章内容通过介绍战略人力资源管理的概念及相关理论知识，为读者理解和掌握战略人力资源管理提供了一个框架。

不同于传统的人事管理以及人力资源管理，战略人力资源管理更强调人力资源管理的各项内容要与组织战略相匹配，具有战略性、动态性、系统性、匹配性等基本特征。由传统的人事管理到现代的人力资源管理，战略人力资源管理理论在发展中吸收了各个领域的一些重要观点，形成了资源基础论、人力资本理论、行为学派论、制度理论等理论基础。

此外，战略人力资源管理作为一个系统，更强调与组织的使命、核心价值观、愿景和战略等协调一致，在运作中要求具有战略匹配性和战略弹性，两者相辅相成。其中，战略匹配性包括纵向匹配和横向匹配；战略弹性则强调组织应对不确定情况的战略灵活性。总而言之，战略人力资源管理的运作强调与组织内外部环境动态变化相匹配的"捆绑"式的最佳人力资源管理实践。

随着组织分权化趋势的加强，直线经理掌管着越来越多的人力资源管理职责，这种现象甚至已成为普遍趋势。直线经理的参与能够提高人力资源管理工作的质量，使得人力资源管理者把精力集中在更有意义的战略人力资源管理工作中，因此，两者应建立"战略性合作伙伴关系"，共同促进组织战略目标的达成。

▶ 战略导图

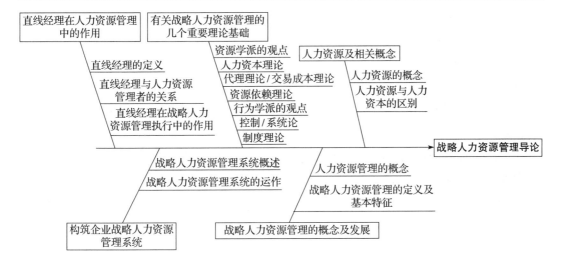

▶ 关键术语

人力资源　　　　　　　人力资源管理　　　　　　　战略人力资源管理系统
人力资本　　　　　　　战略人力资源管理

▶ 复习思考题

1. 简述人力资源与人力资本之间的区别与联系。
2. 简述战略人力资源管理的基本特征。
3. 简述有关战略人力资源管理的几个重要理论基础。
4. 简述战略人力资源管理系统构建的影响因素。
5. 简述战略人力资源管理系统在运作中的两个基本要求。

▶ 文献导读

1. Entrepreneurial Orientation and Innovation Performance: Roles of Strategic HRM and Technical Turbulence

为了应对激烈的竞争环境，保持企业的存活与增长，进行创业活动（corporate entrepreneurship）成为诸多公司的选择。创业导向（entrepreneurial orientation）反映了一个企业更新现有商业模式和寻求机会进入新市场环境的倾向。研究表明，其对组织的新产品创新绩效存在积极的作用。但如何通过有效的创业活动，获得新产品创新绩效还存在"黑箱"。

Tang、Chen 和 Jin（2015）基于资源基础观（resource-based view）提出企业的战略人力资源管理将正向调节公司创业与新产品绩效之间的关系。作为组织独特而难以模仿的资源，战略人力资源管理包含了一系列与组织战略、组织目标相关的招聘、培训、绩效和薪酬管理等措施。实施战略人力资源管理将有效提高企业的动态能力，成为组织竞争优势的来源。同样基于资源基础观，企业战略人力资源管理对组织创业导向和新产品绩效的调节关系将受到企业外部环境的影响，并将组织外部面临的技术动荡性（technical turbulence）程度引入模型，构建了一个三重调节模型，并使用151个样本对假设进行了验证。

资料来源：Tang G, Chen Y, Jin J. Entrepreneurial Orientation and Innovation Performance: Roles of Strategic HRM and Technical Turbulence [J]. Asia Pacific Journal of Human Resources, 2015, 53（2）: 163-184.

2. On Becoming a Strategic Partner: The Role of Human Resources in Gaining Competitive Advantage.

尽管人力资源被誉为一个公司最有价值的资产，但许多组织关于人力资源和人力资源部门的决策并没有体现这一点。比如，当组织面临成本的削减，首先就将目光转向了公司对人的投资上，如培训、工资和总人数等。

Barney 和 Wright（1998）构建了一个涵盖价值（value）、稀缺（rareness）、可模仿性（imitability）、组织（organization）四方面内容（即VRIO）的框架来衡量人力资源职能在组织培育可持续竞争优势过程中应扮演的角色，进而回答如何更好地发挥人力资源和人力资源部门的价值的问题。同时该框架也为人力资源从业者提供了诸多启示，尤其强调了HR高管在管理公司人力资产中的重要作用，HR高管需要明确人在公司以及竞争优势中的价值，明确公司人力资源管理措施的经济结果，明确如何将本公司的人力资源和人力资源活动与竞争对手做比较，明确人力资源职能在组织能力发展和能力储备中的角色。

资料来源：Barney J B, Wright P M. On Becoming a Strategic Partner: The Role of Human Resources in Gaining Competitive Advantage [J]. Human Resource Management (1986-1998), 1998, 37 (1): 31.

▶ 应用案例

腾讯人才管理"真经"：人选对了，其他就几乎都对了

腾讯是一家惊人的公司。自2004年上市以来，总收入、毛利和年度盈利这三项主要经营指标每年都保持两位数增长。

腾讯优异的业绩很大程度上取决于它独有的人力资源管理理念：腾讯把人力资源视作产品，以产品管理的模式来管理人才。腾讯集团人力资源副总经理兼企业发展事业群人力资源总监陈菲女士在谈到公司HR管理最大的特色时，强调了以人为本的基础价值观——重资产（员工）、小团队（扁平化、行动敏捷、调配灵活、经营意识和闭环管理）、大文化（开放、平等和尊重）。

与传统企业相比，腾讯的HR管理借鉴产品管理模式，把HR本身当成一款产品来运作——产品策划（充分做用户需求调研）、产品设计（满足用户需求）、产品试用（HR政策先在自己部门试用）、产品优化（通过试用不断改进）、产品评审及发布（HR政策发布）、快速迭代（继续改善），总之要适应公司业务不同阶段的发展变化。

员工最宝贵

一家互联网企业经过近20年的蓬勃发展，员工人数也达到一个庞大的数字。目前，腾讯拥有超过2.4万名员工，其中30%以上拥有硕士及以上学位，60%是技术人员，平均年龄约29岁，男女比例大约为3:1。

腾讯HR核心政策是以人为本。马化腾说过，对于腾讯而言，业务和资金都不是最重要的，业务可以拓展和更换，资金可以吸引和调配，唯有人才是不可轻易替代的，人才是腾讯最宝贵的财富。"具体而言，普通员工是HR的大客户，HR既是员工的服务者又是专业支持者，帮助他们不断成长进步。"陈菲说，"干

部和老板也是 HR 的客户，HR 的作用是帮助各级领导打造优秀文化，建立高效组织和形成顺畅流程，同时 HR 充分理解业务，根据业务发展情况提供有针对性的人力资源综合解决方案。"

与传统企业在 HR 管理上采取的科层式模式相比，腾讯的产出相对无形，产品需要在使用过程中不断去体验，衡量的是有效性，体现的是一种用户体验。在这一过程中，腾讯秉承互联网公司的特点，坚持以人为本，将 HR 政策与公司业务紧密结合，强调去中心化、扁平化管理，在保障信息畅通的同时保证每位员工都得到充分尊重和授权。由此，腾讯开发出了独特的选拔人、培养人、使用人、激励人的做法。

在人才招募方面，腾讯面试流程与谷歌、亚马逊等公司的招聘有异曲同工之妙。面试过程中，不仅要和直接领导、工作伙伴、跨事业群合作的人员接触，还要双方互评、双向选择，目的是综合评估候选人的基础素质和综合能力及团队融合度。为了体现对人才的尊重，公司所有中级及以上干部的面试都是由集团总裁刘炽平和高级人力资源副总裁奚丹亲自面试的。在腾讯，面试不仅是为了选拔人才，更是借鉴经验的机会。

在毕业生招聘方面，腾讯推陈出新，只为找到思想与能力并存的实力派。陈菲坚持"腾讯是以产品为主的公司，特别看重员工的产品思维能力、创新能力、策划能力、运营能力和客户意识等，所以我们在毕业生招聘这个阶段就注意选出一些有潜力做产品经理的人才，加以双导师计划和轮岗培训，让这些人尽快成长"。选聘技术能手也是腾讯在毕业生招聘时的一个特色。在全球范围内，腾讯针对硕士、博士、博士后，选拔具有技术特长的人才。

在培养员工方面，腾讯会根据不同阶段进行相应的重点培养（见图1-4）。当发现新员工特别多而管理岗位又缺乏人才的时候，企业就会在这个年度提出辅导年计划——鼓励各级管理者对下属承担"知人善用、发展他人"的责任，从马化腾、刘炽平开始，每位管理者都要身体力行。HR 部门在计划的后半年还会考核员工满意度以便检验计划的执行效果。

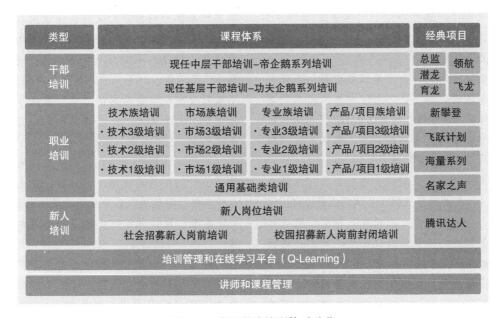

图 1-4　腾讯学院培训体系总览

对基层、中层和高层干部的后备培养，腾讯分别制订了计划，中层干部后备计划叫"飞龙计划"，基层干部后备计划叫"潜龙计划"，高层后备干部也有专门的培养计划。同时，针对专业技术人员晋升专家的后备培养计划也有安排（见图1-5）。

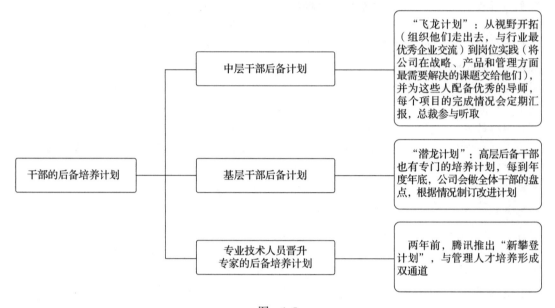

图 1-5

腾讯还有产品领军人物培养计划。腾讯人才管理的实践发现，人选对了，其他就几乎都对了。如果产品项目一把手不行，怎么用劲都不对。这个计划从公司现有的中级干部中产生。挑选标准包括过去的成功经历、经营意识、管理能力、创业激情等。

调动员工激情

整个互联网行业竞争日益激烈，新锐公司不断涌现，如何让公司所有员工尤其是老员工保有工作激情？这是腾讯HR考虑的也是公司核心管理层考虑的重点。腾讯通过机制保证员工热情，具体如下。

第一，从组织架构上进行创新，保证员工热情。从游戏事业群（互动娱乐事业群）开始，公司采取工作室的模式，事实证明这对激发员工的创业热情行之有效。此种互动模式关键在于三个主要角色就能形成一个闭环，保证了敏捷度。同时，这也是公司营造的一个良好创业环境，员工与其在外创业，不如在工作室里创业，毕竟每个工作室都有用人权、考核权、财务权、激励权以及是否追求资源权，权限跟工作室成果和盈利状态正相关。这种"工作室创业模式"被公司逐步推广来激发员工创造力和创业热情。陈菲说，如果产品属于前沿，大家都在探索阶段，公司可以安排试错，有时也会安排两个团队一同试错。但是，不是任何产品都需要试错，要看产品性质。对于一些市场竞争特别激烈，不赢就会出现严重后果的产品，腾讯不会安排试错。关系重大的一些产品，比如安全和金融产品，也不会安排试错。

工作室这种成功模式，最大的作用是激发了公司创新的内在活力。目前，在全球行业排名中，腾讯游戏已经从第8位一跃到第1位。甚至，现在腾讯的一些安全产品和浏览器产品都跃升到榜首。

第二，人才活水，推出于前两年。为解决老员工的职业倦怠问题，在公司内部盘活人才，公司提出了"人才活水"。只要同时满足员工本人发起和有单位接收这两个条件，其所在单位必须在3个月之内无条件放人。在微信事业群中，大约60%的员工通过内部人才市场获得，极大地支撑了这个事业群的快速发展。"人才活水"政策最大的特点是在整个公司内盘活人才，人尽其才。

文化的力量

在人力资源管理上，以文化引领员工才是最佳做法。文化是公司里经过长时间形成的一种共识和规范，它引导大家的一致行动。

在腾讯，80后、90后的年轻员工特别多，管理这些员工用权力和权威鲜有人买账。此外，空降的人才也非常多，既有来自跨国企业如谷歌、Facebook、甲骨文、微软、三星的精英，也有来自咨询公司、投行、媒体的优秀人才，大家文化背景不同、经历各异，怎么把这些人凝聚在一起？腾讯的做法除了提供平台之外，主要还是靠文化，通过打造一种开放、平等和尊重的文化，靠文化的魅力解决个性差异和融合问题。

以开放为例，腾讯有毕业后从普遍员工一直升到副总级的干部。只要员工有足够强大的能力，腾讯就会提供平台，让他们各施所长。腾讯的空降人才也会在这种团结一致的文化中发展得如鱼得水。

腾讯内部有一个乐问实名制BBS平台，员工可以在上面提出任何关于业务、管理等问题，大家讨论非常热烈。陈菲说，有一次，一位员工吐槽一个产品不好用，马化腾也参与了讨论过程，跟大家一起集思广益想办法。

中国互联网企业整体虽然比较年轻，处于朝阳发展轨道，但在管理方面，腾讯时刻保持警醒，随时准备应对各种挑战。陈菲说，在HR方面，公司当下特别注意的是杜绝大企业病。大企业决策慢、层级多、流程长、沟通成本高、对市场变化的响应时间长，这样就会摧毁公司的创新根基。腾讯应对这一挑战的主要方法，还是"打造扁平化组织"和"干部能上能下"。

资料来源：《哈佛商业评论》。

讨论题

1. 你认为腾讯现今的成就主要得益于哪些方面？
2. 腾讯的人力资源管理有什么独到之处？
3. 腾讯的人力资源管理实践对你有什么启示？

参考文献

［1］安鸿章，吴江．面向21世纪的现代企业人力资源管理［M］．北京：中国劳动社会保障出版社，1999．

［2］彼得·德鲁克．管理的实践（珍藏版）［M］．北京：机械工业出版社，2011．

［3］毕叶．直线经理的人才管理［J］．现代企业教育，2003（7）：39-40．

［4］陈维政，余凯成，程文文．人力资源管理与开发高级教程［M］．北京：高等教育出版社，2013．

［5］董克用．人力资源管理概论［M］．北京：中国人民大学出版社，2003．

［6］方振邦．战略性绩效管理［M］．北京：中国人民大学出版社，2014．

［7］江文，刘昕．直线经理的人力资源管理职能研究述评及其启示［J］．现代管理科学，2013（6）：6-8．

［8］宋殿辉．人力资源管理与国际化战略的匹配——以TCL为例［J］．中国人力资源开发，2015（24）：31-37．

［9］唐贵瑶，魏立群，贾建锋．人力资源管理强度研究述评与展望［J］．外国经济与管理，2013，35（4）：40-48．

［10］魏立群，刘军，陈苑仪．战略人力资源管理、企业文化与绩效：理论及实证检验［J］．中大管理研究，2008，3（3）：57-73．

［11］萧鸣政．人力资源开发与管理——在

公共组织中的应用[J]. 中国人才, 2005（12S）：63-63.

[12] 杨清，刘再炬. 人力资源战略[M]. 北京：对外经济贸易大学出版社，2003.

[13] 张传庆，田旭. 高绩效工作系统对员工工作行为的影响研究——基于直线经理参与调节效应的分析[J]. 中国人力资源开发，2012（7）：5-10.

[14] 张红琴. 基于AHP法的企业人力资源成本研究[J]. 财会通讯，2011（23）：128-129.

[15] 赵曙明. 人力资源战略与规划[M]. 2版. 北京：中国人民大学出版社，2008.

[16] Alfes K, Truss C, Soane E C, et al. The Relationship between Line Manager Behavior, Perceived HRM Practices, and Individual Performance: Examining the Mediating Role of Engagement [J]. Human Resource Management, 2013, 52 (6): 839-859.

[17] Barney J B, Wright P M. On Becoming a Strategic Partner: The Role of Human Resources in Gaining Competitive Advantage [J]. Human Resource Management (1986-1998), 1998, 37 (1): 31.

[18] Barney J B. Organizational Culture: Can it be a Source of Sustained Competitive Advantage? [J]. Academy of Management Review, 1986, 11 (3): 656-665.

[19] Barney J. Firm Resources and Sustained Competitive Advantage [J]. Journal of Management, 1991, 17 (1): 99-120.

[20] Boulding K E. General Systems Theory-the Skeleton of Science [J]. Management Science, 1956, 2 (3): 197-208.

[21] Bowen D E, Ostroff C. Understanding HRM-firm Performance Linkages: The Role of the "Strength" of the HRM System [J]. Academy of Management Review, 2004, 29 (2): 203-221.

[22] Carter P, Welbourne T. Glutamate Transport Regulation of Renal Glutaminase Flux in Vivo [J]. The American Journal of Physiology, 1997, 273 (3 Pt 1): E521-7.

[23] Schuler R S, Walker J W. Human Resources Strategy: Focusing on Issues and Actions [J]. Organizational Dynamics, 1990, 19 (1): 5-19.

[24] Cook D S, Ferris G R. Strategic Human Resource Management and Firm Effectiveness in Industries Experiencing Decline [J]. Human Resource Management, 1986, 25 (3): 441-457.

[25] Delery J E, Doty D H. Modes of Theorizing in Strategic Human Resource Management: Tests of Universalistic, Contingency, and Configurational Performance Predictions [J]. Academy of Management Journal, 1996, 39 (4): 802-835.

[26] Devanna M A, Fombrun C, Tichy N. Human Resources Management: A Strategic Perspective [J]. Organizational Dynamics, 1981, 9 (3): 51-67.

[27] DiMaggio P J, Powell W W. The Iron Cage Revisited Institutional Isomorphism and Collective Rationality in Organizational Fields [M]. Economics Meets Sociology in Strategic Management. Emerald Group Publishing Limited, 2000: 143-166.

[28] Eisenhardt K M, Bourgeois L J. Politics of Strategic Decision Making in High-velocity Environments: Toward a Midrange Theory [J]. Academy of Management Journal, 1988, 31 (4): 737-770.

[29] Gibb S. Line Manager Involvement in

Learning and Development: Small Beer or Big Deal?[J]. Employee Relations, 2003, 25 (3): 281-293.

[30] Green F, James D. Assessing Skills and Autonomy: The Job Holder Versus the Line Manager[J]. Human Resource Management Journal, 2003, 13 (1): 63.

[31] Guest D E. Human Resource Management and Performance: A Review and Research Agenda[J]. International Journal of Human Resource Management, 1997, 8 (3): 263-276.

[32] Hannan M T, Freeman J. Structural Inertia and Organizational Change[J]. American Sociological Review, 1984: 149-164.

[33] Hendry C, Pettigrew A. The Practice of Strategic Human Resource Management [J]. Personnel Review, 1986, 15 (5): 3-8.

[34] Holt Larsen H, Brewster C. Line Management Responsibility for HRM: What is Happening in Europe?[J]. Employee Relations, 2003, 25 (3): 228-244.

[35] Hoogendoorn J, Brewster C. Human Resource Aspects: Decentralization and Devolution[J]. Personnel Review, 1992, 21 (1): 4-11.

[36] Huselid M A, Jackson S E, Schuler R S. Technical and strategic Human Resources Management Effectiveness as Determinants of Firm Performance[J]. Academy of Management Journal, 1997, 40 (1): 171-188.

[37] Jensen M C, Meckling W H. Theory of the Firm: Managerial Behavior, Agency Costs and Ownership Structure[J]. Journal of Financial Economics, 1976, 3 (4): 305-360.

[38] Jones A W, Neiman J, Hillbom M. Concentration-time Profiles of Ethanol and Acetaldehyde in Human Volunteers Treated with the Alcohol-sensitizing Drug, Calcium Carbimide[J]. British Journal of Clinical Pharmacology, 1988, 25 (2): 213-221.

[39] Jones D. Use, Misuse, and Role of Multiple-comparison Procedures in Ecological and Agricultural Entomology[J]. Environmental Entomology, 1984, 13 (3): 635-649.

[40] Kamoche K. A Critique and a Proposed Reformulation of Strategic Human Resource Management[J]. Human Resource Management Journal, 1994, 4 (4): 29-43.

[41] Kulik C T, Bainbridge H T J. HR and the Line: The Distribution of HR Activities in Australian Organisations[J]. Asia Pacific Journal of Human Resources, 2006, 44 (2): 240-256.

[42] Lado A A, Wilson M C. Human Resource Systems and Sustained Competitive Advantage: A Competency-based Perspective[J]. Academy of Management Review, 1994, 19 (4): 699-727.

[43] Lengnick-Hall C A, Lengnick-Hall M L. Strategic Human Resources Management: A Review of the Literature and a Proposed Typology[J]. Academy of Management Review, 1988, 13 (3): 454-470.

[44] Lepak D P, Snell S A. The Human Resource Architecture: Toward a Theory of Human Capital Allocation and Development[J]. Academy of Management Review, 1999, 24 (1): 31-48.

[45] Maxwell G A, Watson S. Line Manager Challenges in Human Resource Development: A Study of Hilton International's UK Managers[J]. International

[46] McCarthy A, Darcy C, Grady G. Work-life Balance Policy and Practice: Understanding Line Manager Attitudes and Behaviors [J]. Human Resource Management Review, 2010, 20 (2): 158-167.

[47] Meyer J W, Rowan B. Institutionalized Organizations: Formal Structure as Myth and Ceremony [J]. American Journal of Sociology, 1977, 83 (2): 340-363.

[48] Miles R E, Snow C C. Designing Strategic Human Resources Systems [J]. Organizational Dynamics, 1984, 13 (1): 36-52.

[49] Miller P. Strategic Industrial Relations and Human Resource Management Distinction, definition and Recognition [J]. Journal of Management Studies, 1987, 24 (4): 347-361.

[50] Nancy, Leda. Exploring the Partnership between Line Managers and HRM in Greece [J]. Journal of European Industrial Training, 2004, 29 (4): 281-291.

[51] Nelson R R, Winter S G. The Schumpeterian Tradeoff Revisited [J]. The American Economic Review, 1982, 72 (1): 114-132.

[52] Pfeffer J, Salancik G R. The External Control of Organizations: A Resource Dependence Perspective [M]. Stanford University Press, 2003.

[53] Pfeffer J. Power in Organizations [M]. Marshfield, MA: Pitman, 1981.

[54] Purcell J, Hutchinson S. Front-line Managers as Agents in the HRM performance Causal Chain: Theory, Analysis and Evidence [J]. Human Resource Management Journal, 2007, 17 (1): 3-20.

[55] Schuler R S, Jackson S E. Linking Competitive Strategies with Human Resource Management Practices [J]. The Academy of Management Executive (1987-1989), 1987: 207-219.

[56] Schuler R S. Strategic Human Resources Management: Linking the People with the Strategic Needs of the Business [J]. Organizational Dynamics, 1992, 21 (1): 18-32.

[57] Scott M L. Language Support for Loosely Coupled Distributed Programs [J]. IEEE Transactions on Software Engineering, 1987 (1): 88-103.

[58] Sculer R S, MacMillan I C. Gaining Competitive Advantage through Human Resource Practices [J]. Human Resource Management, 1984, 23 (3): 241-256.

[59] Snell S A. Control Theory in Strategic Human Resource Management: The Mediating Effect of Administrative Information [J]. Academy of Management Journal, 1992, 35 (2): 292-327.

[60] Tang G, Chen Y, Jin J. Entrepreneurial Orientation and Innovation Performance: Roles of Strategic HRM and Technical Turbulence [J]. Asia Pacific Journal of Human Resources, 2015, 53 (2): 163-184.

[61] Taylor S, Beechler S, Napier N. Toward an Integrative Model of Strategic International Human Resource Management [J]. Academy of Management Review, 1996, 21 (4): 959-985.

[62] Tyson S. Human resource strategy: A Process for Managing the Contribution of HRM to Organizational Performance [J]. International Journal of Human Re-

[63] Ulrich D, Brockbank W, Yeung A K, et al. Human Resource Competencies: An Empirical assessment [J]. Human Resource Management, 1995, 34 (4): 473-495.

[64] Ulrich D, Lake D. Organizational Capability: Creating Competitive Advantage [J]. The Executive, 1991, 5 (1): 77-92.

[65] Van Den Brink M, Fruytier B, Thunnissen M. Talent Management in Academia: Performance Systems and HRM Policies [J]. Human Resource Management Journal, 2013, 23 (2): 180-195.

[66] Welbourne T M, Wright P M. Which Resources Matter in Initial Public Offering Firms? A Longitudinal Comparison of Five Resources' Contributions to Firm Performance [J]. CAHRS Working Paper Series, 1997: 144.

[67] Wernerfelt B. A Resource-based View of the Firm [J]. Strategic Management Journal, 1984, 5 (2): 171-180.

[68] Whittaker S, Marchington M. Devolving HR Responsibility to the Line: Threat, Opportunity or Partnership? [J]. Employee Relations, 2003, 25 (3): 245-261.

[69] Wright P M, McMahan G C. Theoretical Perspectives for Strategic Human Resource Management [J]. Journal of Management, 1992, 18 (2): 295-320.

[70] Wright P M, Smart D L, McMahan G C. Matches between Human Resources and Strategy among NCAA Basketball Teams [J]. Academy of Management Journal, 1995, 38 (4): 1052-1074.

[71] Wright P M, Snell S A. Toward an Integrative View of Strategic Human Resource Management [J]. Human Resource Management Review, 1991, 1 (3): 203-225.

[72] Youndt M A, Snell S A, Dean J W, et al. Human Resource Management, Manufacturing Strategy, and Firm Performance [J]. Academy of Management Journal, 1996, 39 (4): 836-866.

[73] Zucker L G. Institutional Theories of Organization [J]. Annual Review of Sociology, 1987, 13 (1): 443-464.

source Management, 1997, 8 (3): 277-290.

第 2 章

人力资源战略规划

> 除非公司制定有效的战略规划并且其人力资源开发规划与之相连,否则其人力资源开发的努力就无法实现它最大的潜力。
>
> ——L. 詹姆斯·哈维

▶ 学习要点

- 人力资源战略的含义及其形成
- 人力资源战略与企业战略的关系
- 人力资源战略在企业战略管理中的功能
- 人力资源战略与企业战略的整合
- 人力资源战略规划
- 人力资源战略规划与其他人力资源管理职能的关系
- 人力资源的供需平衡

▶ 前沿探讨

用户更加友好型人员分析

尽管数十年来有许多研究开发了各种实用的工具,人力资源方面的可用数据也呈现指数式增长,人力资源和人才管理对组织绩效的作用也得到大家的共识,但为什么人力资源分析进展仍然如此缓慢?近期已有学者提出,人力资源分析可以用 LAMP 模型在人力资本矩阵方面进行改良。

逻辑(logics)。清楚地说明人才和战略成功之间的关系,以及预测个人和组织行为中的原则与条件。例如,在提供数据之外描述人口多样性对创新的影响,或者晋升通道中对职业生涯影响最大的瓶颈。

分析(analytics)。采用合适的工具和技术——统计分析、研究设计等将数据转化为严谨、深刻的见解。例如,通过计算员工敬业度和工作绩效的相关关系来理解两者之间的正相关关系,以此确定敬业只是高绩效的影响因素之一。

测量(measures)。从数据系统中建立准确可靠的数据和数据目录作为分析的原材料,并避免精确分析中的"无用数据输入"。

过程(process)。使用正确的沟通渠道、时机和技术激发决策者依照数据显示的发展方向行动。例如,在员工敬业度分析完成之后尽快呈递给上级,但是在规划阶段中这些数据分析发挥的作用会更大。

除此以外,人力资源经理和其他部门经理应当考虑实现人力资源矩阵和信息分析所需要的必要条件,进而使之获得决策者和其他人的支持,例如:

- 在合适的时间和背景下得到分析资料。
- 参与这些分析工作并相信这些分析是有价值的,他们有能力应用它。
- 相信这些分析结果是可靠的并能向他们展示真实世界。
- 认识到这些分析在证明他们的时间和注意力方面的影响足够巨大。
- 理解这些分析在促进决策和行动方面有重要影响。

资料来源:John Boudreau. HR Must Make People Analytics More User-Friendly [J]. Harvard Business Review, 2017.

基于战略观点的人力资源规划体系(strategy-based HR planning system)

随着市场的日益规范,企业的不断发展壮大,很容易出现一个瓶颈——缺少人才,想要进一步发展壮大、长治久安,必须依靠源源不断的人才输入,而产生人才短缺的原因不是单一的,解决方案也是一个系统过程,不仅需要依据企业战略进行人力资源规划,更需要整个人力资源体系的支持。所以人力资源战略规划被越来越多的企业所重视。对许多人才短缺的企业来说,无论是现在还是未来,及早进行战略人力资源规划,建立战略人力资源体系,是确保企业可持续发展的长久保障。

引 例

手忙脚乱的人力资源经理

一家在5年之内由小小的手工作坊发展成为国内著名的食品制造商——D集团,最初从来不制订计划,要是缺人了只能去人才市场。随着企业日益正规,D集团开始制订年初计划:收入量、利润额、产量、员工定编人数等,并根据企业实际情况和员工定编情况在年初招聘新员工。可是,因为一年中不时有人升职、有人平调、有人降职、有人辞职,年初又有编制限制不能多招,而且人力资源部也不知道应当多招多少人或者招什么样的人,结果人力资源经理一年到头地往人才市场跑。

近来,由于3名高级技术工人退休和2名跳槽而使得生产线瘫痪,集团总经理紧急召开会议要求人力资源经理在3天之内招到顶替空缺的人员,使生产线重新运转。人力资源经理3天不眠不休,奔走于各地人才市场和面试现场之间,最后招到2名已退休的高级技术工人,勉强恢复生产。人力资源经理刚刚喘口气,地区经理又打电话跟他说分公司已经超编了,不能接收前几天才分过去的5名大学生,人力资源经理不由怒气冲冲地说:"是你自己说缺人,我才招来的,现在你又不要了!"地区经理也上火了:"是啊,我两个月前缺人,拖了好几个月才给我,早就不需要了。"人力资源经理解释:"招人是需要时间的,我又不是孙悟空,你一说缺人,我就变出一个给你?"

很多企业都出现过这种情况,以前没觉得缺人是什么大事情,什么时候缺人了,什么时候再去招聘,虽然招来的人不是十分满意,但对企业的发展也没什么大的影响,所以从来没把时间和金钱花在这上面。即使是在企业规模日益扩大以后,也只是每年初做人力资源定编计划,而对于人力资源战略性储备或者人员培养都没有给予足够的重视,认为中国人多的是,不可能缺人。中国企业的这种战略无意识状态,使它们不需要对组织的人力资源进行长远的规划，即使有战略，竞争战略的模糊性和易变性也使规划无从进行。所以企业在经营中会经常面临人力资源短缺或盈余的问题，使得人力资源经理叫苦不迭，天天跑人才市场，招聘成本剧增，即使这样，企业有时也会因关键员工的缺失给企业造成停工等重大影响。

2.1 人力资源战略概述

2.1.1 人力资源战略的含义

人力资源战略是一个相对较晚出现的概念，研究者从不同的角度对其进行界定，得出了不同的结论，至今人力资源战略还没有一个被广泛接受的定义。舒勒（1992）认为，人力资源战略是阐明和解决涉及人力资源管理的基本战略问题的计划和方案。戴尔（Dyer, 1984）提出了一个决策性的人力资源战略概念，他把组织的人力资源战略定义为"从一系列人力资源管理决策中出现的模式"。戴尔和霍德（Dyer & Holder, 1988）提供了一个更综合的人力资源战略概念，将人力资源战略看作是人力资源目标和追求战略目标的方法的综合。当一个业务战略形成并被接受之后，支撑战略目标的关键人力资源目标就已经形成，为完成这些目标所必需的方法（例如计划和政策等）也同时被设计出来并得到执行。例如，如果一个组织的战略是选择成为一个低成本的制造商，主要的人力资源目标就是高绩效和低员工数。这必将导致员工人数的减少和员工培训费用的增加，这种人力资源目标和方式的综合就是组织的人力资源战略。舒勒和沃克认为，人力资源战略是人力资源经理和直线经理共同解决与人有关的业务问题的一整套活动和过程。经理必须制订一些有指导意义的方案以解决这些与人相关的业务问题，这些方案和计划将集中（focus）、启动（mobilize）和指导（direct）人力资源行为以成功解决对公司至关重要的业务问题（business issue），这些计划和方案形成了人力资源战略的核心。库克（Cooker）认为，人力资源战略是指员工发展决策以及对员工来说重要的、具有长期影响的决策，是根据企业战略制定的人力资源管理与开发的纲领性的长远规划，并通过人力资源管理活动来实现企业战略目标。尤里奇（Ulrich, 1995）认为，人力资源战略是公司高层管理团队建立的一种策略、组织和行动方案，试图完善人力资源的功能。

以上对人力资源战略的定义或理解是从两个角度来考虑的：一个角度是把人力资源管理战略看作一种决策方案，是导向性的；另一个角度是把人力资源战略看作解决问题的行动和过程，是行动性的（宋培林，2011）。虽然不能就人力资源战略概念形成一个统一的界定，但通过对它们的分析可以总结出人力资源战略的特征如下：一是强调与企业战略的匹配（外部匹配），支撑企业战略的实现；二是强调人力资源实践间的匹配（内部匹配），以系统的观点审视人力资源实践；三是人力资源战略是员工发展决策以及对员工有重要意义的、能够长期影响员工的决策（Wright & Snell, 1998）。

本书将人力资源战略（human resource strategy）定义为组织为适应外部环境的变化和内部管理的需要，根据组织的战略目标，制定出人力资源管理目标，进而通过各种人力资源管理职能活动实现组织目标和人力资源目标的过程。它强调人力资源对组织战略目标的支撑作用，从战略层面考虑人力资源的内容和作用。

2.1.2 人力资源战略与企业战略的关系

1. 企业战略决定人力资源战略

早期的人力资源战略形成模式是将企业的长期需求、人力资源相关问题（柔性经营、员工竞争力、士气及承诺等）进行统筹考虑，即在企业战略和人力资源战略之间形成一种单向的关系，即垂直关系（包晨星和风里，2009）。与其他职能部门的战略一样，人力资源战略建立在企业战略的基础上，并能够反映企业今后的需求。戴尔在1984年提出，"组织战略是组织的人力资源战略的主要决定因素"，并列举实证研究支持这一观点。其中一项研究结果是拉贝尔在调查11家加拿大企业的最高管理层人力资源战略的形成过程时发现的，他发现组织战略被提及的频率最高，被调查者大部分认为组织战略是组织人力资源战略的决定因素。

由此可以看出，人力资源战略被定位于企业的职能战略层次，是在企业战略基础上形成的，通过发挥其对企业战略的支撑作用，促进企业战略的实现。战略必须与人力资源一致（人力资源战略必须与公司战略一致），因为战略与人力资源合作有三个优点：公司的执行能力增强；公司适应变化的能力增强；因为能产生"战略一致性"，因此使公司更能满足顾客需求，并接受挑战。

2. 人力资源战略影响企业战略的执行

在早期对人力资源战略形成的描述性研究中，戴尔的结论是组织战略和人力资源战略相互作用，组织在整合两种战略的过程中要求从人力资源角度对计划的灵活性、可行性及成本进行评估，并要求人力资源系统开发自己的战略。人力资源战略的产生是为了适应组织的成长期望和组织对期望的准备，如果组织有较高的组织期望但人力资源战略还不成熟，就会采取以下行动：第一，对人力资源进行投资以提高执行能力；第二，根据所缺乏的准备条件调整组织目标；第三，利用现在的人力资源配置优势改变战略目标。在这三种情况下，人力资源战略和组织战略相互提供信息并相互影响。

人力资源战略是整个企业战略的一部分，但在实践中，企业战略与人力资源战略往往是分别制定的，如果人力资源战略不能构建在企业战略的基础上，在现实中就会出现企业战略与人力资源战略之间相冲突的状况（Ji, Tang, Wang, et al., 2012）。例如，企业在实行成本领先竞争战略时，会采取降低劳动力成本的措施来实现成本最小化的目标，而当企业为了降低成本而进行裁员的时候，又会与企业人力资源管理强调对员工的收入稳定、个人发展以及为社会就业负责的承诺相悖。又如，企业战略可能通过鼓励产品的创新在市场上保持竞争优势，企业的人力资源管理采取的却是成本导向战略，这时企业的人力资源管理对企业整体目标的实现所起的作用就不是促进，而是阻碍。如果企业采取的是产品领先和技术创新战略，企业的人力资源状况却不足以支撑这样的战略，那么企业战略在很大程度上也会受到人力资源的制约（Tang, Chen & Jin, 2015）。

桑德斯和伦格尼克·霍尔等（Sanders, Lengnick-Hall, et al., 1998）在人力资源战略形成的"相互依赖"模型中认为，处于战略形成过程中的组织如果能全面考虑人力资源和组织战略，那么其组织绩效将会远远好于那些将两种战略看作存在竞争关系或仅仅把人力资源战略当成获取并提高组织竞争优势的一种途径的组织。研究证实，越来越多的企业将人力资源融入组织战略的形成过程中。对两种战略进行整合的大中型企业的比例已从20%上升到45%。勒温和米切尔（Lewin & Mitchell, 1995）指出，人力资源战略和企业战略的协调，可以帮助企业利用市场机会，提升企业的内部组织优势，帮助企业实现战略目标。越来越多的人力资源研究者呼吁将组织的人力资源管理系统与组织战略结合起来，注重发挥众多人力资源措施的协同作用，确保与组织的整体需求保持一致。

2.1.3 人力资源战略在企业战略管理中的主要功能

1. 在战略制定阶段为组织战略分析提供相关信息

在战略制定阶段，战略制定小组在审视和分析原来的战略后，要对企业环境（机会和威胁）进行详尽的SWOT分析（Jackson, Joshi & Erhardt, 2003）。外部环境中的许多机会（opportunity）和威胁（threat）都是与人联系在一起的。随着企业对人力资源重要性认识的加深，企业已经不仅在为获得顾客进行竞争，同时也在为获得高素质员工进行竞争。人力资源管理部门在外部分析环节上所起的作用是从人力资源的角度密切关注外部环境——相关的机会和威胁，尤其是那些与人力资源职能直接相关的方面：潜在的劳动力短缺、竞争对手支付给相同职位员工的薪酬、竞争对手获取优秀员工的途径以及对人员雇用产生影响的立法工作等。

对企业的内部优势（strength）和劣势（weakness）进行分析同样需要人力资源部门的参与，现在许多公司越来越清晰地意识到人力资源是它们最重要的财富之一。如果不考虑自己的员工队伍所具有的优势和劣势，就可能会导致企业选择它们自己本来没有能力去实现的战略。比如，一家企业选择如下战略：通过计算机自动化控制设备来替代原来的设备，以期提高生产效率，从而降低成本。尽管这种选择看上去不错，但是企业很快就发现事实并非如此。它发现员工根本就不会用这些新设备，因为该公司的员工队伍中有大约25%的人实际上是功能性文盲，根本无法适应公司战略的要求，结果就可想而知了。所以，在战略制定阶段人力资源部门必须做好企业内部人力资源状况分析，做出合理的符合企业战略的人力资源需求分析。

例如，康奈尔大学的斯科特 A. 斯内尔（Scott A. Snell）教授对企业内部的人力资源分类进行了研究，这对企业进行人力资源状况分析有一定的借鉴意义。斯内尔将企业内部的人力资源分为核心人才、通用人才、独特人才和辅助型人才。在此基础上，斯内尔总结了不同类型人力资源的特点，并针对不同类型的人力资源提出了不同的人力资源管理模式（见表2-1）。这从一个侧面说明了企业在制定人力资源战略乃至整体战略时，必须对内部人力资源状况加以分析，以便为战略决策提供准确的人力资源信息。

表2-1 不同类型的人力资源所具有的特点及其适用的工作方式和雇用模式

项目	核心人才	通用人才	辅助型人才	独特人才
价值	高战略价值：直接与核心能力相关	高战略价值：直接与核心能力相关	低战略价值：操作性角色	低战略价值：与核心价值间接联系
独特性	独一无二：掌握了公司特殊的知识和技能	普遍性：普通知识和技能	普遍性：普通知识和技能	独一无二：特殊的知识和技能
工作方式	知识工作	传统工作	合同工	伙伴
雇用模式	以组织为核心	以工作为核心	交易	合作

(续)

项　目	核心人才	通用人才	辅助型人才	独特人才
人力资源管理系统	以责任为基础的人力资源管理系统	以生产率为基础的人力资源管理系统	以服从为基础的人力资源管理系统	合作的人力资源管理系统
工作设计	授权、提供资源；因人设岗	清晰定义；适度授权	准确定义；圈定范围	以团队为基础；资源丰富/自主
招聘	根据人才（学习能力）聘用；内部提拔	外部招募；根据业绩	人力资源外包；为特别的任务招聘	能够合作；根据成绩
开发	在职培训；具有公司特色；局限于公司的具体情况；关注短期效果	局限于规章、流程	在职培训；根据公司具体情况	定制培训
考核	关注对战略的贡献；开发	培训效果；关注绩效	服从性	以团队为核心；目标的完成情况
薪酬	外部公平（高工资）；经验付薪；持股	外部公平	按小时或临时工作付薪	以团队为基础的激励；合同、年薪、为知识付薪

2. 人力资源战略支撑企业战略的实施

人力资源战略和其他的职能战略（市场战略、研发战略等）位于企业战略的第三层次——职能战略层，只有充分发挥它们对企业战略的支撑作用，才能促进企业战略的实现（Rathi & Lee，2015）。人力资源战略又是由工作设计与工作分析、招募甄选、培训与开发、绩效管理以及薪酬管理等模块构成的，为了促进企业战略的实现，必须确保这些模块与总体的人力资源战略及企业战略保持一致。例如，当企业采用差异化的经营战略时，这种战略思想的核心在于通过创造产品或者服务的独特性来获得竞争优势，强调产品的设计和研究开发。此时的人力资源战略则是强调创新性和弹性，形成创造性氛围，采用以团队为基础的培训和考评、差异化的薪酬策略等（Tang，Chen & Jin，2015）。在评价绩效时采用行为导向的评价方法，并且把绩效评价作为员工发展的手段。实践中，许多组织虽然拥有绩效反馈和薪酬计划，但若人力资源规划鼓励的是一些与组织期望相反的行为，组织则无法得到期望的行为和绩效（Ji，Tang & Chen，2012）。

2.1.4　人力资源战略与企业战略的整合

1. 人力资源战略与波特的竞争战略相匹配

根据波特的战略理论，战略使企业获得竞争优势的三个基本点是成本领先、差异化和聚焦战略（Porter，1996）。成本领先战略强调以最低的单位成本价格为价格敏感用户生产标准化的产品；差异化战略旨在为对价格相对不敏感的用户提供某产业中独特的产品与服务；聚焦战略指专门提供满足小用户群体需求的产品和服务（陈维政，余凯成和程文文，2004）。波特的战略理论意味着根据产业类型、公司规模及竞争类型等因素，不同的企业应采取不同的组织安排、控制程序和激励机制。不同的战略可以分别在成本领先、差异化及聚焦方面取得竞争优势。

（1）成本领先战略。企业由于具有成本优势，可以凭借低价格和高市场占有率获得或保持竞争优势。但成本领先战略一般必须与差异化战略结合使用，相对于竞争对手来说，产品或服务是在差异化的基础上创造相等价值，以领先于产业平均收益水平（Amit，

1986）。成本优势的价值在于这种优势的可维持性，如果很容易被竞争对手模仿，那么领先者的成本优势乃至竞争优势将丧失殆尽。企业采用成本领先战略的优势如下。

第一，形成进入障碍。企业的生产经营成本低，为行业的潜在进入者设置了较高的进入障碍。那些生产技术尚不成熟、经营上缺乏规模经济的企业难以进入此行业。

第二，增强企业讨价还价的能力。企业的成本低，可以提高自己与供应者讨价还价的能力，降低投入因素变化所产生的影响。同时，企业成本低还可以提高自己对购买者讨价还价的能力，以应对强有力的购买者。

第三，降低替代品的威胁。企业的成本低，在与竞争对手竞争时，仍旧可以凭借其低成本的产品和服务吸引大量的顾客，降低或缓解替代品的威胁，使自己处于有利的竞争地位。

第四，保持领先的竞争地位。当企业与行业内的竞争对手进行价格战时，由于企业的成本低，可以在竞争对手毫无利润的水平上保持盈利，从而扩大市场份额，保持绝对竞争优势的地位。

总之，企业采用成本领先战略可以使企业有效地面对行业中的五种竞争力量（进入威胁、替代威胁、买方议价能力、供方议价能力以及现有竞争对手的竞争），以其低成本的优势获得高于行业平均水平的利润。

成本领先战略尤其适用于成熟的市场和技术稳定的产业。在下述情况下实现产品差异化的途径很少：购买者不太在意品牌间的差别，存在大量讨价还价的购买者。

采取成本领先战略也有一定的风险性，如竞争者可能会进行效仿，这会压低整个产业的盈利水平；由于市场环境变化，企业原来的成本驱动因素会发生改变，进而影响成本，使企业丧失成本优势；产业技术上的突破可能会使这一战略失效；购买者的兴趣可能会转移到价格以外的其他产品特征上等。因此，企业在采用成本领先战略时，应及早注意这些问题，采取防范措施。

（2）差异化战略。企业形成这种战略主要是依靠产品和服务的特色，而不是产品和服务的成本（Boehe & Barin，2010）。但是应该注意，差异化战略并不是说企业可以忽略成本，只是强调这时的主要战略目标不是成本问题。差异化不能保证一定会带来竞争优势，尤其在标准化产品可以充分满足用户需求，或竞争者有可能迅速地模仿时。采用差异化战略的企业最好能设置防止竞争者迅速模仿的障碍以保证产品具有长久的独特性（Dickson & Ginter，1987）。成功的差异化战略能够使企业以更高的价格出售其产品，并通过使用户高度依赖产品的差异化特征而获得用户的忠诚。企业采用这种战略可以很好地防御行业中的五种竞争力量（进入威胁、替代威胁、买方议价能力、供方议价能力以及现有竞争对手的竞争），获得超过行业平均水平的利润，这些主要表现在以下几个方面。

第一，形成进入障碍。由于产品独具特色，顾客对产品或服务有很高的忠诚度，从而形成对该行业新进入者的强有力的进入障碍。同时，潜在的进入者要与该企业竞争则需淡化这种产品的独特性。

第二，降低顾客对价格的敏感程度。由于产品的差异化，顾客对该产品或服务具有某种程度的忠实性，当价格发生变化时，顾客对价格的敏感程度不高。生产该产品的企业便可以运用产品差异化战略在行业竞争中形成一个隔离带，避免竞争者的伤害。

第三，增强讨价还价的能力。由于产品的差异化，购买者别无选择，对价格的敏感程度又降低，企业可以运用这一点削弱购买者讨价还价的能力。

第四，防止替代品的威胁。企业的产品或服务具有特色，能够赢得顾客的信任，可以在与替代品的较量中处于更有利的地位。

企业成功地实施差异化战略，通常需要特殊类型的管理技能和组织架构。例如，企业需要从总体上提高某项经营业务的质量，树立产品形象，保持先进技术和建立完善的分销渠道。为实施这一战略，企业需要具有很强的研究开发能力，并且拥有市场营销能力的管理人员。同时在组织架构上，成功的差异化战略需要有良好的组织架构以协调各个职能领域，有能够确保激励员工创造性的激励体制和管理体制。

企业追求差异化战略时有可能遇到的其他风险包括：差异化的技术在购买者看来并不能够降低他们的成本或者提高效益；过度的差异化使得产品的价格相对于竞争对手来说太高，或者差异化属性超出了购买者的需求等。因此，企业在进行差异化的过程中需要开展广泛的研究开发、产品形象的设计、高质量的原材料的选择和争取顾客等工作，同时还应该认识到，并不是所有顾客都愿意为产品差异化支付更高的价格。

（3）聚焦战略。采用聚焦战略的公司将经营战略目标集中于特定消费者群体、特定地域市场或特定规格的产品，从而能够比服务于更广泛市场的竞争者更好地为特定的细分市场服务（Wernerfelt & Karnani，1987；Rust，Lemon & Zeithaml，2004）。聚焦战略与其他两种基本的竞争战略不同，成本领先战略与差异化战略面向更广阔的市场范围，在整个行业的范围内实施战略，聚焦战略则围绕一个特定的目标市场进行密集型的生产经营活动，要求能够比竞争对手提供更有效的服务。企业一旦选择了目标市场，便可以通过产品差异化或成本领先的方法，形成聚焦战略。也就是说，采用聚焦战略的企业，基本上就是特殊的差异化或特殊的成本领先企业。如果采用聚焦战略的企业想要实现成本领先，则可以在专用品或复杂产品上建立自己的成本优势，这类产品难以进行标准化生产，也就不容易形成生产上的规模经济效益。聚焦战略之所以能够取得成功，是因为重点集中的企业由于其市场面狭小，可以更好地了解市场和顾客，提供更好的产品与服务。

企业实施聚焦战略的关键是选好目标市场。通常企业要尽可能地选择那些竞争对手最弱和最不易受替代产品冲击的目标市场。在下列条件得到满足时，不管是以低成本为基础的聚焦战略，还是以差异化为基础的聚焦战略，都会变得有吸引力。一是目标市场足够大，可以盈利；二是小市场具有很好的成长潜力；三是小市场不是主要竞争厂商成功的关键，很少或没有竞争厂商在相同的目标市场上开展专业化经营；四是采取聚焦战略的公司拥有有效服务小市场的资源和能力；五是采取聚焦战略的公司凭借其建立起来的顾客商誉和服务来防御行业中的竞争者；六是在整个行业中有很多细分市场，一家企业难以为所有细分市场服务，从而企业能够选择与自己的优势和能力相称的有吸引力的市场。

另外，企业在实施聚焦战略的时候也存在一定的风险，主要体现在以下几个方面：第一，以较宽的市场为目标的竞争者也可能采用同样的聚焦战略，竞争对手从企业的目标市场中找到了可以再细分的市场，并以此为目标实施聚焦战略，从而使原来采用聚焦战略的企业失去优势。第二，由于技术的进步、替代品的出现、价值观念的更新、消费者偏好的变化等多方面的原因，目标市场与总体市场之间在产品或服务方面的需求差别变小，企业原来赖以形成聚焦战略的基础也不存在了。第三，较宽范围的竞争对手与采取集中战略的企业在成本上的差异日益缩小，抵消了企业为目标市场服务的成本优势，导致聚焦战略的失败。第四，众多的竞争者可能会认识到这一经营战略的有效性，并模仿这一战略，瓜分细分市场的利润。

基于上述波特的竞争战略理论，Gomez-Mejia 和 Balkin 等人（1992）提出了与波特的竞争战略相匹配的三种人力资源战略（见表 2-2）。

表 2-2 与波特的竞争战略相匹配的三种人力资源战略

企业战略	组织的一般特点	人力资源战略
成本领先战略	• 持续的资本投资 • 严密地监督员工 • 严格的成本控制，要求经常、详细的控制报告 • 低成本的配置系统 • 机构化的组织和责任 • 产品设计以制造便利为原则	• 有效率的生产 • 明确的工作说明书 • 详细的工作规划 • 强调具有技术上的资格证明与技能 • 强调与工作有关的特定培训 • 强调以工作为基础的薪酬
差异化战略	• 营销能力强 • 产品的策划与设计 • 基础研究能力强 • 公司以质量或科技领先著称 • 公司的环境可吸引高技能的员工、高素质的科研人员或具有创造力的人	• 强调创新和弹性 • 工作类别广 • 松散的工作规划 • 外部招聘 • 团队基础的培训 • 强调以个人为基础的薪酬
聚焦战略	结合了成本领先战略和差异化战略组织的特点	结合了上述人力资源战略的特点

当企业采用成本领先战略时，主要是通过低成本来获取竞争优势，因此应该严格控制成本和加强预算。为了配合低成本的企业战略，此时的人力资源战略强调的是有效性、低成本生产，强调通过合理的高结构化的程序来减少不确定性，并且不鼓励创造性。在采用成本领先战略时，企业一般采用结果导向的绩效评价办法，并且把绩效评价当成控制手段（Marler & Fisher，2013）。

当企业采用差异化的竞争战略时，这种战略思想的核心在于通过创造产品或者服务的独特性来获得竞争优势。因此，这种战略的一般特点是具有较强的营销能力，强调产品的设计和研究开发，企业以产品质量著称。此时的人力资源战略强调创新性和弹性，形成创造性氛围，采用以团队为基础的培训和评价、差异化的薪酬策略等，在绩效评价时一般采用行为导向的评价方法，并且把绩效评价作为员工发展的手段。

当企业采用聚焦战略时，企业战略的特点是综合了低成本战略和差异化战略，相应的人力资源战略的特点是上述两种人力资源战略的结合。

2. 人力资源战略与企业文化相匹配

企业文化是战略人力资源管理实施过程中的一个关键要素。企业文化类型不同，可能对企业战略人力资源管理的实施起到不同的作用，从而对企业绩效产生差异化影响。

Ferris 等人（1999）指出，社会环境因素在很大程度上影响着战略人力资源管理的动态过程，进而影响企业绩效。他们进一步指出，企业文化和一些政治因素在这个过程中担当着重要角色。作为一个组织"社会环境"的重要组成部分，文化是全体成员共同的价值观和信念（Schein & Edgar，2004），企业文化是能充当监控组织成员恰当行为和态度的一种社会力量（O'Reilly & Chatman，1996）。企业文化研究的焦点是了解组织特性以及该特性如何推动集体承诺（Schneider，2000）。另外，人力资源管理政策和措施可以被看作是高层管理人员对员工态度和行为的期望（House, Rousseau & Thomashunt，1995），人力资源管理的实施实质上就是一个信息传达的过程，通过该过程，告诉员工什么行为是"重要的""被期望的"以及"该受到奖赏的"（Bowen & Ostroff，2004）。同一个组织里的员工往往互相交流和学习，因此在集体政策和程序下表现出相同的行为模式。这种活动模式和员工行为随之形成一个大部分员工有着共同想法和信念的环境，从此集体文化应运而生（陈传明和张敏，2005）。战略人力资源管理能够通过培养某种特定的企业文化，从而对企业绩效产生积极的作用。在这一过程中，员工必定会形成某种思想态度，也就是说，企业的价值观和理念能通过被特定人力资源管理塑造的员工行为而植根在员工的思想态度中（陈维政，忻蓉和王安逸，2004；唐贵瑶，陈扬，于冰洁和魏立群，2016）。例如，依赖创新增强竞争力的企业，一般会把创造与发展定为其在快速变化的经济环境中的重要战略目标。企业期望并动员员工获得新的知识，开展创新活动，主动发现并解决问题。

根据企业文化的竞争价值模型（Quinn & Spreitzer，1991），企业文化可以分为以下四种：团体型文化、发展型文化、等级型文化和理性型文化。其中，发展型文化和等级型文化是差别最为明显的两种文化。具体说来，发展型文化强调员工的企业行为，以及创新和发展的承诺。企业鼓励员工去冒险和获取新的资源以达到创新的目的，同时还强调定期回顾并检查公司的战略和目标。相对而言，等级型文化着重于已形成的程序和规章制度。发展型文化是以企业的发展为导向的，而等级型文化却过分地强调持久与稳定。

由于战略人力资源管理的观点是把人力资源与组织战略结合起来，所以战略人力资源管理的本质是关注组织的"内部整合"（internal fit）和"外部适应"（external fit；Wright & McMahan，1992）。战略人力资源管理的"内部整合"强调人力资源系统的内部协调与一致。这种"内部整合"不仅是公司人力资源功能有效执行的必要条件，还是建立与企业战略相匹配的文化的基础。实施战略人力资源管理还会促进公司建立符合其战略焦点的企业文化。战略人力资源管理的"外部适应"要求人力资源政策与措施反映和促进公司战略目标的实现。如果组织拥有雄心勃勃的市场竞争和发展目标，组织会要求员工主动地对外部变化做出反应和大胆创新，这与发展型企业文化中强调的迅速适应和灵活反应相一致。相反，如果一个公司采取保护性策略并注重制度规则和稳定，相应的人力资源措施就会强调严格的规章制度，导致等级型企业文化的形成。所以根据组织的不同定位，战略人力资源管理的实施可能导致某种企业文化的形成。

企业文化是一套基本的价值观和信念，是企业管理和实践系统的基础，体现了组织的基本原则（Denison，1990）。Barney（1986）指出，企业文化是公司谋求提高组织效能的核心和竞争优势的源泉。实证研究也发现，企业文化与组织绩效之间存在正向关系。例如，Gross（1995）研究了四种文化特征，即适应性（adaptability）、使命（mission）、参与性（involvement）和一致性（consistency），他发现文化确实对组织效能产生正面影响。Carmeli和Tishler（2004）发现，文化作为组织的一种无形的要素，对组织绩效有着显著影响。Pothukuchi等人（2002）对跨国企业的研究表明，组织绩效与企业文化特性之间存在紧密关系，而这种关联比国家文化对组织绩效的影响大。最近，Zhou、Tse和Li（2006）在对中国企业的研究中发现，某些特定的文化在组织的变革进程中也扮演着重要角色，并且影响公司的后续绩效。

具体而言，如果公司能建立一种推动创新和发展型的企业文化，那么公司的绩效也会提高（Klein & Sorra，1996；Schneider、Gunnarson & Niles-Jolly，1994）。中国企业正面临国内甚至全球市场的激烈竞争，一些公司正在积极地重组资源和系统以适应快速变化的市场需求,而另一些公司,特别是国有企业,还需要以市场为导向更加有效地发展(Wei & Lau, 2005)。因此,如果人力资源政策以发展变革与个人创新为目标,那么企业的文化特征会表现为更加重视发展,并强化员工行为以公司发展为目标,相应地带来更好的业绩。相反,等级型文化会在那些不积极进行组织变革并且阻碍企业创新和进取精神的公司中形成,业务拓展由此受到限制,公司绩效也由此受到损害。

企业文化分类。企业文化主要是指一个企业长期形成并为全体员工所认同的价值信念和行为规范。每个企业都会有意或无意地形成自己特有的文化,它来源于企业经营管理者的思想观念、企业的历史传统、工作习惯、社会环境和组织架构等。企业文化可以根据两个轴向分成四大类(见图2-1)。

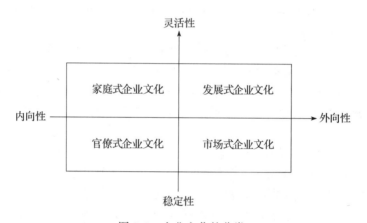

图2-1 企业文化的分类

资料来源:陈维政,余凯成,程文文.人力资源管理与开发高级教程[M].北京:高等教育出版社,2004.

第一,发展式企业文化。其特点是强调创新和成长,组织架构较松散,运作上相当非正规化。

第二,市场式企业文化。其特点是强调工作导向和目标的实现,重视按时完成各项生产经营目标。

第三,家庭式企业文化。其特点是强调企业内部的人际关系,企业像一个大家庭,员工像一个大家庭的成员,彼此间相互帮助和相互关照,最受重视的价值观是忠诚和传统。

第四,官僚式企业文化。其特点是强调企业内部的规章制度,凡事皆有章可循,重视企业的结构、层次和职权,注重企业的稳定性和持久性。

| SHRM 聚焦 |　　阿里巴巴和华为的企业文化是如何落地的

企业文化落地最关键的是解决员工的"内生动力",即变"要我做"为"我要做",自觉向组织目标靠拢,自觉按照企业文化所倡导的方向迈进,使个体行为与组织行为保持高度一致,而与企业文化相匹配的人力资源战略,能够较好地解决这一问题。

阿里巴巴软激励营造开放的文化氛围

文化建设一直是阿里巴巴(简称阿里)发

展的重中之重。可以说,企业文化使阿里能够掀起一场互联网革命。在阿里巴巴的企业文化建设过程中,阿里的人力资源战略特别是软激励的有效运用发挥了重要作用。

1. 尊重员工意愿,提供表达空间

"阿里味儿"是阿里巴巴强化企业文化的一个阵地,在这上面,员工可以直言部门主管的待遇不公,可以质疑公司的某项政策规定,甚至是集团高管走马上任也会被反对"围攻"。用一位阿里员工的话来说,可以讨论任何事情而无论层级,发表任何观点而无论对错,即便是高管的观点也经常被员工"减芝麻"。

阿里坚持的原则是"即使是毒草,也要让它长在阳光下"。正是在这种潜移默化的培养中,阿里的每位员工都能以一个平等、客观的姿态参与到工作的讨论和执行中。也正是这些做法使阿里开放、透明的企业文化被员工真正地接纳和吸收,有效地调动了员工的能动性和创造性。

2. 实施赛马机制,激发创新冲动

阿里充分满足了员工的施展空间和创新冲动。"赛马"就是很好的例子,员工只要有好的想法和创意就可以提交给阿里的项目委员会,经过审批之后,员工可以放手去做,集团会为其配备人手、资金,甚至还有期权,阿里很多好的项目都是通过"赛马"成立的。

"放任"的结果往往带来意想不到的惊喜,有些案例甚至让阿里内部员工也有点难以置信,比如一位刚刚入职的员工"不务正业",耗时8个月痴迷于与自身业务关联不大的技术难题,部门主管也欣然接受,而这对于双方来说都是一种"冒险":员工毫无突破,高管难辞其咎。但最终,员工的技术方案被纳入全球性的技术标准里。

3. 自由晋升和转岗,不拘一格

在职位晋升和调整机制上,阿里也同样奉行"自由"原则。比如阿里员工的晋升并不是由主管决定的,而是员工结合一年的工作情况自己来判断决定的,如果认为自己到了晋升的某一个层次和水平就提交晋升申请,由各个部门的资深同事来进行考核,员工做述职报告,评委来投票决定。再比如,员工转岗也无须征得部门主管同意,只要接收方同意,原部门主管就要无条件放行。这是阿里包容精神最直接的体现。

当然,自由不是无原则地放任。为了将自由且活跃的"分子"纳入整个组织的有机体中,使员工自主性与企业的需求相匹配,阿里设定了一定的限定条件。比如,晋升请求是自己提出的,但是判断的标准是透明公开、具体且细微的;转岗是没有主管限制的,但是存在一些硬性条件:首先是在现有部门至少待够一年,其次是绩效考核达到一定的水平。

可见,阿里巴巴激励机制的关键点在于充分尊重员工发展的意愿,并为员工提供自由发展的平台,而这种"软激励"是阿里"开放、创新"文化的真实写照,是阿里持续进行变革创新的重要推动因素。

华为双重激励建设艰苦奋斗的团队

目前,华为是全球领先的信息与通信解决方案供应商。在华为,文化口号非常多,如"胜者举杯相庆,败者拼死相救""狭路相逢勇者胜""以客户为中心,以奋斗者为本"……但艰苦奋斗的核心理念始终未变。华为的核心价值观是扎根于每个华为人内心深处的核心信念,是华为走到今天的内在动力,更是华为面向未来的共同承诺。

1. 物质激励:增强员工归属感

华为采取薪酬激励与股权激励相结合的方式对员工进行物质激励。公司视员工为宝贵的财富,尽力为员工提供优越的工作、生活、保险、医疗保健条件,为员工提供业界有竞争力的薪酬,只要员工在某方面取得了进步就能得到一定的奖励,做到"内外公平"。尤其是华为推行的全员持股制度,是对员工长期激励的有效办法,这一制度的推行使企业与员工的关系得到了根本改变,由原来的雇佣关系转变为合作伙伴关系,公司的发展与自身的利益息息相关,员工对公司的归属感进一步增强,员工的工作积极性进一步提高。

2. 精神激励:为员工提供动力之源

华为的精神激励主要有荣誉激励和职位激励。华为曾经专门成立过荣誉部,负责对员工进行考核、奖评,对员工点点滴滴的进步给予奖励。另外,员工的晋升制度也颇具吸引力,晋升看能力,不看资历,只要你有能力,就有可能在华为大显身手。精神激励为员工提供了真正的动力之源,因为华为带给他们的不仅是高薪,而且是更加宽广的发展舞台以及自由发挥的空间,而这些正是刚刚大学毕业怀揣着远大理想的年轻人所需要的,他们需要一个舞台来证明自己,为了证明自己,他们可以奋不顾身、不屈不挠。

物质和精神上的双重激励,激发了员工的创业热情,为华为建设一支团结、高效、艰苦奋斗的团队提供了保障,也对华为"狼性文化"的形成发挥了关键作用。

资料来源:一诺金融资讯。

2.2 人力资源战略的规划

2.2.1 人力资源战略规划的含义及要点

1. 人力资源战略规划的含义

凡事预则立,不预则废。人力资源管理同样如此。蓝姆和舒布洛克的研究表明,相对比较正式地使用人力资源计划的公司,相比于那些人力资源战略目标不太清楚的公司,其人力资源规划的作用更明显。因此,要保证战略人力资源管理整个系统正常运转,就必须认真做好人力资源战略规划。

人力资源战略规划(human resource planning)就是根据组织的发展战略、目标以及组织内外环境的变化,科学地预测、分析组织的人力资源需求和供给状况,制定必要的管理政策和措施,以确保组织在需要的时间和职位上获得所需的人力资源的过程(陈维政、余凯成和程文文,2004)。简单地讲,人力资源战略规划就是对组织在某个时期内的人员供给和人员需求进行预测,并根据预测的结果采取相应的措施来实现人力资源的供需平衡。

2. 人力资源战略规划的内容

人力资源战略规划的内容,也就是它的最终结果,主要包括两个方面。

(1)人力资源总体战略规划。人力资源总体战略规划是对计划期内人力资源规划结果的总体描述,包括预测的需求和供给分别是多少,做出这些预测的依据是什么,供给和需求的比较结果是什么,企业平衡需求与供给的指导原则和总体政策是什么等。人力资源总体战略规划具体包括三方面的内容,分别是人力资源数量规划、人力资源素质规划和人力资源结构规划。

人力资源数量规划是依据企业未来业务模式、业务流程、组织架构等因素确定未来企业各部门人力资源编制以及各类职位人员配比关系,并在此基础上制订企业未来人力资源需求计划和供给计划。

人力资源素质规划是依据企业战略、业务模式、业务流程和组织对员工的行为要求,设计各类人员的任职资格,包括人员素质要求、行为能力要求以及标准等。人力资源素质规划具体包括企业人员的基本素质要求,人员基本素质提升计划以及关键人才招聘、培养和激励计划等。

人力资源结构规划是指依据行业特点、企业规模、未来发展战略重点以及业务模式，对企业人力资源进行分层分类，同时设计和定义企业职位种类和职位责权界限等，从而理顺层次，以及各类职位上的人员在企业发展中的地位、作用和相互关系。

（2）人力资源业务规划。人力资源业务规划是总体规划的分解和具体化，它包括人员补充计划、人员配置计划、人员接替和晋升计划、人员培训与开发计划、工资激励计划、员工关系计划和退休解聘计划等内容（见表2-3）。

表2-3 人力资源业务规划的内容

规划名称	目标	政策	预算
人员补充计划	类型、数量、层次及人员素质结构的改善	任职资格、人员的来源范围、人员的起薪	招聘选拔费用
人员配置计划	部门编制、人力资源结构优化、职位匹配、职位轮换	任职资格、职位轮换的范围和时间	按使用规模、类别和人员状况决定薪酬预算
人员接替和晋升计划	后备人员数量保持、人员结构改善	选拔标准、晋升比例、未晋升人员安置	职位变动引起的工资变动
人员培训与开发计划	培训的数量和类型、提供内部的供给、提高工作效率	培训计划的安排、培训时间和效果的保证	培训与开发总成本
工资激励计划	劳动力供给增加、士气提高、绩效改善	工资政策、激励政策、激励方式	增加工资奖金的数额
员工关系计划	提高工作效率、员工关系改善、离职率降低	民主管理、加强沟通	法律诉讼费用
退休解聘计划	劳动力成本降低、生产率提高	退休政策及解聘程序	安置费用

资料来源：董克用.人力资源管理概论[M].北京：中国人民大学出版社，2015.

3. 人力资源战略规划的原则

（1）充分考虑内部、外部环境的变化。人力资源计划只有充分地考虑了内外部环境的变化，才能适应需要，真正做到为企业发展目标服务。内部变化主要体现在销售、开发，企业发展战略、公司员工的流动变化等；外部变化是指社会消费市场、政府政策、人才市场的变化等。

（2）确保企业的人力资源保障。企业的人力资源保障问题是人力资源计划的核心问题，它包括人员的流入预测、流出预测、内部流动预测、社会人力资源供给状况分析、人员流动的损益分析等。

（3）保障企业和员工的长期利益。企业的发展和员工的发展是互相依托、互相促进的关系。优秀的人力资源计划，能够使企业每个员工实现长期利益，并促进企业和员工共同发展。

4. 人力资源战略规划的程序

人力资源战略规划的开发能够使理想的文化、行为和能力出现在组织中，为了达到预期的目的，应该按照一定的程序来进行，具体流程如图2-2所示。可以看出，人力资源规划程序一般包括四个阶段：准备阶段、预测阶段、实施阶段和评估阶段。

（1）准备阶段。信息资料是制定人力资源规划的重要依据。因此，本阶段的工作主要是收集和调查人力资源规划所需要的各种信息资料，并为后续阶段的实务方法和工具做准备。这些信息资料主要包括以下几个方面的内容。

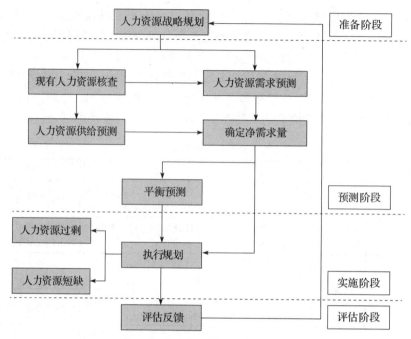

图 2-2　人力资源战略规划的程序

1）企业战略。人力资源战略规划必须与企业的经营战略保持一致，为企业的整体战略服务。企业的经营战略也会对人力资源战略规划提出不同的要求。因此，在制定人力资源战略规划时，人力资源部必须收集并深入研究与企业战略相关的信息。

2）企业外部环境。企业的人力资源战略规划必然受到企业外部环境的制约。例如，相关的政治、经济、文化、人口、教育、法律等环境，劳动力市场的供求状况，劳动力的择业期望，竞争对手的人力资源管理政策等。因此，对企业外部环境进行细致、深入的分析，是提高人力资源战略规划质量的重要环节。

3）现有人力资源的信息。搜集的信息应当包括现有人力资源的数量、素质结构、使用状况、发展潜力及流动比率等。为了及时、准确地掌握企业现有人力资源的状况，需要借助完善的人力资源信息系统及时更新、修正和提供相关的信息。

（2）预测阶段。预测的目的是要掌握企业对各类人力资源在数量和质量上的需求及供给情况，得出人力资源的净需求数据。在进行供给预测时，内部供给预测是重点，外部供给预测应侧重于关键人员。人力资源需求和供给预测具有较强的技术性，是人力资源规划中最关键的一部分，也是难度最大的一部分，直接决定了规划的成败。关于如何预测人力资源需求和供给，我们会在下一节中做较详细的介绍。

（3）实施阶段。在供给和需求预测完成后，就要根据两者之间的比较结果，根据人力资源的总体规划和业务规划，制定并实施平衡供需的措施，使企业人力资源的供需达到平衡，关于在每种比较结果下应当制定什么样的具体措施，我们将在下一节进行说明。在制定相关的措施时，需要注意应当使人力资源总体战略规划和人力资源业务规划与企业的其他计划相互协调，只有这样，制定的措施才能得以有效实施。例如，如果财务预算没有增加相应的费用，那么人员的招聘计划就无法实施。

（4）评估阶段。对人力资源战略规划进行综合评估，这是整个规划过程的最后一步。

由于预测不可能做到完全准确，因此人力资源战略规划也不是一成不变的，它是一个开放的动态系统。企业可以广泛听取管理人员和员工对人力资源战略规划的意见，充分调动广大管理人员和员工参与人力资源战略规划的积极性。在发达国家的大中型企业中，人力资源战略规划的评估工作通常是由人力资源管理委员会完成的。该委员会一般由一位副总裁、一位人力资源部经理以及若干专家和员工代表组成。

2.2.2 战略视角下的人力资源需求、供给预测和平衡

1. 战略视角下的人力资源需求预测

战略视角下的人力资源需求预测是指企业基于未来（5年或者10年）的战略发展目标，对企业在某一特定时间内所需的人力资源的数量、质量以及结构进行估计。其主要任务是明确企业未来一段时间内的发展目标，然后基于战略发展目标预先确定组织在什么时候需要人，需要多少人，需要什么样的人。为此，规划人员首先要了解哪些因素可能影响到组织的人力资源需求，然后根据这些因素的变化对组织人力资源需求状况进行分析和预测。

（1）人力资源需求分析。人力资源需求分析主要从以下几个影响人力资源需求的因素入手。①企业发展战略和经营规划。组织的发展战略和经营规划直接决定了组织内部的职位设置情况及人员需求数量、质量与结构。当组织决定实行扩张战略时，未来的职位数和人员数肯定会有所增加，如果组织对原有经营领域进行调整，那么未来组织的职位结构和人员构成也会相应地进行调整。②长期的市场需求趋势。一般在生产技术和管理水平不变的条件下，市场需求与人力资源需求成正比关系，当市场需求增加时，企业内设置的职位和聘用的人数也会相应增加。③未来生产技术与管理水平状况。不同的生产技术和管理方式在很大程度上决定了企业内部的生产流程和组织方式，进而决定了组织内职位设置的数量和结构。因此，当组织的生产和管理技术发生重大变化时，组织内职位和人员情况会有巨大变化。当企业采用效率高的生产技术时，同样数量的市场需求可能只需要很少的人员就能满足，同时新的技术可能还要求企业用能够掌握新技能的员工来替换原有员工。但是新技术也可能会有一些新的职位要求，从而在一定程度上增加对某一类员工的需求。④从长期来看企业内部人员变动状况。人员流动比率是指由于辞职、解聘或合同期满后终止合同等原因引起的职位空缺规模。人员流动比率的大小及这一比率的内部结构状况，会对企业的人力资源需求产生直接影响。

由于影响企业人力资源需求的因素很多，因此需求分析应根据企业的具体情况，分析和筛选出那些最关键的因素，然后根据这些因素的变化对人力资源需求状况进行预测（朱飞和文跃然，2013）。

（2）人力资源需求预测的方法。各种复杂的内外环境的影响，使得人力资源需求预测变得非常困难，因此在进行需求预测时必须结合定性方法和定量方法。常用的定性方法有主观判断法、德尔菲法，定量方法有趋势预测法、回归预测法、比率预测法等。

1）主观判断法。它是由管理人员根据以往的经验，以及对人力资源影响因素的未来变化趋势的主观判断，自下而上地确定未来所需人员的方法。具体做法是先由基层管理者根据自己的经验和对未来业务量的估计，提出本部门各类人员的需求量，再由上一层管理者估算平衡，直至最高层管理者做出决策，然后由人力资源管理部门制定出具体的执行方案。这是一种最简单的预测方法，主要适用于短期的预测。如果企业规模小，生产经营稳定，

发展较均衡，一般采用这种方法。

2）德尔菲法。德尔菲这一名称起源于古希腊有关太阳神阿波罗的神话。传说阿波罗在德尔菲这个地方杀死了一条巨蟒，成了德尔菲主人。在德尔菲建有阿波罗神殿，是一个预卜未来的神谕之地，德尔菲法由此得名。1946年，兰德公司首次用这种方法来进行预测，后来该方法被迅速广泛地采用。这种方法是指邀请在某一领域的一些专家或有经验的管理人员对某一问题进行预测并最终达成一致意见的结构化的方法，有时也称之为专家预测法。

采用德尔菲法的具体操作过程，如图2-3所示。

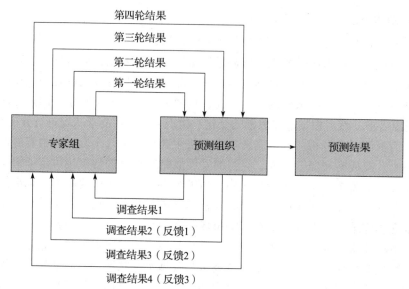

图2-3　德尔菲法示意图

第一步，确定预测目标，以问卷形式列出一系列有关人力资源预测的具体问题；第二步，广泛选择和深入了解人力资源问题的专家，并向选定的专家提供有关情况和资料，取得与他们的合作；第三步，向专家发出调查问卷（表2-4是调查问卷的一个实例），请他们独立思考并书面回答；第四步，将专家的意见进行归纳，并将综合结果反馈给他们；第五步，请专家根据归纳的结果重新思考，允许他们修改自己的预测并说明原因；第六步，重复进行第四步和第五步直到专家的意见趋于一致为止；第七步，用文字、图表等形式将专家的预测结果发布。

表2-4　德尔菲调查样表

预测项目：XX公司专业技术职位A与职位B的合理人才数量比

上次（第 X 次）调查结果为：
1. 职位A不需要设置，因为……
2. 1∶0.5，因为……
3. 1∶1，因为……
4. 1∶1.5，因为……
5. 1∶3，因为……
中间值1∶1，四分位点1∶0.5～1∶1.5，极端值1∶3，回答职位A不需要设置的占5%。
你的分析估计：
请说明理由：

3）趋势预测法。趋势预测法是根据企业过去若干年份的人员数量和变化趋势，来预测企业在未来某一时期人力资源的需求量。其具体做法是：以时间为自变量，人力资源需求量为因变量，根据历史数据，在坐标轴上绘出散点图；由图形可以直观地判断应用哪种趋势线拟合，从而建立相应的趋势方程；用最小二乘法求出方程系数，确定趋势方程。在此基础上，就可对未来某一时间的人力资源需求进行预测。

4）回归预测法。回归预测法是指根据数学中的回归原理对人力资源需求进行预测。其基本思路是：确定与企业中的人力资源数量和构成高度相关的因素，建立回归方程；然后根据历史数据，计算出方程系数，确定回归方程；这时，只要得到了相关因素的数值，就可以对人力资源的需求量做出预测。回归模型包括一元线性回归模型、多元线性回归模型和非线性回归模型。一元线性回归是指与人力资源需求高度相关的因素只有一个；多元线性回归是指有两个或两个以上的因素与人力资源需求高度相关。如果人力资源需求与其相关因素不存在线性关系，就应该采用非线性回归模型。多元线性回归与非线性回归非常复杂，通常要借助计算机来处理。

实践中往往是多个因素共同决定企业人力资源需求量，且这些因素与人力资源需求量呈线性关系，所以多元线性回归预测法在预测人力资源需求量方面应用比较广泛，而且比趋势预测法准确。多元线性回归的公式为：

$$Y = a_0 + a_1 X_1 + a_2 X_2 + \cdots + a_n X_n + u$$

该方法一般按以下步骤来进行。

第一步，确定适当的与人力资源需求量有关的组织因素。组织因素应与组织的基本特征直接相关，而且它的变化必须与所需的人力资源需求量变化成比例。

第二步，找出历史上组织因素与员工数量之间的关系。例如，医院中病人与护士数量的比例关系，学校中学生与教师的比例关系等。

第三步，计算劳动生产率。例如，表2-5为某医院1974～1986年每三名护士平均日护理病例的数量。这样，每年病人数的总数乘以同一年份劳动率即得到护士的总数。

表2-5 某医院1974～1986年病人与护士数量比例数

年 份	组织因素 病人数（人）	劳动生产率 护士数/病人数	人员需求 护士人数（名）
1974	3 000	3/15	600
1978	2 880	3/12	720
1982	2 800	3/10	840
1986	1 920	3/6	960

注：本例为简便起见，只将劳动生产率这个单一因素作为自变量。

第四步，确立劳动生产率的变化趋势以及对趋势的调整。要确定过去一段时间中劳动生产率的变化趋势必须收集该时期的产量和劳动力数量的数据，依此算出平均每年生产率变化和组织因素的变化，这样就可预测下一年的变化。

第五步，预测未来某一年的人员需求量。表2-6列出了1974～1998年实际和预测的组织因素水平（病人数/年）及劳动生产率。其中，1990～1998年的病人数可以运用趋势法、社会需求分析法预测，劳动生产率是经过对历史数据分析调整后的数值，一旦确定了这两个变量，便可以计算出人员需求。

表 2-6　该医院 1974～1998 年护士需求量实际和预测

年　份	组织因素 病人数（人）	劳动生产率 护士数/病人数	人员需求 护士人数（名）	
1974	3 000	3/15	600	实际
1978	2 880	3/12	720	
1982	2 800	3/10	840	
1986	1 920	3/6	960	
1990	1 400	3/4	1 050	预测
1994	1 520	3/4	1 140	
1998	1 660	3/4	1 245	

　　5）比率预测法。比率预测法是基于对员工个人生产效率的分析来进行的一种预测方法。常用的有以下方法。

　　一是人员比例法。例如，某企业有 200 名生产人员和 10 名管理人员，那么，生产人员与管理人员的比率就是 20，这表明 1 名管理人员管理 20 名生产人员。如果企业明年将生产人员增加到 400 名，那么根据比率可以确定企业对管理人员的需求为 20 名，也就是要再增加 10 名管理人员。

　　二是生产单位与人员比例法。例如，某企业有生产工人 100 名，每日可生产 50 000 单位的产品，即一名生产工人每日可生产 500 单位产品。如果企业明年要提高产量，每日生产 100 000 单位产品，根据比率可以确定需要生产工人 200 名，也就是要再增雇 100 名生产工人。

　　比率预测法假定企业的劳动生产率是不变的，如果考虑到劳动生产率的变化对员工需求量的影响，可用以下计算公式：

$$N = \frac{w}{q \times (1+R)}$$

　　式中，N 为人力资源需求量；w 为计划期内任务总量；q 为目前的劳动生产率；R 为计划期内生产率变动系数。

$$R = R_1 + R_2 - R_3$$

　　式中，R_1 为因企业技术进步而引起的劳动生产率提高的系数；R_2 为因经验积累而引起的生产率提高的系数；R_3 为因员工年龄增大及某些社会因素而引起的生产率降低的系数。

2. 战略视角下的人力资源供给预测

　　战略视角下的人力资源供给预测是指企业基于未来（5 年或 10 年）的战略发展目标对某一特定时间内能够供给企业的人力资源的数量、质量以及结构进行估计，战略视角下的人力资源供给预测关注的是更加长期的供给来源和数量。人力资源供给预测主要包括内部人员拥有（供给）量预测和外部人员供给量预测。重点是前者，而且侧重于对关键员工或核心员工的预测。

　　（1）人力资源供给。

　　1）人力资源内部供给。企业内部人力资源供给通常是企业未来人力资源的主要来源，所以企业人力资源需求的满足应优先考虑内部人力资源供给。

　　例如，员工年龄结构。员工年龄结构关系到企业长期发展过程中员工新老交替的顺利进行，而且不同年龄的员工对不同的职位有不同的优势和作用，根据年龄结构是否合理，可以做出科学的补充计划。年龄结构分析可按以下方法进行：一是计算平均年龄，若平均年龄大于 40 岁，表明人力资源供给不足、青黄不接，应该采取更新措施；二是将年龄组的统计资料用表格的形式或在坐标轴上以曲线图的形式表示出来，从而使企业的员工年龄结构与分布状况一目了然，并以此作为内部人员供给的一个基本依据。

另外，企业员工的素质可划分为员工的知识技能水平、思想素质和文化价值观、员工群体的知识技能层次结构等几个主要维度。在其他条件不变的前提下，员工素质的变化会影响内部供给，两者通过劳动生产率这个中间变量进行调节。也就是说，一般情况下，员工素质越高，劳动生产率就越高，内部人力资源供给相应就会增加；反之，内部人力资源供给就会减少。员工素质状况的改善，与工资水平的提高、教育培训机会的增多以及各种激励措施的实施都可能相关，因此对企业内部员工素质状况的分析，必须对这些影响因素给企业长期发展带来的影响给予高度关注。

2）人力资源外部供给。影响企业外部人力资源供给的因素是多种多样的。在进行人力资源外部供给预测时主要应考虑以下五个方面的因素。

第一，未来宏观经济形势。一般来说，未来宏观经济形势越好，失业率越低，劳动力供给越紧张，招聘就越困难；相反，未来宏观经济形势越差，失业率越高，劳动力供给越充足，招聘就越容易。

第二，政府即将出台的政策法规。政府的政策法规是影响企业外部人力资源供给不可忽视的一个因素。各地政府为了各自经济的发展，保护本地劳动力的就业机会，都会颁布一些相关的政策法规，包括不准歧视女性就业，保护残疾人就业，严禁雇用童工，员工安全保护法规，从事危险工种保护条例等，从而影响未来的外部人力资源供给。

第三，长期劳动力市场状况。劳动力市场发育良好将有利于劳动力自由进入市场，由市场工资率引导劳动力的合理流动；劳动力市场发育不健全势必影响人力资源的优化配置，也给组织预测外部人员供给带来困难。

第四，人口状况趋势。人口状况是影响企业外部人力资源供给的重要因素，主要包括两个方面：一是人口总量，人口总量决定了人力资源供给总量，人口总量越大，人力资源供给越充足；二是人力资源的总体构成，主要包括人力资源的年龄、性别、受教育程度、技能、经验等，这些因素决定了未来在不同的层次与类别上可以提供的人力资源的数量和质量。

第五，社会就业意识和择业心理偏好。社会就业意识和择业心理偏好是影响外部人力资源供给的重要因素。比如，一些城市失业人员宁愿失业也不愿从事苦、脏、累、险的工作；应届大学毕业生普遍存在对职业期望值过高的现象，大多数人希望到经济发达地区或进入国家机关、大公司、国有企业工作，而不愿到经济落后地区或小企业工作。受我国改革开放和全球化的影响，人们的就业意识在不断发生变化，例如，当前人们的自主创业意识在不断增强，这些都在长期意义上影响企业可获取的人力资源数量和质量（Tang，Wei，Snape，et al.，2015）。

（2）人力资源供给预测的方法。人力资源供给预测的方法很多，这里介绍几种有代表性的方法。

1）技能清单法。技能清单法又称人员核查法。技能清单是一个反映员工工作能力特征的列表，这些特征包括员工的培训背景、工作经历、持有的资格证书、工作力的评价等内容。表 2-7 就是技能清单的例子。

表2-7 技能清单示例

姓名：		职位：		部门：	
出生年月：		婚姻状况：		到职日期：	
教育背景	类别	学校		毕业日期	主修课目
	大学				
	研究生				
技能	技能种类			所获证书	
训练背景	训练主题		训练机构	训练时间	
志向	是否愿意从事其他类型的工作			是	否
	是否愿意到其他部门工作			是	否
	是否愿意接受工作轮换以丰富工作经验			是	否
	你最喜欢从事哪种工作				
你认为自己需要接受何种训练	改善目前技能和绩效的训练				
	晋升所需的经验和技能训练				
你认为自己可以接受何种工作					

一般来说，技能清单应包括以下七大类信息。

- 个人数据：年龄、性别、婚姻状况。
- 技能：受教育经历、工作经验、培训经历。
- 特殊资格：专业团体成员、特殊成就。
- 薪酬和工作历史：过去的薪酬水平、加薪日期、承担的各种工作。
- 公司数据：福利计划数据、退休信息、资历。
- 个人能力：在心理或其他测试中的测试成绩、健康信息。
- 个人特殊爱好：地理位置、工作类型。

2）人员替补图法。人员替补图法记录员工的工作绩效、晋升的可能性和所需要的训练等内容，由此来决定哪些人员可以补充组织的重要职位空缺。这种方法是对现有员工情况先做出评价，然后对他们晋升或调动的可能性做出判断，以预测企业潜在的内部供给，同时也可以通过及时发现可能出现空缺的职位，预测企业员工需求（见图2-4）。

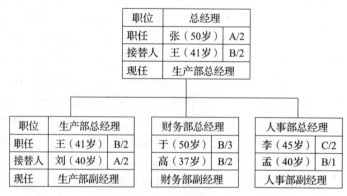

图2-4 人员替补示例

注：A表示现在就可以提拔，B表示还需要一定的培训，C表示现任职位不是很合适。1表示绩效突出，2表示绩效优秀，3表示绩效一般，4表示绩效较差。

人员替补图法是预测企业内管理人员供给的一种简单有效的方法。制订该计划有如下的步骤。

第一步，确定计划范围，即确定管理人员晋升计划包括的管理职位。

第二步，确定各个管理职位上可能的接替人选。

第三步，评价各位接替人员的当前绩效和提升潜力。根据评价结果，当前绩效可划分为"突出""优秀""一般"和"较差"四个级别，提升潜力可划分为"可以提拔""需要培训"和"现在职位不合适"三个级别。

第四步，确定接替人选。确定接替人选时，要将个人目标与组织目标结合起来，也就是说，企业从组织目标出发根据评价结果所做的人事安排，应尽可能与接替人员的个人目标相吻合，使之能尽快胜任从事的工作。

3. 长期人力资源供需平衡

在人力资源供需预测的基础上，接下来的一项关键工作就是平衡人力资源的供需，这是人力资源规划工作的核心和目的所在。从战略视角看，将人力资源的供给与需求预测进行比较，一般也会有以下几种结果：一是预测的长期供给和需求在数量、素质以及结构等方面都平衡；二是供给与需求在数量上平衡，但结构上不匹配；三是供给与需求在数量上不平衡，包括供大于求和供小于求两种情况。现实中，供求完全平衡的情况很少出现。当供给与需求数量平衡而结构不匹配时，需要对现有的人力资源在结构上进行调整，而当供给和需求数量存在差异时，则需要制定出相应的规划政策，以确保组织发展的各时间点上供给与需求平衡。

（1）人力资源结构不平衡的调整措施。人力资源结构不平衡是指组织内某些职位的人员过剩，而另一些职位的人员短缺。对于人力资源结构不平衡的调整，可以采取以下措施。

1）未来通过企业内部人员的晋升和调任等，满足空缺职位对人力资源的需求。

2）对于即将发生的供过于求的普通人力资源，可以有针对性地提前对其进行培训，提高他们的知识和技能水平，以便未来补充到空缺的职位上。

3）按企业需要，一方面要从外部招聘企业急需的人员，另一方面对企业内部的冗员进行必要的裁减。

（2）人力资源供大于求的调整措施。当预测的供给大于需求时，组织可以采用下列措施进行调整。

1）按照组织战略需要，扩大经营规模或者开拓新的增长点，以增加对人力资源的需求。例如，企业可以实施多种经营方式，吸纳过剩的人力资源。

2）进行战略性裁员或者辞退员工。这种方法虽然比较直接，但是由于会给社会带来不安定因素，因此往往会受到政府的限制，所以提前准备和做足应对工作十分必要，包括鼓励员工提前退休，也就是给那些接近退休年龄的员工以优惠的政策，让他们提前离开企业。

3）计划安排缩短员工的工作时间，实行工作分享或者降低员工的工资。通过这种方式也可以减少供给。

4）考虑对富余员工实施培训。这相当于进行人员储备，为将来的发展做好准备。

（3）人力资源供不应求的调整措施。当预测的供给小于需求时，组织可以采用以下措施来进行调整。

1）提前考虑从外部雇用人员，包括返聘退休人员。这是最直接的一种方法，可以雇用全职的，也可以雇用兼职的，这要根据企业自身的情况来确定。如果需求是长期的，就要雇用全职的；如果是短期需求增加，就可以雇用兼职的或临时的。

2）从长期来看，提高现有员工的工作效率是增加供给的一种有效方法，提高工作效率的方法有很多，例如，改进生产技术、增加工资、进行技能培训、调整工作方式等。

3）战略性保留，也就是降低员工的离职率，减少员工的流失，同时进行内部调整，这些都是提高组织内部供给的有效方法。

4）越来越流行的外包必将为企业长期规划带来缓冲。将企业的部分业务或职能进行外包，这实际上等于减少了对人力资源的固定需求，既为企业带来灵活性，同时还可以降低成本。

上述平衡供需的方法在实施过程中具有不同的效果，例如，靠自然减员来减少供给，过程比较长，裁员的方法则见效比较快。企业人力资源供给与需求的不平衡不可能是单一的供求数量不平衡或是结构不匹配，它们往往会相互交织在一起。例如，关键职位的供给小于需求，但是普通职位的供给大于需求，因此，企业在制定平衡供需的措施时，应当从实际出发，综合运用这些方法，努力使人力资源的供给和需求在数量、质量以及结构上达到平衡匹配。

| SHRM 聚焦 | 华为战略人力资源规划的研究

华为是全球领先的电信解决方案供应商，根据收入规模计算，截至2011年，华为已经成功跻身为全球第二大综合通信设备供应商，目前仅次于瑞典供应商巨头爱立信。目前，华为在全球拥有超过10万的员工，为有效管理如此庞大的人力资源队伍，显然华为的人力资源管理是一项极其艰巨的任务。华为战略人力资源规划不仅非常成功地支持了企业的人力资源管理工作，更有力地支撑了企业战略的实施。

华为从战略的高度对员工的需求、招聘任用、员工培训及职业生涯、人员流动和薪酬福利等方面进行了成功的规划。可以说，华为的战略人力资源规划值得国内外很多企业借鉴和学习。

华为战略人力资源规划的成功经验

（1）《华为基本法》的制定让华为的人力资源战略规划的制定、实施和评估及反馈都能得到"法律"的规范和约束，实现由"人治"向"法治"的转变，同时也确保企业战略人力资源规划符合人力资源战略，从而与企业战略有机结合，满足推进企业战略实现的需要。

（2）华为根据公司在不同时期的战略和目标，深入分析企业人员的需求和供给状况，进而为企业确定合理的人才数量和质量结构。同时建立内部劳动力市场，在企业的人力资源管理中引入竞争和选择机制。通过内部劳动力市场和外部劳动力市场的转换，促进优秀人才的脱颖而出，实现人力资源的合理配置和激活沉淀层。

（3）重视校园招聘计划。在毕业生的招聘和录用规划中，华为注重应聘者的素质、潜能、品格、学历和经验等综合特征。坚持选择最合适的而非最优秀的，根据企业已经建立的任职资格认证体系和企业发展的需要，来选择和确定最合适、最匹配的人才。同时，华为还强调双向选择的原则，与应聘者平等、客观地交流，双向考察，看彼此是否真正能产生良好的"化学反应"。

（4）华为强调人力资本的增值要始终优先于财务资本的增值，因此非常重视人力资源培训和开发规划，并将持续的人力资源开发作为实现人力资本增值的重要条件。在公司内部实行在职培训和脱岗培训相结合、自我开发和教育开发相结合的人力资本开发形式，并建立人力资源开发投入－产出评价体系，以评估人力资源开发取得的效果。

（5）在人力资源流动上推行一般员工能进能出，管理人员能上能下的制度。每个华为员工，通过努力工作以及在工作中增长才干，都可能获得职务或任职资格的晋升。在晋升规划中，华为遵循人才成长规律，坚持公平竞争，同时不拘泥于资历与级别，按公司组织目标与事业机会的要求，依据制度性甄别机制，对有突出才干和突出贡献者实施破格提升。

（6）员工考评规划的优越性。在华为，员工和干部的考评实行纵横交互的全方位考评。在一定的考评周期内，华为会按照明确的目标和要求，对每个员工和干部的工作绩效、工作能力及工作态度做例行性的考核与评价。此外，还创新性地将沟通列入对各级主管的考评中。

华为和众多高科技企业一样，都认识到技术和管理的不断创新是企业生存与发展的关键，而优秀的人才是实现这些创新的主体，所以，人才越来越成为企业发展的根本。

资料来源：中国人力资源工作网。

▶ 本章小结

本章由人力资源战略引入，以案例为支撑，为读者介绍了战略人力资源规划对于企业长远发展的重要意义及相关内容。

人力资源战略强调人力资源对组织战略目标的支撑作用，侧重于从战略层面考虑人力资源的内容和作用。因此，人力资源战略必须与公司战略相一致，发挥其在企业战略管理中为组织战略分析提供相关信息、支撑企业战略实施的主要功能，进而促进企业战略的实现。此外，人力资源战略还需要与企业竞争战略、企业战略、企业文化相匹配，以充分发挥其对企业战略的支撑作用。

如果要保证战略人力资源管理整个系统正常运转，就必须认真做好人力资源战略规划，而人力资源战略规划的实质就是在人力资源供求预测的基础上制定出正确、清晰、有效的人力资源政策和措施，以实现人力资源的供求平衡，满足企业对人力资源的需求。

人力资源战略规划历经准备、预测、实施和评估四个阶段，最终结果分为总体战略规划以及业务规划两部分。其中，人力资源供求预测运用德尔菲法、趋势分析法、技能清单法、人员替补图法等制定对应的人力资源政策和措施，最终实现供求平衡。

此外，人力资源战略规划作为战略人力资源管理整体框架中的一部分，与工作分析、招聘、培训、薪酬、绩效等人力资源管理职能之间也存在非常密切的关系。

▶ 战略导图

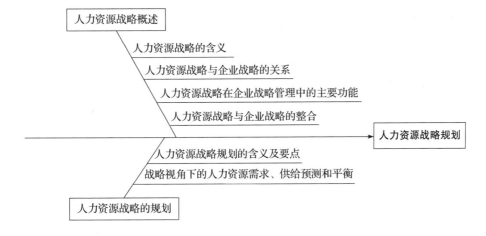

▶ 关键术语

人力资源战略　　　　　　　　　　　　人力资源战略规划

▶ 复习思考题

1. 简述人力资源战略在企业战略管理中的主要功能。
2. 简述如何进行人力资源战略与企业战略的整合。
3. 简述人力资源战略规划的内容、要点及程序。
4. 简述人力资源需求分析的影响因素及需求预测方法。
5. 简述人力资源供给分析的影响因素及供给预测方法。
6. 人力资源供需不平衡的分类及每种不平衡可采取的调整办法。

▶ 文献导读

1. An Aspirational Framework for Strategic Human Resource Management

在过去的 30 年里，战略人力资源管理吸引了大量学者的关注，并形成了一个确定的研究领域。然而 SHRM 领域早期提出的、具有潜在研究价值的一些重要概念并没有引起应有的重视，可能是这些复杂的核心概念难以在严格的实证研究中得以伸展。

为了推动 SHRM 的持续发展，Jackson、Schuler 和 Jiang（2014）对 SHRM 的概念进行了讨论，并为今后的相关研究提供了一个富有想象力的研究框架指南。此外，Jackson、Schuler 和 Jiang（2014）还对 SHRM 的演变进行了回顾，从 SHRM 研究最初的 10 年形成期，到之后的 20 年成熟的实证研究做了研讨。最后，作者还就以往实证研究成果与本文中提出的研究框架之间的沟壑进行了总结，并为以后的研究提供了建议。

资料来源：Jackson S E, Schuler R S, Jiang K. An Aspirational Framework for Strategic Human Resource Management [J]. The Academy of Management Annals, 2014, 8（1）: 1-56.

2. Strategic human resources management : Where do we go from here?

在过去的数 10 年里，战略人力资源管理在研究领域和实践方面都逐渐成熟，目前迫切需要对 SHRM 在研究领域和实践方面所处的阶段和位置进行分析和评估。

Becker 和 Huselid（2006）发表在 Journal of Management 上的这篇文章阐述了未来 10 年关于 SHRM 研究需要关注的重点和研究方向。其中，Becker 和 Huselid（2006）分为两个部分分别对 SHRM 理论研究上存在的"黑箱"和未来实证研究面临的挑战做了讨论。关于前者，作者依据资源基础观指出，战略的实施（strategy implementation）将在组织 HR 措施与企业绩效之间承担桥梁的角色，在战略实施过程中尤其需要注意 HR 举措与组织战略能力、运营过程等的匹配（fit）。同时认为，HR 实践在注重匹配的过程中需避免盲目的趋同性，同一 HR 实践在不同情景下和不同组织间的效果也会存在差异。差异化的匹配（differentiated fit）将成为 HR 实践创造和获取价值的重要方式。

资料来源：Becker B E, Huselid M A. Strategic Human Resources Management: Where do We go from Here? [J]. Journal of Management, 2006, 32（6）: 898-925.

▶ 应用案例

优衣库那股骄傲劲儿，来自它的人才战略

优衣库以优质低价的特色打造出了一个骄傲的品牌，但它骄傲的资本归根结底还在于其独特的人才战略。创始人、社长柳井正鼓励全体员工都要有独立思考的"头脑"，而

非"手脚",他说:"社长的话也不一定正确,不能把社长的话当圣旨。如果一切都被认真执行,公司一定会倒闭的。"

如今的优衣库是一家希望每个员工都可以独立思考、畅所欲言的公司。但20世纪90年代初可不是这样的,柳井正认为,并不强大的优衣库如果让每个员工都独立思考,就会迷失了前进标识,而公司想要提高销售额和利润,想要扩大经营规模,就必须采用"独断行事的体制"。

如此思维理念主导的管理方式,自然就是要很多员工去充当完美执行领导意志的"手脚",而非"头脑"。后来,随着公司的规模越做越大,公司陆续在广岛和东京证券交易所上市,这种"一人说了算"的独裁经营体制越来越行不通了。于是,优衣库的组织架构和人才战略就开始重新调整。

要做"头脑",而非"手脚"

柳井正所领导的优衣库数十年来都以"快速"著称:快速思考、尽早决策、尽早执行、快速承认错误、快速调整。为了实现在瞬息万变的全球市场中做到速断速决,全球各地的情况都有所不同,若总部把员工都当"手脚"来用,那公司似乎只能因不能适应变化而死路一条,并且"手脚"也不会一直满足于只做"手脚"。因此,柳井正便鼓励公司从上到下、每个员工都要做"头脑",根据自己和公司遇到的实际情况进行有效的判断与执行。

店长是公司的主角,最具话语权

在优衣库,店铺是最核心的运营模式,店长是公司的主角。柳井正曾根据自身经验总结出雷打不动的23条经营理念,其中多次强调:经营要顺应顾客的需求,创造顾客的需求;经营必须以唯一与顾客直接接触的商品和商场为中心。

因为零售店铺每天都要直接与各式各样的消费者面对面打交道,满足他们种种不同的需求,这自然就需要灵活性,需要根据实际情况随时变化和调整。在运营过程中,就需要赋予店长一定的权限。店长被赋予以下权力:可以根据店铺的地理位置、客源层次,自行调整和决定订货量;可以自主决定商品陈列、店铺运营模式、广告宣传单的印制等。

既然店铺和店长是主角,那总部则是处在支持、支援地位的配角。在总部和店铺的中间,还有地区经理,他们的称呼是"主管",主要职责不是管理区域内的各店店长,而是给店长提供协助、建议和支持。

当然,店长的职责也不仅是提高销售额和利润,还要管理好自己的团队,使其融洽和谐,同时还要培养优秀的副手,因为店长不可能一天到晚都在店里。也正因为优衣库将店长推到公司主角的重要位置上,所以,店长的收入还是很高的,如果做得好还会高过公司总部的人。

实力主义和项目主义

所谓"实力主义",就是把员工的实力作为任用、考评时的唯一标准。这也是优衣库23条经营理念中的一条:"经营要光明正大,赏罚分明,提倡彻底的实力主义。"也就是说,对于员工,努力不努力工作、有无取得业绩、取得业绩大小……都直接落在人事考评制度的运用操作层面,相应地,员工也会每时每刻在自己的工作中对照。

优衣库还提倡"无障碍的项目主义",让人才在不同的项目中更具协调性地完成工作。这点不管对大公司还是初创公司来说都很重要,因为在当下多变的环境里,公司的组织也必须根据工作的需要和变化不断调整,打破固化的组织结构,充分顺应顾客的需求,而项目一旦达成,在取得预期效果后,就可以解散组织形态了。

匠工程

柳井正认为,一家公司的管理者最好是在30~45岁的人,因为这一年龄的管理者既有了较丰富的工作和管理经验的积累,又正年富力强,成长的欲望特别旺盛,工作也充满激情,并能用激情去感染每个员工。因此,他启用了很多年轻人进入管理层。柳井正曾说:"休闲服装的市场真的很大。在这一巨大的市场需求中,要制作出让广大消费者满意的商品来,一般的努力显然是不够的。"于是，经历了各种各样的探索，优衣库启动了"匠工程"。

优衣库的"匠工程"就是把那些年纪比较大的，在缝制、染色等产品质量的重点把控环节有丰富经验的熟练技术工招致麾下，给他们很高的尊重和很好的待遇，让他们发挥余热，把绝活儿教给更多的技术工，从专业角度对产品质量问题进行监督和指导。

在产品设计方面，优衣库除了有设计研究院吸纳人才外，还会选择更灵活的方式，跟全世界优秀的设计师与创意人才合作相关项目和产品，比如2004年跟建筑师安藤忠雄、时尚设计师高田贤三合作，为雅典奥运会日本运动员设计比赛服装，以及2008～2011年和2014年与德国极简主义设计师吉尔·桑达两度合作，还有2015年与爱马仕前创意总监的联名合作等，这些都是优衣库灵活使用优秀人才的亮点。

资料来源：品途网。

讨论题

1. 优衣库的人才策略是什么？该公司的具体用人方法是怎样孕育出来的？
2. 根据以上案例，你认为优衣库是如何将其公司战略贯穿到人力资源管理中的？
3. 优衣库所采取的人力资源战略能否帮助其在市场中获取竞争优势？为什么？

▶ 参考文献

[1] 包晨星，风里. 战略人力资源管理：化战略为行动 [M]. 北京：电子工业出版社，2009.

[2] 陈传明，张敏. 企业文化的刚性特征：分析与测度 [J]. 管理世界，2005（6）：101-106.

[3] 陈维政，余凯成，程文文. 人力资源管理与开发高级教程 [M]. 北京：高等教育出版社，2004.

[4] 陈维政，忻蓉，王安逸. 企业文化与领导风格的协同性实证研究 [J]. 管理世界，2004（2）：75-83.

[5] 董克用. 人力资源管理概论 [M]. 北京：中国人民大学出版社，2015.

[6] 宋培林. 战略人力资源管理：理论梳理和观点评述 [M]. 北京：中国经济出版社，2011.

[7] 唐贵瑶，陈扬，于冰洁，等. 战略人力资源管理与新产品开发绩效的关系研究 [J]. 科研管理，2016，37（11）：98-106.

[8] 魏立群，刘忠明. 中国企业发展战略性人力资源管理的实证研究 [J]. 科学研究，2005，23（6）：816-819.

[9] 朱飞，文跃然. 战略性人力资源管理系统重构 [M]. 北京：企业管理出版社，2013.

[10] Amit R. Cost Leadership Strategy and Experience Curves [J]. Strategic Management Journal, 1986, 7 (3): 281-292.

[11] Baird L, Meshoulam I. Managing Two Fits of Strategic Human Resource Management [J]. Academy of Management Review, 1988, 13 (1): 116-128.

[12] Barney J B. Organizational Culture: Can it be a Source of Sustained Competitive Advantage? [J]. Academy of Management Review, 1986, 11 (3): 656-665.

[13] Beal M J, Ghahramani Z, Rasmussen C E. The Infinite Hidden Markov Model [J]. Advances in Neural Information Processing Systems, 2002(1): 577-584.

[14] Boehe D M, Barin Cruz L. Corporate Social Responsibility, Product Differ-Entiation Strategy and Export Performance [J]. Journal of Business Ethics, 2010(91): 325-346.

[15] Bowen D E, Ostroff C. Understanding HRM–firm Performance Linkages: The Role of the "Strength" of the HRM

[16] Carmeli A, Tishler A. The Relationships between Intangible Organizational Elements and Organizational Performance [J]. Strategic Management Journal, 2004, 25 (13): 1257-1278.

[17] Denison D R. Corporate Culture and Organizational Effectiveness [M]. Oxford: John Wiley & Sons, 1990.

[18] Dickson P R, Ginter J L. Market Segmentation, Product Differentiation, and Marketing Strategy [J]. The Journal of Marketing, 1987: 1-10.

[19] Dyer L. Studying Human Resource Strategy: An Approach and an Agenda [J]. Industrial Relations: A Journal of Economy and Society, 1984, 23 (2): 156-169.

[20] Ferris G R, Hochwarter W A, Buckley M R, et al. Human Resources Management: Some New Directions [J]. Journal of Management, 1999, 25 (3): 385-415.

[21] Gomez-Mejia L R, Balkin D B. Compensation, Organizational Strategy, and Firm Performance [M]. Cincinnait South-Western Pub, 1992.

[22] Gross K L. Long-Term Experiments in Agricultural and Ecological Sciences [J]. Science, 1995, 269 (5222): 421-423.

[23] House R, Rousseau D M, Thomashunt M. The Meso Paradigm-A Framework for the Integration of Micro and Macro Organizational-behavior [J]. Research in Organizational Behavior: an Annual Series of Analytical Essays and Critical Reviews, 1995, 17: 71-114.

[24] Jackson S E, Joshi A, Erhardt N L. Recent Research on Team and Organizational Diversity: SWOT Analysis and Implications [J]. Journal of Management, 2003, 29 (6): 801-830.

[25] Ji L, Tang G, Chen Y. Firms' Human Resource in Information System and Sustainable Performance: Does Their Organizational Identity Matter? [J]. The International Journal of Human Resource Management, 2012, 23 (18): 3838-3855.

[26] Ji L, Tang G, Wang X, et al. Collectivistic-HRM, Firm Strategy and Firm Performance: An Empirical Test [J]. The International Journal of Human Resource Management, 2012, 23 (1): 190-203.

[27] Klein K J, Sorra J S. The Challenge of Innovation Implementation [J]. Academy of Management Review, 1996, 21 (4): 1055-1080.

[28] Lewin D, Mitchell D J B. Human Resource Management: an Economic Approach [M]. South-Western Pub, 1995.

[29] Marler J H, Fisher S L. An Evidence-based Review of e-HRM and Strategic Human Resource Management [J]. Human Resource Management Review, 2013, 23 (1): 18-36.

[30] Miles R E, Snow C C. Organization Theory and Supply Chain Management: An Evolving Research Perspective [J]. Journal of Operations Management, 2007, 25 (2): 459-463.

[31] O'Reilly C A, Chatman J A. Culture as Social Control: Corporations, Cults, and Commitment [J]. Research IN Organizational Behavior, 1996, 18: 157-200.

[32] Porter M E. What is Strategy? [J]. Harvard Bussiness Review, 1996, 86 (5): 926-929.

[33] Pothukuchi V, Damanpour F, Choi J, et al. National and Organizational Culture Differences and International Joint Ven-

[34] Quinn R E, Spreitzer G M. The Psychometrics of the Competing Values Culture Instrument and an Analysis of the Impact of Organizational Culture on Quality of Life [M]. Kolkata Emerald, 1991.

[35] Rainer R K, Cegielski C G, Splettstoesser-Hogeterp I, et al. Introduction to Information Systems [M]. Oxford: John Wiley & Sons, 2013.

[36] Rathi N, Lee K. Retaining Talent by Enhancing Organizational Prestige: An HRM Strategy for Employees Working in the Retail Sector [J]. Personnel Review, 2015, 44 (4): 454-469.

[37] Rust R T, Lemon K N, Zeithaml V A. Return on Marketing: Using Customer Equity to Focus Marketing Strategy [J]. Journal of Marketing, 2004, 68 (1): 109-127.

[38] Sanders M M, Lengnick-Hall M L, Lengnick-Hall C A, et al. Love and Work: Career-Family Attitudes of New Entrants into the Labor Force [J]. Journal of Organizational Behavior, 1998: 603-619.

[39] Schneider B, Gunnarson S K, Niles-Jolly K. Creating the Climate and Culture of Success [J]. Organizational Dynamics, 1994, 23 (1): 17-29.

[40] Schneider W E. Why Good Management Ideas Fail: The Neglected Power of Organizational Culture [J]. Strategy & Leadership, 2000, 28 (1): 24-29.

[41] Schuler R S. Strategic Human Resources Management: Linking the People with the Strategic Needs of the Business [J]. Organizational Dynamics, 1992, 21 (1): 18-32.

[42] Tang G, Chen Y, Jin J. Entrepreneurial Orientation and Innovation Performance: Roles of Strategic HRM and Technical Turbulence [J]. Asia Pacific Journal of Human Resources, 2015, 53 (2): 163-184.

[43] Tang G, Wei L Q, Snape E, et al. How Effective Human Resource Management Promotes Corporate Entrepreneurship: Evidence from China [J]. International Journal of Human Resource Management, 2015, 26 (12): 1586-1601.

[44] Ulrich D, Brockbank W, Yeung A K, et al. Human Resource Competencies: An Empirical Assessment [J]. Human Resource Management, 1995, 34 (4): 473-495.

[45] Wei L Q, Lau C M. Market Orientation, HRM Importance and Competency: Determinants of Strategic HRM in Chinese Firms [J]. The International Journal of Human Resource Management, 2005, 16 (10): 1901-1918.

[46] Wernerfelt B, Karnani A. Competitive Strategy under Uncertainty [J]. Strategic Management Journal, 1987, 8 (2): 187-194.

[47] Wright P M, McMahan G C. Theoretical Perspectives for Strategic Human Resource Management [J]. Journal of Management, 1992, 18 (2): 295-320.

[48] Wright P M, Snell S A. Toward a Unifying Framework for Exploring Fit and Flexibility in Strategic Human Resource Management [J]. Academy of Management Review, 1998, 23 (4): 756-772.

[49] Zhou K Z, Tse D K, Li J J. Organizational Changes in Emerging Economies: Drivers and consequences [J]. Journal of International Business Studies, 2006, 37 (2): 248-263.

第 3 章

工作设计与工作分析

> 用人不在于如何减少人的短处，而在于如何发挥人的长处。
>
> ——彼得·德鲁克

▶ 学习要点

- 工作设计与工作再设计的含义
- 工作设计的方法
- 工作分析的含义与原则
- 工作分析的作用和意义
- 工作分析的程序
- 工作说明书
- 工作分析的方法

▶ 前沿探讨

帮助你的团队实现工作和生活的平衡

1998年斯坦福大学有一项经典研究预测：到2020年，科技的进步将使中等职位大量减少，同时这些进步也会显著增加高级经理的工作负荷，要求他们随时保持工作状态。2017年，Kronos and Future Workplace 的调查显示受调查的人力资源经理中几乎一半（46%）的经理反映，有20%~50%的离职员工是因为工作倦怠而选择辞职的。更具讽刺意味的是，人力资源经理也是为了解决工作倦怠程度高、员工敬业度低、留用率低等导致的恶性循环、超负荷工作。

在这样的情境下，员工和经理都前所未有地呼唤工作生活的平衡，而以下六种战略可以帮助你和你的团队成员建立起个人边界，进而实现更好的工作生活的平衡。

和员工沟通，告诉他们组织成功是一场马拉松而不是一次冲刺。如果工作事项风险较高，而且有严格的时间限制（比如向市场推出新产品），我们应该认识到为了实现目标要有持久的忍耐力，速度不是长期成功的衡量标准。你可以就此与团队成员进行沟通，进行角色扮演并树立组织运营原则。

雇用足够的员工，让他们轮流休假。 员工可能生病、旅行或担负着照顾家庭成员的义务，而你也可能有需要处理的个人私事。如果你的团队在某位成员离开后便会效率低下，那么这说明团队在人事安排方面出现了问题。团队成员不会因某位成员离开后而感到混乱，这样才有利于促进成员之间的相互信任、合作和效率的提升，进而创造更高的工作满意度和顾客增加值。

提醒员工我们都是人，有生理极限。 过多的工作可能导致睡眠缺失，这不仅会损害健康,还会对大脑思考问题、逻辑推理和组织能力产生消极影响,这些消极影响会蔓延到组织绩效、组织健康和财务表现中。一些研究结果显示,工作时间合理和按时锻炼身体有利于心理健康,并能够优化工作表现、提升工作绩效。因此,你应该鼓励团队制定规律、科学的工作时间安排,以支持员工形成健康的生活节奏和追求更高的团队绩效。

更公平地重新分配工作。一般来说,经理往往会低估完成工作所需要的时间,进而导致不合理的工作分配。这种错误的估计可能导致高绩效的员工面临无尽的工作任务("鞭打快牛"),而不合理的工作分配可能引起高绩效员工的过大压力和不愉快。向员工重新分配工作可以减少工作倦怠和辞职现象的出现,这也为团队其他成员提供了宝贵的学习机会。

建立并维持个人边界。利用机会形成更健康的行为习惯,健康的行为习惯会给你带来很多不同的体验。通常,我们建立并保持合理的个人边界也能给他人提供建立个人边界的机会。例如,你在办公室以外的地方思考状态最好。因此,每周一早上你都不去办公室,并坚持不查阅邮件的行为能对其他人起到暗示和引导作用,其他团队成员也可以自由选择达到最佳工作状态的行为模式。

揭穿自己有限的认知能力。你建立的个人边界可能受到自己有限认知的影响。例如,一位提供全球专业服务的公司合伙人渴望自己在工作以外有明确的个人边界。但卸下工作重担之后,她又发现没有进行高强度的工作自己难以取得成功。通过观察其他成功的管理人员如何根据自己的能力来建立个人边界,她发现自己在认知方面存在潜在的不足,并重新调整了个人边界,减少了工作量并增加了私人的时间,之后的良好工作状态也让她受益匪浅。

资料来源:Rebecca Zucker. Help Your Team Achieve Work-Life Balance——Even When You Can't [J]. Harvard Business Review, 2017.

基于战略观点的工作设计(strategy-based job design)

工作设计与工作分析应纳入企业总体战略管理进程中,企业一旦选择了一个战略方向,人力资源从业者在设计和开发有利于战略成功实施的人力资源管理系统时,才有一个指导思想。因此,企业战略性工作设计与工作分析意味着将目前和未来的职位与企业的战略方向衔接。它要求通过工作分析达到提高组织绩效的目的,以战略的视角看待工作分析,使得工作分析具有前瞻性。因此,通过战略性工作设计与工作分析来获取信息,在当今的竞争环境下对企业人力资源管理有着非常重要的意义。

 引 例

王强到底要什么样的工人

"王强,我一直想象不出你究竟需要什么样的操作工人,"江山机械公司人力资源部负责人李进说,"我已经给你提供了四位面试人选,他们好像都满足工作说明中规定的要求,但你一个也没有录用。"

"什么工作说明?"王强答道,"我所关心的是找到一个能胜任那项工作的人。但是你给我提供的人都无法胜任,而且我从来就没有见过什么工作说明。"

李进递给王强一份工作说明,并逐条解释给他听。他们发现,要么是工作说明与实际工作不相符,要么是规定以后,实际工作又有了很大变化。例如，工作说明中说明了有关老式钻床的使用经验，但实际中所使用的是一种新型数字式钻床。为了有效地使用这种新机器，工人必须掌握更多的数字知识。

听了王强对操作工人必须具备的条件及应当履行的职责的描述后，李进说："我想我们现在可以写一份准确的工作说明，以其为指导，我们就能找到适合这项工作的人。让我们今后加强工作联系，这种状况就再也不会发生了。"

通过接下来这一章的学习，我们会找出王强认为人力资源部找来的四位面试人选都无法胜任这项工作的根本原因是什么。

苏格拉底认为，一个正义的社会必须认清楚三件事情。第一件事情：不同的人在从事工作的资质方面是存在个体差异的，这就意味着不同的个人之间是存在能力差异的。第二件事情：不同职业需要具备不同独特资质的人来完成。第三件事情：一个社会要想取得高质量的绩效，就必须努力把每个人都安排到最适合发挥他们资质的职业上。换句话说，一个社会（或一个组织）要想取得成功，就必须获取与工作要求有关的详细信息（通过工作分析来实现），并且这些工作要求还必须与个人资质相互匹配（通过人员甄选来实现）。

3.1 工作设计

3.1.1 工作设计与工作再设计

当前，日益激烈的全球竞争对企业的一个重要挑战反映在组织设计上就是组织结构和工作在安排与设计方面的不断更新，从而提高组织效率和企业的应变能力与灵活性。工作设计是指为了达到组织目标，合理有效地处理人与工作的关系而采取的，对满足工作者个人需要有关的工作内容、工作职能和工作关系进行的特别处理（Morgeson & Humphrey, 2006）。它是对工作进行周密的、有目的的计划安排，既要考虑员工具体的素质、能力等方面的因素，又要考虑企业的管理方式、劳动条件、工作环境、政策机制等方面的因素。

工作再设计则是指改变某种已有工作任务或者改变工作完成方式的一个过程。为了有效地进行工作设计，一个人必须全面地了解工作的当前状态（通过工作分析来了解）以及其在范围更广的工作单位内部的整个工作流程中的状态（通过工作流程分析来把握）（宋培林, 2011）。只要获得了与工作单位以及工作本身所需完成任务相关的详细知识，管理者就可以选择多种方式来对工作进行设计。

总之，战略人力资源管理可以通过工作设计开发出评估过程来确保"合适"的人承担适合的角色，也可以帮助员工看到他们自己是否有能力承担新角色（Grant, 2007）。

3.1.2 工作设计的方法

从 20 世纪初至今，工作设计不断地发展，形成了一些能够为组织带来更高效率和更大灵活性的方法，包括工作专门化、工作轮换、工作扩大化和工作丰富化等。组织基于不同的战略发展目标，不断调整工作设计的方法，不断地从这些工作设计与工作再设计的方法中得益，员工也受益于这些不断更新的工作设计，从而能够更轻松愉悦地高效工作。

1. 工作专门化

工作专门化（job specialization）是比较早期的一种工作设计。通过对动作和时间的研究，工作被分解为若干个很小的单一化、标准化及专业化的操作内容与程序（Hsieh & Chao，2004），如图3-1所示。员工通过操作单一的工作或程序，增加了熟练程度，从而提高了生产效率。

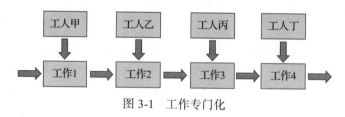

图3-1 工作专门化

工作专门化来源于亚当·斯密在19世纪后期提出的劳动分工的思想。亚当·斯密认为，劳动分工是指个人专门从事某一部分的活动而不是全部活动，这样有利于提高工作效率。19世纪末20世纪初，泰勒首先在企业中强调应用了工作专门化；亨利·福特也将其导入他的汽车装配工厂，利用生产线作业管理方法，给生产线上的每个员工分配特定的、标准化的、重复性的工作，从而提高了生产效率。

工作专门化通过严格区分工作，让每位员工以最有效的方式只从事一种工作活动，从而避免了传统生产方式中许多无效的行为。通过分工明晰的原则，让员工依据明晰的权责利关系来从事企业中程序化的工作，从而避免了工作中的盲目状态与事事都要请示的问题；通过专业化的分工，让员工长期专注于某一领域内的工作，不仅有利于员工提高技能与进行发明创造，还有利于组织开展员工甄选与培训工作，从而在一定程度上避免了资源的浪费（Taveggia & Hedley，1976）。工作专门化的诸多优势，确实使企业的生产效率在很长一段时期内得到了极大的提高。但是，20世纪60年代以后，工作专门化带来的负面效应逐渐显现出来，最终导致由工作专门化带来的员工非经济性超过了经济性的优势（Hsieh & Chao，2004）。为了避免工作专门化带来的负面影响，人们开始探求更适用的工作设计方法。在这种情况下，工作轮换、工作扩大化、工作丰富化等新方法应运而生（Hsieh & Chao，2004）。能够不断思考和改进这些方面的企业在某种程度上是从人和工作的角度推动组织发展，间接促进了这些企业战略的实现。

2. 工作轮换

工作轮换（job rotation）是为减轻员工对工作的厌烦感而将其从一个职位换到另一个职位（Campion，Cheraskin & Stevens，1994）。工作轮换通常是指横向的轮换，即在同一水平上工作的变化。工作轮换可依据具体情况和要求进行，比如当前的工作不再具有挑战性时，可以让员工转向另一项工作，也可以使员工一直处于轮换的状态中。许多实施意在高效呈现人才的战略开发规划中使用了工作轮换的方法，这可能包括直线职位和参谋职位人员之间的轮换，通常也允许没有充分发挥潜力的员工向经验丰富的员工学习。

工作轮换并不改变工作本身的设计，只是使员工定期从一个工作转到另一个工作，因此是一项成本较低的组织内部调整和变动，但是这样的安排却有着一定的战略意义。这是因为，对员工而言，相比日复一日地重复同样的工作，工作轮换可以使员工更能对工作保持兴趣和新鲜感，可以使员工从原先只能做一项工作的专业人员转变为能做许多工作的多面手，增强员工的工作适应能力，进而满足他们职业选择与成长的需要，激励他们做出更大的努力（Ortega，2001；Huang，1999）。对组织而言，工作轮换可以激发组织活力，储备多样化的人才，以及增强部门间的协作，进而促进组织发展。相比没有实施这种安排的企业，适时实施工作轮换的企业更能提高工作效率和组织的竞争力。日本企业广泛地实行工作轮换，对于管理人员的培养发挥了很大的作用（Hsieh & Chao，2004）。但是，工作轮换也存在一些问题：首先，它会增加培训成本，临时导致生产率的下降；其次，如果轮换次数过于频繁，会导致员工工作稳定性差，进而不利于提高其忠诚度；最后，它依赖于完善的工作轮换流程设计、绩效评价体系等，否则将难以发挥正常的效用。因此，企业在实施工作轮换时应着眼于企业当时的战略需要，根据实际情况灵活应用。

| SHRM 聚焦 |　　工作轮换：启动人才"内引擎"的有效途径

随着中国市场商业环境的日渐成熟，企业间的竞争也日益激烈，人才逐渐被企业所看重并成为企业竞争优势的重要来源之一。因而企业加大了培训投入，以期提高人员的素质与能力，其中岗位轮换被认为是启动人才"内引擎"的最有效途径之一。

工作轮换是指企业有计划地按照大体确定的期限，使员工或管理人员轮流担任若干种不同工作的方法，以考察员工的适应性，发展员工多方面的能力。同时，工作轮换可以避免一个人在某个岗位上工作时间过长而出现个人资源垄断，从而避免由此对企业发展造成的潜在风险，保持组织机体的健康。

工作轮换是一种企业内部的管理机制，它为员工搭建了丰富的实践平台，激发员工潜力，共享人才和智慧，给企业的人事结构带来新生的活力，在企业管理中发挥着不可低估的正向作用。

互联网行业的工作轮换

近年来，国内互联网行业的管理人员工作轮换频繁。虽然此前高管轮换曾在全球许多先进企业有过先例，如IBM、摩托罗拉等已有通过工作轮换制度，发展领军人才的成功实践，但在国内的推行尚未成气候。互联网行业作为中国经济中有代表性的新生力量，在管理人员工作轮换上进行了具有划时代意义的摸索和实践。

不同于过去数十人的技术团队，今天的中国互联网企业已经大有不同。随着企业业务范围扩张、规模不断增大，如何建立通畅有效的信息传递渠道和紧密的纵向部门合作，避免患上"企业越大、效能越低"的大企业病，是当今摆在互联网企业面前的一个亟待解决的难题。

以阿里巴巴为例，员工人数已达25 000名。要驾驭这样一家中国最大的电子商务企业，前集团董事局主席马云选择了用人事变动来化解企业发展中的一个个难题。马云曾说，他期待通过管理人员的轮换，培育和挖掘出更多综合素质高、全局观念强、使命感和价值观坚定的青年领导者，以支持和引领企业未来的发展。2012年上半年，阿里巴巴发生了史上最猛烈的一次人事变动，22位中高层管理岗位大轮换，此次事件被认为是阿里巴巴未来3年内运营及管理战略升级的先导，意义重大。

当然，工作轮换的全面推行还需要一个过程，一方面，按需匹配，工作轮换要求管理人员在不同岗位上具有领导能力；另一方面，按能匹配，改善不同岗位管理者的知识和年龄结构。"选最好的人，上最好的岗位；选适当的人，上适当的岗位。"从企业长远利益的角度出发，深化人事制度改革必然要求企业管理人员工作轮换，从而激发管理人员积极向上、认真履职的热情。工作轮换如能作为一项制度长期坚持下去，并成为常态，必能形成促进企业持续健康发展的强大内在动力。

资料来源：中国财经网 http://finance.china.com.cn/roll/20130815/1728376.shtml。

3. 工作扩大化

工作扩大化（job enlargement）是增加员工工作任务的数量或变化性，是工作任务的水平扩展（Zaniboni, Truxillo, Fraccaroli, et al., 2014）。工作扩大化扩大了工作范围，让员工有更多的工作可做，如果说过去做一道工序，现在就扩大为做多道工序。例如，一个原来只装尾灯的汽车装配线工人，后来既装尾灯，又装车尾的行李箱，工作范围就比原来扩大了。又如，原来只更换机油的一个汽车机械工，现在既要更换机油，又要添加润滑油，还要更换传动液，他的工作范围也扩大了。

这种工作设计由于不必把产品从一个人手中传给另一个人，从而节约了时间。更加重要的是，通过增加某一工作的内容，减少了员工从事单一工作而产生的厌烦感，而且员工通过学习和培训掌握更多的知识与技能，提高了工作兴趣。有研究表明，工作扩大化增加了员工的工作满意度，提高了工作质量（Hsieh & Chao, 2004）。IBM公司则报告称工作扩大化导致工资支出和设备检查的增加，但这些费用因产品质量改进、员工满意度提高而抵消；美国美泰克公司声称，通过实行工作扩大化提高了产品质量，降低了劳务成本，提高了工人满意度，使生产管理变得更有灵活性。①

20世纪60年代，工作扩大化盛行一时，但此后员工对增加一些简单的工作内容仍不满足，原因在于工作内容虽然增加了，但是在"参与、控制与自主权"方面没有增加任何新东西，而且更多的工作量意味着更重的工作负担，在激发员工的积极性和培养挑战意识方面没有太大意义。因此，许多企业积极寻求新的工作设计方法（Zareen, Razzaq & Mujtaba, 2013），从而从提高人的工作能动性的角度促进组织竞争力的提高。

4. 工作丰富化

如果工作扩大化是一种工作职责在横向上的扩展，那么工作丰富化（job enrichment）则是指对工作内容的纵向扩展和对工作责任的垂直深化。通过对工作内容和责任层次的改变，向员工提供更具挑战性的工作（Uduji, 2013）。工作丰富化与工作扩大化的根本区别在于，后者是扩大工作的范围，前者则是工作责任的垂直深化，以丰富工作的内容。实施工作丰富化，应该增加员工的工作要求，赋予员工更多的责任和自主权，不断与员工进行沟通反馈以及对员工进行相应的培训等。

工作丰富化始于20世纪40年代的IBM公司。20世纪50年代，越来越多的企业对工作丰富化感兴趣。然而，使人们对工作丰富化日益了解并越来越感兴趣的，则是20世纪60年代美国电话电报公司、德州仪器公司和皇家化学工业公司（Imperial Chemicals）进行的经过广泛宣传的成功实验。"工作丰富化使得员工在完成工作的过程中获得一种成就感、认同感、责任感和自身发展，它能够增强员工对工作计划、执行和评估的控制程度。工作丰富化的工作设计方法与常规性、单一性的工作设计方法相比，虽然要增加一定的培训费用、支付更高的工资以及完善或扩充工作设施的费用，但提高了对

---

① 参见MBA必修核心课程编译组：《人力资源：组织和人事》（上册），317页。

员工的激励和员工的工作满意度，进而提高了员工的生产效率与产品质量，并降低了员工的离职率和缺勤率等，给组织带来积极的影响。当然，工作丰富化也存在设计成本高、遭遇阻力多等缺陷，这要求企业审时度势，谨慎推行。因此，从战略的视角来看，企业按照自己的战略目标和方向以及员工的现况不断调整组织中工作的设计，通过再设计，动态地适应组织发展的需要，始终保持员工效率、满意度以及组织效益的最佳状态。

SHRM 聚焦 以海尔为例

海尔培训的一大特色是海豚式升迁。海豚是最聪明、最有智慧的海洋动物，它下潜得越深跳得就越高。海豚式升迁是指企业注重对员工素质的培育，提倡员工通过基层的训练以获得升迁的机会。表 3-1 是传统的晋升的程序。

表 3-1 传统的晋升程序

传统的晋升程序	
1. 接班计划	公司或上级选拔员工，接受关于知识、技能和能力的培训，学习工作中需要的各项知识和技能，接受个性化的指导，培养可能需要的各种能力
2. 岗位轮换	通过在不同岗位和部门工作与学习，提高各种技术和能力，理解整个公司的工作流程
3. 三级评价	评价上级、同级和下级同事，考察员工的服从力、执行力、领导力和团队协作能力
4. 环境分析	分析将来职位的工作程序环境、物理环境和心理环境，比较其与个人的相符程度
5. 再培训	将员工自身的评价结果和分析结果通知本人，不适合的方面接受进一步的培训
6. 见习期	在正式晋升前考察，对新环境进行三级评价
7. 正式晋升	与前任交接工作，正式完成晋升

海尔具体的沉浮升迁机制是这样的：干部向高层晋升时，不是让他马上到岗任职，而是先让他去该岗位的基层锻炼。不管岗位高低，只要缺乏这方面的经验，就要派他下去；有的人各方面经验都有了，但综合协调能力较低，也要派他到这些部门锻炼。如一个员工进厂以后工作表现较好，但他是从生产系统的班组长到分厂厂长步步晋升的；如果现在让他去做一个事业部的部长，那么他对市场系统的经验可能缺乏，就需要到一线市场上去锻炼。

海尔另一特色性的人力开发思路就是届满轮岗。从白色家电到黑色家电，海尔的产品系列逐步扩张，经营范围也在逐步跨领域发展。但是海尔集团内部的经营状况并不平衡，企业与企业之间不仅有差距，有的差距还很大，而且集团整体的高速发展也并不代表每个局部都在健康发展。那些发展迟缓的企业的干部没有动力，看不到自己与竞争对手之间的距离，思维不能紧跟市场的变化，于是就止步不前，但市场游戏规则是不进则退的。随着集团的逐步壮大，越来越需要一批具有长远目光、能把控全局整体、对多个领域了解透彻的优秀人才。根据这种情况，海尔集团提出"届满轮岗"的人员管理思路，即在某一岗位上任期满后，根据集团总体目标并结合个人发展规划，将其调到其他岗位上就职。届满轮岗培养了一批全能人才，但这也被很多年轻人认为是阻碍其直线晋升的障碍。

资料来源：邹习文. 赛马不相马 [J]. 现代企业教育，2001（3）：12-12.

| SHRM 聚焦 | 潮观点：你是"斜杠"青年吗

《纽约时报》专栏作家玛希·埃尔博尔曾在她的著作 One Person / multiple careers 提到，如今越来越多的年轻人不再满足"专一职业"这种无聊的生活方式，而是开始选择一种能够拥有多重职业和多重身份的多元生活。这些人在自我介绍中会用斜杠（slash）来区分不同职业。原来，"斜杠"一词来源于英文"slash"。事实上，slash 不只是在国外流行，国内一线城市也已经开始出现 slash 的身影，并且他们的数量在逐渐增加。slash 成员中有的是完完全全的自由职业者，依靠不同的技能来获得收入，有的则有一份朝九晚五的工作，在工作之余利用才艺优势做一些喜欢的事情，来获得额外收入。slash 群体不再满足单一的工作内容，他们追求工作内容的丰富化。slash 的出现并非偶然现象，而是社会发展到某个阶段会出现的必然现象。因此，随着社会的发展，企业会更加重视工作内容的丰富化，也能更好地发挥员工的工作积极性和主动性。当然，对于个人来说，这个时代最重要的投资应该是"自我投资"，因为只要你拥有扎实的知识功底、才华或者技能，就可以拥有多重职业和身份，成为 slash 中的一员，过上一种更接近人类原本生活状态的、自主的、更多元化和有趣的，同时又能经济独立的生活。

资料来源：改编自 Marci Albohe, *One Person / multiple careers*, Grand Central Publication.2017。

3.2 工作分析

3.2.1 工作分析的含义

工作分析（job analysis）是人力资源管理的一项基本工作，因此也是企业实施战略人力资源管理的基础。它是指获得有关工作信息的过程（Morgeson, Spitzmuller, Garza, et al., 2016）。通过工作分析，一个组织内的每份工作所包括的具体内容和责任得以清晰化，有关因素得以全面、系统地被描述和记载，并指明担任这一工作的人员必须具备的知识和能力（陈维政，余凯成和程文文，2004）。我们可以通过工作分析界定某一工作与其他工作的差异，运用通过工作分析得到的信息来制作工作说明书。具体来说，工作分析就是要为管理活动提供与工作有关的各种信息，这些信息可以用 6 个 W 和 2 个 H 加以概括。

- who——谁从事此项工作？其包括责任人，以及所需人员的学历、知识、技能、经验等资格要求。
- what——做什么？其包括确定工作内容与工作职责。
- whom——为谁做？即顾客是谁？这里的顾客不仅指外部顾客，也指企业内部顾客，包括与从事该工作的人有直接关系的人，如上级、下属、同事、客户等。
- why——为什么做？其包括工作对企业战略及从事者的意义。
- when——工作的时间安排是什么？
- where——这些工作在哪里进行？
- how——如何从事此项工作？其包括工作的程序、规范以及从事该工作所需的权力。
- how much——为此项工作所需支付的报酬或费用是多少？

3.2.2 工作分析的作用和意义

工作分析是人力资源管理的基础，几乎任何一项人力资源管理的工作都要用到工作分析的结果（Raymond，2015）。

工作分析为其他人力资源管理活动提供依据

工作分析为战略人力资源管理提供了一个平台，战略人力资源管理的其他职能活动几乎都是在此基础上进行的（见图 3-2）。

（1）工作分析为员工招聘提供了客观的标准。企业在进行招聘时需要对拟招聘职位的职责和内容进行准确界定，也需要明确任职资格和要求，而这正是工作分析的两个主要结果。换言之，工作说明书中的职位描述与职位规范为员工招聘提供了客观的标准，减少了主观判断的成分，有利于提高招聘的质量。

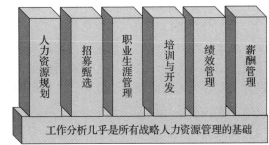

图 3-2

（2）工作分析为员工的培训开发提供了明确的依据。员工培训的内容、方法应该与工作任务的内容、职位所需要的工作能力和操作技能等相关，而工作分析对各个职位的工作内容和任职资格等都进行了明确的规定，因此可以提高员工培训的针对性、员工与职位的匹配程度，进而提高培训与开发的有效性。

（3）工作分析为制定公平合理的薪酬政策奠定了基础。企业在制定薪酬政策时必须保证公平合理，而工作分析对各个职位承担的责任、从事的活动、资格的要求等做出了具体的描述，这样企业就可以根据各个职位在企业内部相对价值的大小给予相应的报酬，从而确保薪酬的内部公平性。

（4）工作分析为绩效评价提供了客观的评价标准。绩效评价必须有客观的标准，而工作分析对每一职位从事的工作以及所要达到的标准都有明确的界定，这就为绩效管理提供了员工工作业绩的评定标准，减少了考核的主观因素，提高了考核的科学性。

（5）工作分析为职业生涯管理提供了基本依据。职业生涯管理必须通过促使员工的职业发展来实现员工与企业的"双赢"，而工作分析正是通过对职位之间的相互联系、每个职位所需的技能等多方面的研究与描述，为员工在组织内的发展指明了合适的职业发展路径。

（6）工作分析为员工关系管理提供了可靠的信息。员工关系管理的一个关键内容是确保员工的劳动安全，而通过工作分析得到的关于工作的安全标准、程序和物理环境等信息，有利于保证员工的劳动安全，进而为员工关系管理提供可靠的信息。

3.2.3 工作分析的基本原则

在工作分析的过程中一般要注意以下原则。

（1）对工作活动是分析而不是罗列。在工作分析过程中需要将获得的原始信息进行加工，要"抓住主干，舍弃细枝末节"。在分析时，应当将工作分解为几个重要的组成部分，审查后将其重新进行组合，绝不是对任务或活动的简单列举和罗列。例如，对公司前台服务员接转电话这项职责，经过分析后应当描述为"按照公司的要求接听电话，并迅速转接到相应的人员那里",而不应该将所有活动都罗列出来,描述为"听到电话铃响后,拿起电话,放到耳边,说出公司的名字,然后询问对方的要求,再按下转接键,转接到相应的人员那里"。

(2)针对的对象是工作职责本身。工作分析关注的是与被分析的工作有关的职责情况,而工作者本人之所以被涉及,仅仅是因为他通常最了解情况。例如,某一工作本来需要本科学历的人来做,由于各种原因,现在是由一名中专生来做的,那么在分析这一工作的任职资格时就要将学历要求规定为本科,而不能根据现在的状况规定为中专。

(3)分析要以当前工作为依据。工作分析的任务是为了获取某一特定时间内职位的情况,因此应当以目前的工作现状为基础来进行分析,而不能把自己或别人对这一工作的工作设想加到分析中。只有如实反映目前的工作状况,才能够据此进行分析判断,发现工作设置或职责分配上的问题。此外,工作说明书必须反映所分析职位的真实情况,不能掺杂主观因素或含糊不清。

(4)工作分析的经常性(动态性)。工作分析的结果要根据战略意图、环境的变化、业务的调整,经常性地进行调整。所以工作分析是一项常规性的工作,做好以后并非一成不变,要随着组织的变化进行调整。

3.3 工作分析的程序和工作说明书的编写

3.3.1 工作分析的程序

工作分析是一项技术性很强的工作,需要有周密的准备,以及科学、合理的操作程序(Raymond,2015)。一般来说,工作分析的整个过程包括准备、调查、分析和完成四个阶段(见图3-3)。这几个阶段相互联系、相互衔接并相互影响。

图 3-3 工作分析的程序

1. 准备阶段

这一阶段要完成以下主要任务。

(1)确定工作分析的目的。确定工作分析的目的就是明确工作分析要解决的问题是什么,其用途是什么。工作分析的目的直接决定了工作分析的重点、需要收集的信息类别以及采用哪些方法收集信息。

(2)成立工作分析小组。工作分析应由专业人士负责操作,并赋予小组成员相应的活动权限,以保证工作分析协调和顺利地进行。工作分析小组一般由以下三类人员组成:一是企业的高层领导;二是工作分析人员,主要是人力资源管理专业人员和熟悉本部门情况的人员;三是外部的专家和顾问,他们具有这方面的丰富经验和专门技术,有利于保证结果的客观性和科学性。

(3)对工作分析人员进行培训。为了保证工作分析的效果,一般还应由外部的专家和顾问对工作分析小组成员进行业务培训。

（4）做好其他必要的准备。由于工作分析涉及诸多部门及人员，因此在开展工作分析之前，还需协调好各部门及其管理者之间的关系，做好员工的心理准备工作，建立起友好的合作关系。

2. 调查阶段

这一阶段要完成的主要任务有以下几项。

（1）设计调查方案。根据工作分析的目的，制定工作分析的时间计划进度表，并选择和确认工作分析的内容与方法等（工作分析方法的内容将在下一节进行介绍）。

（2）收集工作的背景资料。背景资料包括组织架构图、工作流程图、国家职位分类标准、国家职业分类标准、过去的工作分析资料以及工作说明书等。

（3）收集需要被分析工作的相关信息。工作信息的来源包括工作执行者、管理者、顾客、工作分析专家、职业名称词典等多个渠道。在调查过程中应保持严谨客观的态度，科学地选取有代表性的样本，保证工作信息的准确性。工作分析中需要收集的信息主要包括以下几类。

- 工作活动，包括承担工作所必须进行的与工作有关的活动与过程、活动的记录、进行工作所运用的程序以及个人在工作中的权力和责任等。
- 工作中人的活动，包括人的行为，如身体行动以及工作中的沟通；作业方法分析中使用的基本动作；工作对人的要求，如精力的耗费、体力的耗费等。
- 在工作中所使用的机器、工具、设备以及工作辅助用品。
- 与工作有关的有形和无形因素，包括完成工作所涉及或者需要运用的知识；工作中加工处理的材料；所生产的产品或所提供的服务。
- 工作绩效的信息，包括工作标准或衡量要素等，如完成一项工作所花费的时间等。
- 工作的背景条件，包括工作时间、工作地点、工作的物理条件等。
- 工作对人的要求，包括个人特征，如个性和兴趣、所需要的教育与培训水平、工作经验等。

3. 分析阶段

这一阶段的主要任务是深入分析调查阶段所获得的信息，运用科学的方法找出各个职位的主要成分和关键要素。

（1）整理资料。将收集到的信息按照工作说明书的各项要求进行归类整理，看是否有遗漏的项目，如果有就再返回上一个步骤，继续进行调查。

（2）审查资料。工作分析小组的成员要一起审查、核对和确认经过整理的资料，修正信息中的不准确之处，使工作信息更为准确和完善。

（3）分析资料。对资料进行深入分析，归纳和总结出编写工作描述与工作规范所需要的材料及要素，创造性地揭示出有关工作和任职者的关键信息。

4. 完成阶段

这一阶段的主要任务是根据规范和信息编制工作说明书，并对整个工作分析过程进行总结。

（1）编写工作说明书。根据分析阶段归纳和总结出的相关材料和要素，草拟工作描述和工作规范，并将之与实际工作进行对比，认真检查工作说明书，分析并评估其中所包含信息的完整性及准确性，查遗补漏，经多次讨论、反馈和修订，直至形成最终的工作说明书。

（2）将工作分析的结果运用于人力资源管理以及企业管理的相关方面。让工作分析及工作说明书真正发挥作用，而不是在这项工作结束后，就将工作说明书束之高阁。

（3）总结整个工作分析过程。找出其中成功的经验和存在的问题，为以后的再次工作分析提供参考依据。

需要强调的是，工作分析是一个连续不断的动态过程。所以，企业绝对不能有一劳永逸的思想，而应根据企业的发展变化随时开展这项工作，要使工作说明书能够及时反映职位的变化情况。

随着科技的发展，公司越来越强调团队合作，描写工作说明书的参数越来越少，而共同点越来越多；传统的工作分析强调对工作职责的界定要进行严格区分，而现实中的工作却又是紧密联系的。尽管如此，工作分析无论是现在还是将来都有重要意义。但随着时代的迅速变化，相比于传统的工作分析，人力资源管理工作者将更青睐"以能力为模式"的工作分析。

3.3.2　工作说明书的编写

工作说明书是工作分析的最终成果之一，包括工作描述（job description）和工作规范（job specification）两方面的内容。工作描述反映了职位的工作情况，是关于职位所从事或承担的任务、职责以及责任的目录清单，也可称作 TRDs（task, responsibility, duty）；工作规范反映了职位对承担这些工作活动的人的要求，是人们承担这些工作活动必须具备的知识、技能、能力和其他特征的目录清单，也可称作 KSAOs（knowledge, skill, ability, others）。

一般来说，一份内容比较完整的工作说明书应包括以下这些项目：①工作标识；②工作概要；③履行职责；④业绩标准；⑤工作关系；⑥使用设备；⑦工作环境和工作条件；⑧任职资格；⑨其他信息。其中，第①～⑦项都属于工作描述，第⑧项任职资格属于工作规范。下面结合这些项目来具体解释应该如何编写工作说明书。

1. 工作标识

工作标识好比一个标签，让人们对该项工作有一个直观的印象，一般要包括以下几项内容：工作编号、工作名称、所属部门、直接上级和职位薪点。

工作编号主要是为了方便工作的管理，企业可以根据自己的实际情况来决定应包含的信息。例如，在某企业中，有一个工作的编号为 HR-03-06，其中 HR 表示人力资源部，03 表示主管级，06 表示人力资源部全体员工的顺序编号。

工作名称应当简洁明确，尽可能地反映工作的主要职责内容，工作名称中还要反映出这一工作的职务，如销售部总经理、人力资源部经理、招聘主管、培训专员等。在确定职位名称时，最好按照社会上通行的做法，这样既便于人们理解，又便于在薪酬调查时进行比较。

职位薪点是工作评价得到的结果，反映了这一职位在企业内部的相对重要性，是确定这一工作基本工资标准的基础。关于如何得到薪点，我们将在后面的章节中进行详细介绍。

2. 工作概要

工作概要就是要用一句或几句比较简练的话来说明这一工作的主要工作职责，要让一个对这一工作毫无了解的人一看工作概要就知道它大概承担了哪些职责。例如，人力资源部经理的工作概要可以描述为："制定、实施公司的人力资源战略和年度规划，主持、制定、完善人力资源管理制度以及相关政策，指导解决公司人力资源管理中存在的问题，努力提高员工的绩效水平和工作满意度，塑造一支敬业、团结协作的员工队伍，为实现公司的经营目标和战略意图提供人力资源支持。"

3. 履行职责

履行职责就是职位概要的具体细化，要描述这一职位承担的职责以及每项职责的主要任务和活动。在实践过程中，这一部分是相对较难的，要经过反复实践才能准确把握。首先要将职位所有的工作活动划分为几项职责，然后再将每项职责进一步地细分，分解为不同的任务，这一过程可以用图3-4表示。

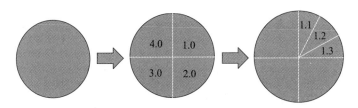

图3-4　工作履行职责的分解示意图

例如，大学教师从事的活动划分成教学、研究、指导学生和社会服务等职责。然后，继续对每项职责进行细分，例如，教学这项职责可以细分为课前备课、课堂讲授、课后批改作业和期末进行考试这四项任务；研究这项职责可以细分为在刊物上发表论文、编写书籍和参加学术研讨会这三项任务。将工作活动分解完之后，就要针对每项任务进行描述。

4. 业绩标准

业绩标准就是职位上每项职责的工作业绩衡量要素和衡量标准，衡量要素是指对于每项职责，应当从哪些方面来衡量它是完成得好还是完成得不好；衡量标准则是指这些要素必须达到的最低要求，这一标准可以是具体的数字，也可以是百分比。

例如，对于销售经理这一职位，工作完成的好坏主要表现在销售收入、销售成本方面，因此它的业绩衡量要素就是销售收入和销售成本；至于收入要达到多少、成本要控制在多少就属于衡量标准的范畴了，可以规定销售收入每月100万元，销售成本每月30万元。再如，对于人力资源的薪酬主管，衡量其工作完成的好坏主要看薪酬发放是否准确、及时，因此其业绩衡量要素就是薪酬发放的准确率和及时性；至于准确率要达到多少、及时性如何表示就是衡量标准的范畴了，可以规定准确率要达到98%，薪酬迟发的时间最多不能超过2天。

5. 工作关系

工作关系就是某一工作在正常工作情况下，主要与企业内部哪些部门和工作发生工作关系，以及需要与企业外部哪些部门和人员发生工作关系。这个问题比较简单，需要注意的问题是，偶尔发生联系的部门和职位一般不列入工作关系的范围之内。

6. 使用设备

使用设备就是工作过程中需要使用的各种仪器、工具、设备等。

7. 工作环境和工作条件

这方面包括工作的时间要求、地点要求以及工作的物理环境条件等，以上内容属于工作描述的范畴。工作描述是否清楚明了，可以用一个简单的方法来测试。编写工作描述的分析人员可以问自己："一个从来没有接触过这一职位的人看了工作描述之后，如果让他来从事这一职位的工作，他是否知道自己该干什么以及如何去干？"如果不能得到肯定的答案，那就说明这份工作描述还需要继续修改。

8. 任职资格

这属于工作规范的范畴。对于任职资格所包含的具体内容，学者的看法并不一致。

综合各方面的研究成果，一般来说，任职资格应包括以下几项内容：所学的专业、学历水平、资格证书、工作经验、必要的知识和能力以及身体状况。需要强调的是，不管任职资格包括什么内容，其要求都是最基本的，即承担这一职位的最低工作要求。

9. 其他信息

这属于备注的性质，如果还有其他需要说明的事项，但又不属于工作描述和工作规范的范围，可以在其他信息中加以说明。

| SHRM 聚焦 | 一份工作说明书引起的出走事件

从事人力资源工作的 R 小姐虽没有做到 HRM 级别，但公司对 HR 工作极为重视，R 小姐在此公司任职的 3 年中积累了较丰富的 HR 经验，同时也具有一定的行政管理经验。不久前，因经济环境影响公司大面积裁员，R 小姐不幸身列其中，于是开始寻求职业生涯第二次发展的机会。

很快，一位朋友推荐一家小公司给她，声称此公司在寻找人力资源经理，并把 JD 发送给她，JD 中明确列出了四条 HRM 通用的任职资格和工作描述，另外加注有一定的行政经验者优先。由此 R 小姐得出，此职位相当于人力资源行政经理，重点在人力资源各个模块的运用，和自己之前经历相符，同时其本人也期望得到一个全面掌控 HR 工作的机会，由此看来，此机会很适合自己的发展。

不出所料，面谈进展很顺利，薪水 5 000 元，虽低于之前的 5 500 元，但 R 小姐并不介意，一周后正式入职。在入职 10 天后，R 小姐却主动提出离职，义无反顾地离开了这家公司。

短短 10 天，是什么让 R 小姐的态度瞬间转变呢？经友人了解，R 小姐很胜任此工作，并在一周内将全公司的绩效考核体系搭建起来，马上就要实施，此时却得到了减薪的通知，令她十分费解，她找投资方大老板进行沟通。

这次沟通直接导致她对工作及公司失去了信任。原来，大老板不但对其所做的工作不认可，同时明确表示自己所需要的只是一个行政人员，相应的薪水并不能给到之前谈好的 5 000 元，需要减薪至 3 000 元左右。

对此，R 小姐很愤怒。用 R 小姐的话说，行政的工作和人力资源的工作在老板眼里原来是一回事，这对她的工作专业度是一种侮辱，这种看低 HR 工作的老板和公司，是不值得一起共事的。同时，R 小姐对公司出尔反尔的态度很费解，"说实话，如果刚开始谈的是 3 000 元，我也不会完全拒绝，毕竟工作内容对我以后的发展有很大帮助，也是一种挑战，现在突然要求减薪，我不能接受"。

抛开薪水不谈，作为 HR 从业者相信会很理解 R 小姐的遭遇，这种理解可能更多的是在同行之中，换言之，如果这种遭遇放在其他岗位的从业者身上，我们是否也会报以同样的心情和态度呢？毕竟，这种问题的出现不仅仅是因为老板，还有负责招聘的HR，都或多或少存在某些招聘和用人上的分歧或失误。

当然，R小姐的遭遇同样有HR的责任，我们可以说HR不专业，但不专业可以慢慢变得专业，这是小问题，关键是HR需要完全明白老板对这个职位怎么看、怎么想，我认为这并不完全属于专业范畴的问题，这是几乎所有公司的HR每天都要应对的重要问题。

追根溯源，R小姐的遭遇，从企业方招聘角度来讲，是工作说明书设计的失败。但隐藏在一行行任职资格和工作描述背后的诸多因素，才是导致招聘失败的关键因素。

工作说明书，相信专业的HR是可以写得很漂亮的，但这种漂亮在某种意义上可以和"不实际"概念偷换。这种不实际在真正工作中会有很多表现，如"公司的财务人员同样肩负着行政的职责""以绩效和培训见长的HR在80%的时间里忙于处理员工关系问题""拥有丰富的医药领域客户资源的销售总监长时间地带领团队维护FMCG客户"……归纳一下，招聘的失败往往体现在企业对人选的不满意，或者人选对职位设置的不理解，要么大材小用，要么小材大用，要么边用边看。

对于出现过这种问题的企业及HR，试问：
1. 老板的想法你是否真正领悟？
2. 职位对公司的重要性你是否真正理解？

不清楚老板的意图，怎么能去写工作说明书；公司需要这个工作解决什么问题你都不清楚，怎么能去写工作说明书？

如果你想很轻松地完成工作说明书的设计，那么以上两点必须要搞清楚，同时，切忌从网站上或者大纲里随便摘抄或组合一些条条框框组成一个JD，这是最平常又是最忌讳的做法。

如何省时省力做出一个有效的工作说明书呢？在回答并实践这个工作前，切记抛弃一些传统的思维方法和习惯。

1. 抛开"超人"理念

做HR的都明白"人职匹配"，这和"超人"是两个相反的论调，老板总在想，要是这个人能帮我解决ABCDE这些问题那就轻省了。这种想法固然可以理解，但HR千万不要跟着老板的想法走，找一个真正能解决企业某个问题的牛人就足够了，老板和你的考虑角度不同。虽然两个思路殊途同归，都是为了实现人力资源的最优配置，但HR相对于老板，不能过于理想化，世界上本不存在"超人"。

2. 抛开"优秀"，回归"适合"

世界上优秀的人很多，但是你的公司人员有限，夸张地说，如果为了一个优秀的人而倾家荡产，血本无归，最后只能让自己债上加债。人是有底线的，企业同样也有。相信有不少HR都有这样的经历，很高兴地招进一个优秀的人，但落实到工作上只是用了他的一小部分能力，这反而会招来很多怨言。小庙供不了这尊大佛，问题是，如果佛稍微大一点，很多人可能就觉得自己占了便宜，欢欢喜喜抱回家了。

所以说，优秀并不代表合适，只要明确哪些人适合公司发展需求，就是一种成功。另外，请不要跨阶段用人，先解决眼前的问题，或者3年之内的问题，3年之后，企业发展到什么阶段，有什么需求，再选择相应的人来依靠。眼光太超前而脱离了当下，未必是好事。

3. 抛开"漂亮"，注重实用

如前所述，在JD的设计及撰写过程中，漂亮的东西大家都喜欢，但这种不合理的漂亮有时候更像是一颗重磅炸弹。

老板看着很漂亮，应聘者看着也觉得漂亮，不经意间双方对于工作的预期会攀高，老板会说："这么优秀的人，真不错！"应聘者会说："这么好的机会，真不错！"结果可想而知，双方都觉得很冤："为什么会是这样？"故抛开"漂亮"字眼，注重实用、真实，才有可能找到适合自己的人才。

4. 禁止"刨坑",实事求是

"刨坑"的目的在于有更多的应聘者,HR普遍认为基数大了,就离招聘成功不远了。这种方式对于中低端职位应聘者有较强的引诱力,但对于高端人才,这种做法容易让这个机会脱离他们的视线。

试问,一个销售副总裁的JD上需求人数一栏写着5,是否会有很好的招聘效果呢?这无异于传达给应聘者一个信号——弱化了工作内容及职责权限,薪水也不会很高。

高端人才对于新机会的选择在于价值体现,而这种"刨坑"的方式明显是在告诉他们"你的要求,我们没有"。他们会认为,这样的机会很难体现出自身的价值,而这样的人往往也不缺少机会,起码从这种方式来看,他们实在没有选择这个机会的理由。

所以在招聘高端职位时,为了体现你们对人才的重视,也为了展现自己公司的实力,请务必不要"刨坑",实事求是地将需求人数写明(大多数情况下不会超过2个),反而会起到事半功倍的招聘效果。

在明确以上几点问题后,如何有效地做工作说明书呢?如前所述,专业的HR都会写职位说明书,而且都可以写得漂亮实用,但为了使职位说明书更为有效果,功课一定要做足。

前期准备

1. 了解公司

为什么要了解公司?因为同样的人在不同的公司或多或少会有着不同的表现。对公司的了解主要体现在组织架构、业务领域、目前发展状况、管理层和企业文化等几方面。其中组织架构能帮助你确认职位所处的部门情况、团队情况及相关部门内部协调情况;业务领域能帮助你确认公司主要发展方向和在行业内公司排名等情况;目前发展状况可以帮助你对目前公司需要的人才取向有一个简单的判断;对管理层和企业文化的了解可以让你清楚老板喜欢什么样的人,以及什么样的人可能更适合公司氛围等问题。

2. 了解问题

这里所说的问题可以归纳为一点,公司遇到了什么问题才考虑进行该岗位的招聘,这对于工作说明书的设计至关重要。需要注意的是,公司通常会遇到很多问题,这需要招聘HR分清主次,找到问题的关键点,最多不能超过2个,否则会导致工作说明书设计要点过多,从而降低招聘效果。

3. 了解相关工作在行业中的人才分布及薪水

知己知彼,百战不殆。了解同行业相关工作的人才分布及薪酬结构,可以在JD设计上抓住人才的需求点,实事求是地"引诱"我们的目标人才上钩,提升招聘成功率。

4. 密切保持同老板及用人部门的沟通

在对以上问题准备充分后,千万别急于开始工作说明书的设计及撰写工作,为了使招聘更有效果,你务必要同老板和用人部门保持密切沟通。充分了解老板对职位的认识和期望,同时对用人部门领导的意见和建议给予足够的重视。

对于老板和用人部门之间所存在的分歧性意见要利用自己之前所做的功课进行鉴别,并适时给予双方相应的影响,让他们知道什么要求是不现实的,什么要求是现在没必要考虑的,力争和双方都取得共识,并且得出招聘需求关键点,也就是关键胜任素质。需要说明的是,关键胜任素质即职位的关键点,这个人过来目前要解决公司什么问题,务必在此问题上达成共识。

工作说明设计

结合上述分析,JD的设计及撰写主要体现在以下两点:

1. 层次分明,条理清楚,言简意赅

职位说明和任职资格两方面,分别从工作内容和胜任特征加以说明。两方面都要做到条理清晰,语言简练,各方面的条件保持在5~8条为宜。

职位说明部分的前3条要做到将此职位重点的工作内容完全阐述清楚,让应聘者明白工作的重点以及到公司主要解决的问题。之后的几条再按照工作内容的强度和时间比例排序,使职位说明主次分明、清晰明确。

任职资格部分可分为硬件和软件,硬件为胜任此工作所需具备的从业时间,经验及教育背景以及语言等特殊要求,软件更多是对性格、素质等方面的描述。

2. 关键点明确

所谓关键点就是此人的关键胜任要素,也分为硬件和软件,根据每个公司综合考虑自身因素后对职位的理解不同而有所区别。

就R小姐遭遇的工作说明而言,传达给她的信息是HR工作第一,行政只是辅助,如果HR在进行职位说明的设计和撰写之前能够充分领悟老板的意图,并且加以合理地判断,应该可以规避工作说明书上的重大错误,将此工作的关键点放在行政这块,就不会出现R小姐遇到的这种事情。

综上所述,工作说明书的设计并不是像我们想象的那样简单,也不是仅仅能写出很"漂亮"的工作说明书就可以取得很好的效果。

真正要做好工作说明书的设计,不仅需要对本公司有很好的认知,而且要注重与老板和用人部门的密切沟通,并且一定要具有"人职匹配"的专业视角,结合自己对工作的理解和认知,做出高效实用的工作说明书,为企业和人才真正地起到第一座桥梁的作用。

资料来源:中国人力资源网。

3.4 工作分析方法

工作分析的目的和内容确定后,就应该选择适当的工作分析方法。工作分析方法主要有定性和定量两种:定性方法包括观察法、访谈法、问卷调查法、关键事件法(CIT)、工作日志法与工作实践法等;定量方法主要有美国公务员委员会工作分析法、工作分析问卷法(PAQ)、管理职位描述问卷法(MPDQ)、美国劳工部工作分析方法(DLTA)、功能性职务分析法(FJA)以及弗莱希曼职位分析系统法(FJAS)等。

3.4.1 定性方法

定性方法收集的信息以定性信息为主,叙述较多,带有较强的主观色彩。虽然定性方法存在一定的缺陷,但由于许多工作任务和活动很难全部定量化,也不容易有绝对客观的标准,因此该类方法仍得到了广泛的应用。下面介绍几种常用的定性方法。

1. 观察法

观察法是指在工作现场直接观察员工工作的过程、行为、内容、工具等,并进行记录、分析和归纳总结的方法。观察法是最早被使用的工作分析方法之一,也是最简单的一种分析方法。观察法包括观察设计和观察实施两个步骤:一是设计阶段,要确定观察内容,观察内容要准确反映工作分析的目的,而且易于观察,此外应根据观察内容制定观察提纲(见表3-2),以确保观察准确、高效;二是实施阶段,要根据事先确定的观察内容及提纲,对工作人员的工作过程进行认真观察,深入了解工作程序、环境、体力消耗与工作中所使用的工具设备等,并将观察到的结果适时记录下来。在现场观察时,观察人员应尽量不引起被观察者的注意,更不应该干扰被观察者的工作,以保证观察的真实性与有效性。

表 3-2　工作分析观察提纲示例

　　　　　　　　　　　　　　　　　　　　年　　月　　日

被观察者姓名：	观察者姓名：
工作部门：	工作类型：

观察内容：

1. 工作准备时间从　　　　　到
2. 什么时间正式开始工作？
3. 上午工作多少小时？
4. 上午休息几次？
　　第一次休息时间从　　　　到
　　第二次休息时间从　　　　到
5. 上午完成多少件产品？
6. 上午上过几次厕所？
7. 与哪些同事交谈？
8. 交谈的主要内容是什么？
9. 与同事交谈几次？每次交谈几分钟？
10. 室内温度、湿度
11. 工作时间喝了多少水？
12. 什么时候开始午休？

2. 访谈法

访谈法是与任职者或相关人员一起讨论被分析职位的特点和要求，从而取得相关信息的方法。访谈法是目前国内企业运用较广泛、相对更加成熟与有效的方法。它一般有三种类型：对任职者进行个别访谈，对做同种工作的任职者进行群体访谈，对了解被分析工作的主管人员进行访谈。运用访谈法要注意几个关键点：一是培训访谈人员，培训内容包括访谈的目的、内容、安排与技巧等；二是选择访谈对象，访谈对象必须有代表性，尽量选择那些最了解工作内容、最能客观描述职责的员工；三是确定访谈提纲，经验表明，事先熟悉甚至背诵访谈提纲，将有助于访谈者掌握主动权，将精力集中到倾听、观察、思考、追问和记录上；四是注意运用访谈技巧，例如，尽量营造轻松、愉快、畅所欲言的气氛；善于温和地驾驭谈话，纠正跑题；发现遗漏或含糊之处，要请对方补充或澄清；重视非言语交流，观察对方的行为、表情等，以便综合评估访谈信息。

其中，访谈提纲包含的问题主要有：

- 你平时需要做哪些工作？
- 主要的职责有哪些？
- 如何去完成它们？
- 在哪些地点工作？
- 工作需要怎样的学历、经验、技能或专业资质？
- 基本的绩效标准是什么？
- 工作需要哪些环境和条件？
- 工作有哪些生理要求和情绪及感情上的要求？
- 工作的安全和卫生状况如何？

3. 问卷调查法

问卷调查法是让任职者或相关人员以填写问卷的方式回答被分析职位问题的方法。问卷调查法是一种应用非常普遍的方法，其基本过程是将现有的工作设计问卷分发给选定的员工，要求在一定期间内填写，然后收回问卷以获取相关信息。这种方法成功的关键在于问卷设计的质量，在一定程度上，一份周详的问卷可以将回答者可能造成的误差减至最小（见表 3-3）。

表 3-3 调查问卷示例

调查问卷
一、基本信息
职位名称：　　　　　　　　　　　　　　任职人员：
所属一级 / 二级部门：
直接主管职位：　　　　　　　　　　　　主管上级职位：
直接下属职位（人数）：
下属总人数：　　　　　　　　　　　　　现工作地点：
二、职责 / 工作内容与标准
1. 工作目的：（描述你工作的主要任务是什么）
2. 工作职责：（请按照重要程度描述你现在工作的主要职责，列出 5～10 项）
3. 工作内容与标准：（你认为该项工作职责的具体工作内容有哪些，如何衡量你完成了该项工作职责，该标准需量化、可实现）
三、工作职权 / 职业发展
4. 工作职权：请描述在此职位上员工为了完成工作职责，达到工作标准所需的权限范围 □建议　□审核　□复核　□审批　□否决权　□监督　□执行　□组织其他权限
5. 该工作需要主管监督的程度（相对所叙选项，根据职责情况，请勾选一项） A. 所有异常状况均需向主管报备 B. 每天向主管报告若干次，听取其指示 C. 因为大部分的工作内容都是重复性的，所以遇到重大异常状况时才向主管报告 D. 监督有限，工作指派之后，大部分的工作内容决定于任职者，有时候甚至由任职者来决定工作方式 E. 只列出工作目标，由任职者自行决定工作方式 F. 直接监督几乎没有，在公司一般政策的指导下，工作方式与协调均由任职者自行负责
6. 你认为你理想的职业发展途径是怎样的 　1）该工作在行政上的职位升迁途径 　2）该工作在业务上的专业发展途径
7. 为了实现该职位的职业发展途径，你认为需要在哪些方面对任职者进行培训
四、沟通关系 / 制度环境 / 工作环境
8. 沟通关系：你在该工作上需要沟通协调的内外部关系有哪些 　1）内部：该工作在公司内部与哪些部门存在什么样的工作关系，请列举 　2）外部：为了完成工作，你需要与哪些外部关系进行协调沟通，请列举 　沟通频率：4 一直　3 经常　2 有时　1 从未
9. 工作条例 / 流程：完成工作职责你需要哪些工作条例与流程来指导工作 　1）工作条例： 　2）工作流程：
10. 工作环境 / 条件：请描述你现在工作的环境以及你认为必需的办公条件 　1）工作环境：□室内　□室外　□其他 　你在工作时会暴露在什么不良环境中：□噪声　□尘土　□污浊空气　□意外事故 　每月你过夜出差大约几天： 　2）办公条件：（请列举你所使用的机器或设备）

（续）

11. 在工作中容易出现什么过失，上述过失如何发现 　　如果未发现过失会有什么后果	
五、任职资格	
12. 你认为该工作的任职者应具备的最低要求是什么 　　1）职称要求：□初级　　□中级　　□高级　　□不限 　　2）教育学历：□高中（中专）□专科　□本科　□研究生及研究生以上 　　3）经验资历： 　　4）特殊要求：	
13. 请你根据该工作的需要对于以下每一项胜任特征进行评分 　　（5分：非常需要　4分：经常需要　3分：有时候需要　2分：极少需要　1分：不需要） 　　专业知识、学习能力、分析能力、团队建设、交流沟通 　　计划、指挥、质量、谈判、应变 　　协调、决策、影响、激励、辅导 　　授权、客户、服务、主动性、责任心、诚信 　　成就、动机、创新意识	
请将得分为5分的项目进行详细说明，它为胜任该职位的必备条件（胜任特征）：如 交流沟通5分——优秀的语言与文字交流能力，能有效沟通各部门关系，人际关系较好 1） 2）	
员工签名：	日期：

4. 关键事件法

关键事件法（critical incident technique，CIT）要求管理人员、员工以及其他熟悉工作职务的人员记录工作行为中对他们的工作绩效来说比较关键的工作特征和事件，从而获得工作分析资料的方法（Connelly，Ones，Davies，et al.，2014）。这种方法对每一事件的描述内容包括导致事件发生的原因和背景、员工特别有效或多余的行为、关键行为的后果、员工自己能否控制上述后果。在大量收集这些"关键事件"以后，就可以对它们做出分类，并总结出工作的关键特征和行为要求。

5. 工作日志法

工作日志法就是让员工以日记的形式按时间顺序记录工作过程，然后经过归纳提炼，获得所需工作信息的方法（见表3-4）。这种方法要求：①及时，在一天工作开始之前，员工必须将工作日志放在手边，边做边记，切忌一天结束之后补记；②具体，其检验的标准是一个对工作完全不了解的人，仅凭记录就能看明白任职者在做什么；③真实，不能弄虚作假，日志关注的焦点是"工作"本身，不是对任职者的评价；④完整，若因工作原因中途外出，要在出发前记下离开的时间，并在回来后的第一时间予以补记。

6. 工作实践法

工作实践法又称参与法，是指工作分析人员亲自参与工作活动、体验工作的过程，从中获得工作分析的第一手资料的方法。这种方法的优点是可以准确了解工作的实际任务及对任职者的要求，适用于短期内可以掌握的工作，比如餐厅服务员，但是应用范围不广，花费的代价也较高，不适用于操作技术难度大、需要大量训练以及有危险性的工作。

表 3-4　工作日志表示例（空表）

工作日志

姓名：
工作名称：
所属部门：
直接上级：
从事本业务工龄：
填写日期：自　　年　　月　　日　至　　年　　月　　日
说明：
1. 在每天工作开始前将工作日志放在手边，按工作活动发生的顺序及时填写，切勿在一天结束后一并填写
2. 严格按照表格要求填写，不要遗漏任何细小的工作活动
3. 请你提供真实的信息，以免损害你的利益
4. 请你注意保管，防止遗失

日期		工作开始时间		工作结束时间	
序号	工作活动名称	工作活动内容	工作活动结果	时间消耗	备注

3.4.2　定量方法

为了提高工作分析结果的科学性与准确性，针对定性方法存在的问题，在这些方法的基础上又发展出了一些新型的定量工作分析方法。下面来介绍几种应用比较普遍的定量方法。

1. 工作分析问卷法

工作分析问卷法（position analysis questionnaire，PAQ）是心理学家麦考密克耗费 10 年时间所设计的一种利用清单的方式来确定工作要素的方法。该问卷是一份包括 194 个问项的标准化工作分析问卷。

- 信息投入——任职者从哪里以及如何获得完成工作所必需的信息。
- 脑力运用——在执行工作任务时需要完成的推理、决策、计划以及信息处理活动。
- 体力活动——任职者在执行工作任务时所发生的身体活动以及所使用的工具、设施等。
- 与他人的关系——在执行工作任务时需要与其他人发生的关系。
- 工作环境——执行工作任务时所处的物质以及社会环境或背景。
- 其他特点——除上面描述过的内容之外的与该职位有关的各种活动、条件以及特征。

在对某项工作进行分析时，工作分析人员首先要确定每个问项是否适用于被分析的工作；然后根据六个维度（即信息适用范围、时间长短、对工作的重要性、发生的可能性、适用性和特殊计分）对这些问项进行评价；最后需要将评价结果提交到工作分析问卷总部，依靠那里的计算机程序得出报告，说明某种工作在各个维度上的得分情况。

2. 管理职位描述问卷法

管理职位描述问卷（management position description questionnaire，MPDQ）是专门针

对管理类工作而设计的一种结构化的工作分析问卷。该问卷由沃尔特 W. 托尔诺（Walter W. Tornow）和帕特里克 R. 平托（Patrick R. Pinto）编制。MPDQ 在调查方法和信息收集格式上与 PAQ 相近，它分析的内容包括 208 项与管理者的主要职责密切相关的工作因素，这 208 项可以精简为以下 13 个基本工作因素。

- 产品、市场和财务计划，是指结合实际情况制订计划以实现业务的长期增长和公司稳定发展的目标。
- 与其他组织及员工之间的关系协调，是指管理人员对自己没有直接控制权的员工个人和团队活动的协调。
- 内部事务控制，是指检查与控制公司的财务、人力以及其他资源。
- 产品和服务责任，是指控制产品和服务的技术，以保证生产的及时性与生产质量。
- 公众和顾客关系，是指通过与人们直接接触的办法来维护和树立公司在用户与公众中间的良好形象及声誉。
- 高级咨询，是指发挥技术水平解决企业中出现的特殊问题。
- 行动自主权，是指在几乎没有直接监督的情况下开展工作活动。
- 财务承诺许可，是指批准企业大额的资金流动。
- 员工服务，是指为忠诚的员工提供服务。
- 监督，是指通过与下属面对面的交流来计划、组织和控制这些人员。
- 复杂性及压力，是指在很大压力下保持工作，在规定时间内完成所要求的任务。
- 高级财务职责，是指制定对公司绩效构成直接影响的大规模的财务投资决策和其他财务决策。
- 广泛的人力资源职责，是指制定对公司绩效产生影响的人力资源管理活动。

MPDQ 弥补了 PAQ 难以对管理工作进行分析的不足，进而能够区别处理组织内不同职能或层次的管理工作，并为不同组织及工作间的管理工作提供分析比较的依据。它的主要缺点是在分析技术类工作时显得不够具体、灵活性差、费时，而且效率偏低。

▶ 本章小结

在当今的竞争环境下，战略性工作设计与工作分析对企业人力资源管理有着非常重要的意义。本章通过介绍工作设计与工作再设计的含义，使读者理解工作设计在整个战略人力资源管理系统中的基础性作用。而工作设计在发展中形成了一些典型的方法，包括工作专门化、工作轮换、工作扩大化和工作丰富化等。

工作分析作为人力资源管理的基础，是获得有关工作信息的过程。本书将工作分析所包含的信息用 6 个 W 和 2 个 H 加以概括。通过工作分析，主要解决"某工作应该做什么""什么样的人来做最适合"这两个主要问题。

在实际应用中，工作分析几乎是所有战略人力资源管理的基础，为其他人力资源管理活动提供依据，并对企业的整体战略管理发挥着重要作用。而工作分析的强技术性要求其必须具备科学、合理的操作程序，同时也应遵循相关原则。一般来说，工作分析的整个过程包括准备、调查、分析和完成四个阶段。

工作分析的目的和内容确定后，应该选择适当的工作分析方法。工作分析方法主要有定性和定量两种。工作分析者可根据工作分析目的、现有和所需要信息以及环境条件等具体情况来确定究竟采用哪种工作分析方法及组合。

工作说明书是工作分析的最终成果之一，包括工作描述和工作规范两方面内容，并且应该做到关键点明确、层次分明、条理清楚、言简意赅。真正做好工作说明书的设计，要注重同上级和用人部门的密切沟通，并且一定要抱着"人职匹配"的专业视角。

▶ 战略导图

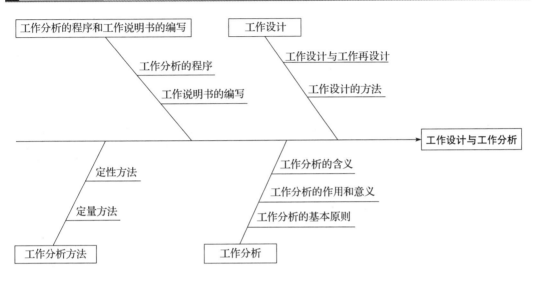

▶ 关键术语

工作设计　　　　　　工作轮换　　　　　　工作分析
工作再设计　　　　　工作扩大化　　　　　工作说明书
工作专门化　　　　　工作丰富化

▶ 复习思考题

1. 简述工作设计的方法。
2. 试回答工作分析的原则、作用和意义。
3. 简述工作分析的程序。
4. 如何编写工作说明书。
5. 描述工作分析的方法。

▶ 文献导读

1. Relational Job Design and the Motivation to Make a Prosocial Difference

在工作和生活中活出精彩、活出不同无疑是每个员工的梦想。为了更好地满足员工的这一诉求，组织中关于激励员工亲社会性差异（prosocial difference）的管理实践也十分普遍，但在组织领域关于这一激励来源的相关研究较稀少。

组织和管理者如何激发员工表现出亲社会性差异？Grant（2007）从工作内容（work context）的角度对此进行了探索。Grant（2007）认为，赋予任务意义能显著地提高对员工的激励水平，进而基于理论、研究和实践的趋势，说明了工作设计可以如何满足个人需求并激发出亲社会性差异行为。

资料来源：Grant A M. Relational Job Design and the Motivation to Make a Prosocial Difference[J]. Academy of Management Review, 2007, 32 (2): 393-417.

2. Career-related Antecedents and Outcomes of Job Rotation

工作技能的提升和工作经验的积累在员工职业发展道路上扮演着重要的角色，组织中对个人分配的岗位则是工作经验的重要来源之一，因而工作轮换（job rotation）对员工的职业发展存在重要的作用。但较少有研究和理论关注工作轮换或者其他在职培训（on-the-job training）形式对员工绩效、职业发展等方面的影响。

Campion，Cheraskin 和 Stevens（1994）构建并检验了涵盖工作轮换、职业发展潜在前因和后果的概念框架，同时提出四个假设，认为职业背景（工作年限、年龄、学历、绩效）对工作轮换的频率（rate）和收益（interest）存在积极影响，而工作轮换对职业晋升（晋升频率和薪酬增长）、知识技能（技术方面、商业、管理方面）、职业生涯管理（收益和成本）又存在积极影响。同时，作者基于255份样本对上述假设进行了检验。

资料来源：Campion M A, Cheraskin L, Stevens M J. Career-related Antecedents and Outcomes of Job Rotation[J]. Academy of Management Journal, 1994, 37 (6): 1518-1542.

▶ 应用案例

工作分析为何只能隔靴搔痒

D公司是我国西南地区的一家大型工程公司。近年来，由于市场竞争激烈，企业效益大不如从前。经多方面查找原因，公司领导者认识到目前公司存在一个严重的问题，尽管每个员工在公司的管理上都有一个职位，但是各职位没有对应的详细说明。员工的工作都由经理安排，以一个工作周为周期由经理在每周一做口头安排，周末检查。经理就遵循着安排工作、监督工作、检查进程的管理顺序，员工则接受任务、完成任务、汇报情况，一成不变。时间一长，员工倍感工作枯燥乏味，工作效率也随之降低。

于是，公司决定先从理顺企业的工作关系和工作职责入手来完善公司管理流程，订立工作说明书，让员工明确应该做些什么，怎么做，做到什么程度，做到这样的程度需要什么样的能力、资历与工作技巧等。因此，公司责令人力资源部赵经理在两个月内理清各岗位的工作职责，完善岗位的说明书系统。

赵经理凭借私人关系，拿到了岗位说明书模板。之后，赵经理信心十足地展开了工作分析工作。他直接与岗位任职人员进行交流，将各岗位之间存在的交叉部分找出后，进一步理清了工作职责。在此基础上，利用固定的模板撰写工作说明书。两个月后，赵经理提交了厚厚的三大本关于企业近100个岗位的工作说明书。

公司领导在检查赵经理提交的工作说明书时，发现这近100个岗位的工作说明书没有针对性，可以说用在任何企业都管用。因此，他们认为，工作分析纯粹是一项事务性工作，对企业的作用只能是隔靴搔痒，不能贴近企业的实际。于是，开始另觅他途来解决公司实际问题。

案例分析

工作分析是现代人力资源管理所有职能工作的基础和前提。工作说明书是对岗位进行文字性的界定和说明，是工作分析的成果之一。正如D公司领导者一开始所认识到的那样，一份合格的工作说明书应该让员工明确在实际工作中做些什么，怎么做，做到什么程度，做到这样的程度需要什么样的能力、资历与工作技巧等。但是为什么D公司经过工作分析后做出的工作说明书只能隔靴搔痒，起不到实质性的作用呢？这跟该公司工作分析的做法有关。原因主要可以归结为以下四点：

1. 缺乏与企业领导者的必要沟通

领导者是企业的领头羊，是企业所有管理工作顺利推动所必须依靠的中坚力量。工作分析必须首先获得领导者的支持和认可。一般来说，工作分析的正确做法是：在开展正式的工作分析之前，人力资源经理必须首先要与企业的高层领导进行沟通和讨论。进行这一步骤有以下三个主要目的。

一是通过与公司高层领导的充分讨论，明确工作说明书的价值，并取得领导对工作分析的支持，进而由高层领导者出面推动各部门的主管和员工的配合，方便人力资源经理顺利开展工作。

二是通过沟通，澄清公司战略调整的方向，可以帮助人力资源经理把握公司高层对于未来发展的基本思路及定位，把握他们对于各部门、各职位的总体要求，找准工作分析的总体方向，这是确保工作分析有效完成的必要环节。

三是通过沟通，使高层领导率先树立岗位责任意识，对各项工作实行归口管理，改变自由随意的管理风格，提高工作分析结果的有效性。

案例中的赵经理在做工作分析时，直接与岗位任职人员进行交流，在此基础上利用固定的模板撰写工作说明书。不难发现，在此过程中赵经理缺乏与企业领导者的必要沟通，这就导致工作分析对企业大方向和领导者的意图把握不到位，进而影响了工作分析的效果。此外在工作分析的过程中，保持与高层领导者的沟通，确保他们清楚工作的进程、难度及效果，有利于获得他们的支持等。

2. 缺乏对企业的组织结构和流程的梳理

解决基础问题是工作分析中最重要的一点。但是在案例中，D公司人力资源部赵经理在实际做工作分析的时候并没有追本溯源，事先对部门及岗位在组织结构中所处的位置及流程中所承担的义务及价值分析清楚。由此得出来的工作描述势必无法满足企业需求。可以说，赵经理忽视企业的组织结构和流程而进行工作分析是导致工作说明书失效的根本原因。

因为组织结构是支撑公司战略的重要因素，组织结构中的每一部分都在落实公司分解下来的任务。通过部门到岗位的层层梳理，从纵向方面能够把握战略目标分解的方向；从横向来看，其实就是关于业务流程的一些问题。基于对分解方向的把握和对这些流程的整理，实际上就能掌握岗位中的重要职责，并且也可以清楚地看到各个岗位在其结构及流程中的地位和作用。

3. 缺乏员工的参与

工作分析的关键是工作分析的过程，工作分析的过程决定了其实施的效果。高效的工作分析需要员工亲自参与，随着员工亲自参与其对工作说明书的编写、讨论和修改，让员工对自己的工作职责、权限，任职条件等有一个全方位的了解和把控。

在案例中，我们可以看出，赵经理只是与岗位负责人进行了一些交流，其目的只是将不同岗位的职责中存在的一些交叉的部分找出来，从而进行工作职责的整理……可以说，岗位负责人在这个过程中处于完全被动的地位，对于工作说明书的用途并没有清晰的认知，对于自己的职责范围、权限等也缺乏一些认同感。

4. 对企业实际情况缺乏个性化分析

现在在市场上有各式各样现成的工作说明书的模板，这些已经逐渐成为众多企业人力资源部经理所借鉴的对象。

在这些现成的工作说明书模板中，有的对岗位的名称、岗位职责、任职资格、工作环境及众多工作条件等内容都进行了清晰、详尽的界定，看起来非常完备。但必须同时指出的是：任何人、任何企业是绝不可以直接拿来使用，或者只是进行简单的修改就变成了自己企业的工作说明书。需要知道，对于工作说明书是否有效，关键在于是否适用企业的实际情况。因此，要求各个企业人力资源部门在编写工作说明书的时候，将岗位共性与企业个性相结合，充分考虑企业的实际情况。只有这样，工作说明书才能贴合实际，才可以充分发挥其积极作用。

在本案例中，赵经理借用了某个咨询公司的一个几乎可以应用在任何一家企业的工作说明书模板，其所做的工作不过是找出各岗位之间的交集部分，梳理清岗位职责，然而缺乏对本企业实际情况的一些深入的研究和分析，导致做出的工作说明书的描述脱离实际岗位，难以在实际工作中应用。

案例点评

工作分析起着十分重要的作用，关系到人力资源管理的各个方面。在工作分析的过程中，必须做到以下几点。

首先，需要和高层领导进行良好的沟通，争取得到其支持和认可，并从中把握工作分析的大体方向。

其次，必须要对企业的组织结构和流程进行有顺序的整理，绝不能因为工作量大、烦琐而不对组织结构和业务流程进行详细的分析与整理。

再次，需要保证员工亲自参与，在提高工作分析有效性的同时，清除工作说明书使用中的种种障碍。

最后，在参考工作说明书模板的时候，一定要在引进岗位共性的同时，把握其个性的体现。

资料来源：边文霞. 岗位分析与岗位评价：实务、案例、游戏 [M]. 北京：首都经济贸易大学出版社，2011.

讨论题

1. 阅读完本案例，你如何看待工作分析在人力资源管理职能中的作用？
2. 你将采用哪些方法收集必要的工作分析信息？
3. 你认为如何才能发挥工作分析的实质性作用？
4. 企业如何才能更加战略性地应用工作分析使其更好地推动人力资源管理工作？

▶ 参考文献

[1] 包晨星，风里. 战略人力资源管理：化战略为行动 [M]. 北京：电子工业出版社，2009.

[2] 边文霞. 岗位分析与岗位评价：实务、案例、游戏 [M]. 北京：首都经济贸易大学出版社，2011.

[3] 陈维政，余凯成，程文文. 人力资源管理与开发高级教程 [M]. 北京：高等教育出版社，2004.

[4] 加里·德斯勒. 人力资源管理 [M]. 刘昕，译. 北京：中国人民大学出版社，1999：93.

[5] 雷蒙德 A 诺伊，等. 人力资源管理（原书第 5 版）[M]. 北京：中国人民大学出版社，2005：146.

[6] 宋培林. 战略人力资源管理：理论梳理和观点评述 [M]. 北京：中国经济出版社，2011.

[7] 邹习文. 赛马不相马 [J]. 现代企业教育，2001（3）：12-12.

[8] MBA 必修核心课程编译组. 人力资源：组织和人事（上册）[M]. 北京：中国国际广播出版社，2000：317.

[9] Campion M A, Cheraskin L, Stevens M J. Career-related Antecedents and Outcomes of Job Rotation [J]. Academy of Management Journal, 1994, 37 (6): 1518-1542.

[10] Connelly B S, Ones D S, Davies S E, et al. Opening up Openness: A Theoretical Sort Following Critical Incidents Methodology and a Meta-analytic Investigation of the Trait Family Measures [J]. Journal of Personality Assessment,

2014, 96 (1): 17-28.

[11] Grant A M. Relational Job Design and the Motivation to Make a Prosocial Difference [J]. Academy of Management Review, 2007, 32 (2): 393-417.

[12] Hsieh A T, Chao H Y. A Reassessment of the Relationship Between Job Specialization, Job Rotation and Job Burnout: Example of Taiwan's High-technology Industry [J]. The International Journal of Human Resource Management, 2004, 15 (6): 1108-1123.

[13] Huang H J. Job Rotation From the Employees' Point of View [J]. Research and Practice in Human Resource Management, 1999, 7 (1): 75-85.

[14] Morgeson F P, Humphrey S E. The Work Design Questionnaire (WDQ): Developing and Validating a Comprehensive Measure for Assessing Job Design and the Nature of Work [J]. Journal of Applied Psychology, 2006, 91 (6): 1321.

[15] Morgeson F P, Spitzmuller M, Garza A S, et al. Pay Attention! The Liabilities of Respondent Experience and Carelessness When Making Job Analysis Judgments [J]. Journal of Management, 2016, 42 (7): 1904-1933.

[16] Ortega J. Job Rotation as a Learning Mechanism [J]. Management Science, 2001, 47 (10): 1361-1370.

[17] Taveggia T C, Hedley R A. Job Specialization, Work Values, and Worker Dissatisfaction [J]. Journal of Vocational Behavior, 1976, 9 (3): 293-309.

[18] Uduji J I. Job Enrichment: A Panacea to the Problem of the Demotivated Marketing Executives in the Banking Industry in Nigeria [J]. California Management Review, 2013, 16: 57-71.

[19] Zaniboni S, M. Truxillo D, Fraccaroli F, et al. Who benefits from More Tasks? Older Versus Younger Workers [J]. Journal of Managerial Psychology, 2014, 29 (5): 508-523.

[20] Zareen M, Razzaq K, Mujtaba B G. Job Design and Employee Performance: The Moderating Role of Employee Psychological Perception [J]. European Journal of Business and Management, 2013, 5 (5): 46-55.

第4章

战略人力资源选聘

战略人员招聘与选拔聘用到非凡员工的七个最佳原则有：定义你的"非凡员工"；不停地面试；问那些可以揭示性情的问题；寻找那些克服过失望的人；不要把成功和推动力混淆；聘用的是态度，而非经历；拿到真实的介绍信。

▶ 学习要点

- 战略人员招聘与选拔的含义
- 战略人员招聘与选拔对组织战略的意义
- 战略招聘与人力资源管理其他职能活动的关系
- 战略人员招聘与选拔的方法
- 战略人员招聘与选拔的基本程序
- 测试的特征、标准、种类及内容
- 运用战略方法保留员工

▶ 前沿探讨

如何招聘"90"后

90后是当今企业发展的后备力量，管理者需针对90后员工的特点，扬长避短，改进传统的人力资源管理方法，制定针对90后员工的招聘新策略。

（1）工作说明。针对90后的特点形成工作说明书，对于岗位职责与内容要着重描述工作的趣味性和挑战性，以及丰富的福利政策，以最大限度调动90后员工的热情。并且强调"感觉"的90后会格外注意工作分析中的用词，如"竞争性"和"确定性"这类偏男性化的形容词，会让女性觉得这不是她的"菜"，而像"协作的"和"合作的"这样的词往往能吸引更多女性。因此，在撰写工作分析的过程中尽量使用中性词，或尽可能用相同数量的性别描述词来达到平衡。

（2）招聘渠道。传统的招聘渠道主要是校招、人才市场、网络招聘以及猎头。随着互联网时代的到来，社会真正地进入了网络化、信息化时代，促使招聘渠道也更加多元化。90后出生在互联网时代，善于运用互联网产品，且热衷于微博、微信等社交类软件。所以除了招聘网站之外，微博、微信等社交类互联网产品也是招聘90后员工较为方便、有效的渠道。

（3）面试。由于90后群体个性鲜明的特点，因此在面试选拔过程中，要重点关注应聘者个性特征、价值观与组织文化是否吻合，企业可以利用胜任力模型，提高招聘选拔质量。例如，可以使用"面试记分卡"，以预先设定的标准来衡量求职者对每个问题的回答，因为面试官不可能完掌握应聘者在实际工作中的表现。

（4）企业氛围。90后注重精神财富，因此在招聘的过程中展现一个良好的企业氛围尤为重要，输出企业文化，给予应聘者和正式员工同样的尊重，提供他们所需要的工具，并帮助他们与内部建立联系。从面试到非正式的会谈，都可以创造一个欢迎的氛围，这样有助于吸引并留住优秀的90后员工，为企业注入适应市场变化过程中所需要的新鲜血液。

在互联网行业，人才是最重要的资产。如今，"90后"已经成为企业发展的重要后备军，为了充分利用新生代员工可能为企业带来的"红利"，腾讯一直注重招聘最有天赋和热情的"90后"人才，并通过"传统＋创新"的方法快速培养和发展这一群体，提升组织能力。首先，腾讯把人才视为核心竞争力，把对人才的投资放在第一优先级，并为他们提供实现梦想的平台。优秀的人才能够获得为上亿用户提供服务的舞台，并得到最好的回报。其次，这是一个属于未来，属于年轻人的行业，腾讯坚持招聘年轻人，每年从全球高校招聘数千名优秀学生并给予持续的培养锻炼。与此对应的是腾讯坚持了10年的"飞龙计划"，这是一个继任者培养项目，目标是培养下一代的领军人物；最后，对组织能力持续创新，先后开展了如"XO""FT"等组织模式变革来探索如何应对不同业务在不同阶段遇到的管理挑战，从而让一个大型组织始终保持激情和活力，使得每个业务单元像一家创业公司一样运作。

同时，由于"90后"所具有的个性化特征，腾讯也十分注重招聘过程中的个性化定制。腾讯的业务体系内流传着一句话，"真正的用户需求是说不出来的"，产品经理要有将需求具体化的能力，人力资源部门亦然。腾讯，首先要求人力资源部门把"用户"识别到"人"，比如，在招聘环节，用户就是具体业务部门的负责人。为了招聘到合适的人，HR用做互联网产品的方式为来自业务部门的面试官提供招聘工具。当业务部门提出用人需求时，人力资源部门首先会在公司内选择三个以上优质员工样本；然后再建模、扫描，分析这些员工背后的成功因素，比如，逻辑思维很好、对数字敏感、善于学习等。其次再对这些成功因素倒推并具体到行为，再根据行为制定出面试问题。最后在问题后附上可能的答案并给出分值。通过这种方法，腾讯为公司的未来发展遴选出了合适、出色的人才。

未来腾讯对人才与组织发展的创新探索仍会不断地进行，帮助腾讯和全球互联网行业培养更多的优秀人才。

资料来源：[1] Rebecca Knight. Seven Practical Ways to Reduce Bias in Your Hiring Process [J]. Harvard Business Review, 2017. [2] Alyssa Merwin. A Guide to Finding and Hiring the Best Contractors [J]. Harvard Business Review, 2017.

基于战略观点的人力资源配备（strategy-based staffing）

人员配备（招聘与选拔）是人力资源管理工作的一项重要的职能内容。日益激烈的竞争环境对企业选聘的要求已不仅仅局限在传统的一人一岗的思维上，更在于选聘的战略眼光与定位，即企业关注的应该是人力资源如何统一配备才能满足企业的短期和长期需求。而基于组织战略发展目标的招聘与选拔，可以确保企业为特定的岗位配置符合组织发展要求的工作人员，以确保企业各项活动的正常进行。因此，战略性的招聘和选拔对企业的发展至关重要。本章将从战略角度入手，讲述怎样科学合理地进行战略性的人员招聘与选拔工作。

招聘 = 相亲?

招聘分为四个步骤,如图 4-1 所示。

第一步,人员筛选。HR 根据招聘计划,通过多种招聘渠道(包括网络招聘、人才市场招聘会、内部推荐、猎头推荐等)完成招聘目标。在多渠道的招聘下,HR 部门短期内就会收到诸多候选人的简历,为了找到符合条件的招聘目标,HR 需要对简历进行初次筛选,筛选标准可能有学历、工作经验、专业知识、项目成果等。符合基本条件的一般会通过电话的形式邀约,候选人到公司进行统一的现场面试。

第二步,人员测试。在面试中,结构化面试更为普遍,也更为科学,但对领导能力要求较高的中高层管理人才,无领导小组讨论(leaderless group discussion)的测评方式也常被使用。在结构化面试过程中,面试官会对应聘者进行统一的提问,如自我介绍、工作经历阐述、日常的兴趣爱好、职业发展规划等问题。在无领导小组测评环节中,面试官会根据招聘需求设定一个主题由候选人组成小组进行自由讨论。在讨论过程中,面试官可以清楚地考察候选人的表现。

进而能够大致判断其沟通能力、协调能力、应变能力、决策能力等,也可以观察到候选人的一些个性特征,如自信心、热情度、情绪稳定性或个人魅力等。如此一来,企业对候选人的了解更为充分和透彻,也能更准确地判定是否已找到了"心仪者"。

第三步,考官商讨。经过多轮面试,考官根据综合考评进行商讨得出结果,做出录用决策。在这个阶段中,还需就入职后的条件进行谈判,如薪酬、福利待遇、能给团队带来的价值、能帮公司解决什么问题等。在都能接受彼此开出的条件的前提下,双方才能走到一起,共谋发展。

第四步,招聘成功。最后企业发出 offer,应聘者拿到 offer,这意味着双方达成共识,应聘者面试取得成功,企业得到目标人才,彼此满意。接下来就需要办理入职手续,签订劳动合同,正式入职,用时间来证明你的价值。

招聘人员的流程类似于相亲,相亲流程如图 4-2 所示。

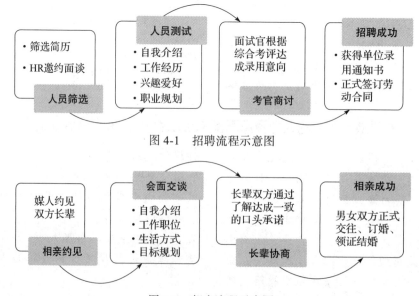

图 4-1 招聘流程示意图

图 4-2 相亲流程示意图

第一步，相亲约见。阿海是一名已经工作两年的公务员，有硕士学历，颜值高，身高180cm。事业初定，家里人便张罗着给他介绍对象，又加上媒婆多次上门，阿海感觉压力很大。"父母之命，媒妁之约"，就这样，他被安排了相亲。

第二步，会面交谈。相亲中初次见面，男方和女方一般都会带上长辈，在家里或酒店碰面。留下很好的第一印象很重要，双方衣着得体，精心打扮，这也是基本的尊重，还得带点见面礼。初次见面的目的也很简单，双方看外貌，谈工作，讲爱好，说职业发展，看各方面是否合拍。阿海说，这次相亲提问比考公务员还要严格。

第三步，长辈协商。在相亲过程中，双方的长辈（面试官）需要对男孩、女孩的谈吐、举止、综合素养等进行考察，协商得出结果，是否同意这门亲事。此刻媒人（HR）就要发挥作用，撮合双方长辈，为彼此创造机会，加深感情，获得信任。在这期间长辈会让男女双方试着交往（试用期）。如果双方在进一步的交往中，感情升温比较快，代表有可能发展；否则就没有希望。

第四步，相亲成功。男方带上女方见亲朋好友，表明这门亲事已成定局，相亲成功。紧接着是订婚，这时距离步入婚姻殿堂就近了，待领一本结婚证（劳动合同）就水到渠成，这是一份责任，用一辈子承诺彼此，用爱见证美好的未来。

招聘和相亲的流程极其相似，只用四个步骤来完成。你把招聘看作相亲，就不会感到害怕，喜欢上你的另一半，就拿行动来证明。

资料来源：中国人力资源网。

4.1 战略人员招聘与选拔概述

4.1.1 战略人员招聘与选拔的含义

战略人员招聘与选拔的目的是为企业在适当的时间、适当的地点获得适当数量的符合企业战略发展目标要求的人员（Lievens & Chapman，2010）。从宏观层面上来看，战略人员招聘与选拔有两个内涵：第一，在战略性的思维上，用战略眼光、整体观念、纵深维度去计划和实施这一项人力资源管理工作；第二，运用科学、先进的人力资源管理思维，规范流程和改进细节，为企业的发展配置并存储所需的"适才"。从微观层面上来看，人员招聘与选拔实际上就是针对某个特定的岗位空缺、按照一定的工作标准和岗位要求、找到合适的人选进行填补的过程。企业出现一定的岗位空缺，也就是进行人员招聘与选拔的原因，通常有可能是：企业的战略发展目标发生变化，比如扩大经营规模，扩大现有业务，添置新的生产线，组建新的分支机构等；部门内或部门间的人员需要重新调配或者现有人员的解聘或离职导致的人员空缺；意外事故或退休造成的人员不足等。

战略人员招聘与选拔和普通的人员招聘与选拔的区别在于，前者强调战略眼光、整体概念和纵深维度。战略人员招聘与选拔并不意味着招聘更多的员工，而是当组织管理者明确了组织的核心业务时，意在通过获取最好的招聘选择，支持组织的核心业务需求。传统招聘思维中存在诸多弊端，而战略人员招聘和选拔的实践活动则更加重视企业长期战略目标，与企业的战略相结合；更加注重人与组织匹配，特别是与组织长期发展目标的配合；兼顾应聘者技能与价值观的考察；更加强调配置后的员工适应性，采取一系列的实践措施帮助新员工融入企业。

4.1.2 战略人员招聘与选拔对组织战略的意义

战略人员招聘与选拔是一项重要而复杂的工作（Timming，2011）。首先，人力资源是活的资源，人本身具有能动性，致使人员招聘与选拔工作复杂、难度大。如何采用一定的科学方法，使用一定的选拔标准，使人员招聘和选拔更加符合实际、符合企业的战略要求，在战略人员招聘与选拔过程中更加准确地做出判断，是一项复杂而且有待不断发展的任务（Almeida & Fernando，2016）。另外，正因为人员素质高低对企业至关重要，人才市场上企业间的竞争也就十分激烈，这使得企业获得优秀人才十分困难。其次，在实践过程中如何将其与企业战略相结合，为企业战略的成功添砖加瓦也是亟待考虑的问题之一。最后，战略人员招聘与选拔工作的复杂和困难还体现在其活动本身受到的一定限制，有来自宏观环境方面的，如国家法律、法规和政策的限制，地理环境和条件的限制等；也有来自微观环境方面的，如企业经营规模、发展阶段和招聘成本预算的限制等。

综上所述，战略人员招聘与选拔对于企业的战略意义，具体体现在以下几个方面。

（1）战略人员招聘与选拔的结果关系到企业的生存和发展。对一家现代企业而言，员工素质的高低，通常是影响其生产经营效果的最终决定因素（包晨星和风里，2009）。面对日益激烈的市场竞争和飞速的知识更新，在利用有限的物质资源进行生产方面，企业可作为的空间正在不断缩小，只有人这种活的资源的可利用性还存在着巨大潜力。企业如果能够招聘到高素质的人员并留住他们，同时未雨绸缪地储存一些优秀人才，使他们在企业技术创新和发展方面充分发挥作用，就能为企业在竞争中获胜取得一定的保障（Tang，Chen & Jin，2015）。同时，从成本的角度来看，招聘与选拔到优秀的人员也相当于为企业节约了培训的费用，而且还可能具有原有员工经培训也达不到的效果。

（2）战略人员招聘与选拔是企业组织的基石（Konrad & Linnehan，1995）。合理而有效的组织结构总是建立在一定数量和质量的人员结构之上的。按照企业战略规划和具体经营的需要，将不同层次、不同素质的人员安排到一定组织结构要求的岗位上，并随着组织结构的调整而不断进行调整，才能保证企业的高效运行。

（3）战略人员招聘与选拔工作作为人力资源管理工作具体环节的重要步骤，是企业获得优秀人才的必要手段和途径，也是企业经营成功的前提之一。战略人员招聘与选拔作为企业人力资源工作的关键环节，其招聘质量的高低将直接影响企业的运营效率及人员流动率（包晨星和风里，2009）。如何采用良好的企业形象、和谐的氛围、优厚的待遇等法宝去吸引并留住优秀人才，成为企业招聘与选拔中的重点之一（Esch，Wei & Chiang，2016）。同时，新人员的选用会为企业带来新鲜的活力、新的思想，从而有助于企业在制度、管理、技术等方面的不断创新，与时俱进，获取竞争优势。

4.1.3 战略招聘与战略人力资源管理其他职能活动的关系

战略招聘作为人力资源管理的一项基本职能活动，是人力资源进入组织或担任具体职位的重要入口，它的有效实施是整个战略人力资源管理系统正常运转的前提（Tayeb，1998；Alvesson & Kärreman，2007）。战略招聘工作与战略人力资源管理其他职能活动之间的关系主要体现在以下几个方面。

（1）与工作分析的关系。工作分析的结果即工作说明书，是制作招聘广告的基础依据，可以说招聘广告就是简化了的工作说明书。此外，工作说明书中的职位描述与职位规范为员工招聘提供了客观的标准，减少了主观判断的成分，有利于提高招聘的质量。

（2）与战略人力资源规划的关系。人力资源规划作为人力资源管理六大模块的基础环节，是招聘工作的前提之一，人力资源规划规定了所需人员的数量和质量结构，这些信息为招聘提供了科学的依据。

（3）与战略员工培训的关系。招聘为员工培训与开发提供了有关信息，组织所录用的新员工的素质状况是新员工培训设计的主要依据。此外，培训与开发的机会越多就越有利于招聘工作中企业形象的宣传，从而更有利于吸引优秀人才。

（4）与战略绩效管理的关系。招聘质量的高低直接影响到员工乃至组织的绩效水平。如果招聘质量高，所录用的都是组织需要的优秀人才，那么无疑能够提高员工与组织两方面的绩效。另外，战略绩效管理也直接影响到招聘工作。例如，绩效评价的结果会影响到招聘的结果，也就是说，通过绩效评价发现现有员工在能力、态度等方面还存在哪些不足，就能在下次的招聘中甄选那些能够弥补现有员工素质不足的新员工（Baruch & Quick, 2007）。

（5）与战略薪酬管理的关系。招聘的员工的素质高低及业绩高低直接影响到员工的报酬水平；同时，具有竞争力的报酬水平又是招聘工作强有力的支持，更有助于吸引与招聘到优秀的人才（包晨星和风里，2009）。

总之，战略招聘工作与战略人力资源管理其他职能活动存在着相互影响、相互促进、相互制约的关系，只有与其他职能相互配合、系统协同，才能发挥其战略性的作用。

4.2 战略人员招聘的途径与方法

企业战略人员招聘与选拔的一个基本思考是决定通过内部和外部两种途径来进行人员招聘（Hsu & Leat, 2000），如图4-3所示。首先，企业按照以总目标制订的战略人力资源计划，大致规划在一定时期所需人员的数量和种类，加之对空缺职位进行工作分析以及企业外部环境的分析，从而决定到底是从企业内部进行人员选拔还是从外部吸引人员来填补一定的空缺职位。同时，HR还可以在内部或外部招聘可采用的方法中选取最有效的加以利用，力求在保证人员质量的前提下，以低成本取胜。

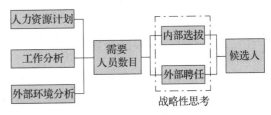

图4-3 战略人员招聘的基本途径

| SHRM 聚焦 | **战略性思考：Make or Buy（制造还是购买）**

李强是某大型民营企业的老总，最近遇到了一件棘手的事情，在企业制造部已经干了5年的刘经理突然申请辞职。这让他措手不及，要知道刘经理是他一手栽培，从最初的工人一步一步提拔到经理位置上的。而且近期产品销售看好，市场需求逐步上升，正是制造部需要大展身手的时候。前天，在经理会上讨论新的经理人选时，营销部和财务部的负责人意见不一，就经理来源是"内部培养"（make）还是"外部招聘"（buy）进行了激烈讨论，最

后闹得不欢而散，只好休会下次再议。明天，李强就要在经理会上就此问题拍板，在看了大量人力资源相关资料后，他渐渐陷入了沉思。

类似李强遇到的问题，时下大多数企业通常的做法是"外部招聘"，也有少数企业主张"内部培养"，到底是"外部招聘"有利还是"内部培养"更好？对这个问题的回答，不能一概而论，这是企业在应用时应当根据自己的实际情况和需要进行的一个战略性选择。

资料来源：中华品牌管理网。

4.2.1 内部选拔

内部选拔（internal selection）即意味着较低的雇用成本，有益于员工和公司价值观更好地融合，同时也是对高绩效员工的一种激励，有利于鼓舞士气。事实上，企业内部人员确实是最大的招聘来源（Lepak & Shaw，2008）。世界 500 强企业非常重视内部招聘，采取"内部培养为主，外部招聘为辅"的策略引进人才。180 多年来，宝洁公司成功的一个秘诀便是内部提升，即所有的高级员工都是从内部提升的，很少请猎头公司从外部空降员工，宝洁公司提升员工的唯一标准是员工的能力和贡献，员工的国籍也不会影响提升。这是基于以下原因：宝洁公司相信自己招聘的质量，相信公司内部拥有大量人才；宝洁公司希望每个员工都能看到自己的上升空间，而不要一有职位空缺就被"空降兵"占领，以此来增加员工对公司的归属感。

1. 内部选拔的途径

（1）内部提升。当企业发生职位空缺时，通常首先考虑的是从内部提升人员进行填补。这有利于调动企业内部人员的积极性，给员工更多的发展机会。而且从内部选拔的人员对企业比较了解，企业也较熟悉员工，从而降低招聘风险。一些调查表明，90% 以上的管理职位都是从企业内部提拔的人员担任的。对于一些专业技术人员、办公室职员的选拔采用内部提升方式的企业也为数不少。但是值得注意的是，采用这种途径进行人员选拔也有一定的弊端，如未被提拔的人员的士气容易受到挫伤等。最大的弊端可能莫过于内部提升导致的近亲繁殖现象。

（2）内部调用。如果内部提拔是从低一级选拔人员来填补高一级的职位空缺，内部调用则是指在相同或相近的级别间调动人员进行企业岗位空缺的补充。从内部这一含义来讲，内部调用也能为企业带来低招聘费用、低招聘风险的好处，同时还能给员工更多的在不同部门工作的实践机会，使员工得以发展。员工能够扩展兴趣范围，掌握多种技能，对企业来说也能够不断地增强竞争力。

（3）工作（岗位）轮换。当内部调用进行不止一次时，就形成工作轮换。工作轮换也称岗位轮换，是指人员在企业内部不同的部门间更换工作，每隔一段时间更换一个部门，学习各种专业技能。日本企业对员工实施工作轮换，使他们掌握多种技能，并在不同岗位上的工作中发掘每个人的兴趣点和长处，然后将他们固定在某个工作岗位上，让其发挥专长。这种内部选拔的方法大大鼓舞了士气，提高了企业的凝聚力。

（4）同级调动。同级调动是指在同级岗位中调换员工的工作。通过调动向员工提供全面了解企业中不同部门与岗位的机会，为将来的提升做准备或为不适合目前职位的员工寻找最恰当的位置。

（5）返聘。企业将解聘、提前退休、已退休或下岗的员工再召回聘用，称为返聘。这些人大多熟悉企业工作，且十分珍惜再就业机会。当某类人才的劳动力市场供应不足或价格上升过快时，这种方法既能帮助企业解决人手短缺问题还能为企业节约成本。

2. 内部选拔的方法

为有效地实行内部选拔，企业常常利用工作公告（job posting）、人事记录（personnel record）和人才技能库（skill inventory）等方式寻找最合适的填补空缺职位的人选。

其中，工作公告是最常用的内部选拔方法，即将职位空缺向全体人员公布出来，列出有关空缺职位的工作性质、人员要求、上下级监督方式以及工作时间和报酬等，并将公告置于企业人员都可以看到的地方，以便所有相关人员均有机会申请空缺职位。世界家居零售业巨头宜家家居可谓是应用内部工作公告的典范，几乎所有空缺职位都采用公告形式发出供企业内部人员选择，而且员工的直接上级一般都无条件地支持员工选择其他岗位，这促进了空缺职位的填补同时也为员工自主选择职业发展机会提供了更大的空间。需要说明的是，当待选拔的职位是管理职位特别是高级管理职位时，企业就不一定要采用工作公告的形式，可以由管理人员亲自选拔和培养自己的接班人。建立一个好的工作公告体系并不容易，所以当企业建立这样一个体系时应注意一些问题，如表4-1所示。

表4-1 建立工作公告体系应注意的问题

√计划	√公告工作的类型
可行性分析 确保员工接受 法律标准的考虑	大约80%的公司对蓝领工作进行公告 大约50%的公司对职业技术工作进行公告
√公告的时间限制	√基本资格要求
公告的时间长度 （通常一周） 通知员工有关雇用决策的时限 （通常三周） 考虑接受新工作并离开原工作时限 （一个月至六周）	在本公司工作的最低年限 （通常一年） 在现职位的工作时间 （半年至一年） 良好的工作记录和出勤率
√建立申请人核查程序	√公告中应包括的信息
人力资源部门初筛（公告工作的上级面试） 雇用决策（通常建立在过去的业绩评估结果、出勤率、公司的服务年限、上级推荐和面试结果之上）	工作名称和工作部门 所需的特定技能 必备资格 薪水范围 关于如何申请该工作的信息 工作时间安排
√向申请人反馈	√工作公告置于何处
书面决定，对每个被拒绝的候选人的理由陈述 尽快书面通知每个候选人 提供相关职业咨询，包括拒绝原因、 补偿措施，如培训等 关于申请工作程序的信息	公告板置于易接触、可见之处 指定的公告中心 员工杂志

同时，在搜索和决定候选人的过程中，人事记录提供了很大的帮助。企业人事记录通常包括了所有员工的背景资料，如教育背景、工作经验以及兴趣爱好和技能等，选拔人员

可以通过对这些资料的查询初步确认人员资格，以便进一步考察和任用。而企业人才技能库是专门记录具有特殊技能的员工资料，如需要某种特殊技能的人员，则可以通过查询人才技能库便捷地实现。

另外，随着计算机应用技术的扩展，企业也建立了管理人力资源的信息系统，将员工有关的信息存储在计算机中进行统一管理。一个典型的计算机管理的人力资源技能信息库，通常包括企业内各种工作的名称和代码、各工作人员的基本情况、教育程度、兴趣爱好、接受培训项目以及工作业绩评估状况等。当要寻找人员填补空缺职位时，管理人员可以通过将相关信息输入计算机中进行查询，看企业内部是否有合适的人选。

3. 内部选拔的保障措施

另外，内部选拔要构建组织内部的竞争性人才流动机制，需要公开透明化岗位发布机制和完善完整人才流动信息链，营造公平竞争的环境，实现人才在组织内部的科学合理流动。常用的空缺岗位发布方式包括：向所有员工发送岗位信息邮件，建立公司内部招聘微信群，在公司公告栏张贴岗位空缺信息等。实现岗位信息对称，让员工知道每个部门能够给他带来什么，而不是一味地去强调要员工具备什么能力，需要他们给部门做什么事情。完整的内部人才流动信息链包括"岗位需求—招聘计划—员工招聘—绩效考核—薪酬福利—员工离职"等环节的信息。人才流动信息链的构造需要通过HRM系统——E-HR系统来实现。E-HR系统基于信息化模式，不仅可对每位员工信息进行动态跟踪并储存至数据库从而形成企业员工的电子档案，而且HR也通过参考E-HR信息调配合适的内部人才，大大降低了传统管理成本，减轻了HR的负担。

此外，可以通过建立内部跳槽制度来实现内部流动制度化、体系化管理，有助于打破人才流动壁垒，给员工提供机会，促进人才的竞争性、积极性流动，国内外不少知名企业都具有类似的制度来促进人员的内部流动。比如德勤的"大规模职业个性化计划"，员工每年可改变两次工作偏好（如在平级调动及旅行时间选择等）。员工通过类似内部跳槽的方式解决职位悸动，实现自己的职业规划目标。这种方式不仅有利于员工积极性的提高，也有利于组织能够从中及时发现和提拔人才，HR能发现存在部下频频"外流"的部门及上司的问题从而研究解决对策。

4.2.2 外部聘任

当企业现有人员不足以胜任出现的空缺职位时，企业管理人员就要考虑到企业外部去寻找合适的人选进入企业承担一定的职责。从企业外部聘任人员，通常可以采用熟人介绍的方法，这种方法吸引来的候选人既稳定又可靠，也可以利用各类中介机构，如职业介绍所、猎头公司等，还可以直接到大中专院校去进行招聘（朱飞和文跃然，2013）。例如，阿里巴巴的招聘具有多种形式，除了专场招聘会、网络、报纸、猎头这些传统的招聘形式外，阿里巴巴还采用外部招聘、外部推荐等一些创新的渠道。有关外部聘任的战略性思考主要与所招聘的职位有关，要考虑该职位的重要性、上岗时间限制和相关职位的要求等。

1. 外部聘任的途径

（1）熟人介绍。许多企业在招募人员时会利用其现有员工提供的帮助。它们发现，员工将自己的熟人或者朋友介绍到公司，不仅仅省去了公司寻求其他中介服务的麻烦和由此产生的费用，而且这些由现有员工介绍来的人员与公司的联系似乎更加紧密。通过企业员工的介绍，应聘者本人能够对空缺职位有更全面的了解，同时企业还可以通过员工对候选人有比较深入的了解。但是这种方法也存在潜在的缺陷，大量熟人之间形成的关系网会给企业带来不利的影响。

（2）职业介绍机构。职业介绍机构是专门为企事业单位提供劳动者的有关信息，同时为劳动者提供有关用人单位信息的机构。通常这类机构都存有大量各类应聘人员的信息，以便提供给招聘人员的单位。职业介绍机构在提供服务时收取一定的费用。企业利用职业介绍机构进行招聘的好处在于能节省时间，候选人信息面广，尤其是那些没有设立人力资源部门的小组织能利用其得到专业服务和咨询。不足之处在于要花费一定的费用，而且不能有效地控制职业介绍机构进行招聘的过程。

职业介绍机构的种类很多，有全国性的大型职业介绍机构，也有地方或区域的中小型职业介绍所，还有一些非营利性的就业服务机构。随着我国市场经济的不断发展，人员流动的加速，职业介绍机构的活动也必将得以进一步发展，为企业进行外部聘用人员提供服务。

（3）猎头公司。猎头公司，顾名思义是指专门为企业选聘有经验的专业人士和管理人员的机构。作为一个迅速发展的行业，越来越多的企业开始利用猎头公司为其搜寻中高级管理人员。猎头公司区别于其他职业中介机构的特点是，它一般不为个人服务，而且每次服务无论组织是否招聘到中意的候选人，都必须向猎头公司付费。另外，猎头公司通常与它们的顾客保持密切的关系，只有熟知所服务企业的目标、结构、企业文化以及所空缺的职位，才能为企业找到真正合适的人选。

（4）校园招聘。校园招聘常常是企业进行外部聘任最直接、最主要的途径。根据对美国企业的一项调查，在少于三年工作经验的管理人员和专业人员中有50%是通过校园招聘而来的。在大中专院校中，企业可以发现潜在的专业技术人员和管理人员，经过企业的培养，他们往往能成为企业未来的栋梁。成功的校园招聘，需要企业付出一定的努力，如与大学建立友好的关系，支持学校的建设，定期到学校做招聘宣传，组织学生到公司参观，做线下职业类大学生会谈，成立冠名校园俱乐部等。同时不可忽视的是，派往大中专院校进行招聘的人员要有足够的能力吸引到优秀的人员。能否积极地与学生沟通，能否辨别受聘人员的素质差异以及做出准确的判断，决定了校园招聘成功的程度。为此，企业经常对派往学校的招聘人员进行一定的培训，使他们能在招聘过程中尽量做到态度友好、和蔼可亲，并能积极地向学生推荐自己的企业。

例如，浪潮集团采用统招统分的校园招聘选才模式，统一招聘团队，统一步调、流程、标准、分配。集团公司担当指挥官角色，统筹规划制订方案，牵头实施监督执行。各子公司根据指导方案，提报招聘需求并加入招聘小组，参与集团全国范围的巡回招聘工作。校园招聘主要分为三个阶段。第一阶段是筹备启动。集团人力资源体系制订校园招聘方案，抽调子公司骨干人力资源力量组成分岗位校园招聘团队，并协调高管、专业委员会考官全面参与人才选拔。第二阶段是全面实施、动态监控。全国各高校站点同时启动招聘活动，采用标准化的流程，分岗位进行人才选拔。整体招聘工作进度，采用日报的形式，动态汇总监控，保证招聘有序、高效地进行。第三阶段是统一分配。阶段性校园招聘结束后，集团根据前期各子公司招聘需求，进行统一分配。

校园招聘流程如图 4-4 所示（陈志军，2014）。

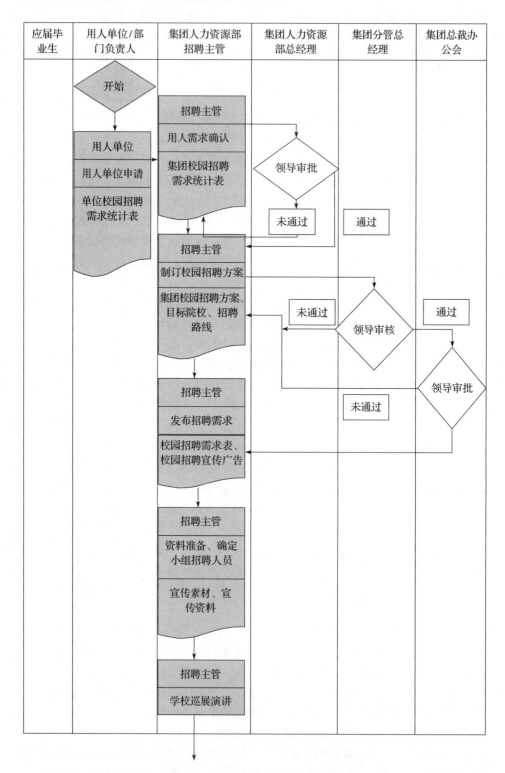

图 4-4 浪潮集团校园招聘流程图

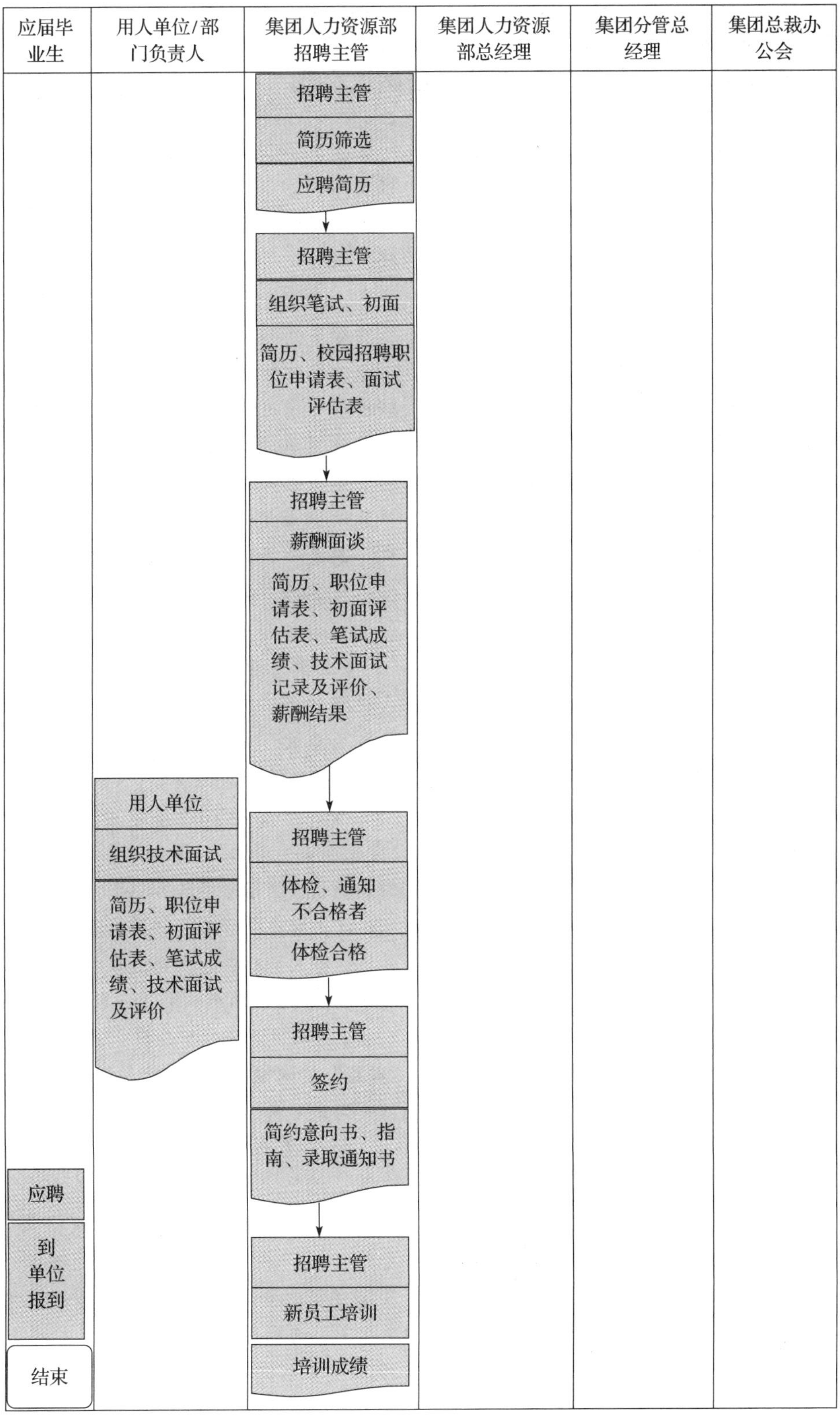

应届毕业生	用人单位/部门负责人	集团人力资源部招聘主管	集团人力资源部总经理	集团分管总经理	集团总裁办公会
		招聘主管 简历筛选 应聘简历 ↓ 招聘主管 组织笔试、初面 简历、校园招聘职位申请表、面试评估表 ↓ 招聘主管 薪酬面谈 简历、职位申请表、初面评估表、笔试成绩、技术面试记录及评价、薪酬结果			
	用人单位 组织技术面试 简历、职位申请表、初面评估表、笔试成绩、技术面试及评价	招聘主管 体检、通知不合格者 体检合格 ↓ 招聘主管 签约 简约意向书、指南、录取通知书			
应聘 到单位报到 结束		招聘主管 新员工培训 培训成绩			

图 4-4 （续）

| SHRM 聚焦 | BAT 校招居然这么玩

校园招聘对求职的莘莘学子而言是进入互联网行业的重要途径之一，对于互联网企业的雇主来说，校招也是一场全无硝烟的战争——就像他们在商业竞争中的常态，诚意与技巧同样适用于对优质校招生的争夺，而企业基因的差异，让他们有着不一样的招聘风格。

今天就来说说科技巨头校招这件事。

左手情怀，右手娱乐

谈及企业与学生的第一次亲密接触，宣讲是必不可失的一环。通常情况下，科技企业一开始会讲它们的"创业故事"，让听众重新回到那个艰苦年代，然后一般会阐述自己的"成长史"，谈谈公司的扩张脚步。

对于有着良好口碑的科技巨头，上述路径无疑颇具感召力。譬如，华为某年的校招主题即是"勇敢新世界"，作为一家受人尊敬的本土企业，他们为校招拍摄的微电影，情怀满满，而在宣讲内容上，20余年从跟随者成为ICT行业领导者的故事，对学生而言无疑非常受用。

感召同样可以来自创始人的故事和寄语。不久前，今日头条张一鸣写的一篇"我遇到的优秀年轻人的五个特质"在朋友圈刷屏，他从个人经历谈到了其眼中优秀年轻人的特质，也间接表述了今日头条对学生的期许，读来"导师范儿"十足。

总之，左手情怀，右手娱乐是不少互联网企业招揽学生的两大利器。

百度：技术驱动，价值先行

当然了，谈及校招，对学生而言最诱人的名字无疑是BAT，媒体也愿将更多笔墨挥洒到它们的薪资待遇中，而容易被忽视的是，其实它们的校招方式往往更富有层次。

先看B，在往年的校招争夺战中，百度可谓是三家中出拳最立体也最精准的一个。

一方面，百度加强了技术驱动的务实作风，强调用技术实力说话，在各地的校园宣讲中对人工智能、无人车等前沿技术进行了展示，技术领域的"大秀肌肉"和人才培养的不遗余力，无疑是笼络优秀技术人才的绝佳手段。

除了对技术信仰的"布道"外，百度还在企业文化吸引力上铆足了劲。2016年百度将校招主题定义为"在这里，做自己"，这显然契合了90后群体表达自我、彰显个性的心理。而在校招过程中，百度也尤为注重对用户需求的满足，比如站在学生的视角进行宣讲，邀请师哥师姐分享百度故事，在微博微信平台实时答疑等。更让人眼前一亮的是百度校招为了迎合年轻群体的观看习惯推出了"直播面试"活动，首次直播就吸引了20万人在线观看，在帮助求职者提前了解面试流程和企业文化的同时，也向外界传递出百度对人才招纳的开放态度。

再如百度在2017年笔面试环节中增加"文化价值观测试"，通过真实场景还原开放性的试题，让求职者在选择中更好地了解自身特点，评估自己是否喜欢和适应百度的工作。显然，这种求同存异、双向选择的招聘形式博得了不少90后求职者的好感，价值先行的做法也在很大程度上降低了企业"试错"的成本。

"务实"的阿里巴巴与"产品经理"腾讯

再来看看阿里巴巴。

在BAT的校园招聘中，从某种程度上讲阿里巴巴或许是最"务实"的一个。随着集团人才战略调整，阿里巴巴校招就本着更为严格的"优中选优"原则进行招聘。早在2016年7月中旬，阿里巴巴就宣布启动2017年秋招，而据阿里巴巴校招负责人定净介绍，2016年的笔试题会比往年更难，还将引入人脸识别技术来防止作弊。总之，"务实"的阿里巴巴在甄别未来精英的人选上，确实下了不少功夫。

最后来说说腾讯。

相比于百度的"立体"与阿里巴巴的"务实",倘若归纳腾讯2017年校园招聘的关键词,也许就是"产品"。用腾讯雇主品牌负责人马毅的话说,腾讯是在"用产品思维做校招"。

举个例子,腾讯在大概30多个目标院校建立了微信群,拥有一个完整的运营团队,深入每个微信群了解学生说了什么,并及时反馈,做战略上的调整。除此之外,马毅介绍:"我们还做了一款App叫'有聊',就是一家公司内和公司外的人的问答交互平台。所有参加腾讯校招的人下了这个App,然后在上面提问题,内部员工会对问题做定点回答,这个成本比较高,但是效果应该会不错。"

可以肯定,腾讯用于招聘的产品思维,同样能在很大程度上让其雇主品牌更为清晰。

做最好的自己

总之,无论BAT,还是其他科技企业,一切招聘方式指向一点:对于人才的渴求与重视,以及助其成长的平台精神。智联招聘发布的"2016年应届毕业生就业力调研报告"显示:工作的含义正趋向多元,在接受调查的应届毕业生中,62.6%的学生选"挣钱",但希望通过工作"成就自己的事业"同样占到71%。

职场新人迫切希望通过工作获得成长,而困扰不少学生的一个问题是:是加入发展初期的中小企业以谋得更快的成长速度,还是加入镁光灯下的巨头,换得更大的价值感?事实上,这个问题绝非二元对立。就像《移动风暴》一书中对谷歌的描述:"谷歌就像是个大学校园,谷歌希望让他们感觉自己从未离开过学校,以便始终保持好奇心,永远创新,而不是像其他公司那样,觉得自己加入了刻板的海军陆战队。"

事实上,硅谷的真正秘密正是在于它的以人为本,正如里德·霍夫曼在《联盟》中所言:我们早已告别终身雇用制时代,新型忠诚观需要管理者和员工相互信任,相互投资,共同受益——这也意味着,企业与员工正在从所谓"雇用"逐渐走向"彼此共振"的联盟关系。在这种关系里,员工尤其是初出校园的年轻人,他们的真正使命其实真的只有一条,即做最好的自己。

资料来源:改编自环球人力资源智库 http://www.jcxg.net/a/235014.html。

(5)人才招聘会(交流会)。人力资源现场招聘会简称人才招聘会,是在由人力资源服务机构为用人单位和人才之间进行双向选择提供交流洽谈场所与相关服务的中介活动。这些人力资源服务机构常年为企事业用人单位提供服务。它们一般建有人才资料库,用人单位可以很方便地在资料库中查询条件基本相符的人才资料。通过人才交流中心选择人员,有针对性强、费用低廉等优点,而且还可以起到很好的企业宣传作用。

近年来,人才招聘会走过了一个由小到大、由弱到强、由不成熟到逐步成熟、由不健全到逐步健全的过程。据不完全统计,仅2011年全国各地的各类人才服务机构举办各种形式或内容的人才招聘会约5.5万场,660多万家用人单位参会,为社会提供就业或职业岗位4 200多万个,组织入场就业或求职择业人才更是不计其数,人才招聘会的作用与影响可见一斑。

(6)其他途径。企业进行外部聘任时可利用的其他途径包括自荐者、失业人员、转业军人以及退休人员等。作为可供选择的劳动力队伍的一部分,企业不应忽视这些潜在的人力资源供给,尤其是在劳动力市场供不应求的情况下,有效地利用这些资源,可以为企业缓解人员招聘中的竞争压力。

综上所述,企业在利用以上各种途径进行外部聘任时,一定要考虑各种方法的利弊(方法的比较见表4-2),结合空缺职位的具体特点综合进行权衡。

表 4-2　各种外部聘任途径的比较

招聘途径	适用工作类型	招聘速度	地理位置	成本
熟人介绍	各种	快	全部	低
职业介绍机构	职员/蓝领/低层管理	中等	当地	中等
猎头公司	高层管理	慢	全国/地方	高
校园招聘	职员/蓝领/低层管理	慢	全国/地方	中等/高

2. 外部聘任的方法

企业可以利用在报纸、杂志或电视上做广告的方法来招聘外部求职者。通过一定的媒体以广告的形式向特定的人群传播有关企业空缺职位的消息,以此吸引他们,这是企业最常用的外部聘任方法。借助广告进行招聘,企业需要考虑两个方面的因素,一个是如何选择媒体,也就是说,要决定是在报刊上刊登广告还是利用广播电视进行招募宣传;另一个需要精心策划的工作是广告本身的制作,有吸引力的广告才能达到好的招聘效果。

广告媒体的选择,依企业所处行业和地理位置的不同、招聘职位的层次以及招聘时限的长短而异。总的来说,适于招募专业人员和管理人士的专业类期刊通常需要一个较长的提前时间,因为这类期刊通常都是月刊或更长一些时间才出版。而一般的报纸发行频率高,适于用来招募那些比较大众化的人员。在选择报纸或杂志刊登广告时还要注意其地区性,应该按照人员的可能来源地区选择一定区域发行报纸或杂志。另外,利用广播、电视等视听媒体做广告的费用较高,但制作精良的广告视听效果可以引起人们的注意。缺点是信息短暂,缺乏持久性。此外,迅速发展的电脑网络也为企业进行外部人员招募提供了新方法。利用网络招聘,方便快捷,而且能取得很好的动态效果。表 4-3 列出了几种广告媒介的优缺点,以供企业在选择媒体进行广告投放时参考。

表 4-3　几种广告媒介的优缺点及适用

媒介类型	优点	缺点	适用
报纸	成本低,发行广泛 常集中于某一区域 分类广告清晰易辨	受众不确定性,易被忽视,制作效果差	潜在的候选人集中于某一区域并经常通过阅读报纸找工作,几乎适用于各类职位
杂志	比报纸更易招聘到专业人士;印刷质量较高,富有创意;时限相对较长	发行等待时间较长,易使广告内容过时	适于招募各类专业人员
广播	更易引起人们注意,灵活性强,能为受众提供更为主动的信息	传递信息短暂,不能持久;成本高;无法选择特定的候选人群	印刷广告效果不佳时使用,可用于扩大企业形象,可用于迅速引起注意
电脑网络	速度快,无地理限制,动态性	决定于上网求职人员的数目	各种类型的人员,跨国企业的全球招募

有创意的广告设计一般都符合 A-I-D-A 原则,即 A(attention)引起注意;I(interest)激发兴趣;D(desire)唤起愿望和 A(action)导致行动。招聘广告的设计应能够引起人们的注意,激发应聘者的应聘兴趣,使得他们有强烈的意愿来公司参加面试。

3. 战略思考:两种招聘途径的利弊

通常,企业在考虑为空缺职位填补人员时首先考虑内部人员的提升或调动,但有时也会直接到企业外部寻找合格的候选人。总的来说,两种招聘方式各有利弊。就内部选拔来讲,有利于提高员工的士气,令员工感到有一定的发展前途,同时企业也省去了到外部寻找人选的麻烦和由此产生的相关费用。但是不断提升和任用企业现有人员的做法给企业带来的弊端也是显而易见的，已经习惯于组织各种做法的员工很难在进一步的工作中有所突破，尤其是企业旧有的一些不良做法，将会被视而不见，这会使企业的未来发展受到阻碍。而由外部聘任来的人员，尤其原来是竞争对手公司的人，能为企业带来很多新思维、新做法，不断为企业输入新鲜血液。

理想的招聘不应该仅仅是弥补职位的空缺，而是要前瞻性地把重点放在能够为组织带来那些不能轻易在组织内部中培养的技能和经验。如果组织很少进行外部招聘，那么组织的流程和员工就会停滞不前。相反地，如果来自外部的招聘成为弥补高级职位的唯一手段，内部的候选人就会很快认识到他们如果想要得到提升，就必须离开这个组织。

所以，在权衡两种招聘途径时，企业往往必须在吸引外部优秀人才和为此付出的招聘费用及新员工适应组织所需代价间取得平衡，并在此平衡的基础上对企业未来发展需要加以考虑。力求在保持内部人员的士气不受到损伤的前提下，仔细斟酌招聘途径及选用方法。关于两种招聘途径的利弊分析，如表 4-4 所示。另外，对各种招聘方法的评估，也可以通过填写表 4-5 获得相关评价结果信息。

表 4-4　两种招聘途径的利弊分析

a) 内部选拔	
利	弊
提高士气 更好地进行能力评估 对某些工作而言可能成本较低 激励佳绩出现 使员工的晋升具有连续性 不得不在基层聘用	内部繁殖 未被提升人员的士气可能受损 可能因提升而产生内部不和 需要较强的管理制度约束 需要进行管理能力开发活动 固守原企业的老做法

b) 外部聘任	
利	弊
新知识、新观念的补充 有时较培训企业内部人员费用低 避免企业内部派系纷争 可能带来竞争者的秘密 平等用工，遵纪守法	可能很难找到合适的人选 可能使企业内部人员士气受损 需要改变较长固守原企业老做法的适应过程

资料来源：赵曙明，张正堂. 人力资源管理与开发 [M]. 北京：高等教育出版社，2009.

表 4-5　招聘渠道成效评估表

需招聘部门名称		招聘时间		需招聘的员工类别	
渠道类型	外部招聘	□1. 校园招聘 □3. 职业介绍机构 □5. 纸质、电视广告招聘 　A. 专门的网站招聘 　B. 专业网站、论坛、特定人群（MBA、校友）组织的网站、聊天室 　　（群、组）等		□2. 员工推荐 □4. 专业猎头公司推荐 □6. 网络招聘	
	内部招聘	□内部提升　　□同级调动　　□工作轮换　　□返聘			
收到的简历总数			聘用人数		
通过初审人数			备选人数		
通过复审人数			试用合格人数		
人均招聘成本			试用后淘汰人数		

| SHRM 聚焦 |　　　　　　英特尔聘人的独特渠道

英特尔有一个特殊的招聘渠道——员工推荐，它的好处首先在于，现有的员工对英特尔很熟悉，而对自己的朋友也有一定的了解，基于这两方面的了解，他会有一个基本把握，那个人是否适合英特尔，在英特尔会不会成功。这比仅两个小时的面试要有效得多，相互的了解也要深得多。英特尔非常鼓励员工推荐优秀的人才给公司，如果推荐了非常优秀的人，这个员工还会收到公司的奖金。当然，拥有招聘决策权的管理人员是没有奖金的。如果因为人情招了不适合的人，决策者会负一定责任，所以决策者会紧紧把握招聘标准，绝不会出现裙带关系。

资料来源：MBA智库文档。

4.3　战略人员招聘与选拔的基本程序

一个设计完善的招聘过程能够吸引优质的求职者，并且能够给雇主持续带来未来绩效。如果求职者能够看到招聘过程和工作之间有清晰的联系，那么求职者对组织将更加积极。

企业进行战略人员招聘与选拔一般要经过制订招聘计划，对外发布信息以及选拔和测试过程，组建招聘团队，形成最终的招聘决策，并通知候选人。

在这一过程中，企业人力资源部门和具体用人部门需要协同合作，基于企业的战略发展需求共同完成战略人员招聘与选拔工作中的各项任务，以选拔出理想的人选。在战略人员招聘与选拔过程中，人力资源部门和具体用人部门的基本职责如表4-6所示。

表4-6　人力资源部门和具体用人部门的基本职责

人力资源部门的职责	具体用人部门的职责
负责战略性招聘计划的制订	提出具体用人需求
负责招聘广告的刊登	负责提交招聘职位的工作描述、工作说明书
负责应聘人员的求职登记	负责业务测试内容的设计
初步筛选候选人	负责决定参加面试的人员
组织并协助面试	参加具体面试过程
做好候选人背景调查	负责决定最终人选
负责向候选人通知面试结果	

4.3.1　制订战略性招聘计划

战略人员招聘与选拔过程的第一步是制订战略性招聘计划，也就是要确定所招人员应具备的基本资格和条件；决定需要招聘人员的数目、招聘区域以及具体用人时间等。此外，还要考虑企业的招聘预算并分析企业内部及外部劳动力的供应情况，这些基于组织战略发展而来的动态分析都对战略人员招聘与选拔工作有着重大的影响（陈维政、余凯成和程文文，2004）。战略性招聘计划的主要内容如表4-7所示。

表 4-7 战略性招聘计划的主要内容

主要内容	说 明
人员需求清单	人员需求清单包括岗位的职务名称、人数、任职资格要求等内容
岗位说明和任职资格	岗位说明书和任职资格详细地描述空缺岗位所要求的知识水平与技术能力
淘汰比率的确定	人力资源总监在招聘前应确定淘汰比率，这有助于企业确定需要吸引应聘者的数量，确定淘汰比率常用的工具是招聘产出金字塔
招聘小组人选	招聘小组人选包括小组成员的姓名、职务、职责
应聘者的考核方案	应聘者的考核方案包括招聘考核的场所、时间、题目等
招聘截止日期	—
招聘广告样稿	—
招聘费用预算	招聘费用预算包括资料费、广告费、人才交流会费用等
新员工上岗时间	—

招聘人员欲填补的职位是何种工种，工作任务和工作性质是什么，对应招人员有哪些要求，是在进行战略人员招聘与选拔工作之前应首先确定的。工作说明书和工作规范为确定这些因素提供了准确的依据。

在为企业内的空缺职位招募人员时还要认真分析企业内外的有关环境状况，如企业到底需要何种人员，以及所需人员的数目是多少，如表 4-8 所示；在企业内部或外部，劳动力市场人员供给状况如何；可能在什么范围内、利用何种媒体进行招聘等。切实可行的战略人员招聘与选拔计划总是建立在准确而细致的分析和预测工作基础之上的。另外，企业的战略人员招聘与选拔计划应符合企业制定的预算要求，在一定的成本范围内通过最佳安排招聘到尽可能好的人员。

表 4-8 招聘计划表

年　　月　　日

部门 名称	生产部	销售部	物流部	财务部	人力资源部
现有人数					
需要人数					
人员缺口					
退休人数					
调离人数					
死亡人数					
计划招聘人数					

4.3.2　发布招聘信息

发布招聘信息是指企业面向可能应征的人群传递招聘信息以吸引应聘者的过程。要使相关的人群能够得到企业有关职位空缺的信息，需要利用一定的媒体，在适当的时间、地点，以一定的表现形式向他们进行传输。事实上，除了在报纸、杂志和广播电视上做广告以外，目前正在蓬勃兴起的人才市场和大量举办的人才招聘会，为企业更加直接地面向应征人员提供了良好的机会。企业在面对大量申请职位的求职人员时，通常可以利用事先制定好的职位申请表让申请人填写，通过统一格式的申请表了解申请人的一些基本情况，为进一步筛选工作提供方便。职位申请表举例如表 4-9 所示,人力资源部门的相关人员在审核和检查招聘广告的内容时应注意的方面,如表 4-10 和表 4-11 所示。

表 4-9 职位申请表举例

申请部门		职　位		申请日期	
姓　　名		年　龄		性　别	
受教育情况:					
工作经历:					
工作兴趣:					
技能与特长:					
期望工资范围:					
联系方式:					

表 4-10 人力资源总监需审核招聘广告中职位描述的四个方面内容

内　容	说　明
是否能用简洁的语言叙述职位描述	吸引应聘者的职位描述应简洁、明了,能让应聘者在短短数秒时间里读懂职位描述的内容
审查职位描述是否轻松、有趣	职位描述不能做得像官方文件、法律文书等文件那样呆板、严肃、无趣
审查职位描述是否能让外行人都看得懂	职位描述应避免使用只有内行人士才能看得懂的缩写及深奥的专业术语。人力资源总监应站在一个"门外汉"的角度,审查职位描述是否合适
职位描述是否有互动机会	招聘广告也可以采取互联网的形式发布,人力资源总监可以让招聘部门创造让应聘者和企业直接沟通的机会

表 4-11 招聘广告内容是否全面的检查表

内　容	检 查 结 果	
1. 有关企业基本情况的介绍是否全面	□全面	□缺少
2. 能否通过政府有关部门检查	□能	□不能
3. 招聘的职位名称、人数是否确定	□确定	□不确定
4. 招聘职位的职责是否叙述清楚、明了	□是	□否
5. 各职位的任职资格(应聘者基本条件)是否清楚	□是	□否
6. 报名方式是否多样化	□是	□否
7. 报名的时间、地点是否清楚、明了	□是	□否
8. 应聘者报名需带的证件、材料等情况是否交代清楚	□是	□否

资料来源:文海炜.管人:人力资源总监的十大管理方略[M].南京:凤凰出版社,2010.

4.3.3　选拔与测试

在众多的候选人中挑选出最终符合企业战略发展要求的合格人员的过程就是战略选拔

与测试。经过多年的发展，人员选拔与测试已形成一套科学、系统的方法，常用的有面试、心理测验、知识测试以及模拟测试等。在保证测试的公平性、合理性的基础上，企业应综合考虑个体差异，结合各种测试手段的优缺点，选择最为经济、有效的测试手段进行人员选拔，目标是遴选组织当前以及未来需要的人才和潜才，具体的筛选方法如表4-12所示。关于具体的测试方法，将在下一节中详细论述。

表4-12 筛选方法表

方　　法	说　　明
行为目标面试法	行为目标面试法是指招聘人员通过应聘者的行为展示，了解其是否符合该职位的预期业绩水平（指对员工上岗后的期望标准）。这种方法的优点是将职位的预期业绩与面试问题、回答和评价有机结合，摆脱了主观印象。行为目标面试法的操作过程共有两步： 1. 明确面试目标，组织面试 2. 明确胜任某岗位所需的预期业绩
知识考试法	知识考试法主要通过纸笔测验的形式，了解应聘者的知识广度、知识深度和知识结构等情况
背景调查法	背景调查法是指向应聘者提供的证明人进行咨询，审核从其前工作单位那里搜集来的资料来核实求职者个人资料，是一种能直接有效证明应聘者背景的方法。背景调查法既可以在深入面试之前也可以在其后进行。这种方法的优点是直接证实应聘者的教育与工作经历、个人品质、交往能力和工作能力等信息；缺点是成本较高，操作难度较大
普通面试法	普通面试法指要求应聘者用口头语言来回答主试者的提问，以便了解应聘者的心理素质、沟通能力、过去的工作经历等

4.3.4 人员招聘决策

根据各种测试及面试的结果，企业基本上决定了最终录用的人员。一般在通知候选人最后的决定并通过体检后，企业与录用人员签订劳动合同，接着开始试工，或者经过一段时间培训后开始上岗工作，至此基本完成了整个战略人员招聘与选拔的程序。招聘过程中体现的专业形象也能成为吸引未来求职者的一个重要因素，因此决策结果应该尽早传达。如果能使失败的求职者感到他们收获了一次非常有用的经历并且受到了很尊重的对待，他们仍然能成为公司支持者（Holtbrügge，Friedmann & Puck，2010）。

值得注意的是，每次招聘与选拔工作结束之后，企业都应及时总结整个过程中的成功和失败的经验教训，以便在今后的招聘工作中不断改进。因为对企业来讲，战略人员招聘与选拔工作不仅仅是一项经常性的工作，更是保证企业员工队伍整体素质中至关重要的一环。

我国法律规定建立劳动关系应当签订劳动合同。劳动合同又称劳动契约，是劳动者与企事业组织、个体经济组织、国家机关和社会团体确立劳动关系，明确双方权利义务的协议。按照《中华人民共和国劳动法》的有关规定，劳动合同必须以书面形式订立，依法订立的劳动合同具有法律约束力，合同双方应履行合同中规定的义务。与劳动法相关的一个战略考量和劳动期限有关，在平衡劳动者和企业双方利益的基础上，寻求符合劳动者能力、企业发展动态性的最佳合约长度，创造双赢局面。

4.4 战略人力资源招聘与选拔中的测试

测试是战略人员招聘与选拔中十分重要的环节。由战略人员招聘与选拔的基本程序可以看出，通过制定招聘决策，发布招聘信息，潜在的申请人可以了解到企业的用人需求，主动向企业提出职位申请。企业在收到申请人的申请后，一项重要的工作就是采用一定的科学方法进行测试，对候选人的各个方面进行衡量，从而选择合适的人选。战略人员招聘与选拔中的测试过程之所以重要，是因为测试往往是人员质量的最终保障，只有把住测试这道关口，才能筛选出真正优秀的、符合企业战略需求的候选人，企业人员的整体素质才能得以不断提高。同时，候选人未来在岗位上为企业可能做出的贡献或可能带来的危害应该尽可能通过测试程序予以预测，从而促进其发挥优势或防范其弱点，提高企业的用人效率。

4.4.1 测试中的两个特征

对于任何一项测试，我们通常要问两个关键问题：第一，这项测试是测量什么的？第二，这项测试的结果究竟是否可信，是否能真正反映要测试的内容？第一个问题在这两个问题中更重要，因为如果连测试的内容是什么都不清楚，就更谈不上测试结果在多大程度上能反映出问题。所以，前者显然是后者的前提。我们称这两个问题为测试的两个特征，前者称之为测试的有效性（validity），反映了测试内容本身与工作的相关程度；后者称之为测试的可靠性（reliability），反映了测试结果的一致性程度。

1. 测试的有效性

测试的有效性是对测试的基本要求，如果招聘与选拔中的测试不能表明候选人是否具有完成某项工作的能力，那么这项测试就显得毫无意义。换句话说，如果在测试中得分较高的候选人不能在工作中表现出好的业绩，那么这项测试的有效性就比较低。有效性常常是企业进行测试时最关注的问题。有效性通常用相关系数来表示，测试分数与业绩指标之间的相关系数可在 +1（完全正相关）和 −1（完全负相关）之间，也可以为 0（表明不相关）。研究表明，相关系数通常为 0.3～0.6，0.3～0.4 时可以接受，如果达到 0.5～0.6 就相当好了。

2. 测试的可靠性

可靠性是测试的另一个重要特征，反映了测试结果的一致性程度。可靠性低的测试，其有效性也低，但是可靠性高的测试有效性并非也高。所以，为了保证测试的有效性，必须提高测试的可靠性。测试的可靠性的保证主要来源于两个方面：一方面不同的测试人员用相同或等值的测试在同一时间对相同候选人进行测试，比较所得结果的一致性；另一方面同一测试人员用相同或等值测试在不同时间对相同候选人进行测试，比较得到结果的一致程度，也就是利用测试–再测试（test-retest）方法对测试的可靠性进行评估。

4.4.2 测试的种类及内容

战略人员招聘与选拔中测试的内容是多方面的，包括认知能力测试、运动和体能测试、个性测试、工作知识考试以及面试和工作模拟等。

1. 认知能力测试

认知能力测试是一组测定候选人归纳推理能力和记忆能力等完成一项工作能力的测试。认知能力分为一般认知能力（如智力的高低）和特殊认知能力（如语言理解能力、推理能力等）。智力（IQ）测验的结果是一个商值，它等于智力测量所得的智力年龄值除以实际年龄值，然后乘以 100 后所得的结果。智力测验是一种间接测量的方法，它通过一套事先设计好的由浅入深的题目的回答进行计分，然后与平均智力分数比较反映出不同人智力能力的高低。测量智力常用的测试有斯坦福 – 比奈测验（Stanford-Binet）和威克斯勒（Wechsler）测试等。

2. 运动和体能测试

运动和体能测试包括手指灵活性测试、运动协调能力测试、敏捷性测试以及力量（包括静态力量和动态力量）和耐力测试等。常用的测试技术有明尼苏达操作速度测验和普度拼板测试等。

3. 个性测试

个性测试常被用来预测候选人的未来表现。因为经研究发现，个性因子对人们的工作表现和人际处理的确存在影响，虽然一个人的个性对工作的影响可能并非是直接的。

个性测试常采用投射测试的方法，其发源于弗洛伊德的深层心理学原理，具体做法是给受测者以某种模糊刺激，让观察者凭借过去的经验、自身的情绪和动机对刺激做出反应，给予解释，从而反映出个性的差异。这里须注意的是通常心理专家会根据受测者投射测试结果的解释推断出受测者的个性方面的特征，如内向或者外向、情绪稳定性、动机等，在选拔人员时可以利用其来分析其中某些个性因子与未来工作业绩之间的关系。

4. 工作知识考试

工作知识考试是对候选人所掌握的与工作相关的基本知识进行测试，常采用笔试的形式，也可以采用口试的形式，如对一名市场营销候选人的测试要考核其有关市场营销学、广告学以及经济学等方面的相关知识。工作知识考试以工作分析为基础，同时必须针对具体的某项工作。

5. 面试

面试是最常用的测试技术之一。通过测试人员与候选人面对面的交流，测试人员能够以主动且灵活的方式考核候选人，观察候选人的应对和表现，达到其他测试手段不可以实现的结果，使面试成为一种有效的战略招聘与选拔手段。面试的种类很多，又各有优缺点，面试人员在面试时应结合具体职位、选聘人员数量等情况灵活应用，并在面试过程中展示技巧，获取有关候选人的准确信息。

6. 工作模拟

工作模拟也称实地测试，是企业用来测试候选人在某一领域是否具有一定的能力水平时应用的测试方法。这种方法测试的内容与候选人即将从事的工作直接相关，测试人员为候选人提供一种有代表性的模拟工作情况，让候选人完成一定的工作任务，考察候选人在工作任务的安排、一般业务处理和紧急情况的应对等方面的能力。另外，工作模拟的测试手段虽然对工作相关的情景进行实地考核，但并不全面，应结合其他种类的测试方法同时应用才有利于选拔出真正优秀的人才。

4.4.3 面试的种类及存在的误区

研究发现，对于人才的选拔测评，世界 500 强的企业都不约而同地把面试作为主要的手段。具体而言，其面试又以情景面试、行为面试、结构面试为主。世界500强的面试通常要进行两轮：第一轮由人力资源部门或者用人部门进行面试，第二轮由各职能部门进行。其面试问题可以归纳为以下几个方面：行为化或情景性的问题、角色扮演问题、行业相关问题、时事和忠诚度问题。

1. 面试的种类

面试的种类很多，按照不同的分类标准，可以有不同的分类结果，具体的分类结果如表4-13所示。

表4-13 面试的分类

分类标准	结构	内容	目的	其他
种类	结构化面试	情景式面试	压力面试	系列式面试
	非结构化面试	工作相关式面试	业绩评估面试	小组式面试
			离职面试	

（1）结构化面试与非结构化面试。结构化面试（structured interview）是指按照事先设计好的结构化面试表格中问题的次序进行提问。结构化面试表格中通常列出在面试中需要了解候选人的基本方面，由面试人员按候选人的不同从而有选择地使用。同时，在结构化面试中使用行为和紧急事件评估法，对于检测应聘者是否具备与工作相关领域的能力非常有益，包括团队领导才能、客户服务意识等，特别是心理测验，能够让管理人员在第一时间看到求职者的表现。他们也向应聘者提供了一个机会，让他们参与一定的角色，并获得公司业务经营方面的一些信息。表4-14为结构化面试中常见的问题。结构化面试为面试人员提供了指南，既避免一些重要问题的遗漏，又能使面试过程紧凑而有秩序，尤其有利于经验并不丰富的面试人员进行面试。

表4-14 海尔集团总部招聘人力资源经理的结构化面试问题

测评要素	备选问题
表达能力	1. 请简单介绍一下你自己的情况 2. 简单谈谈你对现代企业人力资源管理现状及趋势的看法
专业知识	1. 你认为HR普通工作人员和HR总监的工作职能、职责的区别是什么 2. 你认为外资企业、国资企业、民营企业的HR管理模式有什么异同？你如何评价 3. 请举例说明过往你曾主持的根据企业发展年度计划制订的HR年度计划 4. 对于高科技型和创造性的岗位（例如程序员、市场策划人员），你认为最好的绩效考核方式是什么 5. 举例：一家企业需要长期、大量招聘销售人员，你可以提供一个简单的招聘计划吗（要落实到目标并分解到HR部门工作）
成就动机	1. 简单谈谈你五年内的职业生涯规划 2. 你期望自己能取得哪些成就
工作经历	1. 目前或最后一个工作的职务（名称） 2. 你为什么要辞去那份工作 3. 你上一份工作的出差频率是多少 4. HR总监应具备哪些工作经验？可以结合你过往工作经历说明吗

非结构化面试（unstructured interview）不需要面试人员按照预先确定好的问题顺序向候选人提问，面试人员可以在面试过程中随机地发问，谈话内容可以任意地展开。面试通

常以同一题目开始,然后由面试人员按面试进行程度对不同候选人提不同的问题,尤其是深入了解那些对不同人而言关键的方面。采用非结构化面试要求面试人员素质较高,并掌握高度的谈话技巧,能够通过候选人的自由发挥了解情况,达到面试的目的,这种面试方法常用于高级管理人员的招聘与选拔。

鉴于结构化和非结构化面试的优缺点,企业在实践中常常将两种方法结合起来应用。首先使用半结构化的面试技术,在面试的过程中先遵循一定的面试指导,将必须要了解的有关候选人的内容按照一定的顺序发问,然后按照面试人员想要进一步了解的重点内容进行深入交流。这样,既避免了结构化面试的僵化,又避免了非结构化面试可能疏漏的问题。表4-15是非结构化面试示例。

表4-15 非结构化面试示例

测评方式	问 题 示 例
案例分析	你现在是一位新铺的分行经理,这个新铺位于成熟的社区,之前已经有竞争对手A在那里开铺一年多,B在那里开铺半年,C在那里刚开铺两个月,除了这些比较有实力的竞争者外,还有一些当地的竞争者,初步统计在同片区域有十余家竞争对手。另外,这家新铺是公司业务向外延伸的试点,可获取的资源较少,总部给的支持也相对较少。同时,新铺的人员还没有完全到位,而总部从其他分铺调过去的老员工,被周边的竞争对手挖走。在本案例中你认为这个新铺存在哪些问题,你又将如何解决这些问题?
脑筋急转弯	1. 有两个人到海边去玩,突然被一阵浪卷走了。被卷走的那个人叫小明,请问剩下的那个人叫什么?【救命】 2. 透明的剑是什么剑?【看不见(剑)】 3. 一只小白猫掉进河里了,一只小黑猫把它救了上来。请问:小白猫上岸后的第一句话是什么?【喵】 4. 是太阳叫公鸡起床,还是公鸡叫太阳起床?【是公鸡叫太阳起床,因为太阳不会叫】 5. 五成熟的牛排碰到八成熟的牛排,它们为什么不打招呼?【因为它们不熟】
情景模拟	考察:服务意识,应变能力 1. 面试者和面试官同时进入一间面试室,面试室只有一张椅子,面试者走前,并且面试官请试者坐下。看这时面试者的反应 2. 在面试室的桌上,零散地放着报纸和楼市快讯,让面试者先进入10分钟,面试官再进入观察其是否整理桌子 考察:情绪控制,应变能力 正在面谈时,突然有人很着急地说,你们怎么还在这啊,面试官等你们很久了,看面试者的反应

(2)情景式面试和工作相关式面试。按照面试所提问题的内容可以将面试分为情景式面试和工作相关式面试。其中情景式面试所提问题主要集中于在某一给定情景下候选人可能采取的行动计划。根据分析候选人的回答来考察候选人的工作能力。情景式面试中的问题也可以是事先确定好的结构化问题,让候选人选择可能采取的行动方案。与情景式面试不同,工作相关式面试试图评估候选人与工作有关的过去的行为,如候选人所学习过的与工作有关的知识内容等。但大多数问题并不一定是情景式的,即不是设想的有关工作的情景。

(3)压力面试。压力面试是考核候选人对工作中压力承受能力的一种特殊面试方法,主要应用于某些经常要承受较大压力的工作的人员选聘。在压力面试中,面试人员故意设计一系列令人难以接受的问题,将候选人置于尴尬的境地,甚至激怒候选人,观察候选人面对这一切时的反应,考核候选人的应变能力、心理承受能力以及人际处理能力等。

(4)系列式与小组式面试。企业在对候选人进行面试选拔时,常常由几个面试人员同时参加面试。面试人员的数目应避免为偶数，人数也不宜太多或太少。一个面试人员进行面试，不利于对候选人全面发问，如果有几个面试人员互为补充，则容易全面掌握候选人的情况。面试人员过多也不利于产生积极的面试结果，因为候选人在面对众多的面试人员时常常会产生紧张的情绪，致使不能发挥真实的水平。面试人员通常以3～5人较为合适。当几个面试人员分别对一个候选人进行面试时，然后综合各个面试人员对候选人的看法，再进行下一个候选人的面试，这称为系列式面试。小组式面试则是由面试人员与所有的候选人同时在一起进行面试，每个面试人员均可向几个候选人提问，一个候选人也可同时接受几个面试人员的发问。

2. 面试的误区

面试的有效性取决于面试实施人员的经验和技巧，面试人员由于受到各方面的影响而常犯的一些错误会削弱面试的效果。所以为避免走入误区，首先了解这些可能发生的错误是十分必要的。

（1）匆匆下结论。面试人员常常对候选人很快地下结论。他们等不到面试结束，有的甚至在面试开始时很短的时间内就已经暗下决心，而且研究表明，这种面试人员并不在少数。候选人的简历和推荐书，为面试人员做决定打下了基础，当面试人员一见到候选人，也就是面试一开始时，面试人员基本就做出了最后的决定。这不仅使面试过程失去了意义，更重要的是丧失了面试带给每个候选人的公平机会，最终导致战略招聘与选拔过程的有效性降低。

（2）雇用压力。当企业急需人员时，面试人员也会在这种潜在的招聘压力下做出不恰当的判断。一项实例表明，在强大雇用压力下进行面试的人员在进行人员选聘时比没有雇用压力的面试人员设立的招聘标准要低。这对保证企业人员的整体素质非常不利。

（3）晕轮效应。晕轮效应指的是一种类似遮盖的效果，即候选人某些突出的方面掩盖了候选人其他方面的品质或特征。也就是说，这些十分突出的方面起着晕轮的作用，使面试人员看不到候选人的其他品质或特征，从而做出不全面的判断。在候选人有着某些十分突出的特征且面试人员对候选人又不够了解的情况下，晕轮效应很容易发生。候选人的这种突出的方面有可能是优点，如获得过大奖，曾做出过突出贡献等；也有可能是缺点，如曾犯过的错误或过失等。如果面试人员仅凭候选人的一个或几个较为突显的方面做出对候选人的总体判断，定会有失偏颇。

（4）工作知识贫乏。对所面试人员欲填补的工作职位缺乏了解，是面试人员素质不够全面的一种体现。可以说，面试人员对所面试的工作的了解是提高面试有效性的基础之一。这份工作是做什么的，包含哪些基本职责，对候选人有哪些基本要求，面试人员应该做到心中有数，并结合对候选人的潜力进行分析，才能形成清晰的鉴别。

（5）体态语言的影响。面试人员常不自觉地受到来自候选人体态语言的影响。体态语言是候选人做出的非口头的各种表示，包括目光的移动、头部转动、手势和微笑等。研究发现，在面试过程中表现出更多的体态表示的候选人更容易取得高的面试评价。也就是说，面试人员更倾向于给除口头语言外更多身体表示的候选人以积极的评价。因此，候选人的能力常常受到来自不恰当体态语言的负面抵消作用。

（6）第一印象。在对人的了解过程中，第一印象显得十分重要。一个人的身体、外表、服饰以及姿态都会给对方留下印象（Karasek & Bryant，2012）。初次见面给人留下良好的第一印象，会为对其以后的行为做出好的解释打下基础，反之，则会产生负面作用。所以候选人在面试时常常修饰一番，希望给面试人员留下良好的第一印象。但是，面试人员在对候选人做出判断时，既要通过第一印象对候选人做出基本判断，又要防止第一印象在全面了解候选人过程中的负面作用，避免以貌取人，以点代面。

3. 提高面试有效性的方法

（1）做好面试的准备工作。面试前的准备工作有时显得十分重要。选定面试所要采用的方式，无论是利用结构化面试还是非结构化面试；确定面试的基本程序；掌握简历和申请表中介绍的候选人的基本情况等都是面试成功的必要前提准备。另外，对于面试中要提问的关键问题、面试的时间与地点、通知候选人等事项也应安排周详。

（2）缓解紧张的气氛。面试人员应尽量使面试以一个轻松的话题展开，使候选人缓解紧张心情，再慢慢继续往下进行具体的面试过程，这有利于使候选人正常发挥，达到好的面试效果。影响面试气氛的因素是多方面的，包括面试人员的态度，如是否以微笑欢迎候选人的到来；谈吐是否礼貌，以及面试场所周围的环境是否安静、和谐，都能影响整个面试的气氛，以致影响候选人的心情。

（3）围绕中心提问。无论是结构化面试还是非结构化面试，面试人员在向候选人提问的过程中都不应该偏离主题，即使面试人员可以在一定范围内有所发挥，引导候选人自由谈话，但其交流的中心思想都应建立在工作说明的基础上，围绕候选人的资格特点进行讨论，同时减少不必要的废话、套话。

（4）避免长时间发问。面试过程中面试人员如果滔滔不绝，留给候选人发言的机会就会相对减少。面试是一个双向交流、互相了解的过程，候选人通过面试人员了解有关企业和工作职位的情况，同时面试人员通过候选人的回答了解其各方面的情况。所以给候选人一定的发言机会，使之有足够的表达时间，才能做到对候选人有充分的了解，达到面试的目的。

（5）重视每一位候选人。真诚地欢迎每一位候选人，在面试中始终以诚恳的态度对待候选人，使他们感到来自企业的重视，这不仅能感动候选人，吸引优秀人才留下，而且为提高企业形象起了重要作用。

（6）做好面试记录。从企业战略人员招聘与选拔工作的长期来看，面试工作的不断改进是企业提高整体员工素质的重要方面之一。因此，认真地将每次面试的具体过程和结果记录下来，为今后面试工作的不断改进提供参考，就显得十分必要。

|SHRM 聚焦| 世界 500 强人才甄选标准

中国青年报社会调查中心曾经采用问卷调查的方式，围绕人才招聘的简历筛选、笔试、面试等过程，对惠普、西门子、IBM 等 30 家世界 500 强公司的在华人力资源主管进行了调查。调查结果显示：在给出的 22 项人才素质中，获选率排前 4 位的是"团队精神、创新能力、忠诚度和沟通表达能力"。

（1）重能力、重综合素质，轻学历、轻资历。从整体学历要求来看，虽然所有 500 强企业的职位要求硕士学历和本科学历所占比例都接近 50%，但是相对而言，世界 500 强更偏重应聘者实际的能力和综合素质。

典型案例：索尼公司反对"唯文凭是用"。索尼公司在招聘人才时，就非常强调应聘者的实际才能，而不大重视学历。索尼公司创始人盛田昭夫曾开玩笑地说过，他真想把公司所有的人事档案全都烧掉，使整个公司杜绝学历上的任何歧视。再如宝洁公司在世界范围内招聘时都遵循同一条准则：根据本人能力和表现来招聘宝洁公司所能找到的最优秀的人才。

（2）重视品德。世界500强企业在人才甄选过程中，对应聘者的品德都有很高的要求，通常将品德列为人才甄选的首要条件。

典型案例：松下公司看重应聘者的品德。松下公司在招聘人才时，非常注重员工的道德水平。在面对所有应聘者时，松下公司把"人格"放在了首位。松下幸之助曾说："一个人要达到道德上的圆满是非常艰难的。但是，它的修炼比才能、经验重要得多。当道德与才能、知识、经验产生冲突，需要做出选择时，松下公司一定会选择前者。"松下幸之助强调：如果仅有知识而不懂得做人，那么，这个人的知识就很容易成为"恶智慧"。学历、知识好比商品上的标签，论才用人要看品质，不要只注重标签价码。

资料来源：［1］世界五百强人才甄选标准．［2］搜狐教育 http://mt.sohu.com/20170220/n481159030.shtml。

4.5 如何吸引员工：战略型思考

| SHRM 聚焦 | 一则招聘商业经理的广告展示出当下新型的雇用关系

对你而言，什么意味着成功？它或许意味着你能够在"金融时报100指数"的公司——在一个真正的全球化组织里工作，在那里你可以享受真正的影响力。但是你也能够得到比这个还要多。你会感受到一种变革、成长和创新的氛围，IS部门作为我们业务部门的主要推动力来认可并奖励你，你的意见将会在整个组织中得到反应。

对大多数人来说，个人成果和挑战是最主要的激励因素。根据调查，由于人才流失以及为此而招聘新员工所花费的重置成本相当于两倍半的员工薪水，更不要说由于离职所导致的士气下降所引发的一系列涟漪效应。因此，针对这些激励因素运用战略方法留住员工就显得尤为重要。

4.5.1 保留员工战略的基础

保留员工主要的战略方法是注重预防管理，这涉及对目标团队进行风险分析。什么因素可能致使他们离开，什么在他们离开的过程中起到了影响？这样人力资源部和生产线管理者就可以优先行动对员工进行分级，并识别出谁进入了"危险地带"，这些人应得到特殊的注意，并采取已设计好的行动。

1. 不要过度吹嘘自己的组织

在调查中，许多人在招聘时感到组织和职务被过分夸大了。例如，他们会被承诺有快速提升的机会，但其实根本不是那么回事。在学校的"例行路线"中通过吃喝被招聘进来的毕业生最有可能从中醒悟，因此他们中的许多人会在二十几岁积极寻求离开组织的机会。

当然，招聘是双方互相推荐的过程，但它必须建立在诚实的前提下。

2. 设法降低雇主对于更长时间保留员工的期望

雇主希望从任何员工那里得到完全的终身承诺是不现实的，但是还是可以以此为标准来行动。这意味着保留主要员工既是战略问题也是战术问题，对员工的保留也会因为关系的加深而加强。

3. 注意支付奖金来保留员工

这是非常短期的方法，而且也被认为是抢占先机的做法。有些公司擅长提供"黄金手铐"给主要员工，特别是在合并及其他主要变革的情形下。但也要充分认识到，在大部分情况下，你无法用金钱购买员工的忠诚度，同时也要认识到为保留员工要支付多少金钱的实际问题。可能更有效的"锁住"主要员工的方法是享有股票期权或其他收益。

4. 尝试让员工有机会参与多样化工作

这可以采取许多形式，包括让他们参加研讨会，并作为工会的成员对公司提出意见等。客观上说所有员工都应该有机会学习新事物，接触新面孔并被外部条件所刺激。

5. 考虑让员工更新其资格水平

在对高级人才的调查中，超过半数的被调查者在加入他们现在的公司后提高了其资格水平。有趣的是，很少的雇主认为支持资格升级是人员保留战略中的一部分，而事实与此相反，员工高度重视可能进行 MBA 学习的机会。

4.5.2 使员工希望成为组织中的一员

1. 通过货币奖赏，特别是股票期权可以产生一种具有所有者身份的感觉

英国在 1999 年度的预算书中所宣称的"共有股份"的方案激励更多的公司将其股利所有权扩展到它们的雇员。在此新方案下，雇员可以收到的免税的股利收益涨到了每年 3 000 英镑。公司也容许其雇员在税前收入之外每年可购买相当于 500 英镑的股票。再加上其他的让步条件，雇员在这种税利条款下每年可接受相当于 7 500 英镑的股票。

2. 要提供给个人参与完全不同并且将个人的目标和价值联系起来的项目的机会

企业要确保员工有感兴趣和具有挑战性的工作可干。如果挑战性的工作对许多人来说是激发因子，那么大部分人会在工作"延伸"的过程中获得满足感。可悲的是，在许多裁减核心员工的组织中，一些很有吸引力的项目没有提供给内部员工而是给了承包商。另外，承包商的借款要比支付给现有员工的多，这无疑是在伤口上撒盐。

3. 创造重视学习的文化

这与第一种"社会凝聚力"——钱有关，现在学得越多，将来挣得越多。员工在选择工作时日益关注公司的工作组织及工作环境的情况，有能力的人也希望可以和其他有能力的人一起工作。在许多情况下，午夜文化意味着员工通常没有时间和精力参与社会生活。在特定的工作压力较重的情形下，低关怀度而高工作度的气氛有利于团队工作和适合那些准备"多付代价"的员工。当工作变得有意思时，一个人在午夜工作就不是问题。

4. 培养以组织为荣的自豪感

一个高级人才的经纪人如果加入一家正在启动的美国公司可以有机会获得双倍的薪水。经纪人也要根据他是否还会有充足的工作挑战,以及他是否满意来决定流动的可能性。而且他也会为在具有长期历史及良好声誉的公司里工作而感到自豪,也很乐意在社交场所谈起他所供职的公司。

4.5.3 帮助管理者做改进

许多调查显示管理者在希望留职的人中起到了关键作用。薪水上涨带来的欣喜通常只能持续几周,而管理者对团队的士气和动力所起的作用是长期的。人力资源可以通过意见调查找出这些因素:问题是什么,他们出现在什么地方以及程度如何。一些管理者需要改进自己的管理方式以适应团队的需要。

作为具有战略人力资源管理思维的管理者,要思考的是超越人员进出的更深层次问题:每个管理者都可能涉及制定目标和需要改进的地方。一些管理者,特别是在技能方面获得进步的管理者,可能会缺乏管理技能。他们需要在了解怎样设立让员工保持长期动力的目标方面得到提高,也可以制定指导方针来评估所有相关的实际经验的标准。不断地进步和学习应被看作是进行高绩效管理过程的特征。同时,应该鼓励联合协作,并且团队目标的设立也应倡导跨部门合作。特别地,应该鼓励管理者识别并消除影响团队士气的日常障碍,以使得干好工作对每个人来说都是容易的。

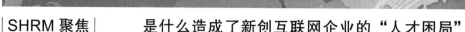

| SHRM 聚焦 | 是什么造成了新创互联网企业的"人才困局"
——招聘选拔不科学,轻价值观匹配

人才困局,尤以新创互联网企业最为严重。公司知名度不高、规模小、风险大、管理不规范等劣势,使得其在与大型互联网企业的人才竞争中处境堪忧。

新创互联网企业通常历史较短,人力资源管理体系并不完善。一方面是招聘体系还不完善,缺乏科学的员工招聘选拔机制,对求职者的工作能力考察不全面,而且职位说明书不完善甚至没有建立,导致招聘不是以职位说明书为标准进行的科学选聘,而是更多地以主观评价为主导。另一方面以价值观为基础的战略性招聘体系还未建立起来,招聘选拔环节,往往注重求职者的经验和工作技能,忽视对其价值观的测评与考察,使得员工与企业价值观不匹配,增加双方摩擦的可能性,而一旦企业与个人利益发生冲突,这部分员工往往会选择离职,导致招聘失败。

资料来源:魏立群,唐贵瑶.人才困局的现实素描[J].中欧商业评论,2015 (10): 66-69.

4.6 结论

总之,战略选拔是从一组求职者中挑选最适合特定岗位要求、最符合企业人才战略需求的人员的过程。没有合格的员工,一个组织就处于弱势。鉴于招聘鼓励人们向企业求职,那么选拔的目的就是辨别并雇用条件最适合某一特定职位的人,不可一味追求员工的极度优秀，而应该以十分合适为评价标准。如果一个员工的条件过高、过低或者由于各种原因与工作岗位或组织不相适应，那么他们很可能担任不了该空缺的岗位，最终可能会离开企业，不利于组织目标的实现。招聘的成本高昂，如果企业最终招聘到的员工常常离职，最后出现员工的高流动性，那么招聘与选拔这项职能就丧失了自己本来的意义。所以，企业的战略性招聘工作对选拔过程的质量影响很大，如果符合条件的申请人很少，那么组织可能不得不雇用条件不十分理想的人。

大多数管理者承认，战略人员招聘与选拔是最困难、最重要的决策之一，其重要性不言而喻。正如彼得·德鲁克（Peter Drucker）曾说过的，"没有其他决策后果会持续作用这么久或这么难做出。但是总体来说，经理所做的提升和职员配备决策并不理想。按照一般的说法，平均成功率不大于 0.333：在大多数情况下，1/3 的决策是正确的，1/3 有一定效果，1/3 彻底失败"。但是，如果一家企业雇用了太多平庸的或较差的人，那么即使有完善的计划、合理的组织结构和协调的控制系统，企业也不会获得长期成功。这些组织的各种要素不会自动发挥作用。为确保组织目标的实现，必须有能够胜任各项工作的人员。

与此同时，战略招聘与选拔的费用也是构成企业人力资源管理成本的一大部分，如何最大效用地发挥雇用到的人力资源的价值显得尤为重要。美国劳工部预计，雇用一名工人的平均成本是 4 万美元。当你增加了隐性成本时，诸如劳动生产率低和加班加点，替换一名主要员工的成本接近其年工资的两倍。对于上述整个过程的另一个预计价值每人高达 500 万美元。虽然这个数字似乎过大，但是对高能力员工和低能力员工之间生产率差别的考虑是非常重要的，这种差别估计高达 3:1。一家选拔到合格员工的企业，可以获得很大的益处，只要这些员工还列在企业的工资单上，这种益处就会不断延续。

战略性选拔过程的目的是使人员与工作岗位相适应。虽然某些员工流动对一个组织有积极作用，但是代价很高。高流动率使企业几乎不可能有好业绩。例如，产品研发被延误，制造过程缺乏效率，市场营销渗透缓慢等。并不是有形的招聘、调换岗位和培训这些费用，而是这些流动的隐藏性后果构成了主要成本。大约在 10 年前进行的两项研究表明，虽然很少测量这些费用，但它却占人员流动成本的 80% 以上。

因此，人力资源的战略性选聘工作至关重要，对企业的战略发展有深远的影响。

▶ 本章小结

招聘与选拔是人力资源管理工作的一项基本内容。本章从战略角度入手，对如何科学合理地进行战略性的人员招聘与选拔工作进行了详细叙述。

战略人员招聘与选拔的目的是为企业在适当的时间、适当的地点获得适当数量的符合企业战略发展目标要求的人员。其对于企业而言意义重大，不仅关系到企业的生存和发展，而且是企业获得优秀人才的必要手段和途径，也是企业经营成功的前提之一。此外，战略招聘作为人力资源管理的一项基本职能活动，它的有效实施是整个战略人力资源管理系统正常运转的前提。

企业战略人员招聘与选拔工作可通过内部和外部两种途径来进行，两者各有利弊。因此，企业在权衡两种招聘途径时，往往必须在吸引外部优秀人才和为此付出的招聘费用及新员工适应组织所需代价间取得平衡，并力求保持内部人员的士气不受到损伤，仔细斟酌招聘途径及选用方法。

一个完善的招聘要经过制订招聘计划、

对外发布信息以及选拔和测试、组建招聘团队、形成最终的招聘决策并通知候选人这一系列过程。只有一个又一个设计完善的招聘过程才能吸引很好的求职者，并且持续给雇主带来未来绩效。

测试作为战略人员招聘与选拔中十分重要的一环，具有有效性、可靠性两个特征。任何员工的甄选过程都必须遵循信度、效度、普遍适用性、效用、合法性等几项通用标准。测试内容也是多方面的，包括认知能力测试、运动和体能测试、个性测试、工作知识考试以及面试和工作模拟等。

最后，在招聘到合适的员工后，如何运用战略方法保留员工就显得尤为重要，而涉及对目标团队进行风险分析的预防管理是主要的战略方法。

▶ 战略导图

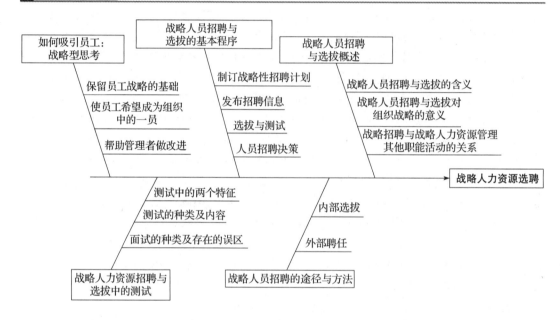

▶ 关键术语

战略人员招聘与选拔　　　　　　　　劳动合同

▶ 复习思考题

1. 简述战略人员招聘与选拔的意义、原则以及与其他人力资源管理职能活动的关系。
2. 简述战略人员招聘的途径与方法以及两种招聘途径的利弊。
3. 简述战略人员招聘与选拔的基本程序。
4. 简述员工测试的两个基本特征和应该达到的标准。
5. 简述测试的种类及内容。
6. 简述面试的种类、存在的误区以及企业如何提高面试的有效性。

▶ 文献导读

1. Do I Really Want to Work Here? Testing a Model of Job Pursuit for MBA Interns

为了招聘到合适的人才，组织需要提供优渥的工作条件和工作环境来吸引、激励潜在员工。工作追求度（job pursuit）描述的就是候选人对特定雇主提供的工作产生兴趣、体现决策倾向和象征性行为的程度。研究工作追求度对企业而言至关重要，尤其是对在如今经济下行、结构性失业严重的环境下仍面临人才需求的企业而言。

本项研究结合员工-组织匹配（person-organization fit）和组织社会化（organizational socialization）构建了影响求职者工作追求度的过程模型，并通过收集 MBA 学员在求职之前、求职中以及入职三个阶段的数据验证了该模型，研究结果显示，入职之前感知到的与组织的匹配程度和组织采取的社会化策略交互积极作用于员工的信息寻求行为，并且员工的学习性行为将提高其工作的接受倾向，进而又会促使员工接受该工作。该研究同时为企业人力资源管理如何有效地吸引潜在员工提供了实践启示。

资料来源：Beenen G, Pichler S. Do I Really Want to Work Here? Testing a Model of Job Pursuit for MBA Interns［J］. Human Resource Management，2014, 53 (5): 661-682.

2. Form, Content and Function: An Evaluative Methodology for Corporate Employment Web Sites

随着信息化的到来，网络在管理实践中的应用更加普遍和频繁，比如其在员工招聘与选拔中的应用，员工、候选人和潜在应聘者对招聘网页的使用是网络成功用于商业目的范例之一。公司的招聘网站为员工招聘提供了动态的信息平台，但如何提高网络招聘的效果，如何评价招聘网页的作用还缺乏相应的工具。

Cober，Brown 和 Levy（2004）选取了《财富》杂志 2000 年和 2002 年发布的"最佳雇主"名单中的企业，根据目标公司的招聘网站进行了两项质性研究。本项研究从形式（form）、内容（content）、功能（function）三个方面归纳了公司招聘网站与传统招聘媒体的区别，并为企业进行网络招聘提供了建议。

资料来源：Cober R T, Brown D J, Levy P E. Form, Content, and Function: An Evaluative Methodology for Corporate Employment Web Sites［J］. Human Resource Management, 2004, 43 (2-3): 201-218.

▶ **应用案例**

腾讯招聘总监自述：这样做 HR 才有未来

1. 什么样的人成什么样的事

马化腾（英文名为 Pony）有这样一句话：人才是最宝贵的财富。对互联网公司而言，楼可以租或自己盖，又没有机器厂房、原材料、生产物料，所有的成功都取决于人，招聘其实是互联网公司取得成功的"入口"。

2. 二流招聘满足需求，一流招聘推动需求

为什么做招聘最怕老板改变需求？HR 都会说是因为 HR 没有话语权。但我相信：有为才有位。你做出东西，然后自然会有权力。以我们的"强将项目"为例：公司准备进入一个新的业务领域，当业务部还在讨论业务规划的时候，招聘已经开始接洽这个领域的国内外顶尖大牛"强将"，引荐给业务部。通过人才交流，有助于我们理清业务方向，想清楚业务布局。最终我们提前找到了这个业务合适的领军人才，有力推动业务往前走。这里 HR 不再是满足业务需求，更多的是在影响业务的布局。

3. 招聘作为连接器两端：一边是雇主品牌，一边是人才

雇主品牌，首先解决"你是谁"的问题，再解决"别人眼里你是谁"的问题。

"我是谁"的问题，对公司的认知员工会自己传播出去，这个信号会从外部反射回来。因此，雇主品牌实际是关注员工的感受，打造内部的体验，就像做用户体验一样。Pony 对 HR 提过一个要求："你们一定要去满足员

工近乎变态的需求，他们才能够去满足用户近乎变态的需求。"这是非常符合逻辑的要求：HR制定的政策如果员工体验不好，员工不高兴又怎么会持续提升产品的用户体验？所以，腾讯的HR特别强调以产品思维来思考问题和开展工作。

"一切以用户价值为依归"说起来很简单，但在腾讯，把自己服务的内部客户作为用户一样去对待，内部的体验自然会慢慢提升。这是雇主品牌的立足之基。

4. 腾讯的"精兵"策略

第一件事：产品人力盘点盘活冗余人力。通过基于产品项目维度的人力投入分析，弄清楚各个业务资源投入的"家底"，并推动相应的管理决策，把在生命周期末期或者前景不看好的产品中消耗的人力释放出来，补充到公司真正要发力的业务和产品上，使资源投入更加合理。

第二件事："精兵"项目抓人才质量。有些应该由中层管理干部面试的岗位，并未由他们面试，而是在一线部门领导面试后，就决定录用了；还有些高端候选人（比如专家或者中层以上管理干部）由于面试缺乏有效的评估手段，让人很担心这些核心人才的质量。

为了提升招聘质量，我们推动实施了"精兵项目"。

- 广开源：想要选出优秀人才，首先得要有足够多的候选人可选。
- 精甄选：精益求精，亲力亲为。

（1）精益求精。新增招聘：招聘的标准不能低于团队的平均水平。离职替补招聘：应该不低于离职这位员工的职级水平。

（2）亲力亲为。招聘是最不能授权的事情。如果过度地往一线授权，招回来的大多是只能够干好眼下活的人。我们强调亲力亲为：部门第一负责人一定要参与面试。腾讯的人力资源副总裁Tom（第一任招聘负责人）给我们分享了他眼中的人才观，概括成"将才，才有将来"。他说一定要找好带头的人，这家公司才会有未来。

- 严需求：腾讯的官网上常年挂着两三千个招聘需求，但这么多需求都是真需求吗？没有编制了，但把需求挂在那里，想通过"收一收简历"保持跟市场的接触，以及了解外部候选人的想法，这个本来无可厚非，但太多水分就比较坏了。伯乐（内部员工）推荐是腾讯的第一大招聘渠道，每年伯乐推荐的贡献率都在50%以上。不真实的招聘需求挂在官网上，如果处理不积极或者面试得很随意，就会伤害伯乐的感情和体验，使伯乐推荐候选人的积极性降低，影响渠道，也会使外部候选人对腾讯招聘产生怀疑。

5. 招聘新玩法

每年全国985、211高校计算机专业的毕业生有4万人，BAT会抢到1万左右的优秀毕业生。另外还有许多垂直领域、传统行业想转型互联网的企业、外企都在抢人。在这种非常赤裸、直白的竞争环境中，如果不做好我们的雇主品牌、开源基本功，在小小的资源池中能分到的人力资源少之又少。

因为供小于求的情况持续存在，所以会有很多创新工具、方法层出不穷。但是万变不离其宗，招聘工作还是需求管理、开源、甄选、录用沟通……希望这些创新的工具和方法能够紧紧围绕这四件事情来开展，给HR带来价值。

6. 做一个有职业操守的HR

现在也有一些新的玩法，比如，大数据招聘。有人问我，腾讯有广大的社交和实名数据，通过大数据能挖掘出任何想要的人才数据，为什么我们不做？我觉得这部分数据很容易与用户价值（隐私保护）产生冲突，有法律和道德的风险。招聘从业者，要看重自己的职业操守，做事要有底线。可以千方百计，但不能不择手段。

资料来源：人才网。

讨论题

1. 在腾讯的人力资源管理体系中，招聘发挥着什么样的作用？

2. 腾讯公司在人员招聘方面能够创新的原因是什么？

3. 你认为还有什么创新的工具和方法可以应用到招聘中？

▶ 小知识

宝洁八个核心面试问题

1. 请你举一个具体的例子，说明你是如何设定一个目标然后达到它的。

2. 请举例说明你在一项团队活动中如何采取主动性，并且起到领导者的作用，最终获得你所希望的结果。

3. 请你描述一种情形，在这种情形中你必须去寻找相关的信息，发现关键的问题并且自己决定依照一些步骤来获得期望的结果。

4. 请你举一个例子，说明你是怎样通过事实来履行你对他人的承诺的。

5. 请你举一个例子，说明在执行一项重要任务时，你是怎样和他们进行有效合作的。

6. 请你举一个例子，说明你的一个有创意的建议曾经对一项计划的成功起到了重要的作用。

7. 请你举一个具体的例子，说明你是怎样对你所处的环境进行评估的，并且能将注意力集中于最重要的事情上以便获得你所期望的结果。

8. 请你举一个具体的例子，说明你是怎样学习一门技术并且将它用于实际工作中的。

面试十大常见问题——教你如何回答

1. 最能概括自己的三个词

考查内容：考查求职者对自己的了解程度。

思路：介绍内容要与个人简历一致；表述上尽量口语化；切中要害，不谈无关、无用的内容；条理清晰，层次分明；事先最好以文字形式写好背熟。

2. 谈谈家庭情况

考查内容：了解应聘者所受的教育，以及未来对工作和生活的态度。

思路：简单罗列家庭人口；强调温馨和睦的家庭氛围，父母对自己教育的重视，家庭成员的良好状况及其对自己工作的支持，以及自己对家庭的责任感。

3. 有什么业余爱好

考查内容：业余爱好能在一定程度上反映应聘者的性格、观念、心态。

思路：最好不要说自己没有业余爱好；不要说那些庸俗、令人感觉不好的爱好；最好不要说爱好仅限于读书、上网、听音乐，否则可能令面试官怀疑应聘者性格孤僻；最好能有一些户外业余爱好来"点缀"形象。

4. 最崇拜谁

考查内容：应聘者未来的发展方向。

思路：不宜说自己谁都不崇拜或崇拜自己，也不宜说崇拜一个虚幻或不知名的人；不宜说崇拜一个明显具有负面形象的人；所崇拜的人最好与自己所应聘的工作能搭上关系；最好说出所崇拜人的哪些品质、思想感染和鼓舞着自己。

5. 最喜欢和最不喜欢哪些大学课程

考查内容：应聘者的知识结构与个性偏好。

思路：一般而言应实事求是。

6. 谈缺点

考查内容：应聘者的诚信度和自信心。

思路：不宜说自己没缺点；不宜把那些明显的优点说成缺点；不宜说出那些令人不放心、不舒服的缺点。

7. 为什么选择我们公司

考查内容：应聘者的求职动机、愿望及对此项工作的态度。

思路：宜从行业、企业和岗位三个角度来回答，如"我十分看好贵公司所在的行业，我认为贵公司十分重视人才，而且这项工作很适合我，相信自己一定能做好"。

8. 如果录用你，你将怎样展开工作

考查内容：应聘者处理事情的基本能力。

思路：如对应聘职位缺乏足够了解，最好不要直接说出自己开展工作的具体方法；可尝试采用迂回战术来回答，如"首先听领导的指示和要求，然后了解和熟悉有关情况，接下来制订一份近期工作计划并报领导批准，最后根据计划开展工作"。

9. 我们为什么要录用你

考查内容：应聘者对个人和单位的认识。

思路：最好站在招聘单位的角度来回答。招聘单位一般会录用这样的应聘者，即基本符合条件，对这份工作感兴趣、有足够的信心。

10. 作为应届毕业生，缺乏经验，如何能胜任这份工作

考查内容：招聘单位并不真正在乎"经验"，关键看应聘者怎样回答。

思路：回答最好要体现出应聘者的诚恳、机智、果敢及敬业。

参考文献

[1] 包晨星，凤里. 战略人力资源管理：化战略为行动 [M]. 北京：电子工业出版社，2009.

[2] 陈维政，余凯成，程文文. 人力资源管理与开发高级教程 [M]. 北京：高等教育出版社，2004.

[3] 陈志军. 集团公司管理 [M]. 北京：中国人民大学出版社，2014.

[4] 文海炜. 管人：人力资源总监的十大管理方略 [M]. 南京：凤凰出版社，2010.

[5] 赵曙明，张正堂. 人力资源管理与开发 [M]. 北京：高等教育出版社，2006.

[6] 朱飞，文跃然. 战略性人力资源管理系统重构 [M]. 北京：企业管理出版社，2013.

[7] Almeida S, Fernando M. Making the Cut: Occupation-specific Factors Influencing Employers in Their Recruitment and Selection of Immigrant Professionals in the Information Technology and Accounting Occupations in Regional Australia [J]. The International Journal of Human Resource Management, 2016: 1-33.

[8] Alvesson M, Kärreman D. Unraveling HRM: Identity, Ceremony, and Control in a Management Consulting Firm [J]. Organization Science, 2007, 18 (4): 711-723.

[9] Baruch Y, Quick J C. Understanding Second Careers: Lessons From a Study of US Navy Admirals [J]. Human Resource Management, 2007, 46 (4): 471-491.

[10] Esch E V, Wei L Q, Chiang F F T. High-performance Human Resource Practices and Firm Performance: The Mediating Role of Employees' Competencies and the Moderating Role of Climate for Creativity [J]. International Journal of Human Resource Management, 2016: 1-26.

[11] Holtbrügge D, Friedmann C B, Puck J F. Recruitment and Retention in Foreign Firms in India: A Resource-based View [J]. Human Resource Management, 2010, 49 (3): 439-455.

[12] Hsu Y R, Leat M. A Study of HRM and Recruitment and Selection Policies and

[12] Practices in Taiwan [J]. International Journal of Human Resource Management, 2000, 11 (2): 413-435.

[13] Karasek Ⅲ R, Bryant P. Signaling Theory: Past, Present, and Future [J]. Academy of Strategic Management Journal, 2012, 11 (1): 91.

[14] Konrad A M, Linnehan F. Formalized HRM Structures: Coordinating Equal Employment Opportunity or Concealing Organizational Practices? [J]. Academy of Management Journal, 1995, 38 (3): 787-820.

[15] Lepak D P, Shaw J D. Strategic HRM in North America: Looking to the Future [J]. The International Journal of Human Resource Management, 2008, 19 (8): 1486-1499.

[16] Lievens F, Chapman D. Recruitment and selection [M]. The SAGE handbook of human resource management, 2010: 135-154.

[17] Tang G, Chen Y, Jin J. Entrepreneurial Orientation and Innovation Performance: Roles of Strategic HRM and Technical Turbulence [J]. Asia Pacific Journal of Human Resources, 2015, 53 (2): 163-184.

[18] Tayeb M. Transfer of HRM Practices Across Cultures: an American Company in Scotland [J]. International Journal of Human Resource Management, 1998, 9 (2): 332-358.

[19] Timming A R. What do Tattoo Artists Know About HRM? Recruitment and Selection in the Body Art Sector [J]. Employee RelaLtions, 2011, 33 (5): 570-584.

第 5 章
战略人力资源培训与开发

> 培训是一种我们希望能融入每个管理者大脑思维中的东西。
>
> ——克里斯·兰德尔

▶ 学习要点

- 战略人力资源培训与开发的含义
- 战略人力资源培训与开发与人力资源其他职能的关系
- 战略人力资源培训与开发的内容与方法
- 不同层次的培训特点
- 战略人力资源培训与开发的策略和影响因素

▶ 前沿探讨

互联网浪潮下的人力资源培训与开发

互联网正逐步渗透到我们的生产和生活中，在对各种传统经营模式造成有力冲击的同时，也促进着企业管理的改进，为人力资源管理的探索创新营造了良好的环境。腾讯人力资源平台部总经理马海刚先生指出，在互联网时代，企业必须要获取和培养互联网人才，关注人才的个性化特征，以建立起更具灵活性的人力资源组织。Adele等人（2017）认为，简单的培训不足以培养数据驱动型的员工群体，培训应从"一次性"向"持续分析"转变。例如，一方面管理者可以考虑创建一个培训和开发门户，鼓励员工不仅在门户中使用信息，还在门户中分享他们的专业知识和经验，同时要求员工在诸如数据分析、演示技巧和产品销售等培训主题中确定他们的需求，制订一项个人发展计划，由管理者和员工一起定期回顾，以灌输一种理念，即员工和企业的发展是一种协作下的共同责任。另一方面可以形成能力中心。能力中心是一个高水平领域专家的集合，他们的目标是提高敏捷性，促进创新，建立最佳实践，提供培训和指导，并成为一个通信引擎。作为他们使命的一部分，能力中心应该回答"为什么"而不是"是什么"，"为什么"的问题是关于建立一个目标和方向，有助于指导重点和难点，而"是什么"的问题则是关于细节的，不应该成为能力中心的主要关注点。

企业的培训与开发也更加注重"因材施教"。Alex等人（2017）对40年来多样化培训进行元分析，分析表明多样化培训可以发挥作用，尤其是当它瞄准意识和技能发展时。经实验证明换位思考能够产生交叉效应且持续时间较长，并且通过设置具体的、可衡量的、具有挑战性的（但可以实现的）与工作场所的多样性相关的目标能更广泛地激励员工提高绩效。但多样性培训的效果仍取决于所使用的具体训练方法，训练者的人格特征，以及训练结束后测量的具体结果。所以，在设计或调整企业的培训与开发计划时，一项全面而不失针对性的计划可能会耗费大量时间，却能让企业更具灵活性与包容度，从而在互联网大潮中立稳脚跟。

资料来源：［1］Adele Sweetwood. Analytics Training isn't Enough to Create a Data-Driven Workforce［J］. Harvard Business Review, 2017.［2］Alex Lindsey, Eden King, Ashley Membere, Ho Kwan Cheung. Two Types of Diversity Training That Really Work［J］. Harvard Business Review, 2017.［3］马海刚，彭剑锋，西楠. HR+三支柱［M］. 北京：中国人民大学出版社，2017.

基于战略观点的人力资源开发（strategy-based HRM development）

继迈克尔·波特（Michael Porter）提出竞争优势和竞争战略的概念以来，出现了许多有关核心竞争力和提高竞争优势的研究与探讨，企业界和学术界都在关注如何通过战略性培训与开发员工来获取和提高企业的竞争优势。社会的不断变革，技术发展的突飞猛进，使得许多企业意识到培训对战略的作用正从单纯的支持作用向企业战略形成的主要决定力量转变。只有根据企业战略的要求进行相应的培训，才能把具有基本操作技能的人员质量和数量结构调整到与企业战略适应的层次上来。因此，要获得和保持自己的核心竞争力优势，非常重要的一点就是通过有效的战略人力资源培训与开发使培训计划和活动能够配合高层管理的战略决策，进而达成组织的目标。

引 例

小 A 入职华为之路

小 A 是一名毕业于某所 985 大学工商管理专业的本科生，在本科毕业后经过激烈的竞争顺利进入华为公司做产品营销，在参加入职培训的第一天她就意识到真正的挑战才刚刚开始。

进入华为的新员工在入职阶段都要接受长达半年之久的企业文化培训，除此之外，还有入职后日常的企业制度学习。对于擅长学习的小 A 来说这些事情都不难，让小 A 喊累的是新员工培训期间的军事训练，由于公司领导对军训工作严谨认真的态度和来自中央警卫团的教官高度的责任心、高标准的要求，因而参加训练的人不仅不敢喊累，反而还积极表现，在这样的训练氛围下小 A 一点也不敢偷懒。经过军事训练之后，小 A 发现参加训练的人变得有组织性和纪律性，集体意识明显增强，连工作作风都变得严谨了。

军事训练只是身体上的累，在培训中所产生的压力感才更可怕。作为一名合格的销售人员，必须了解产品的性能和特点。因此，公司安排小 A 和其他参加培训的人一起去车间实习，接受技术培训。对于小 A 这样的文科生来说要在短时间内了解产品的种类、性能、开发技术的特点等知识无疑是痛苦的。培训的内容多、密度大，而且这些知识还是小 A 之前没有接触过的，考试又很严格，如果这一关过不了就会被刷下来。

经过一番努力，小 A 终于通过了考试，接下来就是营销理论培训，培训的内容包括消费者行为理论、市场心理学、定位理论、整合营销传播、品牌形象理论。理论需要与实践相结合,在理论学习之后,小A和其他员工一起参加了一次实践演习,内容是:在深圳繁华路段以高价卖一些生活用品,且商品价格比公司规定的价格高,不得降价。小A绞尽脑汁后成功卖出了商品,虽然过程艰辛,但完成这样有挑战的任务让小A很有成就感。培训之后还有一次任职资格考试,虽然在经过严苛的培训后小A已经身心俱疲了,但一想到最后的任职资格考试将决定自己是否被录用,且培训结果将与自己日后的晋升和加薪相挂钩,小A又丝毫不敢懈怠了。

一番激烈的"厮杀"之后,小A终于成功入职。入职初期,小A要进行日常的企业制度学习,并且部门为她安排了一位资深员工做她的导师,在工作和生活方面对其进行指导,以帮助她尽快适应华为。据说公司这样做的目的是让经验丰富、技术水平高的员工在离职前最大限度地将其经验留在华为。公司构建培训导师资源池,由技术水平较高的员工组成,要求资源池输出培训,并作为绩效考核的一部分,为了鼓励培训,培训导师有培训课酬。在小A成为正式员工的三个月里,她的导师要对她的工作绩效负责。因此,小A的导师非常努力地提高小A的绩效。

虽然在华为的工作非常辛苦,但这是一家公平的企业,只要努力就会得到相应的回报。公司对每个员工提供高工资、高奖金和高认可度,对于小A这样追求自我实现的新一代年轻人来说,这些正是企业对他们的吸引力所在,所以即便培训过程很辛苦,但小A也从未动摇过。

资料来源:改编自高敬原.华为公司培训体系评析[J].企业改革与管理,2013,08:41-43.

5.1 战略人力资源培训与开发概述

5.1.1 战略人力资源培训与开发的含义

人力资源管理工作的一项重要内容是根据企业的战略发展目标和要求进行人力资源培训与开发(human resource training and development,HR T&D)。企业通过这项工作,以确保招聘到的员工具备能为企业战略目标服务的工作能力,确保他们的工作行为符合企业的战略发展要求。此外,对于富有经验的老员工,也应该进行战略人力资源培训与开发,这样既可以将企业战略发展目标植入老员工的心中,又可以保证他们有能力持续为企业的战略发展做贡献。因此,战略人力资源培训与开发是使得新老员工工作能力和行为与企业战略发展目标相匹配的重要保证,也是企业实现战略发展、保持竞争优势的重要途径(Glaveli & Karassavidou,2011)。战略人力资源培训与开发的一个显著特点就是将培训与组织战略进行联结整合,把培训作为企业战略的护航舰对企业的发展发挥作用。

传统的人力资源培训与开发是指企业通过培训和开发项目改进员工能力水平和组织业绩的一种有计划的、连续性的工作(Aragon & Valle,2013)。例如,培训者通过示范,教一名工人如何操作一台车床,或教一名管理人员如何安排日常生产。战略人力资源培训与开发则更注重把培训目标与企业的长远目标、战略思考紧密地联系在一起加以系统思考。战略人力资源培训已不再只是为了实现短期目标,而是从组织长期目标出发,基于工作分析、人力现状分析,并根据人力资源规划部署,辅以绩效管理及薪酬奖励的手段而设计的一个旨在提高企业竞争力的体系。它是一个完整的培训体系,而不是各种技能、知识等课程的简单相加或堆积。另外,在培训与开发过程中,战略人力资源培训与开发能根据组织的战略目标，综合考虑组织的培训需要、部门的培训需要及个体的培训需要，从多种方案中做出选择。而且战略人力资源培训与开发是持续不断的学习过程（Lepak & Snell, 1999）。这意味着培训与开发应渗透到企业的日常工作中，企业要鼓励员工学习，努力为员工营造良好的学习氛围，使战略培训在改变员工和技能水平方面发挥重要作用（Ballesteros-Rodríguez, et al., 2012）。

5.1.2 战略人力资源培训与开发体系的特点

战略人力资源培训与开发能够增加企业的竞争力，实现企业的战略目标。因此，战略人力资源培训与开发体系应当具备以下特征。

1. 以企业战略为导向

只有根据企业战略规划，结合人力资源发展战略，才能量身定做出符合自己持续发展的高效培训体系。

2. 着眼于企业核心要求

不同于传统培训头疼医头、脚疼医脚的"救火工程"，战略人力资源培训与开发体系深入发掘企业的核心需求，根据企业的战略发展目标预测对于人力资本的需求，提前为企业需求做好人才的培养和储备（Liu, Li, Zhu, et al., 2014；包晨星和风里，2009）。

3. 注重多层次全方位

员工培训说到底是一种成人教育，战略人力资源培训与开发体系应考虑员工教育的特殊性，针对不同的课程采用不同的训练技法，针对具体的条件采用多种培训方式，针对具体个人能力和发展计划制订不同的训练计划。在效益最大化的前提下，多渠道、多层次地构建培训体系，达到全员参与、共同分享培训成果的效果，使得培训方法和内容适合被培训者（Ehrhardt, Miller, Freeman, et al., 2011）。

4. 考虑员工自我发展需要

按照马斯洛的需求层次理论，人的需求是多方面的，而最高需求是自我发展和自我实现（Jerome, 2013）。按照自身的需求接受教育培训，是对自我发展需求的肯定和满足。培训工作的最终目的是为企业的发展战略服务，同时也要与员工个人职业生涯发展相结合，实现员工素质与企业经营战略的匹配（Felstead, Gallie, Green, et al., 2010）。这个体系将员工个人发展纳入企业发展的轨道，让员工在服务企业、推动企业战略目标实现的同时，也能按照明确的职业发展目标，通过参加相应层次的培训，实现个人发展，获取个人成就。

5.1.3 战略人力资源培训与开发和战略人力资源管理其他职能的关系

战略人力资源培训与开发作为战略人力资源管理体系的一个重要组成部分，必须为组织战略需要和企业的长期发展服务，而且应与战略人力资源管理的其他职能活动相协调，以获得协同效应（宋培林，2011）。

（1）与工作分析的关系。工作分析是培训与开发活动的重要基础之一，通过工作分析可以得到各个职位的工作描述与任职资格。这些针对各个职位的工作内容描述以及任职要求，是选择培训与开发内容的主要参考依据。此外，战略人力资源培训与开发也能为企业搭建组织架构奠定基础。

（2）与战略人力资源规划的关系。培训与开发业务规划是人力资源规划的主要内容之一，同时人力资源规划也是培训与开发的前提，指导着培训与开发的有效实施。另外，培训与开发是人力资源规划得以顺利实施的重要保证，例如员工工作安排计划、员工选拔计划与继任计划等，都需要以培训与开发为前提。

（3）与战略招募甄选的关系。招募甄选的质量影响着培训与开发工作，招募甄选的质量高，人员与职位的匹配程度高，培训与开发的任务就相对较轻，否则就会比较重。此外，培训与开发也会影响到招募甄选，越重视培训与开发的企业，提供的培训与开发机会越多，对应聘者的吸引力就越大，招募甄选的效果就会越好。相对小公司，大公司能给员工提供更多的培训与发展机会，这也成为吸引应聘者的重要原因之一。

（4）与战略绩效管理的关系。绩效评价结果是培训与开发需求分析的一个基本依据。企业可以根据员工的绩效评估结果，对其实施有针对性的培训。而有计划的培训与开发工作可以提高员工的工作技能，改善员工的工作业绩，进而更好地达到绩效管理的目的。

（5）与战略薪酬管理的关系。培训与开发能够提高员工的知识和技能，改善工作绩效，从而让员工报酬增加，间接地对员工产生激励作用，提高他们的工作满意度。从另外一个角度来讲，培训与开发已经成为企业的一种福利形式，是员工报酬体系的一个组成部分。

（6）与战略员工关系管理的关系。培训与开发可以促进良好员工关系的形成，它使员工认同组织文化，增强员工对企业的归属感，强化组织的凝聚力和向心力，进而优化与协调员工关系；它还可以使员工掌握人际关系处理的技巧，培养他们的团队意识，从而减少员工之间的摩擦，建立和谐的人际关系。

5.2 战略人力资源培训与开发的方法和内容

在实践中，进行培训与开发有多种方法可供选择，培训方法选择的恰当与否对于培训的实施以及培训效果的好坏有非常重要的影响。在进行培训时，企业应当根据培训的内容、培训的对象、培训的目的以及培训的费用等因素来选择合适的方法（陈维政、余凯成和程文文，2004）。虽然培训和开发存在一定程度的区别，但是由于其实质是相同的，在方法上也存在很大的共通性，所以本节将培训的主要方法和开发的主要方法融合在一起进行介绍。

培训的基本方法按照不同的标准可以划分为不同的类别，这里我们主要按照培训的实施方式将培训的方法分为两大类：一是在职培训，二是非在职培训。

5.2.1 在职培训

在职培训（on the job training，OJT）就是在工作中直接对员工进行培训，员工不离开实际职位（Smith，Jones，Landau，et al.，2002）。在职培训比较经济，不需要另外安排场所、添置设备，有时也不需要专职教员，可利用现有的人力、物力来实施培训。同时，培训对象在学习期间不脱离职位，继续从事本职工作，不对正常的生产产生影响。但这种培训方法往往缺乏良好的组织，如就技术培训而言，机器设备、工作场所只能有限地供培训使用，有些昂贵的仪器设备不宜让学员操作，因而会影响到培训效果。在职培训主要包括导师制、工作轮换、实习培训与自学等几种方法。

1. 导师制

导师制（mentor）是指有针对性地为学员指定一位导师，这位导师通过正式与非正式的途径将自己的知识或技能传授给学员，使学员在新的工作岗位上能更好地适应和发展。导师一般由企业里富有经验的资深员工担任，他们有培养和指导别人的责任与义务。导师与学员类似于以前"传帮带"的师傅和徒弟，但又与传统意义上的"学徒制"不同，真正的导师应该引导学员自主思考与分析情况、解决问题，而非单纯地给予问题的答案（Schlosser，Mcphee & Forsyt，2017）。IBM、戴尔、诺基亚、西门子、UT 斯达康等著名的跨国企业是有效实施导师制培训的典范。例如，在 IBM 中，导师制是一个传统，对于新员工，公司会为他指定一名导师，一年以后员工可以自己选择导师；戴尔也推行老员工带新员工的实战型培训，新的销售人员进入戴尔，在正式上岗后，公司不会马上让他挑起大梁，而是安排一位老员工继续在工作或者生活上对其进行指导。

2. 工作轮换

工作轮换是指让受训者在预定时期内（通常为一两年）变换职位，使其获得不同职位的工作经验的培训方法（朱飞和文跃然，2013）。目前，很多企业采用工作轮换方法来培养新进入企业的年轻或有管理潜能的管理人员（Minbaeva，Pedersen，Björkman，et al.，2014）。例如，摩托罗拉公司、海尔公司都是成功推行工作轮换制度的典型例子，其方法被哈佛大学、清华大学等名校纳入 MBA 教材。工作轮换制度使新员工能够得到多方面的锻炼，提高跨专业解决问题的能力，另外也便于新员工发现最适合自己的工作岗位。

虽然工作轮换有诸多优点，但也容易走入培养"通才"的误区，而且员工被鼓励到各个职位上工作，他们需要花费不少时间熟悉和学习新的技能。工作轮换虽然能让员工掌握更多的技能，却不能专于某一方面（Kampkötter，Harbring & Sliwka，2016）。所以工作轮换常常被认为适用于培训管理人员，而非职能专家。

3. 实习培训

实习培训（internship）是让受训者亲自去做，在实地操作的过程中学习新事物，一边做一边学，然后由技术熟练的工人及主管提出评价及建议，使受训者从中获益的培训方法（D'Angelo，2014）。一方面，实习培训为受训者提供了接触真实工作情景的机会，使他们能够近距离地了解企业，进而丰富社会阅历与实际工作经历；另一方面，企业也会因受训者具有创新的理念与思维、旺盛的精力而产生新的活力，并可顺带考察受训者的各个方面是否符合企业的需要，如果符合需要则将之招入"麾下"，进而节省招聘费用。

4. 自学

自学（self-learning）比较适用于一般理念性知识的学习，由于成人学习具有偏重经验与理解的特性，因而具备一定学习能力与自觉力的学员，自学是既经济又实用的方法，但此方法也存在可监督性差、自学者容易感到乏味等明显缺陷（Sung & Choi，2014）。从现代企业发展的趋势来看，任何人都需要终身学习，而这一过程完全依靠外部培训机构或企业提供的集体学习是不够的，自学最终会成为最重要的方式。一方面企业界和社会的快速发展要求员工能够更快速及时地通过自学来提高技能，这是时代的要求；另一方面自学也是提升自我能力和竞争力的必然途径，特别是在当代互联网条件下自学正变得更加便捷和高效。

以上在职培训的四种方法，都可以作为企业战略培训的重要手段。尤其是通过工作轮换，员工可以得到多方面的锻炼和经历，这不仅可以提高他们跨部门解决问题的能力，还可以增强他们的全局、战略意识，有助于为企业储备战略性发展人才。而导师制一般在入职初期用得比较多，其主要目的在于让员工更好地、更快地适应组织角色和工作要求。从战略培训的角度出发，导师素质和能力的考察非常关键。如果导师能够给予员工更高度的引导，员工的大局和战略意识就很容易树立，有利于实现企业的战略培训目标。对于实习培训和自学同样如此，战略性的思考至关重要，这直接影响企业战略培训的效果。

|SHRM 聚焦| 阿里巴巴培训体系长什么样

在阿里巴巴，人被视为最宝贵的财富。如何将每一位阿里巴巴人的个人能力成长融为持续的组织创新实践、集体文化传承，是对阿里巴巴建立学习型组织的最基础要求。在学习型组织建立的过程中，阿里巴巴逐渐建立起了一个坚持"知行合一"的学习体系，这一学习体系由四部分构成：新人系、专业系、管理系和在线学习平台。

1. 新人培训："百年阿里"面向全集团所有新进员工

从看、信、行动（探寻求证）、思考、分享五步骤，动静结合地去体验五天之旅。

"客户第一"的线索贯穿阿里巴巴的核心价值观念，建立新员工与客户的联系；通过老员工（工作8年以上）的经验交流、高管面对面来讲述阿里巴巴的精神秉持，联结新进员工和组织历史及文化。

2. 专业培训：运营大学、产品大学、技术大学及罗汉堂

（1）运营大学：基于专业岗位的胜任力模型和集团总体战略，为全集团的运营人员提供专业指导和良好学习氛围。

基于阿里巴巴业务情景，原创开发100门专业课程，覆盖四大运营领域，为不同岗位设计有针对性、精细化的学习方案。例如，脱产学习助新人快速胜任岗位，岗中学习助员工进阶技能，运营委员会开展主题沙龙开阔专业视野，助高潜力员工持续发展等。

（2）产品大学：基于互联网产品经理的能力图谱和业务方向，原创开发近100门课程，以多元化方式，为员工提供综合培养。

PD新人特训营——面向新进产品经理（入职3个月内），通过全脱产系统性培训学习，助员工加深对集团产品架构的理解以达到快速胜任岗位的目的。

产品大讲堂——提供进阶课程，解剖实战案例，对产品销售有新感知、新领悟。

产品经理委员会——面向各垂直领域高潜力员工，通过定期、不定期的产品体验、产品论剑、游学交流等活动，以达到在交流中沉淀知识、提升业务水平的目的。

（3）技术大学：面向阿里巴巴技术专业人才培养，近3年内已统计开发课程400余门，培养内部讲师近800人，参与培训50 000余人次。

在专业课与公开课的基础之上，建立ATA技术沙龙，形成开放的技术人员交流平台，旨在挖掘好的、值得推广的思想、理念、技术等；同时根据公司重点发展的技术领域，邀请外部嘉宾，引入优质内容及分享议题，引导相关领域人员学习了解前沿最先进的技术，拓宽眼界，促进内部人员思考与成长。

（4）罗汉堂：面向阿里巴巴一线员工（入职3年以内）的通用能力培训基地。

依据原创开发的五门课程"沟通，其实很简单""情绪管理""组织高效会议""在合作中成长"以及"结构化思维与表达"进行教学活动，并在其中植入互动体验式模块，模拟阿里巴巴工作情景，以达到启发员工思考、改变员工行动的目的。

3. 管理者学习：行动学习"管理三板斧""侠客行"及"湖畔大学"

（1）管理三板斧：作为突破管理层级的集体行动学习，"管理三板斧"涵盖管理人员的三项基本能力要求：招人和开除人、团队建设及拿结果。在真实的业务背景下实现全景实战，推动团队思考，提升团队的整体业务能力、管理能力，并起到加强团队文化联结的作用。

（2）侠客行：面向阿里巴巴一线管理者的培养，兵分两路，业务线和层级进阶，推进管理学习的覆盖，培养了近百名内部管理者讲师。

依据阿里巴巴"管理能力图谱"，原创开发了管理者的进阶课程体系，辅以部分引进课程。通过"课上真实案例演练+课后真实作业练习+课后管理沙龙"的知行合一的学习方式，确保管理者在"角色与职责"上建立统一认知。根据不同管理场景与复杂度，输出完整的领导力提升方法论和应用技巧，并在侠客行"管理沙龙"中形成"良师"（资深阿里巴巴管理者）和"益友"（同期管理者），为大家建立共通交流的平台，激发管理者的创新思维。

（3）湖畔大学：面向阿里巴巴高阶管理人员的成长培养。湖畔大学以学习参与者为中心，在平等开放的学习方式下，通过具有不同背景和经历的高阶管理者间的分享交流，解决高阶管理者的融入、战略的对焦、领导力的修炼以及文化的传承。

"湖畔大讲堂"是常规学习之外的开阔视野之地，引入国内外杰出学者、业界领袖的分享，提高眼界。通过"业务沙龙"促进协同，建立全局观，提升整合能力；通过"文化沙龙"，挖掘管理背后的问题，传承阿里巴巴文化。

4. 阿里巴巴学习平台：为全体阿里巴巴人提供内部学习和交流平台

阿里巴巴学习平台是面向所有阿里巴巴人的内部学习交流平台。在这里，所有阿里巴巴人都可以自由报名和参加线下培训，浏览过往积累的学习视频、文档，创建新一年学习计划，监督并提醒管理学习进度，通过即时问答系统排忧解难。

阿里巴巴学习、培训体系的特点：首先，知识都是有情景的，没有情景、背景的知识只是信息，因此融入了阿里巴巴文化历史和业务情景的内容，才是阿里巴巴人学习的对象。其次，课程只是学习的形式之一，绝不等于学习，每一位员工在阿里巴巴专业和管理学习中所领悟的相应能力图谱和发展图谱比课程本身重要得多。

资料来源：环球人力资源智库。

5.2.2 非在职培训

非在职培训（off the job training，OFF JT）是指在专门的培训现场接受履行职务所必要的知识、技能和态度的培训（Alipour，Salehi & Shahnavaz，2009）。非在职培训的方法很多，如传授知识、发展技能训练以及改变工作态度的培训等。

1. 传授知识

传授知识的方法有讲授、视听教学、研讨法、规划学习等。

（1）讲授。讲授是指在教室中由教师讲解某些概念、知识及原理。优点是时间、资金、人力、物力都很经济，并可一次性将知识传给许多人。缺点是比较单调、被动及受训者的参与程度不大。为了更切合企业的特定需要，并方便定期调派人员接受培训，企业可自设内部讲授培训，由主管或专人负责讲授。如果企业本身没有这项培训，那么也可以利用其他专业机构或院校所提供的培训服务。这种培训方法可以是短期培训，也可以是长期培训，员工通过培训可以取得正式的工作资格。员工参加企业外的培训，除了学习到应有的技能和知识外，还可以通过与其他受训者的接触，增加对各行业的了解及接触。

|SHRM 聚焦| 目前市场上三种主流的教学方式

目前，市场上三种主流的教学方式如表5-1所示。

表5-1 三种主流的教学方式

名称	探讨式教学法	体验式教学法	情景教学法
定义	讲师基于既定教学目标，预先设计、组织以启发学员深入探讨指定主题，使得学员在集思广益中，获得多维度、多层次的观点和解决方案	讲师基于既定教学目标，设计出特定的场景，以任务为导向，让学员体脑结合去完成任务，在此过程中，感知且领悟知识，并在实践中加以证实	基于"问题聚焦"，将工作中的关键性问题提炼出来，加工设计为具有典型特征的"情景"。学习者扮演情景中的某个角色，通过完成情景任务，提高实战能力
环节	主题设计－案例展示－思路启发－观点论证－评价反馈－结论总结	项目展现－规则解释－学习体验－交流评估－反思引导－工作迁移	情景选取－先行设计－情景呈现－学习交流－反思优化－融会贯通
适用条件	1.讲师具备真实案例搜寻能力、案例改编能力 2.讲师熟练运用教练技术、促动技术等引导学员思考 3.讲师可迅速了解学员特点，依据学员特点进行案例组织和现场把控 4.学员愿意与他人分享和交流	让学员有通过真实的市场完成挑战性任务的体验： 1.用于提高新进员工的创造力和凝聚力 2.用于提高员工的沟通力和销售力	1.适用于中高层管理人员的培训 2.讲师具有高超的控场能力 3.有大量可被加工的真实案例 4.情景和情景之间环环相扣且层层递进，全面覆盖真实工作
优点	1.启发学员积极主动地学习 2.增强学员解决问题时的分析、推理、论证、演绎能力 3.通过交流，提高学员多角度认识问题的能力，增强思维深度	1.寓教于乐，创造良好的学习氛围 2.员工通过团队学习，获得深刻的亲身体验感受	1.通过逼真的情景模拟，训练学员临危不乱的能力 2.通过引导式的教学、严密的案例分析，培养学员多方位思考能力 3.系统化、情景化的培训流程，使得学员产生浓厚的学习兴趣
缺点	1.合适案例的选取花费讲师前期大量时间 2.讨论的有效性会受种种主观因素的影响，例如，学员性格、能力、积极性、对主题的兴趣度等 3.该教学方法对讲师能力要求高，需讲师审时度势，把握引导最佳时机	学习内容难以被迁移到工作中。许多拓展训练项目（如高空飞人）被市场逐渐淘汰的原因正是学习与工作之间的迁移性差	1.该教学方法对讲师的知识广度和控场能力要求高 2.对于情景案例的组织设计要求高 3.案例的搜集需耗费大量精力
举例	把企业内部案例（前期搜集）故事化，在DISC团队建设的工作坊中，让大家分组扮演案例中不同性格特点和行为风格的人物，并讨论案例中问题的解决方案，各组不同的演绎将会直观地展现最有效的解决方案	沙漠掘金：将参训学员分组，并给予预备金（用于购买物资），而后从大本营出发，前往沙漠深处寻找黄金。他们需要穿越沙漠、王陵，寻找村庄、绿洲；同时面临酷天气的考验，或许还会有意料之外的困难、阻碍……这个培训致力于培养学员的团队合作能力、沟通协调能力、风险控制能力以及快速决策能力	情景高尔夫：在持续一天的课程中，学员扮演特定人物角色，经历6种不同情景下的18个问题（每种情景中会遇到3个问题）。这些情景正如闯关游戏，只有通过本关，才能进入下一关，且关卡之间层层递进。情景和问题虽然会发生变化，但由于人物角色的不变性，前期解决问题的经验可以积累并应用于后期

资料来源：环球人力资源智库。

中成长"以及"结构化思维与表达"进行教学活动，并在其中植入互动体验式模块，模拟阿里巴巴工作情景，以达到启发员工思考、改变员工行动的目的。

3. 管理者学习：行动学习"管理三板斧""侠客行"及"湖畔大学"

（1）管理三板斧：作为突破管理层级的集体行动学习，"管理三板斧"涵盖管理人员的三项基本能力要求：招人和开除人、团队建设及拿结果。在真实的业务背景下实现全景实战，推动团队思考，提升团队的整体业务能力、管理能力，并起到加强团队文化联结的作用。

（2）侠客行：面向阿里巴巴一线管理者的培养，兵分两路，业务线和层级进阶，推进管理学习的覆盖，培养了近百名内部管理者讲师。

依据阿里巴巴"管理能力图谱"，原创开发了管理者的进阶课程体系，辅以部分引进课程。通过"课上真实案例演练+课后真实作业练习+课后管理沙龙"的知行合一的学习方式，确保管理者在"角色与职责"上建立统一认知。根据不同管理场景与复杂度，输出完整的领导力提升方法论和应用技巧，并在侠客行"管理沙龙"中形成"良师"（资深阿里巴巴管理者）和"益友"（同期管理者），为大家建立共通交流的平台，激发管理者的创新思维。

（3）湖畔大学：面向阿里巴巴高阶管理人员的成长培养。湖畔大学以学习参与者为中心，在平等开放的学习方式下，通过具有不同背景和经历的高阶管理者间的分享交流，解决高阶管理者的融入、战略的对焦、领导力的修炼以及文化的传承。

"湖畔大讲堂"是常规学习之外的开阔视野之地，引入国内外杰出学者、业界领袖的分享，提高眼界。通过"业务沙龙"促进协同，建立全局观，提升整合能力；通过"文化沙龙"，挖掘管理背后的问题，传承阿里巴巴文化。

4. 阿里巴巴学习平台：为全体阿里巴巴人提供内部学习和交流平台

阿里巴巴学习平台是面向所有阿里巴巴人的内部学习交流平台。在这里，所有阿里巴巴人都可以自由报名和参加线下培训，浏览过往积累的学习视频、文档，创建新一年学习计划，监督并提醒管理学习进度，通过即时问答系统排忧解难。

阿里巴巴学习、培训体系的特点：首先，知识都是有情景的，没有情景、背景的知识只是信息，因此融入了阿里巴巴文化历史和业务情景的内容，才是阿里巴巴人学习的对象。其次，课程只是学习的形式之一，绝不等于学习，每一位员工在阿里巴巴专业和管理学习中所领悟的相应能力图谱和发展图谱比课程本身重要得多。

资料来源：环球人力资源智库。

5.2.2 非在职培训

非在职培训（off the job training，OFF JT）是指在专门的培训现场接受履行职务所必要的知识、技能和态度的培训（Alipour, Salehi & Shahnavaz, 2009）。非在职培训的方法很多，如传授知识、发展技能训练以及改变工作态度的培训等。

1. 传授知识

传授知识的方法有讲授、视听教学、研讨法、规划学习等。

（1）讲授。讲授是指在教室中由教师讲解某些概念、知识及原理。优点是时间、资金、人力、物力都很经济，并可一次性将知识传给许多人。缺点是比较单调、被动及受训者的参与程度不大。为了更切合企业的特定需要，并方便定期调派人员接受培训，企业可自设内部讲授培训，由主管或专人负责讲授。如果企业本身没有这项培训，那么也可以利用其他专业机构或院校所提供的培训服务。这种培训方法可以是短期培训，也可以是长期培训，员工通过培训可以取得正式的工作资格。员工参加企业外的培训，除了学习到应有的技能和知识外，还可以通过与其他受训者的接触，增加对各行业的了解及接触。

| SHRM 聚焦 | 目前市场上三种主流的教学方式 |

目前，市场上三种主流的教学方式如表 5-1 所示。

表 5-1　三种主流的教学方式

名　称	探讨式教学法	体验式教学法	情景教学法
定义	讲师基于既定教学目标，预先设计、组织以启发学员深入探讨指定主题，使得学员在集思广益中，获得多维度、多层次的观点和解决方案	讲师基于既定教学目标，设计出特定的场景，以任务为导向，让学员体脑结合去完成任务，在此过程中，感知且领悟知识，并在实践中加以证实	基于"问题聚焦"，将工作中的关键性问题提炼出来，加工设计为具有典型特征的"情景"。学习者扮演情景中的某个角色，通过完成情景任务，提高实战能力
环节	主题设计－案例展示－思路启发－观点论证－评价反馈－结论总结	项目展现－规则解释－学习体验－交流评估－反思引导－工作迁移	情景选取－先行设计－情景呈现－学习交流－反思优化－融会贯通
适用条件	1. 讲师具备真实案例搜寻能力、案例改编能力 2. 讲师熟练运用教练技术、促动技术等引导学员思考 3. 讲师可迅速了解学员特点，依据学员特点进行案例组织和现场把控 4. 学员愿意与他人分享和交流	让学员有通过真实的市场完成挑战性任务的体验： 1. 用于提高新进员工的创造力和凝聚力 2. 用于提高员工的沟通力和销售力	1. 适用于中高层管理人员的培训 2. 讲师具有高超的控场能力 3. 有大量可被加工的真实案例 4. 情景和情景之间环环相扣且层层递进，全面覆盖真实工作
优点	1. 启发学员积极主动地学习 2. 增强学员解决问题时的分析、推理、论证、演绎能力 3. 通过交流，提高学员多角度认识问题的能力，增强思维深度	1. 寓教于乐，创造良好的学习氛围 2. 员工通过团队学习，获得深刻的亲身体验感受	1. 通过逼真的情景模拟，训练学员临危不乱的能力 2. 通过引导式的教学、严密的案例分析，培养学员多方位思考能力 3. 系统化、情景化的培训流程，使得学员产生浓厚的学习兴趣
缺点	1. 合适案例的选取花费讲师前期大量时间 2. 讨论的有效性会受种种主观因素的影响，例如，学员性格、能力、积极性、对主题的兴趣度等 3. 该教学方法对讲师能力要求高，需讲师审时度势，把握引导最佳时机	学习内容难以被迁移到工作中。许多拓展训练项目（如高空飞人）被市场逐渐淘汰的原因正是学习与工作之间的迁移性差	1. 该教学方法对讲师的知识广度和控场能力要求高 2. 对于情景案例的组织设计要求高 3. 案例的搜集需耗费大量精力
举例	把企业内部案例（前期搜集）故事化，在 DISC 团队建设的工作坊中，让大家分组扮演案例中不同性格特点和行为风格的人物，并讨论案例中问题的解决方案，各组不同的演绎将会直观地展现最有效的解决方案	沙漠掘金：将参训学员分组，并给予预备金（用于购买物资），而后从大本营出发，前往沙漠处寻找黄金。他们需要穿越沙漠、王陵、寻找村庄、绿洲；同时面临严酷天气的考验，或许还会有意料之外的困难、阻碍……这个培训致力于培养学员的团队合作能力、沟通协调能力、风险控制能力以及快速决策能力	情景高尔夫：在持续一天的课程中，学员扮演特定人物角色，经历 6 种不同情景下的 18 个问题（每种情景中会遇到 3 个问题）。这些情景正如闯关游戏，只有通过本关，才能进入下一关，且关卡之间层层递进。情景和问题虽然会发生变化，但由于人物角色的不变性，前期解决问题的经验可以积累并应用于后期

资料来源：环球人力资源智库。

（2）视听教学。将讲授或示范的技术拍摄成幻灯片、影片或录音带，加以详细解释，通过视听的官能刺激，给受训者留下深刻印象，但成本会较高。视听教学一般很少单独使用，它经常和课堂讲授法等其他方法一起使用，通常被视作一种辅助教学手段。但随着现代科技的发展，其因为易传播、方便和高效等特点在培训过程中发挥的作用越来越重要，它已逐步独立成一种有效的培训方法。

（3）研讨法。研讨法是指由培训者有效地组织受训人员以团体的方式对工作中的课题或问题进行研讨并得出共同的结论，让受训人员在研讨过程中互相交流和讨论，以提高受训人员知识和能力的一种方式。该方法主要适用于领导艺术、战略决策、商务谈判技能等内容的培训。按培训者和受训者在研讨中的地位和作用，可将研讨法分成以培训者为中心的研讨和以受训者为中心的研讨两种类型。

2. 发展技能训练

发展技能训练主要包括模拟工具训练法、管理游戏、文件篮、案例分析等培训方法。

（1）模拟工具训练法。这种方法与角色扮演类似，但不完全相同。模拟工具训练法更侧重于对操作技能和反应敏捷的培训，它把受训者置于模拟的现实工作环境中，让参加受训者反复操作装置，解决实际工作中可能出现的各种问题，为进入实际工作岗位打下基础，例如，在模拟室内进行驾驶训练及飞行训练。这种方法既可以减少受训者在学习过程中发生意外及产生危险的概率，也可以避免设备受到破坏。当受训者使用模拟工具接受培训后，受训者根据学习迁移作用，会很快掌握真实设备工具的操作方法。但是模拟工具的操作必须与真实情况相符。

（2）管理游戏方法。这是一种模拟的训练。先将各受训者分组，每组代表一家企业，然后根据游戏规则为企业制定目标，组员负起管理人员的责任，对各项策略如广告费、生产量、存货量、产品种类、售价、聘任员工人数等做出决策。这种训练特别强调解决问题及策划的能力，其目的是使受训者积极参与培训（Egelman，Epple，Argote，et al.，2016）。管理游戏方法是一种高度结构化的活动方式。该方法由两个或更多参与者在一定规则的约束下相互竞争以达到目的。管理游戏方法通常是最具吸引力的培训方法，游戏本身的趣味性不但可以提高参加者的好奇心、兴趣及参与意识，还有助于改善人际关系。

该方法主要适用于对企业中高级管理人员的沟通能力、指挥能力、组织能力、决策能力、团队精神、服务心态等方面的培训。将游戏活动按风险进行分类（见表5-2），可分为低风险、中等风险和高风险三种类型。

表 5-2 不同游戏活动的特征与应用

类　　型	特征与应用
低风险活动	一般在初次群体活动中进行，或应用于缺乏信心或自我激励的团体和关系过于紧张的团体。该类活动一般不要求成员过分接近，也不要求不寻常的行为
中等风险活动	与低风险活动相比，中等风险活动对群体的要求高一些，在成员之间相互熟悉后，比较容易运用成功
高风险活动	高风险活动通常要求人们充分接近或含有与文明观念和人们对培训的期望相悖的不寻常行为。该类活动一般适用于密切合作的团体

（3）文件篮方法。受训者在面对一篮盛满顾客的投诉信件和上司对下属的备忘录时，需要一一处理这些文件。在限定时间内，受训者要依据事件的紧急程度或重要性做出决策，定出处理的先后次序及解决方法，然后由主持培训的人员及参与受训者共同讨论，评价结果。

（4）案例分析方法。这种方法是针对某个特定的问题，向受训者提供大量背景材料，展示真实性背景，再由受训者依据所给材料来分析问题，提出解决问题的方法，从而培训受训者分析和解决实际问题的能力（Harland，2014）。

案例分析方法作为一种研究工具早就广泛用于社会的调研工作中，从20世纪20年代起，美国哈佛商学院首先把案例用于管理教学，创设了案例教学法。用于教学的案例应具有三个基本特点。一是其内容应是真实的，不允许虚构。为了保密，有关的人名、单位名、地名可以改用假名，称为掩饰。但基本情节不得虚假，有关数字可以乘以某掩饰系数加以放大或缩小，相互间的比例不能改变。二是教学案例中应包括一定的管理问题，否则便无学习与研究的价值。三是教学案例必须有明确的教学目的，它的编写与使用都是为某些既定的教学目的服务的。

案例的主体应包含尚未解决的问题，并无现成的答案。由于管理的权变性，别人的经验并不能照搬，更不存在唯一最佳的方法。所以，案例教学的主要功能不在于了解一项项独特的经验，而在于自己探索以及与学员磋商怎样解决管理问题，并以此总结出一套适合自己特点的思考与分析问题的逻辑和方法，学会如何独立地解决问题，做出决策。这种学习方法能有效地提高学员分析问题和解决问题的能力。

3. 改变工作态度

改变工作态度的训练方法主要包括角色扮演及感受训练两种方法。

（1）角色扮演。采用这种培训方法能使受训者易地而处，真正体验并理解所扮演角色的感受及行为，能使其较深入地思考、分析不同角色所担当的任务与面临的困难，并经过观察修正自己原先的态度与行为（Pettenger，West & Young，2014）。最常见的例子是生产部门与销售部门的经理常因业务性质不同，不能体会对方的处境及权责而发生冲突。销售部门常常指责生产部门所生产的产品不符合要求，不能如期完成所需产量等。而生产部门同样责怪销售部门所接的订单分布不均，有时订单太多并非生产设备所能负荷。当事双方由于彼此立场不同，很难理解对方的处境。但运用角色扮演的方法，使彼此易地而处，亲自去体会对方的困境，则有助于减少彼此间的误解。这种培训方法多用于改善人际关系及处理冲突事件的培训。

（2）感受训练。这种培训方法比较注重群体内人与人相处的行为表现、个人感受。感受训练是一种让受训者尽量自由讨论，表现自己行为的培训方法。通过群体内成员间的批评、反馈，大家能够了解对方的感受，使员工的成功、挫折、情绪、态度等充分表露，从而培养群体内每一位成员认识自我、了解其他员工的行为以及倾听别人对自己反馈的能力。

以上关于非在职培训的方法各有优缺点，但这些方法都能从一定程度上改善员工的工作态度和行为，继而提高企业绩效。为了实现企业的战略培训目标，企业无论是采用传授知识、发展技能训练还是改变工作态度的培训，都应该以企业的战略发展目标为导向。只有这样才能实现企业战略培训的目的，从而实现企业的战略发展目标。

| SHRM 聚焦 |　　　　这些 500 强企业如何做培训

英特尔：给新员工人情味的帮助和支持

（1）新员工整体培训：上班第一天，公司会给新员工进行常识培训。例如，各部门规章制度、可能需要的东西的摆放位置等，然后经理会为新员工分配一个"伙伴"，为新员工解答生活、工作上的问题，帮助新员工尽快适应公司生活。

（2）培训管理计划：英特尔会为每位新员工制订一个详细的培训管理计划，包含新员工在第一周、第二周、第一个月、第二个月等分别需要完成的任务和提高的技能。经理会随时追踪，为每个新员工的情况做记录，起到督促作用。

（3）新员工培训：在新员工入职 3～9 个月内，英特尔会开展持续一周的关于英特尔文化和在英特尔如何成功的培训。

（4）一对一座谈会：提供新员工与自己的老板、同事、客户面对面交流的机会，尤其是在与高层经理的面谈中，给予新员工直接表现自己的机会。

微软：打磨具有"微软风格"的人，重视技术培训

（1）封闭式培训：新员工初入微软，便要接受为期一个月的封闭式培训，培训的目的是把新人转化为真正的微软职业人。培训内容涵盖工作的方方面面，甚至关于接电话，微软公司都有一整套手册。技术支持人员拿起电话后的第一句话一定是："你好，微软公司！"

据说，在一次微软全球技术中心的庆祝会后，员工集中住在一家宾馆。深夜，某项活动日程临时变动，当前台服务人员一个一个房间打电话通知时，他们惊奇地发现，在 145 个房间中，起码有 50 个电话的第一句话都是"你好，微软公司"！微软员工在深夜里迷迷糊糊地接起电话，第一句话依然不变，事情虽小，微软风格可见一斑。

（2）终身师傅制：微软极为重视新员工技术培训，并实施"终身师傅制"。即新员工一进门便会被分配给一位师傅，由师傅教授技术难题，帮助新员工尽快适应工作。

（3）微软在日常工作中为每位员工提供了许多充电的机会，例如，表现优异的员工可以参加美国一年一度的技术大会，每月都有高级专家讲课进行培训，每星期公司都会安排内部技术交流会。

Sony："走在前面"的培训模式

（1）角色转化：公司为每位新上任的中方职员都提供"角色转换"的课程专项培训，帮助新员工完成从"超级销售员"到"职业经理人"的过渡。集合公司整体力量（人事、财务、传媒公关、物流、法务甚至总务部门都会派出专员），为新员工提供相关业务指导，帮助新员工获得作为一名"指挥员"所应具备的各项素质。

（2）有效的流动机制：Sony 通过不同城市间员工的调动和不同业务间的轮换，加强各地业务经验的交流，提高职员的综合业务水平，使先进的工作经验迅速推广到其他城市，帮助培育更多精通多项业务的员工。

（3）走在前面：在新的分公司或办事处成立半年之前，公司的人事部门与业务部门领导就会开始对外派人员进行培训工作。通过岗位调动或是临时性派往类似地区开展工作，候选人得以有机会深入了解未来所要承担的业务和责任。

UPS（united package service）：常规性培训与个性化培训相结合

（1）常规性培训：新人初入公司，便会接受一些常规性的培训，如适宜的跨步幅度、右手插钥匙开启车门、娴熟地用左手系安全带、与客户交流时怎样增强语气中的亲切感等。财富来源于细节的精致，例如，培训中要求外务员递货时钥匙要挂在左手的小指上。

这样的安排使得开关车门可以节省两秒钟的时间。如此算来，一个人一件货物节省两秒钟时间，每天 37 万 UPS 人所节约下来的就是一笔巨大的财富。

（2）个性化培训：为满足客户个性化需求，为员工提供的多方位、个性化的培训。一个比较经典的故事是这样的：UPS 受托递送一批吉他，客户要求当吉他送到收件方手中时，音色不能发生任何变化。然而，长途飞行的颠簸在所难免，为了圆满地完成客户所托，UPS 专门安排一些递送人员去学习调音。于是，当收件人收到吉他，拨弄琴弦时，他惊喜地发现，吉他的音色美妙如初。

资料来源：环球人力资源智库。

5.2.3 以培训层次定培训方法

介绍了多种培训方法之后，在战略性培训视角下一个需要注意的问题是，针对不同层次的人员应使用不同的培训方法，例如，对管理者和初级专业人员以及一线工人的培训目标和方法都会有所不同。因此，确定培训层次，成为提高组织培训效果的重要问题。

1. 对管理者的培训

管理者要在众多决策方案中做出正确的选择，否则企业发展将会遇到瓶颈。管理者不仅要跟上各自领域的最新发展，还应具备高超的能力以管理动态环境中的组织，因此许多组织强调针对管理者的培训（包晨星和风里，2009）。对管理者常用的培训方法有案例研究、会议方法、行为模拟、实习和角色扮演等。

虽然许多非管理层员工培训与开发的方法同样适用于管理人员，但仍然有许多方法是专门用于管理人员的。与一般员工培训相比，管理人员培训与开发的方法在采用的学习原则和传授知识、技能、能力的途径上有所不同。管理人员培训与开发中有一些专门针对自我意识和管理及提高领导技能的项目。提高自我意识的培训方法主要是敏感性训练，提高管理技能的培训方法则有案例研究、角色扮演、商业游戏（commercial game）和基于胜任素质模型技术等。其中一些方法已在前面做了介绍，下面主要分析商业游戏与基于胜任素质模型的技术两种方法。

（1）商业游戏。商业游戏是案例研究与角色扮演的混合形式，要求受训者模仿一个真实动态的情景。它是一项兼具合作与竞争特性的活动，受训者必须遵守游戏规则，彼此互相合作或竞争，以达到游戏所设定的目标。企业所需的商业游戏一般可依据其培训目的自行设计。商业游戏法可以使培训课程生动有趣，以引起受训者的兴趣并提高其参与度，使其融入所设计的情景中，从而充分发挥受训者的积极性与主动性。受训者通过积极参与游戏可以学习到人际交往的技巧、将理论应用于实践的方法、解决问题的方法等。研究也证明：商业游戏法特别适用于提高员工解决问题与合理决策的能力，以及开发专业人员系统学习能力的情况。商业游戏法在企业培训中的应用越来越广泛，1992 年，美国已有 54% 的公司运用了商业游戏法（麻亚军，2000）。但是商业游戏法昂贵的设计费用与相对较高的场地租用费用限制了它的推广。

（2）基于胜任素质模型的技术。胜任素质（competency）就是将有效完成工作所需要具备的知识、技能、态度和个人特质等用外化的行为方式描述出来，这些行为应该是可指导的、可观察的、可衡量的，而且是对个人发展和企业成功极其重要的（Ngo, Jiang & Loi, 2014）。它与我们通常所说的"能力"有所区别，前者囊括了态度、动机、个人特质在内的诸多隐性要素，后者更多的是指显性的知识和技能。在企业经营战略明确的情况下，推动企业战略实现的关键因素就是与企业战略相匹配的核心价值观与核心竞争力，以及与之对应的人员素质与结构。企业人力资源的各项工作围绕着根据这些要求建立起来的企业人员胜任素质体系展开，该体系包括人才吸引计划、激励计划、保留计划、发展计划等。

胜任素质最重要的作用就在于培养和发展企业管理者。为了达到这一目的，企业要做的就是确认特定企业管理者的胜任素质，然后对现有人员的能力进行准确评估（评估主体可以包括自己、上下级、同事、团队、专家、直接客户等），对评估结果进行沟通以达成共识并制订具体的培训开发行动计划（包括系统地设计培训课程和设定每一职业发展阶段所需要的职业技能培训和专业培训）。其中对现有任职人员的胜任素质进行准确评估是整个过程的关键环节，通过评估和比较可以发现个体能力的优势与劣势，从而找到企业整体素质的"短板"，然后有针对性地制订素质培养发展计划，以各种培养手段提高个体乃至组织整体的专业素质，为提高组织竞争力奠定基础。

以上针对管理者的培训，无论在内容上还是方法上，都以企业的战略发展目标为导向。因为，管理者作为企业的高级管理人才，其工作任务就在于通过发挥个人能力帮助企业达成战略目标。因此，对管理者的培训，比如侧重于领导才能和合作意识的培训，都以培养领导的战略思维、系统思考能力为出发点，为企业储备战略性发展人才为目的。

2. 对初级专业人员的培训

战略性视角下的人员发展体现在各个层次上。作为企业未来的中坚力量，受过大学教育的、刚被雇用的初级专业技术人员，以及需要接受管理培训的人员受到企业的普遍重视。在当今企业界所有对管理产生影响的技术中，信息管理正经历着最迅速的变化。例如，为迎接这种挑战，通用电气公司（GE）实施了信息管理领导项目（IMLP）。这是一个为期两年的项目，它将轮换工作任务与研究生水准的研究班结合在一起，要求员工对设计、计划和实施计算机化和手工的综合信息系统做好准备。

GE 的 IMLP，强调在计算机中心运作、项目管理和职能工作等多个领域中对工作任务提出挑战。这些任务的多少是可变的，个人的进步取决于员工的业绩及其表现出的潜力。IMLP 的候选人多数可能拥有计算机科学、信息系统或工程专业的学位，但是对技术应用的强烈兴趣必须与经营智慧相平衡。因此，拥有管理或文科学位但缺乏计算机科学知识的人，只有在满足其他条件的基础上才会被考虑。由于 GE 的经营项目多种多样且需求独特，所以 IMLP 要考虑的候选人范围很广。要考虑候选人的所有条件，包括他们所学的课程、学业成绩、课外活动中的领导作用及工作经历等。

3. 对操作工人的培训

在采用自我管理式工作小组的企业中，操作工人要做出许多以前由管理人员所做的决策。但是他们的工作仍然不同，在决策工作中，操作工人的主要作用不包括通过其他人的努力达到目标。他们必不可少的工作主要是生产产品和提供服务。企业的工作在很大程度上要依靠高级职员、系统分析员和其他操作工人来完成。组织中的每个职位都是十分必要的，否则它就不会（或不应该）存在。因此，对操作工人的培训和开发也必须得到高度的重视。

总之，无论培训对象是谁，培训主题是什么，或讲师打算采取什么样的培训方式，在培训中始终都应以学员为中心，以提升绩效为基础，以解决问题为导向，这些才是企业长期发展的最根本目标。

合理地选择和有效地运用培训方法,要求培训者能够熟练地掌握各类培训方法的适用条件特点、优势和劣势,根据培训目标、培训内容、学员特点和培训者自身的能力,合理选择适宜的培训方法并进行优化组合。

| SHRM 聚焦 | 华为新员工融入管理:180 天 8 阶段行动清单

到岗只是一个起点,融入得好才是关键。文化的差异、工作习惯的不同等因素,几乎让每个新员工都感到无所适从。尽管帮助他们顺利融入公司是管理者的职责,但是大部分管理者并不太清楚需要做什么以及怎么做。

华为的新员工融入管理计划——180 天 8 阶段行动清单,值得参考。让新来的伙伴快速融入公司,他好,你也好。

第一阶段:新人入职,让他知道是来干什么的(3～7 天)

为了让员工在 7 天内快速融入企业,管理者需要做到以下七点。

(1)安排位置:为新员工安排办公的桌椅,并为他介绍周围同事(每个人的介绍时间不少于 1 分钟)。

(2)开欢迎会:为新员工召开欢迎会或者聚餐,并介绍部门里的每个人相互认识。

(3)公司介绍:直接上司与其单独沟通,进行双向交流,一方面介绍公司文化、发展战略等,另一方面了解新员工家庭背景、专业能力、兴趣爱好与职业规划。

(4)岗位介绍:HR 主管与新员工沟通,为其讲解工作职责、发展空间及价值等。

(5)工作任务介绍:直接上司安排新员工的每日任务,并为新员工讲授方法,介绍与任务相关的同事部门负责人。

(6)日常工作指导:直接上司对新员工的日常工作进行监督及及时纠正(不做批评)并给予及时的肯定和表扬(反馈原则)。

(7)新老同事交流:安排老同事(工作 1 年以上)尽量多地与新员工接触,如一起吃午饭、聊天等,以消除新员工的陌生感,帮助新员工尽快融入团队。避免在第一周谈论过多的工作目标及给予工作压力。

第二阶段:新人过渡,让他知道如何能做好(8～30 天)

转变虽然痛苦,但是必要的,管理者需要用较短的时间帮助新员工完成角色过渡,下面提供五个关键方法。

(1)熟悉公司各部分:带领新员工了解公司环境和熟悉各部门,让他们去学会规范地写公司邮件,学会发传真,知道哪个人是负责电脑故障的,知道内部的电话应该怎么去接。

(2)老同事带新员工:在安排新员工工作位置时,尽量把新员工安排在老员工附近,以便于指导。

(3)经常进行反馈和沟通:新员工的情绪和状态是很重要的,要及时进行观察以及调整,了解其是否存在工作上的压力。

(4)传授经验:传授给新员工自己的经验与教训,让新员工投入实战,学中干、干中学是新员工十分看重的。

(5)认可与赞扬:当新员工取得一定的成长或成绩时,对其进行表扬,同时对其提出更高的期望。

第三阶段:让新员工接受挑战性任务(31～60 天)

在适当的时候给予适当的压力,往往能促进新员工的成长,但大部分管理者却选了错误的方式施压。

(1)明确工作要求与关键指标:了解新

员工的自身优势与技能，对其讲清工作要求以及考核标准。

（2）开展团队活动：多开展团队活动，了解新员工的优势以及个人能力，做到扬长避短。

（3）给予包容：在新员工犯错误时，应当给予机会让其改正，同时熟悉新员工的心性以及在困难时的行为表现，看其培养价值。

（4）多给机会：如果新员工在当前的岗位无法做好，应当给予其机会看看是否可以调去其他合适的部门工作，不能犯"一刀切"的普遍错误。

第四阶段：表扬与鼓励，建立互信关系（61～90天）

掌握一定的表扬技巧，管理者不应吝啬自己的称赞与鼓励，表扬一般遵循三个原则：及时性、多样性和开放性。

（1）及时表扬：在员工取得进步或完成具有挑战性的任务时，及时对其进行表扬。

（2）鼓励的多样性：善于用惊喜对新员工进行表扬，不拘泥于单一的表扬形式，同时创造多样化的惊喜。

（3）分享成功经验：向公司同事展示下属的成绩，并分享成功的经验。

第五阶段：让新员工融入团队主动完成工作（91～120天）

新员工往往具备一定的创造性，所以他们更需要的是指导，管理者应当耐心指导他们融入团队进行合作。

（1）鼓励发言：鼓励新员工积极参加团队会议并畅所欲言，并对他们进行表扬。

（2）团队经验分享：对于激励机制、团队建设、任务流程、成长、好的经验要多进行会议商讨、分享。

（3）鼓励提建议：与新员工探讨任务处理的方法与建议，当其提出可行建议时应给予肯定。

（4）处理矛盾：及时处理与同事之间的矛盾纠纷。

第六阶段：赋予员工使命，适度授权（121～179天）

当度过了前3个月，一般新员工会转正成为正式员工，随着而来也会出现一些新的挑战，管理者任务中心应转入以下五点。

（1）帮助下属重新定位：让下属重新认识工作的价值、意义、责任、使命与工作的高度，找到自己的目标和方向。

（2）及时处理负面情绪：时刻关注新下属，当下属有负面情绪时，要及时调整，要对下属的各个方面有敏感性。

（3）提升员工企业认同感：让员工感受到企业的使命，放大公司的愿景和文化价值，放大战略决策和领导意图等，聚焦凝聚力、方向感、沟通效率、绩效提升和职业素质，使员工有企业使命感。

（4）引导分享公司成长：随时激励下属，例如公司取得成功时，引导大家进行分享。

（5）适当放权：放权给下属，使其在独自工作时获得成功的喜悦以及了解工作价值，注意放权不宜一步到位。

第七阶段：总结，制订发展计划（180天）

6个月过去了，是时候帮下属做一次正式的评估与发展计划，一次完整的绩效面谈一般包括以下六个步骤。

（1）准备绩效面谈：充分调查后，有理有据且有法地与员工面谈，每个季度至少一两次，并保证时间在1小时以上。

（2）明确绩效面谈内容：明确目的，员工进行自评（分析所做之事、取得成果以及做出的努力）。

（3）先肯定，后说不足：对其成果、能力、表现评价，先肯定，然后通过实例来指出不足。

（4）协助下属制定目标和措施：使其制定目标并做出承诺，监督并协助其完成目标。

（5）为下属争取发展提升的机会：每3～6个月对下属进行评估并讨论未来的发展。

（6）给予下属参加培训的机会：鼓励下

属进行学习并制订相应的计划,同时分阶段对其进行检查。

第八阶段:全方位关注下属成长(每一天)

度过了前面各个阶段的培训管理,新员工逐渐成为公司真正的一分子,在今后的管理过程中,管理者还需要做到以下几点。

(1)关注新下属的生活:当下属内心或身体受挫时,对其进行帮助和支持。

(2)庆祝生日:记住同事生日并在当天举行集体庆生活动;记录部门大事记和同事的每次突破,给每次的进步给予表扬、奖励。

(3)团队活动:每月举办一次团队集体活动,增加团队的凝聚力。

资料来源:中国人力资源网。

从目前员工的培训层次来看,中国企业对培训层次还存在很多误解。

首先,一提到培训,企业都认为是对一般员工或者知识、能力欠缺的员工进行培训。而对企业的高管,如董事长、总经理,则没有必要进行培训。其实企业最重要的培训是对企业决策层的培训。战略为先,管理者关乎企业的经营战略和运营方向,在各个职能领域如生产营销规划、分配制度和人力资源配置等方面理论知识的掌握也是这些管理者所必备的。

其次,企业的一些低级操作员工往往把主要期望寄托在经营者或管理者个人身上,缺乏对自身努力的追求和对管理制度的认同,从而影响个人潜力的发掘。而在企业的实际培训中,人力资源管理部门或者培训人员往往忽略这一因素,导致相当一部分员工没有认清个体应当在整个系统中占据的本职位置和应发挥的作用。实践证明,如果操作员工缺乏相应的培训,其技术水平就会停滞不前,西方企业心理学称这种现象为"高原现象"。因此,企业必须为操作层面的员工寻求新颖的训练方式。

最后,如何区分不同层面的管理人员并实施不同的培训内容,是目前大多数致力于培养一支出色管理队伍的企业亟待解决的问题。虽说管理人员均需培训计划、组织、沟通、协调和激励的能力与手段,但因工作层面不同,所学内容应有所侧重。管理部门大致分为衔接公司各职能部门的管理层和对生产第一线执行管理职能的直接管理层,后者因与实际操作员工最接近,其管理素质直接影响员工的积极性和对企业的忠诚度,但现在许多企业往往忽略对此类管理人员的培训。因此,以后企业的培训应不仅仅关注对职能部门管理层的培训,更应该加强对直线管理层人员的培训。

5.2.4 培训与开发的流程

培训与开发工作是一项非常复杂的活动,为了保证它的顺利实施,在实践中应当遵循一定的步骤来进行。一般来说,培训与开发要按照下面的程序来进行:首先要进行培训需求分析;接着就是培训设计,包括制订培训计划和做好培训前的准备等;然后是培训实施,这其中有很多项工作内容需要完成;最后是培训转化和培训评估,整个过程如图5-1所示。

图 5-1 培训与开发实施步骤示意图

资料来源:董克用,叶向峰.人力资源管理概论[M].北京:中国人民大学出版社,2003.

1. 培训需求分析

企业之所以会存在培训的需求，是因为企业目前出现了问题或者将来可能出现问题，这些问题就是产生培训需求的"压力点"，它主要来源于两个方面：企业层面的问题及个人层面的问题。

培训需求既要有可能性又要有现实性。一般来说，企业或部门层面出现的问题需要进行普遍性的培训，而个人层面出现的问题只需进行特殊性培训即可，当然，如果个人层面的问题具有共性，就变成了企业或部门层面的问题（陈维政、余凯成和程文文，2004）。

对于培训需求的分析方法，最有代表性的是麦吉和塞耶（1961）提出的，从组织分析、任务分析和人员分析这三个角度来确定培训需求。

（1）组织分析。组织分析是在组织层面展开的，它包括两个方面的内容：一是对组织未来的发展方向进行分析，确定今后的培训重点和方向，主要根据组织的经营发展策略来分析；二是对企业的整体绩效进行分析，找出存在的问题并分析问题产生的原因，以确定企业目前的培训重点。

对企业的整体绩效进行分析是将企业目前的绩效和设定的目标或者以前的绩效进行比较，当绩效水平下降或者低于标准时就形成了培训需求的"压力点"。分析"压力点"，提炼出现实的培训需求。

（2）任务分析。任务分析就是我们在前面所讲的职位分析，只是它比职位分析更详细。它最主要的目的就是确定新员工的培训需求，其结果也界定了在个人层面进行培训时培训内容的范围，这是设计培训课程的重要依据。

任务分析的四个步骤如下。

第一，选择有效的方法，列出一个职位所要履行的工作任务的初步清单。

第二，对所列出的任务清单进行确认，这需要回答以下几个问题：人物的执行频率如何？完成每项任务所花费的时间是多少？成功完成这些任务的重要性和意义是什么？完成这些任务的难度有多大？

第三，对每项任务需要达到的标准做出准确的界定，尽量用可以量化的标准来表述，例如"每小时生产20个"。

第四，确定完成每项工作任务的KSA，即知识、技能和态度。

（3）人员分析。人员分析也包括两个方面的内容：一是对员工个人的绩效做出评价，找出存在的问题并分析问题产生的原因，以确定解决当前问题的培训需求；二是根据员工的职位变动计划，将员工现有的知识、技能和态度与未来职位的要求进行比较，以确定解决将来问题的培训需求。与此同时，还要尽可能地将员工职业发展需要考虑进去，实现个人发展需求和组织/部门的发展有机结合的双赢（Meijerink, Bondarouk & Lepak, 2016）。

通过人员分析，确定企业中哪些人员需要接受培训以及需要接受什么样的培训。

2. 培训设计

（1）培训计划的类型。从时间跨度来看，培训计划可以被划分为中长期培训计划、年度培训计划和单向培训计划。

中长期培训计划相对比较宏观，主要阐述组织的培训理念、培训投入政策、培训方针和原则以及未来培训方向等内容,更多地扮演一种组织培训政策的角色。

年度培训计划是对企业在一年中的总体培训安排所做的计划,这种计划具有较强的约束性,基本决定了当年的主要培训活动和培训开支计划。

单向培训计划是针对某一次培训活动或培训项目所做的规划,强调可操作性,是活动指南。

(2)培训计划的内容。一项比较完备的培训计划应当涵盖6个W和1个H的内容,即why:培训的目标,what:培训的内容,whom:培训的对象,who:培训者,when:培训的时间,where:培训的地点及培训的设施,how:培训的方式方法及培训的费用。

(3)培训计划的目标。培训计划的目标是指培训活动所要达到的目的,即受训者在培训活动结束后应该掌握什么内容。培训目标的制定可以指导培训活动的实施,同时也是培训评估的一个重要依据。

(4)培训的内容和培训的对象。培训的内容是指应当进行什么样的培训,一般将培训的内容编制成相应的教材。培训的对象则是指哪些员工需要进行培训。

(5)对培训者的基本要求。一个优秀的培训者需要具有良好的品质,包括关心受训人的感受;敢于尝试新的事物给受训人以启发;要有激情,感染受训人,使他们保持高昂的学习情绪。除此之外,还需要完备的知识、丰富的经验、有效的沟通、良好的表达能力,培训者要善于表达自己的意愿,使受训人能够理解所讲的内容,善于和受训人进行沟通,了解他们的想法和掌握他们的接受程度。

(6)培训时间。确定培训时间需要考虑培训需求、受训人员两个因素。确定好培训时间后,要及时地发布通知,确保每个受训人员知道什么时间要接受培训,这样可以提前做好准备,避免时间上的冲突。在制度上,一个重要的考虑是工作时间和培训时间的冲突问题。激励员工参与培训,就应尽量减少这种冲突。事实表明,不允许占用工作时间的培训要求的参与率总是低的。

(7)培训的地点和设施。良好的培训环境有利于增进培训的效果,培训地点的选择需要考虑培训的方式。在互联网高速发展的今日,网上培训(e-learning)正为更多的企业所采用,它为高负荷工作的员工提供更加便捷高效的学习机会(Clark & Mayer,2016)。

(8)培训费用。培训预算总是占了企业人力资源管理总费用的相当一部分,因此培训费用预算以及培训效果评估也是人力资源管理从战略视角需要特别审视的。想要获取资金支持并保证培训的顺利实施,将预估的培训回报与组织高层管理进行交流是关键之一。

3. 培训实施

第一步,接待培训师,不管是企业内部的还是外部的培训师,在授课的当日最好都能够提前做好准备,这样可以使授课过程更加从容。

第二步,由工作人员做好签到表,请参加培训的员工签字,一方面能更好地管理培训,另一方面为以后的培训效果评估收集信息。

第三步,由工作人员向学员简要介绍培训师和培训项目,帮助大家从整体上把握培训,有助于增强培训效果。

第四步,发放相关材料,也可以提前让员工自行准备培训材料。

第五步，培训师开始授课。

第六步，在培训课程快要结束的时候，向学员发放问卷并回收，用作培训效果评估的依据。

第七步，一系列的收尾工作，主要包括向培训师支付培训费用、教室打扫、设备整理、培训资料归类整理等。

4. 培训转化

（1）培训转化的三个理论，具体如表 5-3 所示。

表 5-3　培训转化的三个理论

理　　论	理 论 阐 述	强调重点	适用条件
同因素理论	培训成果转化取决于培训任务、材料、设备和其他学习环境与工作环境的相似性。如果培训内容和实际工作内容完全一致，那么受训者在培训过程中只有简单的训练工作任务，并且会有较好的培训成果转化效果	培训环境与工作环境完全相同	工作环境的特点可预测并且稳定，如设备使用培训
推广理论	促进培训成果转化的方法是在培训项目设计中重点强调那些最重要的特征和一般原则，同时明确这些一般原则的使用范围	一般原则运用于多种不同的工作环境中	工作环境的特点不可预测并且变化剧烈，如谈判技能的培训
认知转化理论	以信息加工模型作为其理论基础。信息的存储和恢复是这个学习模型的关键因素。培训成果能否转化取决于受训者回忆所学技能的能力。转换与否取决于受训者恢复所学技能的能力	有意义的材料可增强培训内容的存储和回忆	各种类型的培训内容和环境

（2）培训转化的环境。环境也是影响培训转化的一个重要因素，企业管理者必须要识别在工作环境中阻碍受训员工进行培训成果转化的因素，并积极培育有利于培训成果转化的工作环境，从而提高培训的效果，达到预期的培训目标。其包括运用所学技能的机会、良好的氛围、上级的支持及同事的支持（Hutchins, Burke & Berthelsen, 2010；Wei Tian, Cordery & Gamble, 2016）。

5. 培训评估

（1）培训有效性评估的步骤。培训有效性评估首先要确定培训目标，在建立培训目标之后要逐一确定经过培训的雇员预期应达到的显著且可度量的工作绩效，设计培训的有效性评估。最后，还应实施评估和反馈步骤。在这个阶段中要对受训者接受培训前后的工作绩效进行比较，对培训课程的效益进行比较（见图 5-2）。

（2）培训评估的标准。经过评估，有效果的培训才能表示达到了目的。柯克帕特里克的四层次评估模型包括反应层、学习层、行为层、结果层（Sackett & Mullen, 1993）。

反应层指受训人员对培训的印象，即是否对培训满意。学习层指经过培训后，受训人员对培训内容的掌握程度。行为层指经过培训后，受训人员的工作行为是否得到改进。结果层指经过培训后，受训人员或者企业的绩效是否得到改善和提高。

培训评估的标准包括效果、效率两方面：培训的效果标准，即通过将培训结果和培训目标进行比较看是否实现预定目标，针对受训人员进行（Guskey, 2014）。培训的效率标准，即看是否以最有效的方式实现了预期目标。

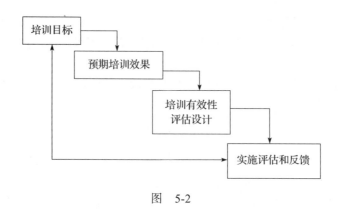

图 5-2

（3）培训评估的方法。根据评估的内容来选择合适的方法。
- 进行反应层评估时，可采取问卷调查法、面谈法和座谈法等方式。
- 进行学习层评估时，可采取考试法、演讲法、讨论法、角色扮演法和演示法等方式。
- 对行为层和结果层的评估，更多的是采取评价的方式。

5.3 战略人力资源培训与开发设计及其影响因素

5.3.1 战略人力资源培训与开发设计

要想让培训依据企业战略意图来实施，为企业带来价值，就必须未雨绸缪，根据企业未来的战略和目标，前瞻性、针对性地进行培训设计，这样培训才能真正起到为企业战略保驾护航的作用。为了确保培训内容与企业的战略发展目标相匹配，企业培训人员在进行培训设计前，要确定以下四个问题（见图5-3）：

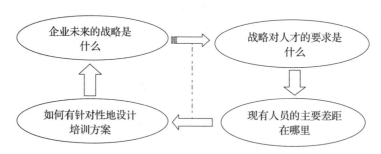

图 5-3 战略人力资源培训与开发设计前要解决的问题

1. 了解企业未来的战略

首先，依据企业愿景和使命，了解企业现在在做什么？未来准备做什么？发展的重点和方向在哪里？为了保证战略的实施，确定企业需要进入哪些领域？进行哪些变革？未来面临的薄弱环节有哪些？

然后，通过目标分解，确定每个部门和各个岗位承担的工作重点和主要目标。在进行目标分解时尽可能量化和具体化，让每个人都清楚明了。

2. 了解战略对人才的需要

确定了企业的战略及每个岗位所承担的目标后，以"战略对人才的长期要求、近期具备的条件、未来人才的数量和质量等"为标尺，根据目标要求和任职资格建立每个岗位的素质模型。不同战略类型的企业，其岗位的素质模型是不同的。例如，创新型的企业需要具有开拓性思维、灵敏的反应速度、冒险精神等方面的人才；采用成本领先战略的企业则对团队合作精神、持续改进意识等方面要求更多一些。

3. 分析现有人员的主要差距

企业根据岗位素质模型，能从根本上衡量企业现有人员基本水平的差距。通过分析造成这些差距的根本原因，以得到培训的真正需求。

4. 设计针对性的培训方案

根据企业的战略需求和战略差距，就可以设计出企业的培训体系和培训方案。首先确定企业未来的培训重点：哪些关键课程和岗位的培训能较大幅度地为企业发展增值？目前最需要优先解决的培训有哪些？哪些培训是需要长期稳步进行的？等等。然后依据"轻重缓急"来安排培训，做到资源的合理配置。

同时，针对每个部门、每个人员的目标和差距，了解人员的个性需求，进行区别对待，设计分层次、分类别、分技能的培训课程，形成培训规划框架和具体的培训计划，力求在解决共性问题的同时满足个性需求，使战略与每个人的培训需求充分结合。

5.3.2 影响战略人力资源培训与开发的组织因素

一个有竞争力的组织应该将战略性观点渗透到人力资源管理的每个方面，包括培训与开发。战略性的培训与开发，因组织的影响因素的不同而不同。通常，有以下因素会影响战略人力资源培训与开发。

（1）组织战略。组织战略与培训开发之间有着很强的联系，不同的组织战略要求不同的培训开发（Courpasson & Livian，1993）。表5-4列举了一些公司战略和人力资源管理战略以及所采取的培训与开发策略相结合的事例。实践中如何有效地将这两者有机地结合起来，是人力资源管理者和企业高层管理者需要不断沟通并加以讨论的问题。

表5-4 公司战略和培训与开发策略

公司战略	公司例子（以20世纪90年代为例）	人力资源战略	培训与开发策略
成本有效性战略	通用汽车	裁员，工资成本控制，专业培训	提高生产力、工作再设计和岗位培训
成长战略	英特尔	招聘选拔，快速增长的工资	专业培训与团队合作，人际技能等
利基战略	美蓓亚	专门化工作设置	专业培训项目
收购获取战略	通用电气	有选择性地裁员，再安置	培训系统整合，导向培训，文化融合，团队合作

（2）组织结构。不同的组织结构和经营方式会产生不同的培训内容。一般学者认为企业组织结构有以下几种。

H型组织结构：由一家控股公司，通过拥有大部分成员公司的股份而建立。控股公司的董事会可以合法地将许多单一的小型企业合并为一个大的联合企业，实现管理的统一和集中，以便对众多小型、功能单一的企业进行更严密的控制。

U型组织结构：是一种以权力集中于企业高层为特征的管理体制。企业内部按照职能的不同，划分为若干个部门，并由企业最高层管理者统一协调与控制。

M 型组织结构：把企业划分成若干个相对独立的事业部，事业部按产品、商标或地区来设立，并且自主经营、独立核算，在不违背总部长远规划和统一战略的前提下，拥有广泛的生产、销售、财务等方面的自主权。

由此可以看出，由于组织结构的不同，企业经营的方式也存在着很大差别（Ambrose & Schminke，2003）。在 H 型组织结构中培训与开发计划可能是由公司统一制订、执行的，而在 M 型组织结构中，应根据分公司的不同情况分别制订实施。

（3）技术因素。现今，技术已成为企业取得最大经营利润和核心竞争力的重要因素。但由于技术发展迅速，企业把握技术的难度越来越大，这必将对组织的各方面产生巨大冲击。因此，拥有一批熟悉组织又有着高超技能的员工对企业未来的发展有着重大意义，特别是对于一些高科技的尖端企业而言。培训与开发要与技术发展趋势结合起来，才能取得高效（Benson & Dundis，2003）。

（4）高层管理者的经营理念。高层管理者的经营理念决定着管理者对待培训与开发的态度是重视、忽视还是轻视（Scaduto，Lindsay & Chiaburu，2008）。如果在一家无视培训与开发价值的企业里，员工只知道从事既定的工作，缺乏主动性和能动性，那么不仅个人潜力无法得到充分挖掘，而且还不能发挥其最大能力，这些都是公司无形财产的损失（Marks，Zaccaro & Mathieu，2000）。另外，管理者的经营理念也必将影响企业文化，在不同文化氛围的企业中，员工本身对待培训与开发战略的态度也不相同（Bowen & Ostroff，2004）。而培训与开发战略的实施，最基本的条件就是获得员工的理解和支持，否则只能是空谈。

▶ 本章小结

在知识经济时代，人力资本对企业战略目标的实现发挥的重要作用与日俱增，许多企业意识到要获得和保持自己的核心竞争力优势，必须通过有效的战略人力资源培训与开发培育、储备优秀人才，进而促进组织战略目标的实现。

传统的人力资源培训与开发往往忽视了企业的战略导向，易使员工产生短视行为。而战略人力资源培训与开发则更注重把培训目标和企业的长远目标、战略思考紧密地联系在一起加以系统思考。作为一个完整的培训体系，战略培训从组织目标出发，与战略人力资源管理的其他职能活动相辅相成，以获得协同效应，旨在提高企业竞争力。

战略人力资源培训与开发的内容和方法多样，本章主要按照培训的实施方式将培训的方法分为在职培训、非在职培训两大类。在职培训主要包括导师制、工作轮换、自学与实习培训等，非在职培训主要包括传授知识、发展技能训练以及改变工作态度的培训等。在实践中，针对不同层次的员工，应采取不同的培训方法，提高组织培训效果。总之，企业在进行培训时，应当根据培训的内容、培训的对象、培训的目的以及培训的费用等因素来选择合适的内容与方法。

战略人力资源培训与开发，因组织的影响因素不同而不同。通常情况，组织战略、组织结构、技术因素、高层管理者的经营理念等因素会影响战略人力资源培训与开发。此外，企业管理者在制定战略人力资源培训与开发时，不能只停留在较为宏观的角度去考虑问题，还应该从细微的、独到的视角去制定和落实"培训与开发"，真正实现日常工作的战略化。

▶ 战略导图

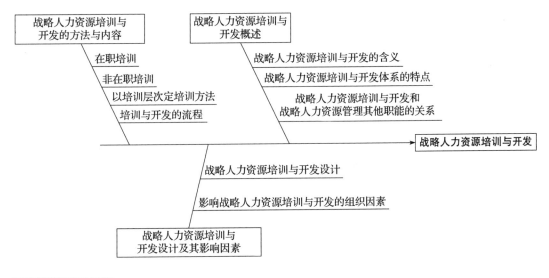

▶ 关键术语

战略人力资源培训与开发　　非在职培训　　案例分析
在职培训　　　　　　　　　工作轮换　　　角色扮演

▶ 复习思考题

1. 战略人力资源培训与开发和人力资源管理其他职能的关系。
2. 战略人力资源培训与开发的内容和方法。
3. 针对不同层次进行培训的特点。
4. 战略人力资源培训与开发的策略和影响因素。

▶ 文献导读

1. Optimizing E-learning: Research-Based Guidelines for Learner-controlled Training

随着组织面临的内外部环境变化愈发剧烈，竞争压力也随之加大，为了提高组织动态能力和竞争优势，组织在培训方面投入的资源也越来越多，其中典型的做法是将先进技术用于培训实践，培育组织信息化学习的能力。

通过开展信息化学习，组织一方面可以将信息化学习与传统学习方式相结合，满足学员多样化、差异化的学习需求，另一方面将自主权交由学员进行掌控，提供独一无二的学习体验。

伴随信息化学习而来的还有控制问题，诸多研究表明，将学习的主动权交由学员并不是百利而无一害的。许多失败的信息化学习经验表明，组织在授予学员学习自主权的同时还需要建立一定的原则和规范加以约束和促进。DeRouin，Fritzsche 和 Salas（2004）就从这一角度出发，为组织准备和进行信息化学习提供了16条建议。

资料来源：DeRouin R E, Fritzsche B A, Salas E. Optimizing E-learning: Research-based Guidelines for Learner-controlled Training [J]. Human Resource Management, 2004, 43 (2-3): 147-162.

2. Transfer of Training: Written Self-guidance to Increase Self-efficacy and Interviewing Performance of Job Seekers

关于培训，组织面临的最苦恼的问题莫过于学员如何将所学的知识和技能迁移到实际工作环境中。由于受训学员难以有效地将培训期间所学到的本领用于工作中，组织在培训上的投资难以见效。因此，如何有效进行培训迁移在21世纪仍然是组织人力资源管理需要解决的重要问题。

本项研究基于社会感知理论（social cognitive theory）和自我说服理论（self-persuasion theory）提出在培训过程中学员自我效能（self-efficacy）的提高对培训迁移存在积极作用。同时，自我说服（self-persuasion）能显著提高自我效能水平，进而提高培训迁移效果。本研究采取了对照实验的方法对上述关于培训迁移的假设进行了验证。

资料来源：Shantz A, Latham G P. Transfer of Training: Written Self-guidance to Increase Self-efficacy and Interviewing Performance of Job Seekers [J]. Human Resource Management, 2012, 51 (5): 733-746.

▶ 应用案例

IBM为何依然重金打造人才梯队"未来精英培训计划"

IBM的培训一直享誉业界。2011年，IBM百年华诞时，时任IBM CEO的彭明盛在总结IBM历经百年而不衰的原因时，就将之归结于"全球领导力建设"。对培训的持续专注和大量投入，是IBM长盛不衰的法宝，也是其雇主品牌最闪亮、最吸引人的因素之一。

2015年IBM开启了"未来精英培训计划"。IBM大中华区人力资源培训与发展总监唐红对《哈佛商业评论（中文版）》说："未来的人才市场竞争越来越激烈、复杂，IBM也越来越意识到这一点，我们相信更有持续性的人才吸引战略一定是面向大学的。'未来精英培训计划'，是在未来的战略和对人才的要求的基础之上建立的一个全方位的年轻人才打造计划。"

从专注于吸引资深经验的优秀人才，到近年来日益关注职场新人，这样的变化与IBM的未来战略密切相关。互联网时代，竞争环境瞬息万变，年轻一代对社交媒体更为熟悉，对数据更为敏感，更具有活力和创新热情、创业精神。未来精英并不仅限于刚刚走出校园的新人，也包括拥有两三年职场经验的新兵。不过，无论是丰富的校园招聘活动，还是独特的新人培训体系，在竞争日益激烈的人才中，都不是什么新鲜的做法，IBM为何相信通过这个项目能吸引年轻人，建立年轻人心目中的雇主品牌呢？

可以说，IBM在以下三个层面上做到了与众不同。

首先，培训目标明确精当，这个为期两年的"未来精英培训计划"是基于IBM的全球战略、对未来的洞察以及各业务部门对所需人才的要求，精心设计而成。

其次，培训体现了IBM最引以为荣的师承文化，这是IBM雇主品牌的重要因素。

最后，由于"未来精英培训计划"具有强烈且有效的互动性和持续性，对IBM的雇主品牌建设具有重要的作用。

精准、完整的培训设计

推动四大员工群体发展：销售和客户管理团队（如咨询顾问、销售人员等）、服务实施团队、技术团队、支持团队（如财务、人力资源等）。

推动四个发展阶段："未来精英培训计划"为期两年，包含四个阶段，每个进入这个培训计划的新人都会走完这四个历程。以新销售团队的打造计划为例。

- 为期1天的项目启动大会，为了给这些刚刚加入IBM的新员工一个"wow"的体验。时尚炫酷的会场内，不仅有老员工对公司文化的诠释、对各业务部门的解析，更有企业最高层管理者的职业旅程分享。另外，欢迎晚宴也为未来精英提供了一个绝佳展示自己的舞台，在聚光灯下为同事献上精彩演出。

- 三阶段训练营（在第一个12个月内完成），IBM将希望员工掌握的技能都设置在了这个体系中。尤其是在很多企业看来不太容易说得清、需要员工个人摸索的技能，都被IBM看作最重要的培训内容，认为这些技能是在任何一个岗位上取得成功的重要基础。例如，"商业洞察和销售技能"（培养员工的洞见能力）"软技能"（员工的专业素养，包括如何在职业早期建立职业素养，如何在工作环境中建立人际关系等）。

- 两次行业学习大会（在第二个12个月内完成）。例如，部分新销售员工有机会入选"智慧销售学院"。"智慧销售学院"是为期三天的大型行业学习盛会，同时最好地体现了IBM的师承文化。第一天，近300位销售经理通过巩固销售辅导技能和领导力，为日后担当销售团队的"教练"做预演。之后两天，在这些教练的带领下，1 300多位销售精英进行智慧销售方法论的演练、实践，以尽快掌握新技能。

- 毕业典礼：经过两年的学习和培训后，这些新员工已成为训练有素的IBMer。根据过去两年中的整体表现，评选出"金牌受训员"，他们将有机会去总部交流、学习。

师承文化是培训的核心

"未来精英培训计划"的一个明显特点，就是它对IBM师承文化的体现。了解IBM文化的人都知道，IBM非常推崇导师制度，这是它的全球领导力发展计划得以成功的重要因素。导师制度体现在以下三个方面。

- 各部门的精英、领导人，以至于公司层面的高管都将在各个培训的环节中充当导师角色。新员工在初入IBM时就会拥有自己的导师，并且会在职业发展的不同阶段结识不同的导师。

- IBM鼓励员工跨部门寻找自己的"伙伴"，彼此交流，相互学习，寻找自己在各领域的导师。

- 导师制强调双向交流。IBM鼓励新员工时时发挥自己的"野鸭子"精神，反过来影响他们的导师。凭借年轻人的活力、创造力、企业家精神，带给业务团队更广泛的影响。

由内而外的雇主品牌建设

提到IBM期望中的雇主形象时，唐红解释说："IBM想打造一个对未来精英有吸引力的雇主品牌，而不仅仅是一个百年老店的形象，IBM想告诉年轻人，它是充满活力和创造力，推崇'野鸭子'精神的企业。"

"未来精英培训计划"虽然是一个面向职场新人的计划，但它同时也可视作一个循序渐进、从内而外的雇主品牌打造计划。

- 并不是这些新员工一旦从这个项目中毕业就不再回到这个培训中，他们会作为教练重新参与，这让导师制不断得到体现。

- 根据动态的竞争需要，培训内容会不断更新，任何感兴趣的员工都可随时参与，把IBM打造为一个持续学习和发展的平台。

- 竞争不是一成不变的，在与新员工不断接触的过程中，团队能更为敏捷地把握环境与人的变化，获得更多面向变化市场、客户的信息。

在IBM看来，雇主品牌不是一个对外的品牌形象建设，而应是对内的雇主能量传递。当雇员接受并认可这种雇主能量时，他们会自然而然地向外传递这种积极的雇主信息。

资料来源：《哈佛商业评论》。

讨论题

1. IBM "未来精英培训计划"采取了哪些与众不同的培训方法？

2. 为什么 IBM 将师承文化作为培训的核心内容？

3. IBM 是怎样建立培训软环境的？培训软环境的建立对培训有什么意义？

参考文献

[1] 包晨星，凤里. 战略人力资源管理：化战略为行动 [M]. 北京：电子工业出版社，2009.

[2] 陈维政，余凯成，程文文. 人力资源管理与开发高级教程 [M]. 北京：高等教育出版社，2004.

[3] 董克用. 人力资源管理概论 [M]. 北京：中国人民大学出版社，2003.

[4] 高敬原. 华为公司培训体系评析 [J]. 企业改革与管理，2013（08）：41-43.

[5] 麻亚军. 美国企业培训方法简介 [J]. 中国培训，2000（8）：44-45.

[6] 宋培林. 战略人力资源管理：理论梳理和观点评述 [M]. 北京：中国经济出版社，2011.

[7] 朱飞，文跃然. 战略性人力资源管理系统重构 [M]. 北京：企业管理出版社，2013.

[8] Alipour M, Salehi M, Shahnavaz A. A Study of on the Job Training Effectiveness: Empirical Evidence of Iran [J]. International Journal of Business and Management, 2009, 4 (11): 63.

[9] Ambrose M L, Schminke M. Organization Structure as a Moderator of the Relationship Between Procedural Justice, Interactional Justice, Perceived Organizational Support, and Supervisory Trust [J]. Journal of Applied Psychology, 2003, 88 (2): 295.

[10] Aragon I B, Valle R S. Does Training Managers Pay off? [J]. The International Journal of Human Resource Management, 2013, 24 (8): 1671-1684.

[11] Ballesteros-Rodríguez J L, De Saá-Pérez P, Domínguez-Falcón C. The Role of Organizational Culture and HRM on Training Success: Evidence From the Canarian Restaurant Industry [J]. The International Journal of Human Resource Management, 2012, 23 (15): 3225-3242.

[12] Benson S G, Dundis S P. Understanding and Motivating Health Care Employees: Integrating Maslow's Hierarchy of Needs, Training and Technology [J]. Journal of Nursing Management, 2003, 11 (5): 315-320.

[13] Bowen D E, Ostroff C. Understanding HRM-firm Performance Linkages: The Role of the "Strength" of the HRM System [J]. Academy of Management Review, 2004, 29 (2): 203-221.

[14] Clark R C, Mayer R E. E-learning and the Science of Instruction: Proven Guidelines for Consumers and Designers of Multimedia Learning [M]. Stale of New Jersey: John Wiley & Sons, 2016.

[15] Courpasson D, Livian Y F. Training for Strategic Change: Some Conditions of Effectiveness: A Case in the Banking Sector in France [J]. International Journal of Human Resource Management, 1993, 4 (2): 465-479.

[16] D'Angelo E J. Blueprint for Professional Development: The Role of the Psychology Internship [J]. Training and Education in Professional Psychology, 2014, 8 (1): 34.

[17] Egelman C D, Epple D, Argote L, et

[17] al. Learning by Doing in Multiproduct Manufacturing: Variety, Customizations, and Overlapping Product Generations [J]. Management Science, 2016, 63 (2): 405-423.

[18] Ehrhardt K, Miller J S, Freeman S J, et al. An Examination of the Relationship Between Training Comprehensiveness and Organizational Commitment: Further Exploration of Training Perceptions and Employee Attitudes [J]. Human Resource Development Quarterly, 2011, 22 (4): 459-489.

[19] Felstead A, Gallie D, Green F, et al. Employee Involvement, The Quality of Training and the Learning Environment: An Individual Level Analysis [J]. The International Journal of Human Resource Management, 2010, 21 (10): 1667-1688.

[20] Glaveli N, Karassavidou E. Exploring a Possible Route Through Which Training Affects Organizational Performance: The Case of a Greek Bank [J]. The International Journal of Human Resource Management, 2011, 22 (14): 2892-2923.

[21] Guskey T R. Evaluating Professional Learning [M] //International Handbook of Research in Professional and Practice-based Learning. Berlin: Springer Netherlands, 2014: 1215-1235.

[22] Harland T. Learning About Case Study Methodology to Research Higher Education [J]. Higher Education Research & Development, 2014, 33 (6): 1113-1122.

[23] Hutchins H M, Burke L A, Berthelsen A M. A Missing Link in the Transfer Problem? Examining How Trainers Learn About Training Transfer [J]. Human Resource Management, 2010, 49 (4): 599-618.

[24] Jerome N. Application of the Maslow's Hierarchy of Need Theory; Impacts and Implications on Organizational Culture, Human Resource and Employee's Performance [J]. International Journal of Business and Management Invention, 2013, 2 (3): 39-45.

[25] Kampkötter P, Harbring C, Sliwka D. Job Rotation and Employee Performance-evidence From a Longitudinal Study in the Financial Services Industry [J]. The International Journal of Human Resource Management, 2016: 1-27.

[26] Lepak D P, Snell S A. The Human Resource Architecture: Toward a Theory of Human Capital Allocation and Development [J]. Academy of Management Review, 1999, 24 (1): 31-48.

[27] Liu Z, Li J, Zhu H, et al. Chinese Firms' Sustainable Development—The Role of Future Orientation, Environmental Commitment, and Employee Training [J]. Asia Pacific Journal of Management, 2014, 31 (1): 195-213.

[28] Marks M A, Zaccaro S J, Mathieu J E. Performance Implications of Leader Briefings and Team-interaction Training for Team Adaptation to Novel Environments [J]. Journal of Applied Psychology, 2000, 85 (6) 971.

[29] Meijerink J G, Bondarouk T, Lepak D P. Employees as Active Consumers of HRM: Linking Employees' HRM Competences with Their Perceptions of HRM Service Value [J]. Human Resource Management, 2016, 55 (2): 219-240.

[30] Minbaeva D B, Pedersen T, Björkman I, et al. A retrospective on: MNC Knowledge Transfer, Subsidiary Absorptive Ca-

[31] Ngo H, Jiang C Y, Loi R. Linking HRM Competency to Firm Performance: An Empirical Investigation of Chinese Firms [J]. Personnel Review, 2014, 43 (6): 898-914.

[32] Pettenger M, West D, Young N. Assessing the Impact of Role Play Simulations on Learning in Canadian and US Classrooms [J]. International Studies Perspectives, 2014, 15 (4): 491-508.

[33] Piyasena K, Kottawatta H. The HRM Practices on Job Satisfaction of Operational Workers in the Apparel Industry in Colombo District, Sri Lanka [J]. Human Resource Management Journal, 2017, 3 (2).

[34] Prieto-Pastor I, Martin-Perez V. Does HRM Generate Ambidextrous Employees for Ambidextrous Learning? The Moderating Role of Management Support [J]. The International Journal of Human Resource Management, 2015, 26 (5): 589-615.

[35] Ren S, Chadee D. Influence of Work Pressure on Proactive Skill Development in China: The Role of Career Networking Behavior and Guanxi HRM [J]. Journal of Vocational Behavior, 2017, 98: 152-162.

[36] Sackett P R, Mullen E J. Beyond Formal Experimental Design: Towards an Expanded View of the Training Evaluation Process [J]. Personnel Psychology, 1993, 46 (3): 613-627.

[37] Scaduto A, Lindsay D, Chiaburu D S. Leader Influences on Training Effectiveness: Motivation and Outcome Expectation Processes [J]. International Journal of Training and Development, 2008, 12 (3): 158-170.

[38] Schlosser F, Mcphee D M, Forsyth J. Chance Events and Executive Career Rebranding: Implications For Career Coaches and Nonprofit HRM [J]. Human Resource Management, 2016.

[39] Smith L B, Jones S S, Landau B, et al. Object Name Learning Provides on-the-job Training for Attention [J]. Psychological Science, 2002, 13 (1): 13-19.

[40] Sung S Y, Choi J N. Do Organizations Spend Wisely on Employees? Effects of Training and Development Investments on Learning and Innovation in Organizations [J]. Journal of Organizational Behavior, 2014, 35 (3): 393-412.

[41] Wei Tian A, Cordery J, Gamble J. Returning the Favor: Positive Employee Responses to Supervisor and Peer Support for Training Transfer [J]. International Journal of Training and Development, 2016, 20 (1): 1-16.

第6章

战略绩效管理

无法评估,就无法管理。

——琼·玛格丽塔

▶ **学习要点**

- 战略绩效管理的定义
- 绩效考评与人力资源管理其他职能活动的关系
- 绩效考评的种类、程序与方法
- 战略绩效管理的工具与技术
- 目标管理的含义
- 标杆管理的含义
- 平衡计分卡的含义
- 绩效考评体系的评价与完善

▶ **前沿探讨**

绩效管理是时候需要"革命"了

在一些企业中,传统的年度审查流程逐渐被测量员工在提升个人绩效过程中的持续努力度所替代,也就是说评价员工绩效更加注重过程了。

近年来,组织更加注重那些能够提高员工未来绩效的流程,逐渐淡化过去员工绩效评价的流程。过去长期霸占人力资源管理关注度的年目标、年度回顾、正式反馈工具等正在被直线经理的实时反馈所取代。尽管这种转变包含着很多理想性的假设,比如直线经理有能力帮助员工提升绩效。调查发现,多数管理者认为自己有能力指导员工,也能够识别和理解哪些提高绩效方面的行为需要改变;也有一部分经理人说他们知道如何进行直线反馈;仅有约1/3的人认为他们知道怎样做才能帮助员工;只有不足1/10的经理有信心能够坚持对员工的长期指导和帮助。因此,只有不到一半的管理者相信行为改变的有效性不足为奇,如果直线经理能够在全新绩效管理系统中起到关键作用,那么成功率将超过50%。

对于这些调查结果,一个可能的解释是改变之路充满荆棘。尽管研究表明,人们能够并且确实做出了改变,但是管理者往往会经历一种失望,不是因为进行太困难,而是不确定性太大,在确定合适的时机方面存在较大困难。心理学家和行为经济学家十分了解行为改变带来的好处,但问题在于他们的洞察力和方式,对于管理者而言难以应用于管理实际。针对如何帮助管理者更加有效地培养改变能力,我们对近10年心理学研究进行分析和分类后发现，传统的改变方式很简单，主要有两个步骤：首先，识别需要改变什么；其次，解决相应的问题。通常做法是通过建议、反馈或者培训提供一些新行为所需的信息。这种方式虽然简单但效果不佳。为了突破其局限性，许多组织开始倾向于让管理者来组织训练。这种新方式和"识别 – 解决"的方式的不同之处在于，新方式更加注重协同性。同时，新方式也存在关注点仍然停留在如何识别哪些员工需要改变以及这些员工需要做些什么的问题上。

资料来源：The Missing Piece in Employee Development. MIT Sloan Management Review [J]. 2017.

基于战略观点的人力资源绩效管理（Strategy-Based HR Performance Management）

在以人为本的现代企业管理中，绩效管理是人力资源乃至整个企业管理的核心内容，也是最复杂、最难进行的一个部分。在现实中我们经常会发现一种奇怪的现象：部门绩效突出，但企业战略目标却未能实现，造成这一现象的根本原因在于战略与绩效管理脱节，即战略的制定和实施未有效融入绩效管理中，形成一体化的战略绩效管理体系。因此，如何设计出与企业战略相匹配的绩效管理体系，对现代企业竞争能力的提升具有重要的意义。本章从战略绩效管理对企业人力资源管理的意义开始，在确定了工作绩效考评总体原则的基础之上，介绍了工作绩效考评的基本程序，并从行为和结果两个角度来采用几种重要的绩效考评方法，最后分析了工作绩效考评中容易出现的错误。

引 例

明朝灭亡之失败的"绩效考评"

1644年李自成攻入北京，崇祯皇帝自杀，辉煌了277年的明王朝至此退出历史舞台。关于明王朝灭亡的原因，一般认为有三个：党争、边患、流民。很难说哪一个是最主要的，但无须争辩的是，最直接的原因，就是由流民组成的农民军。而流民的大量出现，究其根本原因，却是源于明朝中期的张居正改革。

张居正，明万历年间内阁首辅，最伟大的政治家，当时帝国的实际统治者。他在国家内忧外患、财政入不敷出、政治腐败不堪的情况下，推行改革，富国强兵，为明朝带来新生。

张居正改革的重大举措之一是考成法。这种方法在一定程度上类似现代的绩效考核，即各级设立自己的工作指标并负责落实，完不成指标的人将受到惩罚，轻则罢官，重则坐牢。

考成法的实施办法十分先进，即签订"业绩合同书"。以知府考核为例，年初知府详细列出今年的工作计划并抄录成册，自留备份，上交张居正备份；年底对比核实，如有未完成的工作则降职去县城。来年同样考核，直到被罢免。该方法令全员适用，无论任职于中央六部还是边远山区，不合格者一视同仁，依法发落。

考成法在相当长的时间里，显著提高了官员的工作效率。但其有一个十分严重的缺陷，如朝廷的税收规定，从中央户部到地方官员层层分解指标，环环紧扣，一旦终端未收齐则连累大量各级官员，于是百姓成了最终受害者。此外，由于业绩和官职挂钩，地方官员为了晋升谎报税收，一味加大数字，而为完成计划，又用尽手段，挨家挨户上门催收，不惜动用武力。最终不堪重负的百姓背井离乡，四处游荡，变成社会不稳定因素之一的流民。

200多年前，明朝建立，朱元璋颁布了严厉的户籍管理条例，限制农民的流动。200多年后，李自成率领流民大军攻入北京，明朝灭亡。历史开这样的玩笑，是想告诉人们，任何人也无法改变事物运行的规律，总结起来有两条。其一，绩效考核是一个互动的过程，需要交流、协商、改进、反馈，而绝对不是自上而下的、硬性压下来的考核。否则，必然遇到重重阻力，难以推行。其二，任何变革必然有利也有弊，行动前一定要考虑清楚这两个方面，要使其在恰当的时机发挥恰当的作用。

资料来源：和讯商学院 http://bschool.hexun.com 12011-03-141127921611.html.

6.1 绩效、绩效考评与绩效管理

1. 工作绩效与工作绩效考评

工作绩效是指员工在一定时间与条件下，完成任务所取得的业绩、效果、效率和效益。工作绩效主要体现在工作效率、质与量及效益这三个方面。

一般来说，工作绩效可以分为员工个人绩效、团队绩效和组织绩效三个层面。个人绩效是指员工的工作行为、表现及其结果（Star, Russ-Eft, Braverman, et al., 2016）。在组织中，员工感受到的激励水平、员工的工作技能及所处的工作环境和机会都是影响员工个人绩效表现的重要因素。团队绩效不是员工个人绩效的简单相加，而是基于团队成员合作而产生的绩效，即员工在分工合作的基础上形成的整体大于部分之和的绩效效应。同样地，组织绩效是更高层次上大于团队绩效之和的绩效效应（葛玉辉，2016）。

工作绩效考评（performance appraisal）又称工作绩效评估或工作业绩评定，是指按照一定的标准，利用科学的方法，收集、分析、评价和传递有关员工工作行为和工作结果方面信息的过程。工作绩效考评是人力资源绩效管理的核心部分。其核心思想即通过组织对员工和团队的绩效进行评定与考核，为其他人力资源管理活动提供依据（DeNisi & Smith, 2014）。工作绩效考评的结果应该能够为制定人力资源计划和人力资源决策提供一定的依据，同时又是检验其他人力资源管理活动的手段。工作绩效考评活动可以说是关系到员工自身发展的好坏、企业兴衰的重要因素，是促进人力资源管理科学化、规范化的重要途径。

工作绩效考评在人力资源绩效管理体系中处于核心地位，也是人力资源管理基本实践之一。它与企业人力资源管理系统中的其他职能之间存在非常密切的关系。

（1）同人力资源规划的关系。工作绩效考评的结果能够反映企业人力资源管理系统中的潜在问题和潜在增长点，为完善下一阶段人力资源规划提供宝贵的参考依据，也使人力资源规划的制定和实施更加切合实际、有的放矢。另外，工作绩效考评还为人力资源规划中的预算协调提供了一定的依据。

（2）同员工招聘的关系。工作绩效考评是企业进行人才选聘和发展的基础。首先，绩效评价的结果可能影响企业的招聘决定。如果根据绩效评价的结果发现员工的态度和能力有所欠缺，而无法通过培训提升其绩效时，就要考虑招聘新员工。其次，招聘成功与否直接影响到绩效高低。如果招来的员工素质较高，而且与职位相匹配，则能够提高绩效水平；反之，会导致绩效下降。

（3）同培训与开发的关系。绩效管理与培训与开发之间的关系也是双向的。一方面，绩效管理的目的包括开发的目的，绩效评价的结果可用于分析人员培训与开发的需要。另一方面，培训与开发也会对绩效管理产生影响。通过培训，员工素质的提高促进了绩效水平的提高，进而有利于实现绩效管理目标。

（4）同薪酬管理的关系。工作绩效考评的结果最直接的应用就是为制订报酬方案提供客观依据。每一阶段的工作绩效考评都是对这一阶段的员工工作绩效的评判，以此为依据进行的报酬发放和调整才能真正反映员工贡献与回报之间的对应关系，起到奖惩和激励的作用。同时，员工总体绩效的考评也为企业整体报酬水平的确定提供了依据。

（5）同员工职业生涯管理的关系。工作绩效考评的结果会影响到员工在企业中的职业生涯发展。例如，如果绩效考评的结果说明员工无法胜任现有的职位，就需要查明原因并进行职位调换，将他安排到其他的职位上；同时，通过绩效考评还可以发现优秀的、有发展潜力的员工。对于在潜力测评中表现出特殊管理才能的员工，可以进行积极的培养和大胆的提拔。

2. 战略绩效管理的概念

战略绩效管理（strategic performance management）是战略人力资源管理的核心职能（Kloot & Martin，2000），它承接组织的战略，是由绩效计划、绩效监控、绩效评价和绩效反馈四个环节构成的闭循环系统。通过这四个环节的良性循环过程，管理者能够确保员工的工作活动和工作产出与组织的目标保持一致，不断提高员工和组织的绩效水平，促进组织战略目标的实现。一个完整的战略绩效管理系统由三个目的、四个环节和五个关键决策构成，如图6-1所示。具体而言，绩效管理是组织为实现其战略目的、管理目的和开发目的而建立的一个完整系统，由绩效计划、绩效监控、绩效评价和绩效反馈四个环节形成一个闭合循环系统，评价什么、评价主体、评价方法、评价周期和结果应用这五个关键决策通常贯穿上述四个环节，对绩效管理的实施效果起着决定性的作用（方振邦，2007）。同时，战略绩效管理通过对员工的工作实际进行评定，帮助员工认识实际工作中的问题和不足，促进他们不断改进。在考评过程中发现员工个人的工作潜力，以开发其潜能，促进员工全面发展。

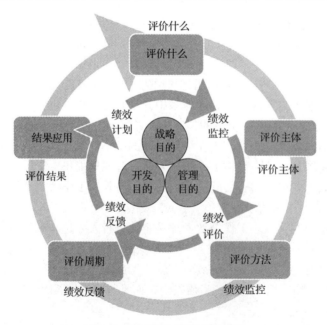

图 6-1 战略绩效管理系统模型

不同于普通的绩效管理方法，战略绩效管理更侧重于通过绩效评估，帮助员工发现自身不足，并给予反馈和鼓励，以使得他们能够通过考评认识到自身存在的不足或者发现自己的工作潜能，在以后的工作过程中取得更大进步，更好地适应企业的战略性发展要求。

6.2 工作绩效考评的种类、程序和方法

6.2.1 工作绩效考评的种类

作为整个绩效管理体系的核心，工作绩效考评的有效展开既是基础也是关键。工作绩效考评按照不同的分类方法，可以划分为不同的种类。

（1）按照工作绩效考评的内容不同，可以将工作绩效考评划分为业绩考评、工作态度考评和能力考评等。

1) 业绩考评。业绩考评是指对员工在一段时间内的实际工作成果的考评。其基本方法就是用一定期间的计划完成工作任务目标来衡量员工工作任务的完成程度，考察完成的情况。每次考评的结果都反映了当期被考评者完成工作任务的程度以及对组织的贡献度。业绩考评所采用的考评指标主要包括完成工作的任务量大小，完成工作的质量情况，相关职责的完成情况，以及在工作中的改进和创新情况等。

2) 工作态度考评。工作态度考评主要反映员工对待工作的相关态度，包括工作积极性、工作热情、工作自觉性、工作责任感以及对待组织和相关工作人员的态度等。对于工作态度的考评，由于缺乏量化的指标来准确地反映，因此在采用各种主观评定的方法时，应认真分析观察结果和注意其他信息来源的可靠性与准确性。

3) 能力考评。在能力考评中，员工的工作能力可以划分为三个方面，即基础能力、业务能力和素质能力。其中基础能力和业务能力是工作绩效考评中能力评价的范畴，而素质能力则需要通过智力测试、体能测试以及心理测试等方法取得参考结果，通过适应性考察来评价。

（2）按照工作绩效考评的时间来划分，企业工作绩效考评分为定期考评和不定期考评。很多企业定期进行工作绩效考评，将考评作为一项制度加以贯彻执行，每隔一段时间进行一次考评，总结工作中的成绩和不足之处，不断改进，提高生产效率。工作绩效的不定期考评在企业中的应用也比较广泛，如由于工作任务的特定时间期限决定的阶段性考评，就是因工作项目不同而不同的不定期考评。不定期考评有助于帮助企业及时总结一定任务或工作项目的成果和完成情况，形成经验。定期工作绩效考评的时间期限可以为一年、半年或者一个月等，较长的考评期限不利于及时考评工作绩效，而过短的工作绩效考评期限又会给员工带来频繁的工作中断及评估压力，造成反感。因此，将适宜间隔期间的定期工作绩效考评与项目的不定期考评结合起来应用，有利于组织取得工作绩效考评的最佳效果。

（3）按照工作绩效考评的主体来划分，可以分为上级考评、下级考评、自我考评、同事考评和客户考评等。

1) 上级考评。被考评人的直接上级对其进行考评，是工作绩效考评的一种主要信息来源。通常来讲，员工的直接上级是比较了解该员工及其所从事的工作的，来自直接上级的评价也就较为明确、客观。但是作为上级，有时对员工实际工作的认识也会有偏见，尤其当上级对下属的工作方式和具体工作情况了解不够深入细致时，就会产生不正确的主观考评结果。另外，当员工认识到上级要对自己进行工作绩效考评时，常常会主动在上级面前表现自己的长处，而将不足之处尽量掩盖起来，最终也会造成不客观的考评结果。

2）下级考评。对于在一定管理职位上的员工进行考评，可以从其下属处收集相关信息。利用下属的意见来考评上级，经常也能比较客观地反映被考评人员的情况，因为一名管理者工作的直接作用者就是他的下属，下属在接受上级的命令和指示的同时，也感受着他的工作作风和为人，所以能够较为客观地进行评价。与上级考评下属存在的相似问题是，下属考评上级也可能出现为从下属那里得到好的评价而讨好下属的不良现象，如避免对下属的错误行为给予批评；放松管理；掩护下属的错误等。

3）自我考评。自我考评是工作绩效考评中常见的一种考评方式。由于员工对自己的工作最了解，让员工进行自我考评有利于他们客观评价自己，并进一步剖析自我，认识自己的优点和不足。为避免员工对自己的成绩进行有意夸大和隐瞒错误，管理者在工作绩效考评之前应该尽量明确考评标准，鼓励员工客观考评，并在考评过程中对他们进行正确引导。

4）同事考评。被考评人的同事也可以作为收集被考评人业绩情况信息的来源之一。一起进行工作的同事常常对被考评人有比较详细的了解，日常工作的往来，或者共同完成某项工作的合作，使得被考评人的同事在对其进行评价时有一定的发言权。利用同事互相进行考评的方法可以收集到关于被考评人的工作绩效的相关信息，但是当企业将考评结果用来作为员工奖惩的手段或者有员工间的相互利益关系存在时，同事考评就会产生不良效果，如为争取一定比例的工资晋级而不惜故意降低对他人的评价等。

5）客户考评。企业在进行工作绩效考评时，还可以采用其他许多信息来源渠道。如对常常与客户打交道的员工进行考评时，可以利用从相关客户那里收集的信息进行考评。客户对被考评人的印象、工作方式、态度等的评价能够比较真实地反映员工的工作情况。

（4）按照工作绩效被考评的对象来划分，可以分为对高层领导考评、中层领导考评和普通员工考评等。根据被考评对象的不同，可以对不同层级的员工，以岗位职责为基础，以客户需求为牵引，注意不同的考核关注点。高层领导作为企业的战略决策者，对企业的行为和绩效有着深刻的影响，对高层领导的考评应该关注长期综合绩效目标的达成和对公司长期利益的贡献。对中层领导的考评要兼顾中长期绩效，目标的达成和业务规划的有效落实，关注团队管理、干部员工培养和业务运作，提高业务和干部培养的成功率，使之带领的团队持续地产生更大的绩效。对基层员工的考评则要关注本职岗位上短期绩效目标的达成和过程行为的规划，强调实际任务的完成和绩效的不断改进。

（5）按照工作绩效考评的目的和用途不同，工作绩效考评可以分为例行考评、晋升考评、职称考评等。

1）例行考评。例行考评又称常规考评，是指企业定期进行的对各类员工的工作绩效考评，考评一方面是用来决定对员工的奖励和惩罚，另一方面是使员工认识自我，提高自我，实现组织生产力的提高。例如，在阿里巴巴，员工考核被分成三种：有业绩，但价值观不符合的，被称为"野狗"；事事老好人，但没有业绩的，被称为"小白兔"；有业绩，也有团队精神的，被称为"猎犬"。阿里巴巴需要的是"猎犬"，而不是"小白兔"和"野狗"，公司会对"小白兔"进行业务培训来提升他们的专业素质，而对于"野狗"，公司在教化无力时，一般都会坚决清除。

2）晋升考评。晋升考评是企业为选拔人才而进行的工作绩效考评，是企业工作绩效考评中的重要工作之一。为实现公平竞争，使最合适的人才进入更高一级的岗位，企业经常使用晋升考评的形式来评价候选人，以全面的评价来确保企业干部队伍的良好素质。

3）职称考评。职称考评是为员工评定职称而进行的一类特殊的考评方式，它一方面考察员工在本岗位上的工作熟练程度，以决定是否增加职务工资；另一方面考察员工在本岗位上的工作能力水平及适应性，以决定是否进行职务调整。

6.2.2 工作绩效考评的基本程序

工作绩效考评的基本程序主要由确定工作绩效考评目标、建立业绩期望、检查员工工作、绩效评价与管理反馈五个步骤构成。

（1）确定工作绩效考评目标。工作绩效考评作为企业人力资源管理活动的一部分，在具体实施之前要制定明确的目标。在企业总体目标和行动方案的指导下，每次工作绩效考评的具体目标是什么，达到何种效果，取得何种改进，都应当事先确定下来，以指导工作绩效考评过程的具体进行。

（2）建立业绩期望。工作绩效考评首先要明确员工所完成工作的具体要求和具体职责、任务，在此基础上才能与实际工作完成情况对照，实行考评。建立业绩期望就是通过工作分析建立工作完成标准，使工作绩效考评活动有据可循，便于考评人员客观公正地进行考评，也有利于员工明确工作标准，更客观地理解考评结果。

（3）检查员工工作。检查员工所完成的工作就是依据工作期望对员工实际完成工作的检查和对照过程。依据标准对考评过程给予监督，并依照一定的工作标准，检查员工的实际工作行为、工作成果、工作质量，对员工工作的各个方面进行衡量。

（4）绩效评价。将员工实际工作绩效与工作期望进行对比和衡量，然后依照对比的结果来评定员工的工作绩效。评定过程应尽量按照工作标准来评定，克服评定过程中的主观因素，做到客观公正，考虑全面。工作绩效考评的目的是帮助员工认识到自己工作中的不足以及长处，从而扬长避短，提高生产率。与员工一起回顾和讨论工作绩效考评的结果，对不明确或不理解之处做出解释，有助于员工接受考评结果，并共同探讨出最佳的改进方案。因此，与员工一起讨论和分析工作绩效考评结果的过程就显得尤为重要。

（5）管理反馈。工作绩效考评的结果还要应用在下一次工作绩效考评的目标制定中，为考评目标的设立、考评方法的改进以及考评信息收集来源等提供信息（Bendoly，2013）。

6.2.3 工作绩效考评的方法

| SHRM 聚焦 |　　　　　　　海底捞独特的绩效考核方法

有这样一家餐饮企业，对店长的考核中没有利润指标。不仅没有利润指标，其他包括销售额、成本等的指标统统没有。这家餐饮企业对店长的考核只有三个指标：员工满意度、顾客满意度、干部培养。它的考核方式也极不专业，不是定量考核，而是完全依靠主观判断：区域经理通过店面巡视和观察，评价员工服务状态以及顾客就餐满意程度。

这家企业每开一家店都异常火爆，每到就餐时间，外面都会排起长队，有的顾客甚至愿意等一两个小时。这家企业估计是餐饮行业中最赚钱的企业之一。

这家企业就是海底捞。

店长为何不对利润负责

海底捞的店长不对利润负责，这个做法与行业常规背道而驰。在《海底捞你学不会》中，黄铁鹰记录了与海底捞老板张勇的对话，这段对话揭示了张勇的"算盘"。

黄铁鹰:"你为什么不考核利润?"

张勇:"考核利润没用。利润只是做事的结果,事做不好,利润不可能高;事做好了,利润不可能低。另外,利润是很多部门工作的综合结果;每个部门的作用不一样,很难合理地分清楚。不仅如此,利润还有偶然因素,比如一家店如果选址不好,不论店长和员工怎么努力,也做不过一家管理一般、位置好的店。可是店长和员工对选址根本没有发言权,你硬要考核分店的利润,不仅不科学,也不合理。"

黄铁鹰:"利润多少同成本也有关,各店起码对降低成本还是能起一定作用的吧?"

张勇:"对,但店长以下的管理层能起到的更大作用是什么?是提高服务水平,抓住更多的顾客!相对于创造更多营业额来说,降低成本在分店这个层次就是次要的了。"

"随着海底捞的管理向流程和制度转变,我们也开始推行绩效考核。结果有的小区试行对分店进行利润考核,于是就发生这些现象:扫厕所的扫把都坏了还用;免费给客人吃的西瓜也不甜了;给客人擦手的手巾也有漏洞了。"

"为什么?因为选址、装修、菜式、定价和人员工资这些成本大头都由总部定完了,分店对成本的控制空间不大。如果你非要考核利润,基层员工的注意力只能放在这些'芝麻'上。我们及时发现了这个现象,马上就停止对利润指标的考核。其实稍有商业常识的干部和员工,不会不关心成本和利润。你不考核,仅仅是核算,大家都已经很关注了;你再考核,关注必然会过度。"

黄铁鹰:"你们连每家火锅店的营业额也不考核?"

张勇:"对。我们不仅不考核各店的利润,我们也不考核营业额和餐饮业经常用的一些KPI,比如单个消费额等。因为这些指标也是结果性指标。如果一个管理者非要等这些结果出来了,知道生意好坏,那黄花菜早就凉了。这就等于治理江河污染,你不治污染源,总在下游搞什么检测、过滤、除污泥,有什么用?"

"我们现在对每家火锅店的考核只有三类指标:一是顾客满意度,二是员工满意度,三是干部培养。"

黄铁鹰:"这些指标可都是定性的,你怎么考核?"

张勇:"对,是定性的指标。定性的东西,你只能按定性考核。黄老师,我真不懂这些科学管理工具为什么非要给定性的指标打分,比如客户满意度。难道非要给每个客人发张满意度调查表?你想想看,有多少顾客酒足饭饱后,愿意给你填那个表?让顾客填表,反而增加顾客的不满意吗?再说,人家碍着面子勉强给你填的那张表,又有多少可信度?"

黄铁鹰:"那你怎么考核顾客满意度?"

张勇:"我们就是让店长的直接上级——小区经理经常在店中巡查。不是定期去,而是随时去。小区经理和他们的助理不断与店长沟通,顾客哪些方面的满意度比过去好,哪些比过去差;这个月熟客多了还是少了。我们的小区经理都是服务员出身,他们对客人的满意情况当然都是内行人的判断。"

从对话中可以看出,店长不负责利润等财务指标,这并不是一时头脑发热做的决定,而是张勇深思熟虑的结果。他把影响一家火锅店业绩的诸多因素细细捋了一遍,做出了一个独特又朴素的战略假设。

如果员工满意度高,顾客满意度高。那么火锅店的业绩就不会差。

海底捞具体的验证方法尚不得而知,但只要看一看周边的火锅店的客流量,海底捞就能够对自己店面的表现有基本判断。

资料来源:康至军.HR转型突破[M].北京:机械工业出版社,2013.

工作绩效考评的方法很多,按照工作考评的角度不同,主要可以分为三大类,即比较法、行为考评法和结果考评法。另外,绩效考评面谈也是比较常用的工作绩效考评方法。

1. 比较法

顾名思义，比较法是将员工的绩效相互之间进行比较。一种最简单和最直接的方法就是将员工按照绩效的高低进行排队，排队法又可以分为直接排队法和间接排队法两种。直接排队法指的是将员工按照业绩水平由好到差地进行排列，即先列最好的，然后是次好的，再到一般、较差和最差的。间接排队法是先挑出来最好的员工，然后找出最差的，之后分别排列次好和次差的，依次向下进行，直到全部排完为止。此外，也可将每个被考评员工都与小组中的其他员工进行比较，而不是简单地按照一定的顺序依次比较。成对比较法中的每个员工在与其他所有员工进行比较之后，才能得出对其业绩的总的评价结果。由于该方法工作量较大[总的比较次数为 $N(N-1)/2$ 次]，通常人员数目较少的部门进行工作绩效考评时会采用成对比较法。还有的企业采用将员工按照事先确定的若干等级分别归入某一级别中的工作绩效考评方法，称为强迫分配法。实施强迫分配法，先要确定分类等级及其相应的人数，然后将员工按照业绩归入某一等级中，如表6-1所示。

表6-1 强迫分配法

员工总数	优（10%）	良（20%）	一般（40%）	较差（20%）	差（10%）
100人	10人	20人	40人	20人	10人

强迫分配法可以用来对人数较多的员工进行评估，在员工间形成较大的绩效等级差别，以挖掘出工作确实优秀的员工。总之，比较法简单实用，花费的时间和成本也较低。另外，在将员工进行对比和归类的过程中也容易避免一些主观上的错误。但是作为一类定性考评方法，它不能定量地确定员工应完成的工作行为，因此缺乏对员工工作的有效监督和指导，也不利于不同部门间员工工作绩效的考评。

2. 行为考评法

行为考评法以员工行为为考评对象。其主要是通过员工在工作当中的行为表现来考察员工的工作业绩，具体方法主要有图表评定法、关键事件法、行为锚定业绩评定表法等。

（1）图表评定法。图表评定法是应用最为普遍的考评方法之一。它首先要确定出与被考评的工作相适应的几项基本考评要素，然后对应各项考评要素列出各种行为程度的选择项。当对员工进行绩效考评时，依据考评要素和员工的工作表现选择行为程度汇总后得出员工的绩效结果，如表6-2所示。

表6-2 图表评定法

员工姓名	工作名称		部门	评定日期	
考评要素	考评等级				
	很差 不符合要求	低于一般 有时不符合要求	一般 能符合要求	良好 符合要求	优秀 经常超出要求
质量： 完成工作的 精确性、完 整性及可接 受性					

（续）

数量： 是否达到可接受水平的工作量要求					
可靠性： 员工在实现工作承诺方面的可信程度					
积极性： 工作中是否愿意主动承担责任					
适应性： 是否具备对工作变化的迅速反应能力和灵活性					

员工现状的总结：
员工的优势
员工的劣势
可以采用何种方法加以改进
员工能否胜任现在的工作？请分析
员工的潜力：
员工在最近一年是否有明显进步？
对员工的自我发展提供了何种建议？
（ ）是，什么建议？（ ）否，为什么？
员工是否接受？
员工是否局限于现有的工作？
（ ）是，为什么？
（ ）否，对改善员工在企业中的位置做何设想？
员工的自我总结：

评定人签字：
　　　　　　　　　　　　　　　　　　　　　　　　　日期
审核人签字：
　　　　　　　　　　　　　　　　　　　　　　　　　日期
部门意见：
　　　　　　　　　　　　　　　　　　　　　　　　　日期

　　图表评定法列出了成功完成工作所必备的一组关键因素，并将此作为考评要素，同时给出考评等级，利于组织内不同岗位的员工之间的工作业绩的比较。但是图表提供的信息不能有效地指导员工的工作行为，员工只能模糊地感觉其工作的好坏程度，对于下一步具体如何改进缺乏清楚的认识，这不利于获得来自员工积极的反馈。因此，战略性地应用图表中的信息十分重要。例如，针对有关员工的工作绩效的总结和在此基础上的改进分析与建议，并对员工的潜力进行评估，以及通过与员工沟通得来的对其未来状况的设想，进行补充，有利于更加充分地实现绩效考评结果的应用，达到发展的目标。

（2）关键事件法。关键事件法（critical incident method）也是从员工的行为角度来考评员工工作业绩的方法之一。主管人员首先观察员工工作活动中的关键行为或事件并记录下来，然后依照所记录的关键行为或事件来考评员工的工作业绩。所谓关键行为或事件，指的是能够决定一项工作完成情况的行为或事件，可能是好的行为或事件，也可能是不好的行为或事件（Wang, et al., 2016）。由于关键行为或事件是具体的员工工作行为，在依照他们对员工进行考评时，可以使员工更加明确地认识到其应该达到的标准，有利于员工的进一步改进。关键事件法的缺点是记录员工的工作行为要花费很多的时间，并不提供量化的结果。另外，由于对每个员工工作的关键事件记录有所不同，故员工之间的比较变得较困难。

（3）行为锚定业绩评定表法。行为锚定业绩评定表法是将图表评定法与关键事件法的优点结合起来的一种考评方法。它既采用图表评定法中的等级评价制，又将工作中的关键行为加以描述并进行量化。行为锚定业绩评定表法的实施步骤如下。首先利用工作分析中关键事件法对工作进行记录和分析以确定工作中的关键行为或事件，然后将这些行为或事件划分为几个大的类别（业绩维度）。每个维度作为评价员工的一个标准。其次，由另外一组人员将关键行为或事件重新进行归类，归入已确定的不同的业绩维度中。这一重新归类的过程用以检验最初确定的维度的准确性。如果两组人员将同一关键事件都划入一类，则其位置就大致确定了。同时，还需要做的工作是对关键事件进行评定，依据其对标准的贡献程度赋予一定的点值或分值。最后，建立完整的考评体系，形成 7～10 个由关键事件构成的"行为锚"。

3. 结果考评法

第三类考评方法是以员工工作结果为考评对象。结果考评式的工作绩效考评方法主要是从员工完成工作的结果角度进行考评，具体考评方法主要有目标管理法、直接索引法、成果记录法等。

（1）目标管理法。目标管理法是通过考察员工工作目标完成程度来实现工作绩效考评的一种方法（Marchington, 2015）。目标管理法一方面强调员工工作成果的重要性，另一方面强调个人和组织目标的一致性，减少主管人员将工作考核重点移向偏离组织目标的情况（宋培林, 2011）。

目标管理法的实施步骤如图 6-2 所示，在确定组织目标的基础上确定出部门的目标，然后由部门领导就本部门的目标与下属展开讨论，并帮助员工制订个人的工作计划，进而确定个人工作目标。在其后的工作绩效考评中，将员工的工作成果与预期的工作目标进行比较，并共同讨论比较结果，及时提供反馈。

目标管理法的最大长处在于它能够为员工提供清晰、明确的工作目标，而且工作绩效考评由于有明确的标准进行参照，也可以减少考评人员主观方面的影响。但是，利用目标管理法进行工作业绩考评需耗费大量时间、资金，还

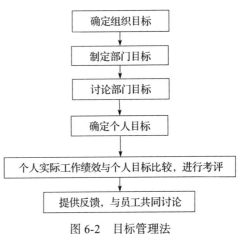

图 6-2　目标管理法

需要主管和员工的良好合作才能实现。

目标管理法中目标的确立是否有效,关系到考评结果的可靠性和客观性。通常,企业的员工和主管通过共同讨论制定出一段时间的具体工作目标,并且为提高目标的有效程度,应尽量使目标具有以下一些特征:目标应尽量明确;目标时限清楚;明确实现目标的条件;目标的内容应主次分明;明确目标的结果;目标的一致性高。

(2)直接索引法。直接索引法是通过参照被考评人客观的、实际工作结果来衡量其工作业绩的一种考评方法。如对管理人员的考评,可以参照其所管理部门的员工缺勤率、员工流动率等客观结果来进行衡量。对于一般员工,员工的工作质量与数量可以成为参照对象,其中质量因素可能包括废品率、次品率、顾客申诉率等,数量因素可能包括销售量、产量、新增订单数等指标。

(3)成果记录法。成果记录法是对专业人员进行工作绩效考评常用的一种方法。由于工作行为的经常变化,利用工作行为标准的尺度去衡量业绩变得不够现实。采用记录员工工作成果的方法,并利用专家来评估工作成果的价值,从而决定工作业绩的高低。虽然由于聘用专家带来了较高的考评费用,但将成果记录法应用于对专业人士如律师、教师等人员的考评仍不失为一种好方法。

6.2.4 绩效评价过程中常见的问题

绩效评价的效果不仅取决于评价系统本身的科学性,还取决于评价者的评价能力。评价者的主观失误或对评价指标和评价标准的认识误差,都会在很大程度上影响评价的准确性,进而影响人力资源管理其他环节的有效性(包晨星和风里,2009)。常见的绩效评价中出现的问题有如下几种。

1. 集中趋势

集中趋势(central tendency)是指绩效考评人员在确定员工评价等级时不正确地将员工评价为接近平均或中等水平时所犯的错误。考评人员由于某种原因故意避开评价等级中的两头,即较高的等级或较低的等级,而给几乎所有的被考评人以大致平均的评价。其原因可能是考评人为避免对被评为较高等级或较低等级的员工做出特别说明或解释。集中趋势的结果会使企业工作绩效考评体系的意义降低,不能将员工的真正业绩在评价中客观地反映出来,这将使其后按照考评结果而进行的提升安排、薪资决策和培训决策等无法变得准确、客观。

2. 过于严格或过于宽容

有些考评人在对被考评人进行评价时总是尽量压低他们应得的分数,而另一些考评人则倾向于给员工都打较高的分数,这两类相反情况所犯的错误称为过于严格或过于宽容。过于宽容的情况通常比过于严格的情况更容易发生,但是也有些部门采用比其他部门更严格的考评标准,无形中降低了本部门相对于其他部门的考评成绩。这有可能是由于对评价体系掌握不足造成的。对于过于宽容,可能会受到来自大多数被考评人的欢迎,但相对来讲某些最为优秀的员工则可能因不能得到应有的奖赏而产生不满,同时对较差员工给予较高的评价显然对达到企业进一步改善员工业绩的目的不利。

3. 对比效应

当将一名被考评人与某一比较对象进行对比时,可能得到较为有利的结果,而与另一比较对象进行对比时则有可能产生不利的结果,使得对被考评人的评价无法下结论,这种情况称为对比效应（contrast effect）。如果考评人对考评标准掌握得不够准确，就容易在将被考评人与他人进行的某一比较过程中下结论，得不到真实的被考评人的绩效结果。

4. 近因误差

通常，人们总是对近期发生的事情记忆较深刻，而对较远时间发生的事情记忆印象较淡。在工作绩效考评过程中，考评人也会将被考评人近期的工作行为和表现突出与夸大，而忽略被考评人以前的工作表现，这种错误就是近因误差。考评人也许并不是主观有意地这样做的，但它会给绩效考评工作带来不良的影响。

5. 偏见

偏见是指评价者在进行各种评价时，可能在员工的个人特征，如种族、民族、性别、年龄、性格、爱好等方面存在偏见，或者偏爱与自己的行为或人格相近的人，造成人为的不公平（Dusterhoff, Cunningham & MacGregor, 2014）。评价者个人的偏见可能表现在：对与自己关系不错、性格相投的人会给予较高的评价；对女性、老年人等持有偏见，会给予较低的评价等。

6. 溢出效应

溢出效应（spillover effect）是指因评价对象在评价期之前的绩效失误而降低其评价等级。例如，某一名生产线上的员工在该绩效评价周期之前出现了生产事故，影响了他上一期的工作业绩。在本评价期间他并没有再犯类似的错误，但是，评价者可能会由于他上一评价期间的表现不佳而在该期的评价中给出较低的评价等级。

7. 逻辑误差

逻辑误差（logic error）指的是评价者在对某些有逻辑关系的评价要素进行评价时，使用简单的推理而造成的误差。在绩效评价中产生逻辑误差的原因是由于两个评价要素之间的高相关性。例如，很多人认为"社交能力与谈判能力之间有很密切的逻辑关系"。于是，他们在进行绩效评价时，往往会依据"既然社交能力强，谈判能力当然也强"而对某员工做出评价。

8. 晕轮效应

当我们以个体的某一种特征形成对个体的总体印象时，就会受到晕轮效应（halo effect）的影响。晕轮效应具体是指由于个别特性评价而影响整体印象的倾向。例如，某位管理者对下属的某一绩效要素（如口头表达能力）的评价较高，导致其对这位员工其他所有绩效要素的评价也较高。晕轮效应与逻辑误差的本质区别在于：晕轮效应只在同一个人的各个特点之间发生作用，在绩效评价中是在对同一个人的各个评价指标进行评价时出现的；逻辑误差则与评价对象的个人因素无关，是由于评价者认为评价要素之间存在一致的逻辑关系而产生的。

6.3 战略绩效管理的主要工具与技术

6.3.1 战略绩效管理工具与技术概述

从19世纪末20世纪初至今，伴随着管理思想及理论的发展，绩效管理发展成为人力资源管理理论研究的重点，绩效管理的工具与技术也在不断发展完善，并在20世纪50～70年代发生了革命性的创新。在20世纪50年代以前，不论是绩效管理的理论还是工具都非常单一，主要是表现性评价。在20世纪50年代以及此后的几十年中，研究者先后提出了组织效能评价标准、目标管理、关键绩效指标、平衡计分卡、标杆管理等绩效管理的理论、工具与技术。纵观绩效管理理论的发展，其评价范围在横向上不断扩展，从单纯的财务指标扩展到全面的企业考察。另外，绩效管理在纵向上也不断提升，关注经营功能，从单纯的人事测评工具上升到承接组织战略的战略绩效管理工具（DeNisi & Smith，2014）。其中，表现性评价主要是由主管根据绩效周期内的工作表现对下属做出评价的绩效管理模式。与现代的战略绩效管理工具相比，它最大的缺陷在于：没有很好地与整个组织的战略相承接并成为组织绩效管理的战略工具，只是一种纯粹的人事评价工具。

目标管理、关键绩效指标、平衡计分卡、标杆管理等战略绩效管理工具与技术，都是现代管理实践和理论的产物，有的是管理学家在长期研究管理实践的基础上创造并为实践所检验的，比如目标管理和平衡计分卡；有的则是在管理实践中取得成功并上升为普遍适用的理论方法的，比如标杆管理和关键绩效指标。这些工具与技术在产生时间上有先后性，本身各有优缺点（Chakravarthy，1987）。事实上，各种工具在现代管理中日益呈现出一种综合应用的趋势，表6-3详细列出了四种绩效管理工具的比较。

表6-3 四种绩效管理工具的比较

工具名称		目标管理	关键绩效指标	平衡计分卡	标杆管理
时代		20世纪50～70年代	20世纪80年代	20世纪90年代以后	20世纪70年代末
性质		管理思想：重视工作与人的结合	指标分解的工具与方法	集大成的理论体系	甄别和引进最佳实践的系统优化
对象		个人	组织、群体、个人	组织、群体、个人	组织、群体
特征		员工参与管理，体现"我想做"，自我管理与自我控制	战略导向，指标承接与分解，指标层层分解、层层支撑	战略导向，目标承接与分解；因果关系，强调平衡、协同	使用结构化、正式的流程进行学习的重要性，持续地进行组织自身与一流实践的比较
关注		管理、考核（关注结果）	考核、管理（关注结果）	管理、考核（关注过程和结果）	考核、管理（关注过程和结果）
要素		目标、指标、目标值	战略、关键成功领域、关键绩效要素、关键绩效指标	使命、核心价值观、愿景、战略；客户关系主张，四个层面：目标、指标、目标值、行动方案	标杆管理实施者、标杆对象、标杆管理项目
指标	设计	根据组织目标，上下级协商确定	根据战略，自上而下层层分解	根据使命、愿景、战略依据目标分层分别制定	不断寻找和研究同行一流公司的最佳实践，与本企业进行比较、判断、分析
	关系	指标之间基本上独立，彼此没有联系	指标之间基本上独立，彼此没有联系	因目标的因果关系导致四个层面的指标之间有关联性	指标之间具有关联性
	类型	侧重定量指标	无前置指标和滞后指标之分，客观指标	有前置指标和滞后指标之分，客观指标、主观判断指标	客观指标、主观判断指标

6.3.2 目标管理

目标管理（management by objectives，MBO）是1954年由美国著名的管理学家彼得·德鲁克在《管理的实践》⊖（*The Practice of Management*）一书中提出的。德鲁克认为，古典管理学派偏重于以工作为中心，忽视人性的一面；行为科学又偏重于以人为中心，忽视了与工作相结合。目标管理则把对工作的兴趣和人的价值综合起来，在工作中满足员工的社会需求，企业的目标也能同时实现，把工作和人的需要这两者统一起来。德鲁克提出，企业目标只有通过分解成一组更小的目标后才能够实现。现实中经常是组织有一个清晰的战略目标，但是对如何实现目标并不清楚，员工更不清楚他们的工作与组织的战略目标有何关系，进而不知道努力的方向，往往无所适从。解决这一问题的答案在于将目标管理与自我控制结合起来。

1. 目标管理的含义与程序

目标管理是指一种程序或过程，它是组织中的上下级一起协商，根据组织的使命确定一定时期内组织的总目标，由此决定上下级的责任和分目标，并把这些目标作为组织经营、评价和奖励的标准（Marchington，2015）。目标管理是一种以员工为中心、以人性为本位的管理方法，它的本质就是以"民主"代替"集权"，以"沟通"代替"命令"，使组织成员充分而切实地参与决策，并采用自我控制、自我指导的方式，进而把个人目标与组织目标结合起来（Gilbert，De Winne & Sels，2015）。

目标管理主要有四个步骤。①计划目标。通过目标分解，由评价者与被评价者共同制定和建立每位被评价者所应达到的目标。②实施目标。对计划实施监控，掌握计划进度，及时发现问题并采取适当的矫正行动。③评价结果。将实际达到的目标与预先设定的目标相比较，使评价者能够找出未能达到目标或实际达到的目标远远超出预先设定的目标的原因。④反馈。管理者与员工一起回顾整个周期，对预期目标的达成和进度进行讨论，从而为制定与达成新的目标做准备。

2. 目标管理的优点与不足

与传统的表现性评价相比，目标管理取得了长足的进步。它重视人的因素，通过让下属参与、由上级和下属协商共同确定绩效目标，来激发员工的工作兴趣，而且以目标制定为起点，目标完成情况评价为终点，工作结果是评价工作绩效最主要的依据，因此在实施目标管理的过程中，监督的成分较少，控制目标实现的能力却很强（Gilbert，De Winne & Sels，2015）。诸多显著优势使得目标管理在第二次世界大战之后风靡全球。

目标管理也存在一些不足：忽视了组织中的本位主义及员工的惰性，对人性的假设过于乐观，使目标管理的效果在实施过程中大打折扣；过分强调量化目标和产出，往往难以操作；使员工在制定目标时，倾向于选择短期目标，即可以在考核周期内加以衡量的目标，从而导致企业内部人员为了达到短期目标而牺牲长期利益（Sanders，Shipton & Gomes，2014）。

6.3.3 标杆管理

标杆管理（benchmarking）又称基准管理，产生于20世纪70年代末80年代初。首开标杆管理先河的是施乐公司，后经美国生产力与质量中心系统化和规范化。研究表明，

⊖ 该书已由机械工业出版社于2009年出版。

1996 年世界 500 强企业中有近 90% 的企业在日常管理活动中应用了标杆管理，其中包括柯达、福特、IBM、施乐公司、美国电话电报公司等。

标杆管理就是不断寻找和研究同行业一流公司的最佳实践，并以此为基准与本企业进行比较、分析、判断，从而使自己的企业不断得到改进，进入或赶超一流公司，创造优秀业绩的良性循环过程（N. Theriou & Chatzoglou, 2014）。其核心是向业内或业外最优秀的企业学习。通过学习，企业重新思考和改进经营实践，创造自己的最佳实践。

6.3.4 关键绩效指标

20 世纪 80 年代，关键绩效指标（key performance indicators，KPI）应运而生。关键绩效指标是指衡量企业战略实施效果的关键指标，它是企业战略目标经过层层分解产生的可量化的或具有可操作性的指标体系（Cook, MacKenzie & Forde, 2016）。其目的是建立一种机制，将企业战略转化为内部过程和活动，不断增强企业的核心竞争力，使企业能够得到持续的发展。

关键绩效指标体系通常是采用基于战略的成功关键因素分析法来建立的。成功关键因素分析法的基本思想是分析企业获得成功或取得市场领先的关键成功领域（key result areas，KRA），再把关键成功领域层层分解为关键绩效要素（key performance factors，KPF），为了便于对这些要素进行量化考核和分析，必须将要素细分为各项指标，即关键绩效指标。

关键绩效指标体系作为一种系统化的指标体系，包括三个层面的指标：一是企业级关键绩效指标，是通过对企业的关键成功领域和关键绩效要素分析得来的；二是部门级关键绩效指标，是根据企业级关键绩效指标进行承接或分解得来的；三是个人关键绩效指标，是根据部门级关键绩效指标确定的。这三个层面的指标共同构成企业的关键绩效指标体系。

1. 企业级关键绩效指标的确定

下面以某高科技企业为例，介绍确定企业级关键绩效指标的步骤。

第一步，确定关键成功领域。首先需要根据企业的战略，寻找使企业实现组织目标或保持市场竞争力所必需的关键成功领域。确定企业的关键成功领域，必须明确三个方面的问题。一是这家企业为什么会取得成功，它取得成功靠的是什么？二是在过去那些成功因素中，哪些能够使企业在未来持续获得成功，哪些会成为企业成功的障碍？三是企业未来追求的目标是什么，未来成功的关键因素是什么？在实践中，某高科技企业通过访谈法和头脑风暴法，寻找并确定了该企业能够有效驱动战略目标的关键成功领域：优秀研发、市场领先、技术支持、客户服务、利润与增长和人力资源（见图 6-3）。

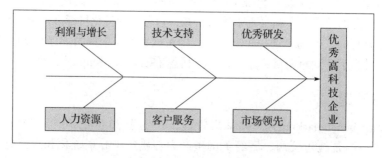

图 6-3　某高科技企业关键成功领域的确定

第二步，确定关键绩效要素。关键绩效要素提供了一种描述性的工作要求，是对关键成功领域进行的解析和细化。其主要解决以下几个问题：一是每个关键成功领域包含的内容是什么？二是如何保证在该领域获得成功？三是达成该领域成功的关键措施和手段是什么？四是达成该领域成功的标准是什么？上述高科技企业的关键绩效要素如图 6-4 所示。

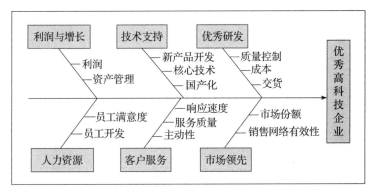

图 6-4　某高科技企业关键绩效要素的确定

第三步，确定关键绩效指标。对关键绩效要素进行进一步细化，并经过甄选，使关键绩效指标得以确定。选择关键绩效指标应遵循三个原则：一是指标的有效性，即所设计的指标能够客观地、集中地反映要素的要求；二是指标的重要性，通过对企业整体价值创造业务流程的分析，找出对其影响较大的指标，以反映其对企业价值的影响程度；三是指标的可操作性，即指标必须有明确的定义和计算方法，容易取得可靠和公正的初始数据，尽量避免主观判断的影响。以优秀研发和市场领先为例，该企业确定的关键绩效指标如图 6-5 所示。

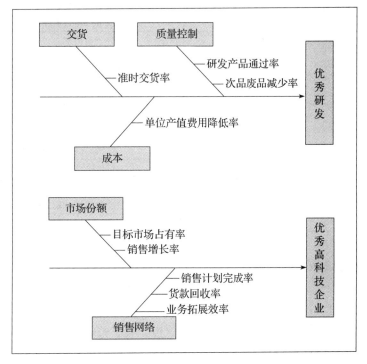

图 6-5　某高科技企业部分关键绩效指标的确定

第四步，得出企业级关键绩效指标汇总表（见表6-4）。

表6-4 某高科技企业级关键绩效指标汇总表

关键绩效领域	关键绩效要素	关键绩效指标
优秀研发	质量控制	研发产品通过率
		次品废品减少率
	成本	单位产值费用降低率
	交货	准时交货率
市场领先	市场份额	目标市场占有率
		销售增长率
	销售网络的有效性	销售计划完成率
		货款回收率
		业务拓展效率
技术支持	新产品开发	新产品开发计划完成率
		新产品立项数
	核心技术的地位	研发设备维修平均时间
		与竞争对手产品的对比分析
	国产化	国产化的费用节约率
		国产化率
客户服务	响应速度	服务态度
		问题及时答复率
	主动服务	客户拜访计划完成率
		客户拜访效率
		产品售后调查的及时性
	服务质量	质量问题处理的及时性
		质量问题处理成本
利润与增长	资产管理	资产负债率
		应收账款周转率
		存货周转率
		净资产收益率
	利润	销售利润率
		成本费用利润率
		销售毛利率
人力资源	员工满意度	员工满意度综合指数
	员工开发	优秀员工流动性
		绩效改进计划完成率
		员工培训满意率

2. 部门级关键绩效指标的确定

企业目标的实现需要部门的支持。因此，企业级关键绩效指标应该分配或分解到相应的部门，形成部门级关键绩效指标。其具体做法是：在获得企业级关键绩效指标后，首先要确认这些指标能否直接由企业内的相关部门承担。有些关键绩效指标是可以直接由部门承接的，如单位产值费用降低率、新产品立项数等，这些关键绩效指标就可以直接承接到部门，成为该部门的部门级关键绩效指标；另一些指标不能被直接承担或由一个部门单独承担,这时就必须对这些指标进行进一步的分解。对关键绩效指标进行分解通常有两条主线:一是按照组织架构分解;二是按主要流程分解。比如对"次品废品降低率"这一关键绩效指标进行分解,需要由采购部的"采购有效性"、品质保证部的"不合格品再发生率"和生产部的"生产技术问题处理的有效性"等几个指标共同支撑才能实现。

3. 个人关键绩效指标的确定

在企业级关键绩效指标和部门级关键绩效指标确定后,将部门级关键绩效指标进行分解或承接,形成个人关键绩效指标。其基本思路与部门级关键绩效指标的确定相类似。

| SHRM 聚焦 | 华为绩效管理:这样减员、增效、加薪,不服不行

让一家企业实现员工减少50%,人均劳动力提高80%,而销售收入扩大20%的目标,关键办法是"减人、增效、加薪"。

由工资倒推任务

传统企业遵循自上而下做预算、排任务的方式,无形中"逼着"员工工作。在华为则截然相反,根据员工的工资按比例推算任务,这样员工会为了到手的工资,主动想办法完成匹配的绩效。

企业最核心的管理问题是,一定要把公司的组织绩效和部门的费用、员工的收入联动。这样一来,最重要的是将核心员工的收入提高。而给核心员工加工资,可以倒逼他的能力增长。

企业要考虑员工怎么活下去,要考虑员工的生活质量不下降。员工有钱却没时间花,这是企业最幸福的事情。而企业最痛苦的是什么呢?低工资的人很多,但每个人都没事干,一群员工一天到晚有时间却没钱。

所以在华为,强制规定必须给核心员工加工资,从而倒推他们要完成多少任务。每年完成任务,给前20名的员工加20%工资,中间20%的员工加10%的工资。每超额完成了10%,再增加10%比例的员工。此外,即使部门做得再差,也要涨工资,不过可以减人。

传统观念认为部门绩效越差,越不能给员工涨工资,这就可能导致部门内优秀员工的离开,部门绩效陷入恶性循环。对于中小企业而言,不能像华为一样每个员工工资都很高,但可以给少数核心员工加工资,并以此倒推其工作指标。

提高人均毛利

很多员工不会为了销售收入的提升而努力,所以一定要有毛利,这个数基本上在30~100倍。

华为首先将毛利分成六个包:研发费用包、市场产品管理费用包、技术支持费用包、销售费用包、管理支撑费用包、公司战略投入费用包。而且要找到这六个包的"包主",让这个"包主"去根据毛利来配比下面需要几个人。任何一家企业,人均毛利是唯一的生存指标。人均毛利35万元,是一家企业最低的收入水平,其中60%即21万元是人工成本,还有35%是业务费用,15%是净利润。目前,在北上广深一线城市,如果说企业里的员工,一个月拿不到8000元薪资,大家就没法生活。华为之所以一定要实现人均毛利100万元的目标,是源于华为规定,员工必须拿到28万元的固定工资。

这个问题对于中小企业同样适用,一定要注意将人均毛利提上去。人均毛利率的增长,决定着工资包的增长。如果中小企业的工资包上不去,那么一定会成为大企业的黄埔军校,掌握优秀技能的人才因缺乏对应的薪酬就容易被别人挖走。

减人,也要增效

绩效管理首要的目标为减人增效,即每

个员工都发挥出应有的潜力。所以,华为定招聘需求的时候,有三点考虑:为什么要招这个人?他独特之处体现在哪里?这个岗位能不能给内部员工做,提高其工资水平?

华为部门经理第一年的任务就是精减人员,合并众多岗位。管理岗位和职能岗位合并优先,岗位职能越多越好,产出岗位越细越好。

产出岗位是什么?就是研发经理、市场经理、客户经理。对于产出岗位最好不要让他"升官",而是要"发财",要对产出职位"去行政化"。也就是说,企业一定要提升产出职位的级别,只要产出岗位可以干出事情,就可以配置很好的待遇。从这个角度上来说,企业管理的行政职位和产出职位要进行分离,要有明确分工,有了分工以后,才能更好地调整工资结构。

资料来源:中国工业网 http://www.indunet.net.cn/staticpage/20150623/1820.html。

目标与关键成果

在实践中,企业管理者发现 KPI 存在着指标难以明确界定,使员工陷入为追求目标而忽略过程,最终结果无人负责等缺点,因此近年来,目标与关键成果(objectives and key results,OKR)进入人们的视野。目标与关键成果是一套明确和跟踪目标及其完成情况的管理工具与方法,最初由英特尔公司发明。1999 年,英特尔公司将 OKR 引入谷歌,并一直沿用至今。现在,包括 Twitter、LinkedIn 在内的许多硅谷公司,甚至一些基金公司以及 Uber 等,都采纳了这项制度,并根据企业特质和公司制度进行了创新。

OKR,顾名思义,包括了目标和关键成果两个部分。其目标不必是确切的、可衡量的,通常是一个定性目标,但是要求具备一定的挑战性。大多数目标是由管理层自上而下制定的,个人在查阅上级的目标后,就企业的未来发展方向和自己想做的事与管理者进行沟通,并确定个人的 OKR。而关键成果则是定量指标,对设定目标的运作过程及运作结果的过程性质和结果性质进行了说明。关键成果要可量化、便于评分,并且能够很好地促进目标的完成。除此之外,OKR 还强调最终的关键成果必须服从目标,在执行过程中可以随时更改关键成果。个人、部门和企业都设定了每个季度和年度的 OKR,在工作中集中精力实施季度 OKR,并不断修订年度目标与关键成果。OKR 体系的核心价值在于,通过将一部分的时间和工作投入在制定公司战略及目标上,同时用一种易于理解的方式清楚地向所有员工传达制定的战略和目标,帮助企业中的每个成员清楚地知道企业未来的发展方向,并且作为其中一员的自己可以为企业的发展贡献怎样的力量,最终使企业上下目标一致,向着共同的目标前进。

从本质上来说 OKR 是一个目标实现的管理工具,而 KPI 既是目标实现的管理工具,又是对员工的考核评价工具。OKR 更专注于目标的实现结果及改善,不会将结果与员工的奖金挂钩,而 KPI 除了对目标的实现结果进行评估外,同时还会将目标实现的评估结果与员工的奖金挂钩。这也就导致应用 OKR 管理的公司,员工更集中注意力在公司或团队目标的实现上,大家一起对总目标负责,而应用 KPI 管理的公司,员工更专注于自己的目标如何保质保量地达成,员工只对自己的目标负责。

其次,KPI 的理论来源是 X 理论即人生来是懒惰的,不愿意承担责任,所以 KPI 在执行过程中注重目标和措施的明确,并要求员工强制执行,在执行过程中不能轻易修改,同时将员工的执行结果与利益挂钩。而 OKR 的理论来源是 Y 理论即人生来是主动的、积极的,也愿意承担责任,因此在实施过程中很重视员工的参与程度。OKR 不仅可以提高员工自身的工作能力,还能在一定程度上提高其主观能动性和创造性。

最后,在实施过程中两者存在三个方面的不同:一是公开性,OKR 强调的是目标和关键指标完全透明、公开，所有成员都可以随意查询其他成员的 OKR，以便团队、跨团队协作和目标纠偏，而 KPI 则更多小范围公开，比如上下级之间、以指标相关的同事之间公开等；二是 OKR 强调上下沟通，即目标从上至下分解，而 KPI 可以从下至上提出，经充分讨论决定，以确保员工的每个 KPI 都对目标的实现有影响力，KPI 在目标分解过程中更强调执行。同时，在考评周期结束时，OKR 一般是以团队为单位，每个人介绍自己的 OKR 的结果，然后大家一起打分评估，而 KPI 则由上级依据事先定的衡量标准，对实施结果进行评价；三是 OKR 关注产出导向，关注事情的结果，即对公司或团队目标实现的影响度，而 KPI 则关注结果导向，强调事情结果即对个人目标的影响度。

我们应该认识到，KPI 和 OKR 都只是绩效工具而已，并无优劣之分，人力资源管理者应该根据公司战略、行业特点等具体问题具体分析，选择最适合的绩效工具。具体而言，KPI 适用于一些工作目标和措施都比较明确与成熟的岗位，如制造业的一线操作岗位，每个岗位都有具体的作业标准和流程，为保证产品质量，员工必须严格按照标准操作和执行，禁止随意发挥，而 OKR 则更适用于实现目标的方法不是特别清晰且不太成熟的岗位，如研发性岗位。

|SHRM 聚焦| 为何 KPI 毁了索尼，而 OKR 成就了谷歌

索尼公司前常务董事天外伺郎的《绩效主义毁了索尼》一文，曾经在业界流传甚广，也激起了广泛的争议，支持与反对的意见和声音到现在为止都还没有停止。

抛开文章的结论是否正确，观点是否偏颇，索尼是否没有真正理解 KPI 等争议，单纯从文章描述的现象来看，相信绝大部分公司里都会存在类似的现象，例如：

1."因为要考核业绩，几乎所有人都提出容易实现的低目标"；

2."因实行绩效主义，索尼公司内追求眼前利益的风气蔓延。这样一来，短期内难见效益的工作，比如产品质量检验以及（老化处理）工序都受到轻视"；

3."上司不把部下当有感情的人看待，而是一切都看指标"；

4."为衡量业绩，首先必须把各种工作要素量化。但是工作是无法简单量化的。公司为统计业绩，花费了大量的精力和时间，而在真正的工作上却敷衍了事，出现了本末倒置的倾向"。

资料来源：InfoQ (ID: infoqchina).

6.3.5 平衡计分卡

平衡计分卡（balanced score card，BSC）是由哈佛商学院的教授罗伯特 S. 卡普兰（Robert S.Kaplan）和复兴全球战略集团的创始人兼总裁戴维 P. 诺顿（David P. Norton）在《平衡计分卡：良好绩效的评价体系》一文中提出的一种新的绩效评价体系。它考核的内容较为全面，分别从财务层面（financial perspective）、客户层面（customer perspective）、内部业务流程层面（internal process perspective）和学习与成长层面（learning and growth perspective）对企业的绩效进行管理，更加体现了企业战略绩效管理目标的要求（陈维政、余凯成和程文文，2004）。下面详细介绍该评价方法的产生历程、具体内容以及在实践中的应用。

1. 平衡计分卡的产生和发展

20 世纪 90 年代以来，知识资本的地位日益凸显。信息技术的出现和全球市场的开放

改变了现代企业经营的基本前提。价值创造模式已经从依靠有形资产向依靠无形资产转变，这对绩效评价系统会产生重要的影响。关注无形资产价值创造机制的新经济要求，以辨认、描述、监控和反馈那些驱动企业组织成功的各种无形资产的能力建立新的绩效评价系统。在这种背景下，1990年，卡普兰和诺顿带领一个研究小组对12家公司进行了为期一年的研究，以寻求一种新的绩效评价方法。他们讨论了多种可能的替代方法，最后决定采用平衡计分卡。当时，平衡计分卡从客户、内部业务流程以及学习与成长三个层面丰富和拓展了绩效测评的指标，弥补了传统财务指标的不足，促使企业在了解财务结果的同时，对自己在增强未来发展能力方面取得的进展进行监督。

平衡计分卡自提出以来，不断得到完善和发展，这在卡普兰和诺顿出版的五本平衡计分卡系列著作中得到充分体现。两位大师出版的第一本著作《平衡计分卡：化战略为行动》（*Balanced Scorecard: Translating Strategy Into Action*，1996）主要把平衡计分卡视作一个包括财务、客户、内部业务流程和学习与成长四个层面的指标体系，用来进行绩效评价。随后，大量组织采用了平衡计分卡并取得了立竿见影的效果。卡普兰和诺顿发现，这些组织不仅用平衡计分卡使财务评价指标与未来绩效动因相结合，而且通过平衡计分卡进行战略沟通及实施，于是出版了《战略中心型组织：如何利用平衡计分卡使企业在新的商业环境中保持繁荣》（*The Strategy-Focused Organization: How Balanced Scorecard Companies Thrive in the New Business Environment*，2000）一书，介绍了早期实施平衡计分卡的公司如何将平衡计分卡运用到战略管理系统中，并提出"五项管理原则"，即"动员""转变""协同""激励"和"管控"。随着实践的推动，卡普兰和诺顿又认识到可以通过平衡计分卡四个层面目标之间的因果关系来描述战略并使之直观化，这就是战略地图，因而在《战略地图：化无形资产为有形成果》（*Strategy Maps: Converting Intan-gible Assets Into Tangible Outcomes*，2003）一书中描述了内部业务流程。

2. 平衡计分卡的框架及四个层面

组织的使命、核心价值观、愿景和战略构成了有效平衡计分卡的组成部分（Baraldi & Cifalinò，2015）。平衡计分卡通过四个层面中每个层面的目标、指标及行动方案，将组织的使命、核心价值观、愿景和战略转化为现实（卡普兰和诺顿，2013）。因此，在确定平衡计分卡的目标和指标时，必须对照组织的使命、核心价值观、愿景和战略，确保目标和指标的协调一致。在明确了组织的使命、核心价值观、愿景与战略后，平衡计分卡战略地图提供了一个简要的框架，用于说明战略如何将无形资产与价值创造流程联系起来（见图6-6）。

平衡计分卡是20世纪90年代以来各种管理理论的综合，不仅是一个绩效评价系统与战略管理系统，还是一种沟通工具，而且着重强调四个层面目标之间因果关系的重要性，强调财务指标与非财务指标、组织内部要素与外部要素、前置指标与滞后指标、长期目标与短期目标的平衡。平衡计分卡之所以具有这些优势或特点，一个主要原因是它具有四个层面，即财务层面、客户层面、内部业务流程层面和学习与成长层面。

（1）财务层面。平衡计分卡的财务层面的最终目标是利润最大化。企业的财务业绩通过两种基本方式得到改善，即收入增长和生产率改进。收入增长可以通过两种途径实现：一种途径是提高客户价值，即加深与现有客户的关系，销售更多的产品和服务；另一种途径是增加收入机会，企业通过销售新产品或发展新客户实现收入增长。生产率改进也可以通过两种方式实现：一种方式是通过降低直接或间接成本来改善成本结构，这可以使企业生产同样数量的产品却消耗更少的人力和物力；另一种方式是提高资产利用率，通过更有效地利用财务和实物资产，企业可以减少支持既定业务量水平所必需的营运资本和固定资本。

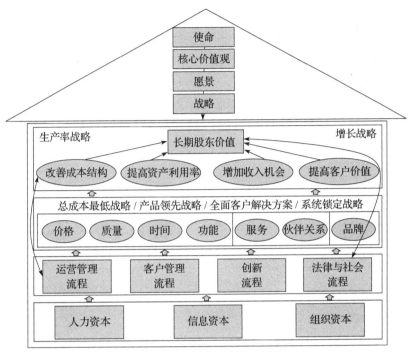

图 6-6　平衡计分卡的简要框架

（2）客户层面。客户层面包括衡量客户成功的滞后指标，如客户满意度、客户保持率、客户获得率、市场价额、客户份额等。但是仅仅使客户满意并保留客户几乎不可能实现战略目标，收入增长需要特殊的客户价值主张（customer value proposition）。企业应当确定特殊的细分客户，即为企业带来收入增长和盈利的目标客户（Skalén, Gummerus, von Koskull, et al., 2015）。卡普兰和诺顿总结了四种通用的价值主张或竞争战略：总成本最低战略、产品领先战略、全面客户解决方案、系统锁定战略。

（3）内部业务流程层面。客户层面的目标描述了战略目标客户和价值主张，财务层面的目标描述了成功战略（收入增长和生产率改进）的结果。内部业务流程有利于实现两个关键的战略要素：向客户传递价值主张，降低并改善成本以实现生产率的改进。内部业务流程可以分为四类：运营管理流程、客户管理流程、创新流程以及法规与社会流程。

（4）学习与成长层面。学习与成长层面描述了组织的无形资产及其在战略中的作用。无形资产可以被描述为"存在于组织内，用于创造不同优势的知识"或"组织员工满足客户需要的能力"，包括专利、版权、员工知识、领导力、信息系统和工艺流程等。这些无形资产的价值来自它们帮助企业实施战略的能力，不能被个别或独立地衡量出来。无形资产一般分为人力资本、信息资本与组织资本三大类。

3. 利用战略地图规划战略

战略地图是平衡计分卡的发展和升华，它提供了一个可视化的表示方法：在一个只有一页的视图中说明了四个层面的目标如何被集成在一起用于描述战略。通过建立战略地图，企业可以理清战略的逻辑性，明确创造价值的关键内部流程以及支持关键流程所需的无形资产（Rabetino, Kohtamäki & Gebauer, 2016）。平衡计分卡将战略地图目标转化为指标和目标值，并为每一目标制订行动方案。通过执行行动方案，战略得以实施，每家企业都应该为其特殊的战略目标制定战略地图。但是对采用不同战略的企业来说，客户层面、内部业务流程层面、学习与成长层面的价值主张是截然不同的，它们的战略地图也各有不同。

4. 平衡计分卡在企业中的应用设计

平衡计分卡在某制造企业中的应用设计。以某家居集团公司下属的子公司为例。某制造企业是某集团公司下属的子公司，主要致力于高档木门的生产与销售。以集团公司的使命、核心价值观和愿景等为基础，我们确定了该子公司的使命、核心价值观和愿景，并据此制定了每个层面的目标，得到如图6-7所示的战略地图。

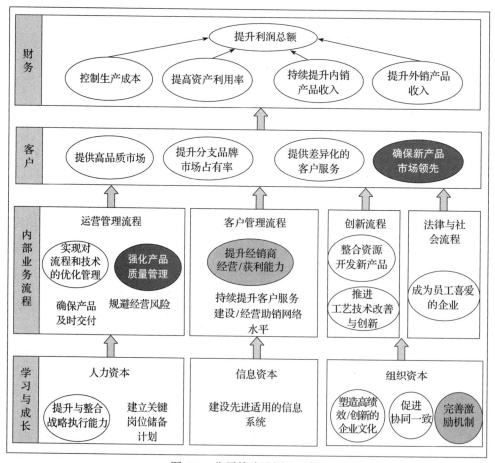

图6-7 公司战略地图及目标

注：○集团和子公司之间需协同的目标（承接或分解），●各子公司之间需协同的目标（共享或分享），●子公司独有的目标

根据平衡计分卡的组织协同原则，不仅每个层面的目标之间具有一定的因果关系，而且该子公司与集团公司的目标及其他子公司的目标在集团公司使命与愿景的指引下应该实现战略协同，以产生协同效应。基于此，该子公司目标分为三类：一是集团和子公司之间需要协同的目标，主要通过纵向的承接或分解来实现；二是各子公司之间需要协同的目标，主要通过横向的共享或分享来实现；三是该子公司独有的目标。

此外，由于该子公司实施的是产品领先的客户价值主张，因此在客户层面强调高品质的产品与确保新产品市场领先等，在内部业务流程层面则强调产品质量监控、开发新产品以及推进工艺技术改善与创新等，而不仅仅是成本最低。

根据公司战略地图及每个层面的目标，经过多轮沟通，依次确定每个目标的指标、目标值和行动方案，得到与图 6-7 相配套的子公司平衡计分卡（见表 6-5）。

表 6-5　某制造企业的平衡计分卡

层面	目标		指标	目标值	行动方案
财务	提升利润总额		利润增长率	×××	×××
	控制生产成本		材料成本降低率	×××	×××
			制造费用降低率	×××	×××
			期间费用降低率	×××	×××
	提高资产利用率		流动资产周转率	×××	×××
	持续提升内销产品收入	提升新产品收入	新产品销售额	×××	×××
		提升现有产品收入	现有产品销售额	×××	×××
	提升外销产品收入		外销产品销售额	×××	×××
客户	提供高品质产品		无缺陷订单交付率	×××	×××
	提升分支品牌市场占有率		目标市场覆盖率	×××	×××
	提供差异化的客户服务		客户满意度	×××	×××
	确保新产品市场领先		新产品上市提前期	×××	×××
			新产品铺货率	×××	×××
内部业务流程	实现对流程和技术的优化管理		优化的流程数量	×××	×××
			技术标准化目标达成率	×××	×××
	强化产品质量管控		完工产品合格率	×××	×××
			内部故障成本损失率	×××	×××
			外部故障成本损失率	×××	×××
	确保产品及时交付		订单履约率	×××	×××
	规避经营风险		应收账款按期回收率	×××	×××
	提升经销商经营/获利能力		战略性市场销售目标达成率	×××	×××
			经销商平均销售额增长率	×××	×××
			业绩提升的经销商比	×××	×××
	持续提升客户服务水平		客服信息及时处置率	×××	×××
			客服项目达标率	×××	×××
	建设/经营助销网络		来自助销网络的订单金额	×××	×××
			有效助销网络覆盖率	×××	×××
	整合资源开发新产品		开发的新产品数量	×××	×××
			新增专利数量	×××	×××
	推进工艺技术改善与创新		创新成果数量	×××	×××
学习与成长	成为员工喜爱的企业		员工满意度	×××	×××
	提升与整合战略执行能力		人力资本准备度	×××	×××
	建立关键岗位储备计划		已储备人员的岗位比率	×××	×××
	建设先进适用的信息系统		信息资本准备度	×××	×××
			综合评价指数	×××	×××
	促进信息资源共享		信息共享项目数量	×××	×××
	塑造高绩效/创新的企业文化		文化认知度	×××	×××
	促进协调一致		部门协作满意度	×××	×××
	完善激励机制		激励政策覆盖率	×××	×××

注：企业平衡计分卡财务层面的目标没有行动方案，此外目标值和行动方案等具体内容从略。

从总公司到子公司、子公司各部门及个人，从上到下层层分解或承接目标，再通过多次与相关部门管理者及员工沟通，得到子公司各部门平衡计分卡、各部门管理者及员工个人平衡计分卡。这里以技术研发部的平衡计分卡及主管的平衡计分卡为例加以说明，如表 6-6 和表 6-7 所示。

表 6-6 某制造企业技术研发部的平衡计分卡

部门名称	技术研发部		部门编号	×××	
部门主管	×××		所属公司	某制造业企业	
层面	目标		指标	目标值	行动方案
财务	控制产品研发成本		产品研发周期成本	×××	×××
	降低产品成本		技改收益	×××	×××
	提升新产品收入		新产品销售额	×××	×××
客户	提供良好的技术指导与服务		相关部门满意度	×××	×××
	确保新产品市场领先		新产品上市提前期	×××	×××
			新产品铺货率	×××	×××
内部业务流程	整合资源开发新产品		开发新产品数量	×××	×××
			新增专利个数	×××	×××
	实现对流程和技术的优化管理		技术标准化目标达成率	×××	×××
			研发流程是否优化	×××	×××
	确保产品设计质量		设计差错率	×××	×××
			工艺技术文件规范性	×××	×××
	开展技术指导与检查		工艺纪律检查次数	×××	×××
	推进工艺技术改善与创新		创新成果数量	×××	×××
	加强技术资料管理		技术资料的完好性	×××	×××
	提升国内外大项目技术支持		技术支持的及时性	×××	×××
			报价的及时准确性	×××	×××
学习与成长	提升与整合战略执行能力		员工胜任度	×××	×××
			组织培训的次数	×××	×××
	建设先进适用的信息系统		综合评价指数	×××	×××
	促进信息资源共享		信息共享项目数量	×××	×××
	塑造高绩效/创新的企业文化		文化认知度	×××	×××
	促进协调一致		部门内部协作满意度	×××	×××
主管签字	×××		上级签字	×××	
行政人事部盖章	×××		签字日期	×××	

表 6-7 某制造企业技术研发部主管的平衡计分卡

职位名称	技术主管		职位编号	×××	
姓名	×××		所属部门	技术研发部	
层面	目标		指标	目标值	行动方案
财务	控制产品研发成本		产品研发周期成本	×××	×××
	降低产品成本		技改收益	×××	×××
	提升新产品收入		新产品销售额	×××	×××
客户	提供良好的技术指导与服务		相关部门满意度	×××	×××
	确保新产品市场领先		新产品上市提前期	×××	×××
			新产品铺货率	×××	×××

（续）

职位名称		技术主管	职位编号	×××	
内部业务流程	整合资源开发新产品		开发新产品数量	×××	×××
			新增专利个数	×××	×××
	实现对流程和技术的优化管理		技术标准化目标达成率	×××	×××
			研发流程是否优化	×××	×××
	确保产品设计质量		设计差错率	×××	×××
			工艺技术文件规范性	×××	×××
	开展技术指导与检查		工艺纪律检查次数	×××	×××
	推进工艺技术改善与创新		创新成果数量	×××	×××
	加强技术资料管理		技术资料的完好性	×××	×××
	提升国内外大项目技术支持		技术支持的及时性	×××	×××
			报价的及时准确性	×××	×××
学习与成长	提升与整合战略执行能力		员工胜任度	×××	×××
			组织培训的次数	×××	×××
	建设先进适用的信息系统		综合评价指数	×××	×××
	促进信息资源共享		信息共享项目数量	×××	×××
	塑造高绩效/创新的企业文化		文化认知度	×××	×××
	促进协调一致		伙伴需求响应及时	×××	×××
本人签字		×××	上级签字	×××	
行政人事部盖章		×××	签字日期	×××	

此外，为了便于认识与沟通指标，平衡计分卡的每个指标都应该有一张对应的指标卡，指标卡通常包含指标名称、责任部门/人、衡量目标、计算公式、指标衡量、行动方案等内容，如表6-8所示。

表6-8 指标卡示例

指标描述					
指标名称	新产品上市提前期		责任部门/人	技术研发部	
所在层面	客户层面		衡量目标	确保新产品市场领先	
指标解释	评价期内新产品上市时间相对于主要竞争对手同类产品的提前天数				
计算公式	无				
指标衡量					
评价周期	年度	评价主体	技术主管	数据来源	营销管理部
基数	80	目标值	90～120	单位	天
评分标准	等级描述			分值（100分为满分）	
	S：120天以上			90分以上	
	A：90～120天			80～89分	
	B：60～90天			70～79分	
	C：30～60天			60～69分	
	D：30天以下			59分以下	
备注	在每个绩效等级内，绩效区间和分值区间按级差平均分配并对应				
行动方案					
1. 开展市场调研和竞争对手情报分析					
2. 召开新产品市场分析会议					
3. 编制新产品开发计划并按计划组织实施					

从公司平衡计分卡到部门平衡计分卡，再到个人平衡计分卡，其目标之间呈现出一种非常明显的逻辑关系。

其一，部门的目标有些是直接承接公司的目标，个人的目标则大多是承接部门的目标，也就是说，部门所承担的目标最终都要落到每位员工"头上"，以实现"战略落地"。例如，技术研发部财务层面的目标"提升新产品收入"是由公司财务层面的目标直接承接过来的，而内部业务流程层面的目标"整合资源开发新产品""实现对流程和技术的优化管理"以及"推进工艺技术改善与创新"也都是从公司内部业务流程层面直接承接过来的。又如技术主管的个人目标基本都是由直接承接技术研发部门的目标而来的。

其二，部门的目标有些是由公司的目标分解而来的。例如，技术研发部内部业务流程层面的目标"确保产品设计质量"是由公司内部业务流程层面的目标"强化产品质量管控"分解而来的。进而言之，为了实现公司层面的"强化产品质量管控"这个整体目标，技术研发部必须实现"保证产品设计质量"这个分解目标，其他部门也必须在各自领域为"强化产品质量管控"这个整体目标做出贡献。这样，各个部门齐心协力，以促进公司整体目标的顺利实现。

此外，由于指标跟着目标"走"，进而确定目标值，而行动方案也主要针对目标而非指标加以确定，因此伴随目标的承接或分解，指标、目标值与行动方案等也要视情况而进行相应的承接或拆分。

6.4 绩效考评体系的完善

6.4.1 确定工作绩效考评标准

工作绩效考评标准是否与组织的战略目标相一致，是否与工作本身相关以及是否明确、合理，是保证一个工作绩效考评体系是否具有有效性的基本要求。工作绩效考评的标准不清常常是导致一个工作绩效考评体系失败的主要原因之一，标准的制定应该遵循以下条件。首先，工作绩效考评标准的建立应与组织的目标相一致。只有满足组织需要的工作绩效考评才是具有实际意义的，在建立工作绩效考评标准之前，应首先明确组织的目标是什么，按照组织的目标来确定部门和小组甚至个人应该达到的业绩状况。然后，只有围绕这些去制定考核员工的标准，这些标准才能真正反映员工应该达到的业绩要求（Iqbal, Akbar & Budhwar, 2015）。用与组织目标不一致的标准来衡量业绩是不能达到工作绩效考评的基本目标的。其次，工作绩效考评的标准应该与工作本身密切相关。工作绩效考评是考核员工的工作绩效状况的。建立工作绩效考评标准的信息应该主要来自工作说明，即关于工作本身的要求是什么等的具体要求，将它们加以界定和计量，形成工作绩效考评可以依据的标准。最后，对于工作绩效考评的每个项目应该执行单一标准的原则，即一个考核项目只能有一个标准，而且这个标准必须明确，按照这个标准去考评才有意义，如果在考评中使用多头标准，就会增加考评过程的主观性，降低工作绩效考评的有效性。

6.4.2 遵循绩效考评原则

工作绩效考评必须遵循客观性这一基本原则，一方面在考评方式的设定和标准的选取方面要保证客观性，即考评方法的选择和使用要尽量与被考核目标的实际情况相符；另一方面在考评结果的讨论和分析上要做到与实际考评结果应有的结论相一致，既不能任意夸大或贬低考评结果的实际意义，又不能肆意歪曲考评的结果。只有遵循考评的客观性原则，才能做到工作绩效考评的全面、准确，员工才可能认可考评结果，从而最大限度地调动参与考评员工的积极性和主动性，取得良好的考评效果。

6.4.3 正确选择工作绩效考评方法

首先，工作绩效考评要选择合格的考评人员。在前面的讨论中明确了参与工作绩效考评的考评人员，包括被考评人的直接上级、下属、同事、自我本身以及外部的人员（如客户）等。每一类型的考评人员与被考评人的关系在考评时都会有一定的优势存在，也存在不足之处，所以无论是谁来进行工作绩效考评，都应该在坚持工作绩效考评标准的基础上，尽量做到客观、公正，避免主观偏见。因此，企业应经常对工作绩效考评的考评人员进行培训，增强他们对考评手段的利用能力和考评技巧的掌握等。

其次，要保证考评过程的公平、公正性。工作绩效考评的过程和结果要对被考评对象进行公开，考评的时间、地点，考评采用的标准和方法，以及考评的结果都应该向被考评对象明确说明，使他们了解考评过程，自觉地参与考评，保证考评过程的顺利进行。同时，应向被考评对象公开考评过程和结果保证考评的公平性，使大家都能在公开、公平的气氛下接受考评，既保证考评过程受到群众的监督，也有助于不断提高考评的质量（Cheng, 2014）。工作绩效考评的过程和结果只有显示出较强的公平性才能为大多数员工所接受，这要求整个工作绩效考评的过程，从考评标准的建立到考评方法的选择等都有高层管理人员的检查和广大员工的参与，在高层管理人员的监督和支持下，将考评程序尽量合理化、考评方法尽量科学化，减少干扰。在广大员工的参与下，使考评过程尽量客观和公正，考评结果的形成和反馈也会更加积极有效。

再次，要及时提供工作绩效考评的结果反馈。工作绩效考评结果的及时反馈是保证工作绩效考评的目标，即促进员工改进业绩、提高效率的重要手段之一（Minbaeva, Pedersen, Björkman, et al., 2014）。对于工作绩效考评的结果，员工应首先得到充分的了解，然后听取员工的意见和建议，进行公开的交流，将有关考评结果的接受情况和改进等方面的信息反馈给管理者，使得管理者能够及时处理有关情况和吸取有关工作绩效考评的经验与教训（Asumeng, 2013）。

最后，绩效考评的过程要保证对员工进行全方位、及时的评价。为保证工作绩效考评结果的公正、客观，在工作绩效考评的实践中，常常采用同时从多方收集信息，即同时利用被考评人的上级、下级、同事等多个主体进行考评，综合评估结果，这种方法又被称为360度反馈法（Espinilla, de Andrés, Martínez, et al., 2013）。此外，还要保证工作绩效考评工作的经常性，定期进行考评，通过考评纠正错误，发现机会，促进企业发展。

6.4.4 重视绩效考评面谈

绩效考评面谈是工作绩效考评结果反馈的一种主要方式，也是战略绩效管理体系的重要环节之一（Tarakci, Ates & Wooldridge, 2015）。只有把考评结果传达给员工，得到他们的认同和重视，才能进一步改进。在传统的人事管理中，工作绩效考评的结果不需要让员工了解，所以也就没有绩效考评面谈（Nielsen, 2014）。现代人力资源管理强调在使员工了解绩效考评结果的基础上，不断改善未来的工作业绩，促进组织的发展。因此，绩效考评面谈通过面对面地与员工沟通有关业绩考评结果的方式已成为工作绩效考评工作中的重要步骤。

（1）绩效考评面谈的准备工作。绩效考评面谈的准备工作主要有以下几个方面。

1）确定面谈的对象。通常参加面谈的双方，一方是被考评人即本部门的员工，另一方是该部门的主管，即被考评人的直接上级。如果被考评人是管理者，则由其上级部门的管理者进行面谈。在有些情况下，也可以是人力资源管理部门的专门人员进行绩效考评面谈。

2）对工作绩效考评的有关资料进行整理和分析。确定参加面谈的人员后，就要针对面谈的对象收集相关的信息和资料，包括研究被面谈人所从事工作的工作说明、被考评人的工作目标、被考评人的实际工作完成情况，以及有关被考评人的其他档案资料，并进行认真的分析。

3）准备面谈的提纲。将面谈的大致安排做出一个规划，确定面谈的重点、可能的提问、如何开始和结束等。

4）通知参加面谈的员工。提前一段时间通知参加面谈的员工，让他们做好相关的准备，包括心理准备和资料准备，在重新阅读工作说明和审查自己工作的基础上，分析自己工作中存在的问题。

5）选择面谈的时间、地点。寻找一个双方都比较方便的时间进行面谈，以保证充足的面谈时间。地点的选择则应该是相对比较安静、干扰比较少的场所。

（2）绩效考评面谈的类型。按照被考评人的业绩情况，可能的绩效考评面谈方式主要有以下几种。

1）提升面谈。在提升面谈中，被考评人的工作业绩是能够令人满意的，并且即将得到提升。在讨论已取得成绩的基础上，双方更多地会谈到有关被考评人未来的工作计划，对其提升后进入新的职位面临的发展和行动计划做详细探讨。

2）改善面谈。对工作绩效不能令人满意的员工，面谈的重点则是落在如何改善未来的工作上，包括制订一个详细的改善计划，共同讨论具体的实施和可能出现的相关问题。

3）沟通面谈。被考评人的工作绩效能够令人满意，但由于种种原因不能得到提升的机会，在这种情况下，面谈的过程主要是与员工进行一般的沟通，既不谈及提升，也不着重改善，在强调员工维持过去良好业绩的同时，要激励其努力工作的热情。

（3）绩效考评面谈中应注意的几个问题。为了使绩效考评面谈顺利地进行，达到预期的效果，在面谈的过程中要注意以下几个方面的问题。

1）谈话要具体、有针对性（Ben-Oz & Greve，2015）。面谈中谈到的有关员工的相关问题要具体，不能够仅仅是泛泛而谈，或者是绕弯子。要让员工能够彻底地了解情况，达到沟通的目的，要将每个问题有针对性地提出，并做出具体说明。

2）就事论事，不指责员工。在指出员工的不足之处时，应该用客观的口吻与员工交流，既不要用责备的语气，又要尽量避免用与其他员工对比的方式教训员工。任何评价都应以客观事实为依据。

3）注意聆听员工的意见。聆听员工的意见，鼓励员工多参与到谈话中，如"请谈谈你的看法""请告诉我你对这件事的想法"等，以便建立起双方的相互信任，同时了解更多的有关员工的情况。

4）始终保持良好的谈话态度。想要在谈话过程中被员工接受，同时获得来自员工的积极反馈，就应试着在谈话过程中始终保持良好的态度，问话的态度温和，仔细倾听，不要居高临下。

本章小结

战略绩效管理作为战略人力资源管理的核心部分，对企业实现战略目标的重要性不言而喻。与传统绩效管理不同，战略绩效管理侧重于企业战略发展目标，对员工和组织工作的结果进行系统的绩效管理。

战略绩效管理由绩效计划、绩效监控、绩效评价和绩效反馈四个环节形成一个闭合循环系统，评价什么、评价主体、评价方法、评价周期和结果应用这五个关键决策通常贯穿上述四个环节，对绩效管理的实施效果起着决定性的作用。

如何进行绩效考评？

绩效考评的基本程序主要由确定工作绩效考评的目标、确定业绩期望、绩效评价与管理、检查员工工作、管理反馈过程等五个步骤构成。而绩效考评的方法按照工作考评的角度不同，主要可以分为三大类别，即比较法、行为考评法和结果考评法。另外，绩效考评面谈也是比较常用的工作绩效考评方法。

作为战略绩效管理工具，目标管理、标杆管理、关键绩效指标、平衡计分卡与传统的表现性评价工具及各种非战略性的具体绩效评价方法相比，能更加有效地达到战略绩效管理的三个目的，因而具有明显的特点与优势。但这四种工具各有利弊，企业应结合自身实际选择最合适的绩效管理工具。

针对因评价者的主观失误或对评价指标和评价标准的认识误差对绩效评价准确性产生的影响，绩效考评体系的完善就显得尤为重要。

此外，在当今高度复杂、持续变化的环境中，企业人力资源是提升企业竞争力、维护企业竞争优势的重要源泉（Qiao, Wang & Wei, 2015）。

战略导图

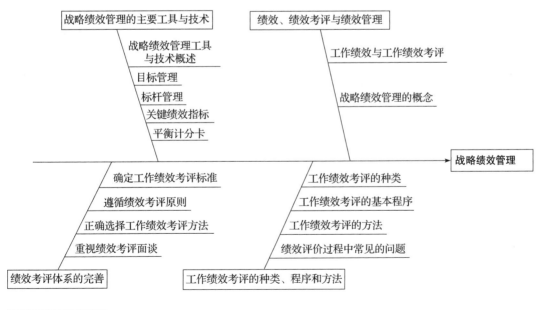

关键术语

战略人力资源管理　　工作绩效　　工作绩效考评　　目标管理法

标杆管理　　　　　关键绩效指标　　　　　平衡计分卡

▶ 复习思考题

1. 简述战略绩效管理与人力资源管理其他职能活动的关系。
2. 简述绩效考评的种类、程序和方法。
3. 简述员工绩效考评的方法。
4. 简述战略管理工具的比较
5. 简述绩效评价过程中常见的问题以及怎样完善绩效考评体系。
6. 简述绩效考评面谈的准备工作、类型和应该注意的问题。

▶ 文献导读

1. How Important are Job Attitudes? Meta-analytic Comparisons of Integrative Behavioral Outcomes and Time Sequences

工作态度和工作绩效几乎是在个体层面展开的组织研究中最为关注的两个主题。长期以来，关于两者的关系争论不休，一个基本的问题依然存在：工作态度能在多大程度上可以用来预测与理解工作绩效和工作相关的个人行为？

Harrison，Newman 和 Roth（2006）采取元分析方法对以往文献进行了回顾，并基于态度理论的兼容性原则提出命题，认为总体的工作态度（选取了两个主要概念：工作满意度（job satisfaction）、组织承诺（organizational commitment））水平对员工典型行为（（选取了三种典型的工作行为：迟到（lateness）、旷工（absence）、离职（turnover））和绩效（周边绩效（contextual performance）、任务绩效（focal or in-role performance））存在较高的预测效果。同时，作者采用元分析法和结构方程分析法对上述命题进行了检验。

资料来源：Harrison D A, Newman D A, Roth P L. How Important are Job Attitudes? Meta-analytic Comparisons of Integrative Behavioral Outcomes and Time Sequences [J]. Academy of Management Journal, 2006, 49 (2): 305-325.

2. Performance Appraisal, Performance Management, and Firm-level Performance: A Review, a Proposed Model, and New Directions for Future Research

从管理和个人/组织心理学的角度探索如何提高绩效的研究由来久矣。以往的研究更多地关注个人绩效以及团队绩效，大部分研究也更多地对绩效管理加以考虑，而对绩效评估关注较少。

关于组织绩效，存在一个潜在的假定，即如果组织能有效提升员工个人绩效，那么公司层面的绩效也能得到提高，但关于这一假定尚未被正面证实。DeNisi 和 Smith（2014）发现，以往有大量研究体现了人力资源管理"包"与公司层面绩效之间存在密切联系，同时有研究提出相关模型来阐述人力资源管理"包"将个人层次的绩效转化为公司层绩效的机制。基于以往这些研究，DeNisi 和 Smith（2014）提出命题，认为当人力资源管理"包"与组织战略目标相结合时，可以营造一种绩效氛围，进而将一般性的知识、技能和能力（knowledge，skills and abilities，KSAs）转化为能提高公司层绩效的特殊KSAs，并据以上命题构建了一个理论模型进行阐述。

资料来源：DeNisi A, Smith C E. Performance Appraisal, Performance Management, and Firm-level Performance: A Review, a Proposed Model, and New Directions for Future Research [J]. Academy of Management Annals, 2014, 8 (1): 127-179.

▶ **应用案例**

如何做好绩效管理：海底捞进化论

很多餐饮掌柜都会问我这样的问题，"你们的员工是怎么培训的，我们能不能把我们的员工让你们培训一下，我们的员工能不能像你们的员工一样"？

对此，我都会明确地告诉他们，这是不可能的。人力资源管理并不是只有培训，从培训，到绩效考核，到薪酬福利，再到升迁与淘汰，整体呈环状构成了一个流程和制度上的体系。这个环千万不能断，因为如果任何一个环节断了，这个体系就不完善了，培训、绩效就白做了。海底捞的人力资源管理体系，如图6-8所示。

图 6-8　海底捞的人力资源管理体系

认识绩效考核是准确认识人力资源管理的基础。绩效考核标准制定有一个核心原则：考核者一定要和被考核者一起制定。原因很简单，首先是员工对岗位的描述更准确，其次依据员工的能力制定标准更容易保证实现。脱离了员工实际操作情况的考核标准都不具可参照性。

海底捞的绩效考核标准：过程法、五色卡标准

海底捞把整个过程分为五种颜色卡，红卡、黄卡、白卡、绿卡和蓝卡。红卡是服务，黄卡是出品，白卡是设备，绿卡是食品安全，蓝卡是环境卫生。图6-9是不同颜色卡片代表不同的经营内容的示意图。

黄卡、白卡、绿卡、蓝卡的经营内容是可以被量化的，但是红卡代表的服务是非常难被量化的，所以我们的红卡考核只有服务的速度和态度。服务的速度又分为上菜的速度、买单的速度和出现客人投诉处理的速度。

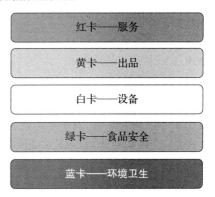

图 6-9　不同颜色卡片代表不同的经营内容

1. 考核方法

上级考核下级，上级考核有一个班子和团队，这个团队在我们企业中工作很多年，非常有经验。更具体点，到一家餐厅主要观察几个现象：先观察客人，客人在等候区的时候有没有很焦急，有没有东张西望到处找人；到了就餐区有没有大喊服务员的现象，就餐区是不是很干净；还有观察服务员有没有聊天、打盹的现象；观察管理者有没有聊天、打盹的现象。

2. 打分方式

打分采取的是小区考核门店。因为每个区打的分值不一样，我们就采用绝对值判断，分为A、B、C三个等级。这个机制出来之后，我们发现每个店的分数都在上涨，因为大家互相在竞争，不需要做得最好，但一定要比"他"做得好。

3. 考核结果一定要应用

第一，绩效结果要和被考核者沟通。特别是不认同考核结果的这一部分人，一定要做好沟通，做沟通的过程其实又是一个培训的过程。

第二，考核出来的A、B、C，一定要和薪酬、升迁对应上，如果这个不对应好，我相信前面的绩效考评白做了，培训课也白做了。

说到底，激励员工就是制定利益驱动模式。从基本的利益上考虑，让员工有更高的收入，在这个基础上讲情怀，其最终的目的可能依然是让员工有更好的收入、更好的生活。

（1）提高薪酬制度的效率。 海底捞薪酬制度发展经历过以下几个阶段。

阶段一：工资＋奖金。

阶段二：工资＋绩效考核。

阶段三：工资＋绩效工资＋效益。

拿出一部分利润给门店的员工去分红，但分红的点不是所有人都有，A级员工分了大部分；B级员工分了少部分；C级员工是没有的。

阶段四：计件工资。计件工资无底薪，按照工作量拿工资。每一家门店由于店经理水平参差不齐，定人员编制的时候定得很不准，再加上每一家门店的位置、大小也不一样，所以就通过计件工资解决这些人的工资问题。举个例子，说西安传菜很忙很累，减人是绝对不行的，原来是菜等人端，有了计件工资之后，变成了人等菜。店长的薪酬体系是他拿这家店的基本工资加分红，还要再加上他徒弟店的分红，因为海底捞都是师徒制，他带的徒弟越多，他的收入就越高。

（2）升迁制度与时俱进。 升迁是激发员工学习的催化剂，从初级员工一直到小区经理，有哪些升迁的途径。此外，针对现在的90后以及马上出现的00后员工，我们做了一些管理制度的调整。

1）所有的员工都可以申请到其他部门去，只要员工申请，对方部门领导接收，原单位就无条件放人。

2）员工休假，只要他晚上十点前提出第二天休假，我们就必须让他休假。

（3）亲情化管理也很关键。 有了刚性的绩效考核制度，亲情化的管理也起着很重要的作用。

比如，70%的新员工离职是对员工餐和宿舍不满意。宿舍步行到门店不能超过20分钟，宿舍里面有洗衣服的阿姨，而且现在员工都不看电视了，全部都要求看手机，所以我们开始从电视机的角度转向手机端，怎么样提供网络，这是我们现在要做的事情。图6-10是海底捞亲情化管理的内容。

图6-10 海底捞亲情化管理

有人说，"海底捞就是用利益驱动的模式做激励"。我们的目标是让员工用双手改变命运，在城市里生活得更有品质，除了讲道德、道理外，讲情怀肯定是需要的，但光有情怀肯定是不够的，我们绝对要从基本的利益上考虑，让他有更高的收入，这样他们才有更好的生活品质，所以我觉得整个激励体系、利益和我们的情怀是不冲突的。

讨论题

1. 海底捞是如何实施绩效管理的？有什么特色之处？

2. 结合本案例，你认为海底捞取得成功的原因是什么？

3. 从企业改善绩效管理的角度来看，海底捞可以提供给其他企业最重要的经验有哪些？

▶ 参考文献

[1] 包晨星，风里. 战略人力资源管理：化战略为行动[M]. 北京：电子工业出版社，2009.

[2] 陈维政，余凯成，程文文. 人力资源

管理与开发高级教程［M］.北京：高等教育出版社，2004.

［3］方振邦.战略性绩效管理［M］.2版.北京：中国人民大学出版社，2007：38.

［4］葛玉辉.人力资源管理［M］.4版.北京：清华大学出版社，2016.

［5］卡普兰，诺顿.平衡计分卡：化战略为行动（珍藏版）［M］.刘俊勇，孙薇，译.广州：广东经济出版社，2013.

［6］康至军.HR转型突破［M］.北京：机械工业出版社，2013.

［7］廖建桥.中国式绩效管理：特点、问题及发展方向［J］.管理学报，2013，10（6）：781-788.

［8］水天.上汽集团：打造精益管理评价体系［J］.中国电力企业管理，2006（5）：51-51.

［9］宋培林.战略人力资源管理：理论梳理和观点评述［M］.北京：中国经济出版社，2011.

［10］朱飞，文跃然.战略性人力资源管理系统重构［M］.北京：企业管理出版社，2013.

［11］Asumeng M. The Effect of Employee Feedback-seeking on Job Performance: An Empirical Study［J］. International Journal of Management, 2013, 30 (1): 373.

［12］Baraldi S, Cifalinò A. Delivering Training Strategies: The Balanced Scorecard at Work［J］. International Journal of Training and Development, 2015, 19 (3): 179-198.

［13］Bendoly E. Real-time Feedback and Booking Behavior in the Hospitality Industry: Moderating the Balance Between Imperfect Judgment and Imperfect Prescription［J］. Journal of Operations Management, 2013, 31 (1): 62-71.

［14］Ben-Oz C, Greve H R. Short-and Long-term Performance Feedback and Absorptive Capacity［J］. Journal of Management, 2015, 41 (7): 1827-1853.

［15］Chakravarthy B S. Measuring Strategic Performance［J］. Strategic Management Journal, 1986, 7 (5): 437-458.

［16］Cheng S Y. The Mediating Role of Organizational Justice on the Relationship Between Administrative Performance Appraisal Practices and Organizational Commitment［J］. The International Journal of Human Resource Management, 2014, 25 (8): 1131-1148.

［17］Cook H, MacKenzie R, Forde C. HRM and Performance: The Vulnerability of Soft HRM Practices During Recession and Retrenchment［J］. Human Resource Management Journal, 2016, 26 (4): 557-571.

［18］DeNisi A, Smith C E. Performance Appraisal, Performance Management, and Firm-level Performance: A Review, a Proposed Model, and New Directions for Future Research［J］. Academy of Management Annals, 2014, 8 (1): 127-179.

［19］Dusterhoff C, Cunningham J B, MacGregor J N. The Effects of Performance Rating, Leader-member Exchange, Perceived Utility, and Organizational Justice on Performance Appraisal Satisfaction: Applying a Moral Judgment Perspective［J］. Journal of Business Ethics, 2014, 119 (2): 265-273.

［20］Espinilla M, de Andrés R, Martínez F J, et al. A 360-degree Performance Appraisal Model Dealing with Heterogeneous Information and Dependent Criteria［J］. Information Sciences, 2013, 222: 459-471.

［21］Gilbert C, De Winne S, Sels L. Strong HRM Processes and Line Managers' Effective HRM Implementation: A Balanced view [J]. Human Resource Management Journal, 2015, 25 (4): 600-616.

[22] Iqbal M Z, Akbar S, Budhwar P. Effectiveness of Performance Appraisal: An Integrated Framework [J]. International Journal of Management Reviews, 2015, 17 (4): 510-533.

[23] Kloot L, Martin J. Strategic Performance Management: A Balanced Approach to Performance Management Issues in Local Government [J]. Management Accounting Research, 2000, 11 (2): 231-251.

[24] Marchington M. Human Resource Management (HRM): Too Busy Looking up to See Where it is Going Longer Term?[J]. Human Resource Management Review, 2015, 25 (2): 176-187.

[25] Minbaeva D B, Pedersen T, Björkman I, et al. A Retrospective on: MNC Knowledge Transfer, Subsidiary Absorptive Capacity, and HRM [J]. Journal of International Business Studies, 2014, 45 (1): 52-62.

[26] N. Theriou G, Chatzoglou P. The Impact of Best HRM Practices on Performance-identifying Enabling Factors [J]. Employee Relations, 2014, 36 (5): 535-561.

[27] Nielsen P A. Learning from Performance Feedback: Performance Information, Aspiration Levels, and Managerial Priorities [J]. Public Administration, 2014, 92 (1): 142-160.

[28] Qiao K, Wang X, Wei L Q. Determinants of High-performance Work Systems in Small and Medium-sized Private Enterprises in China [J]. Asia Pacific Journal of Human Resources, 2015, 53 (2): 185-203.

[29] Rabetino R, Kohtamäki M, Gebauer H. Strategy Map of Servitization [J]. International Journal of Production Economics, 2017.192. 144-156.

[30] Sanders K, Shipton H, Gomes J F S. Guest editors' Introduction: Is the HRM Process Important? Past, Current, and Future Challenges [J]. Human Resource Management, 2014, 53 (4): 489-503.

[31] Schuler R S, Fulkerson J R, Dowling P J. Strategic Performance Measurement and Management in Multinational Corporations [J]. Human Resource Management, 1991, 30 (3): 365-392.

[32] Skålén P, Gummerus J, von Koskull C, et al. Exploring Value Propositions and Service Innovation: A Service-dominant Logic Study [J]. Journal of the Academy of Marketing Science, 2015, 43 (2): 137-158.

[33] Star S, Russ-Eft D, Braverman M T, et al. Performance Measurement and Performance Indicators: A Literature Review and a Proposed Model for Practical Adoption [J]. Human Resource Development Review, 2016, 15 (2): 151-181.

[34] Tarakci M, Ates N Y, Wooldridge B. Performance Feedback and Middle Managers' Divergent Strategic Behavior [C]// Academy of Management Proceedings. Academy of Management, 2015, 2015 (1): 16577.

[35] Wang X L, Wang L, Bi Z, et al. Cloud Computing in Human Resource Management (HRM) System for Small and Medium Enterprises (SMEs) [J]. The International Journal of Advanced Manufacturing Technology, 2016, 84 (1-4): 485-496.

第 7 章

战略薪酬管理

> 管理的第一目标是使较高工资与较低的劳动成本结合起来。
> ——美国古典管理学家泰勒

▶ **学习要点**

- 战略薪酬管理的概念与意义
- 战略薪酬管理与其他人力资源管理职能的关系
- 战略薪酬体系的构成
- 薪酬的功能
- 战略薪酬体系原则、框架设计与薪酬决策
- 企业福利制度
- 薪酬体系发展趋势

▶ **前沿探讨**

薪酬研究的过去、现在和未来

薪酬决策是组织中做出的最重要的决定之一,然而,薪酬管理却是当前人力资源管理研究中最容易被忽视的一部分。深入开展薪酬管理的相关研究至关重要。首先,无论是出于个人情绪还是公司业绩的考虑,薪酬都发挥着重要作用,可以对员工和组织绩效产生强有力的影响。而且,劳动力成本占生产总成本的比重越来越大。因此,更好地理解"如何使这种资源布局的效率最大化"是竞争优势的关键。其次,薪酬研究有可能影响管理者的决策。例如,在薪酬制度设计时,企业应考虑实际情况以及企业绩效与员工满意度之间的"平衡点"。

目前,薪酬管理涵盖了多种不同形式的"薪酬"。薪酬主要包括两种形式:现金薪酬(基础工资、绩效工资等)和福利(工作/生活平衡计划和保险等)。在最新的研究中,学者通过多层次分析继续扩展薪酬研究的相关性。微观研究往往侧重于薪酬比较、绩效薪酬和相关绩效变量的测量以及这些变量与员工绩效之间的关系,如个人绩效和满意度等问题。在较高层次的分析中,宏观研究主要集中在薪酬水平、薪酬结构和薪资基础等问题上,以及这些变量与企业绩效之间的关系,如企业绩效与周转率等。微观与宏观层面相结合则是薪酬管理未来研究的新方向。

近几年,一些薪酬话题已经开始受到了关注(如高管薪酬),但另一些(如福利)仍旧无人问津。总体而言,有关薪酬的研究仍旧匮乏。未来需要更多研究的四个领域包括:①共享经济背景下如何改变工资

性质;②虽然福利/薪酬总额的比例越来越大,但较少研究关注福利问题;③中小企业与创业公司的薪酬及收益的性质和结构;④绩效工资与奖金的相对效能。

资料来源:Samantha A. Conroy, Yeong Joon Yoon, Peter A. Bamberger. Past, Present and Future Compensation Research Perspectives[J]. California Management Review, 2016.

基于战略观点的人力资源薪酬管理(strategy-based compensation management)

随着战略人力资源管理的发展,在以人本管理为核心的现代企业管理中,越来越强调薪酬管理体系与企业战略的匹配性,着重强调薪酬体系更加长期的高效。一般地,企业的经营战略和薪酬战略之间的联系越紧密或彼此越适应,企业的效率会越高。因此,如何设计出与企业战略相匹配的薪酬管理体系,是当前人力资源管理的重中之重。薪酬管理体系包括物质报酬和非物质报酬等多方面内容。在设计薪酬管理体系的过程中,企业应该以战略发展目标为导向,以岗位分析和评价为基础,在内外部薪酬调查的基础上,得出能够促进企业发展的薪酬水平、薪酬结构和薪酬政策。在此基础上更加灵活地应用于不同类型的员工,在增加其满意度的基础上更大程度地激发他们的工作热情和创造力,推动组织战略更好地实现。同时,除了其基本的员工的保障以外,员工福利制度的激励功能也是非常显著的。企业应当基于自身的需求和特点,选择相应的福利保障体系,以提高广大员工的工作积极性,从而使员工产生与企业发展目标相一致的工作行为和态度。

 引 例

华为的员工持股

2012年上半年,华为销售额为161亿美元,超越爱立信(152.5亿美元)成为全球最大的电信基础设施制造商。在华为的高速成长过程中,其独具特色的员工持股制度被认为是成功的关键因素之一。

早在创建公司时,任正非就设计了员工持股制度。后来,来自中国人民大学的几位教授为其找到了理论上的依据,将其升华为"知识资本化"。坊间传闻,虽然《华为基本法》是由专家撰写,但任正非对专家拟定的文件一直不满意,由于修改多轮都没有达到自己的要求,最终任正非自己闭关几天,亲自修订,形成最终稿。

在《华为基本法》中,有关员工激励的表述有这样一段:"我们是用转化为资本这种形式,使劳动、知识以及企业家的管理和风险的累积贡献得到体现与报偿……知识资本化与适应技术和社会变化的有活力的产权制度,是我们不断探索的方向。"

截至2011年12月,华为共有65 596名持股员工。在"一江春水向东流"中,任正非披露了当年的心路历程:

"我创建公司时设计了员工持股制度,通过利益分享,团结起员工。那时我还不懂期权制度,更不知道西方在这方面很发达,有多种形式的激励机制。仅凭自己过去的人生挫折,感悟到与员工分担责任,分享利益。创立之初,我与我父亲商量过这种做法,结果得到他的大力支持,他在20世纪30年代学过经济学。这种无意中插的花,今天竟然开放得如此鲜艳,成就华为的大事业。"

华为的员工持股制度有很多鲜明的特点，比如"人走股退"，没有人能够躺在功劳簿上睡大觉。像这些独具特色的规定，无不来自任正非的设计。

资料来源：康至军. HR转型突破[M]. 北京：机械工业出版社，2013.

7.1 战略薪酬管理的内容

7.1.1 战略薪酬管理的概念及特征

传统的薪酬管理在企业内属于基本层次的常规管理，与企业战略之间缺乏内在联系，因而有很多问题解决不了：难以使员工的行为、业绩与组织发展的目标达到一致；缺乏弹性和适应性；不能适应扁平化的组织；不能加强团队合作与组织文化建设等。现代化的组织需要的是一个能够将组织的战略、目标转化为实际行动，促使组织内部形成协调一致的薪酬体系从而提高组织的竞争力，因此战略薪酬管理应运而生（宋培林，2011）。

战略薪酬管理（strategic compensation management）就是以企业发展战略为依据，根据企业某一阶段的内部、外部总体情况，正确选择薪酬战略、系统设计薪酬体系并实施动态管理，使之促进企业战略目标实现的活动（王少东、吴能全和余鑫，2009）。它强调将薪酬管理与企业经营战略及人力资源管理的其他活动结合起来，充分发挥薪酬管理功能的作用。战略性薪酬管理实质上就是采用一种崭新的理念，即从一种长远的观点看待薪酬管理，并做出一系列的战略薪酬管理决策。

战略薪酬管理具有以下显著特征。

（1）战略性。战略薪酬管理更强调全局和系统性，着眼于可能影响企业绩效薪酬的方方面面，它根据组织的经营战略和组织文化制定具有较强综合性的薪酬战略，目的是最大限度地发挥薪酬对企业战略的支持作用。因此，战略薪酬管理可以看作是企业经营战略的一种延伸。

（2）激励性。战略薪酬管理更关注企业的经营、组织价值观和绩效期望，通常采取多种奖励计划，以对员工个人及员工群体的绩效给予报偿。员工薪酬的升降取决于其个人的绩效、所在团队或群体的绩效及整个组织的绩效，这样就将竞争性的薪酬与相关绩效结果直接联系在了一起。

（3）灵活性。战略薪酬管理不仅要求薪酬体系与组织目标有机结合，还要求它必须保持一定的弹性，强调薪酬系统的灵活性，以便在组织需要变革时能够快速地做出反应。它要求组织能够根据不同的要求设计出不同的薪酬应对方案，以帮助组织适应不断变化的环境和客户的需求。

（4）沟通性。战略视角下的薪酬是企业与员工之间的一个关键沟通要素，薪酬为组织向员工清晰、积极地传达信息，为组织和员工提供了一种重要的沟通方式，具有战略导向功能。战略薪酬管理能够将组织的使命、价值观、经营战略及未来期望传递给员工，促使员工个人行为与组织行为相融合。

7.1.2 战略薪酬管理体系设计

米尔科维奇认为，战略薪酬管理体系应该能够支持公司的经营战略，可以承受来自社会、政策法规及组织内部等各方面的压力，通过有效的薪酬管理系统将员工、管理者和组织结成利益共同体，有力地激励和约束人们的态度与行为，在满足组织和员工双向需求的同时促进组织的事业发展与战略目标的实现，进而保持或增强企业的竞争优势。战略薪酬管理体系设计的基本步骤如图 7-1 所示。

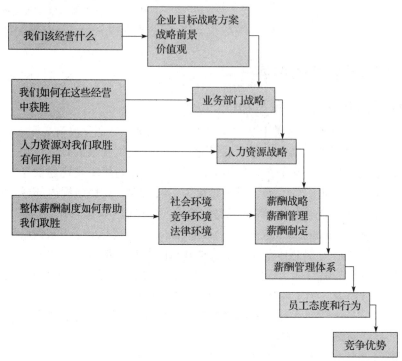

图 7-1　战略薪酬管理体系设计

资料来源：Milkovich，Newman. *Compensatian (Sixth Edition)*. McGraw-Hill, 1999: 27.

图 7-1 表明了以下内容。①企业薪酬战略的设计必须基于组织的战略来展开。组织战略可分为两个层面：一个是公司层战略，包括公司的战略目标和战略前景等；另一个是建立在整个公司战略基础之上的业务单元战略。②在确立企业公司层战略和业务单元战略的基础上来安排企业的人力资源战略，即思考人力资源在企业战略规划中的作用，以及企业通过什么样的人力资源系统来支撑企业的战略与目标。此外，薪酬战略属于人力资源战略的一个组成部分，是建立在人力资源战略基础之上的、支撑整个人力资源战略的子系统。③确定薪酬战略，并将薪酬战略转化为具体的薪酬制度和薪酬管理流程，以有效地引导和改变员工的工作态度与行为方式，形成自己的竞争优势。对应企业不同的经营战略，企业要采取不同的更具体的薪酬方案。例如，创新战略强调冒险，其方式是不再过多地重视评价和强调各种技能或职位，而是将重点放在激励工资上，以此鼓励员工大胆创新，缩短从产品设计到顾客购买之间的时间差。成本领先战略以效率为中心，注意控制劳动成本，强调少用人、多办事，其方式是降低成本，鼓励提高生产率，详细而精确地规定工作量。以顾客为核心的战略将顾客的满意度作为员工业绩的评价指标，按顾客满意度来给员工支付薪酬。

7.1.3　实施战略薪酬管理的意义

（1）应对企业外部环境变化的需要。市场需求的变化、竞争对手的变化、资源供应的变化、相关宏观政策的调整，都将引起企业生产经营管理的变化，对企业薪酬策略和整体薪酬管理都将带来重大影响，为此需要及时调整薪酬管理策略以适应外部环境的变化（朱飞和文跃然，2013）。

（2）适应深化企业改革的需要。企业改革已经进入攻坚阶段，改革是深层次的、根本性的。改革主要强调资源、资产、债务、股权、业务、机构、人员和利益关系八个方面的重新组合，其中利益关系的重组，要与前七个方面的重新组合相匹配。所谓利益关系的重组，就是企业整体分配关系的调整，即薪酬体系及其他分配制度的重建。

（3）科学高效管理的需要。企业使命和企业愿景决定企业的发展战略，其中制度建设对企业发展战略起到了巨大的支撑作用，这些制度主要包括战略决策管理制度、生产运行管理制度、市场营销管理制度、技术研发管理制度、战略薪酬管理制度、财务会计管理制度、新型用人管理制度等。在这些制度建设的基础上形成科学的管理体制。其中，战略薪酬管理是科学管理制度的有机组成部分（Gupta & Shaw，2014）。

7.1.4 薪酬管理与其他人力资源管理职能的关系

（1）与工作设计及工作分析的关系。随着工作设计的推广应用，员工的工作内容日益丰富化、责任与任务越来越多，从而需要具备更多和更高的技能，这就要求企业薪酬体系适应和支持这种发展趋势，对员工的工作行为加以引导。如果工作设计不合理，就会给薪酬管理带来麻烦，比如，职位划分过细必然导致企业的薪酬等级划分过细，进而使员工在不同职位之间的轮换变得很困难，同时员工会紧盯着职位的等级而不是绩效和能力。此外，工作分析是基本薪酬实现内部公平性的一个重要基础，工作说明书是进行职位评价确定薪酬等级的依据，职位评价的信息大都来自工作说明书。在技能薪酬体系或能力薪酬体系中，工作分析仍然具有重要的意义，因为评价员工所具备的技能或能力，仍然要以他们从事的工作为基础来进行。

（2）与人力资源规划的关系。薪酬管理与人力资源规划的关系体现在人力资源供需平衡方面。薪酬政策的变动是改变内部人力资源供给的重要手段，例如，提高加班工资的额度，可以使员工增加加班时间，从而增加人力资源的供给量，当然这需要对正常工作时间的工作严格加以控制。

（3）与招募甄选的关系。薪酬管理与招募甄选的关系是双向的，企业的薪酬体系会对招募甄选工作的速度，所获得员工的数量、质量以及人格特征等产生影响。比如，较高的薪酬水平有利于吸引大量的应聘者，从而提高招聘的效果。此外，招募录用也会对薪酬管理产生影响，录用人员的数量和结构是决定企业薪酬总额增加的主要因素。

人们选择为某一特定公司工作有许多理由，包括职业发展机会、培训、公司的良好声誉、工作场所以及薪酬。公司试图通过员工核心薪酬制度和边缘薪酬制度的积极作用来激发工作候选人的兴趣。也就是说，公司需要利用薪酬制度来争取优秀的候选人。此外，公司通过提供诱人的一次性签约奖金来吸引高素质的候选人，给候选人提供起步年薪20%的签约奖金是很正常的事情。当合格候选人的供给小于需求时，签约奖金非常有用。

（4）与绩效评估的关系。准确的绩效评估对绩效工资的有效性至关重要。首先，绩效工资计划要取得成功，员工必须看到达到绩效标准与工资增长之间的紧密联系。其次，工作条件一定要现实可行，而员工为了达到工作目标也需要做一些技术和能力方面的准备。绩效工资体系需要特定的绩效评估方法。成功地管理绩效工资计划就是要依靠合理的绩效评估方法。

（5）与培训的关系。薪酬计划的成功依赖于公司制订和执行系统培训计划的能力。一旦培训计划被设计出来，员工就可以通过培训学习到一些必要技能以使他们的工资增长，而这些接受了技能培训的员工也可以指导和帮助那些技能水平较差的员工。实施知识工资计划的公司需要特别增加教室的数量和工作中的培训。知识工资体系使系统培训比任意选择培训更为必要。同样，采用知识工资体系的公司必须确保所有员工都有同样的获得更高技术培训的机会。

（6）与职业发展的关系。大多数员工都期望能在公司中获得职业发展的机会。员工的职业发展有两种不同的方式：第一，一些员工改变工作方向，例如，从薪酬经理到仓库主管，这种转变意味着超越公司等级的横向移动；第二，另一些员工维持原来的工作，但需要承担更多的责任，这种改变是指通过公司的等级制度向更高层发展。从职员上升到薪酬经理就是通过等级制度获得提升的例子。员工的薪酬改变可以反映员工的职业发展。

（7）与劳工管理的关系。集体谈判协议描述了管理层和工会之间达成的雇用方式（如工资、工作时间），薪酬是影响这种雇用方式的主要因素。为了提高生活标准，工会一直在为员工努力争取工资增长和生活费调整。例如，由于提高员工工作的安全性以及减少缺勤有利于雇主和员工利益的最大化，因而工会表示愿意接受行为激励计划。

（8）与雇用终止的关系。员工的工作协议终止也就是雇用终止。雇用终止可以是员工的自愿终止，也可以是非自愿终止，其中非自愿终止雇用关系被称为解雇，自愿终止被称为员工的自愿离职。人力资源部门在员工雇用终止的管理中扮演着重要角色，其中薪酬管理更是起着重要的作用。对现代企业知识型员工来说，薪酬公平是影响员工离职倾向的重要因素。薪酬公平可分为程序公平、互动公平以及分配公平，在这三个维度中，分配公平对组织承诺和离职倾向的影响力最大。当薪酬水平较低以及分配不公时，员工产生的离职倾向更严重，从而导致企业与员工雇用关系的终止。

| SHRM 聚焦 | 华为分钱之道：六大系统 |

许多人因为华为分钱高效而得出结论：分钱分好就能一劳永逸地激发员工活力，进而激活企业。但是多年前很有名的胖东来集团和宋朝，以高薪和"利益共同体"而闻名，却最终一败涂地。

问题出在哪里呢？世人忽视了华为支撑其"分钱系统"的其他五个经营系统，合在一起，称为"华为六大经营系统"（见图7-2）。这一系统由四大核心运营系统（薪酬激励系统、绩效评价系统、目标责任系统、经营情报系统）和两大辅助系统（能力提升培训系统和任职资格评价系统）组成。

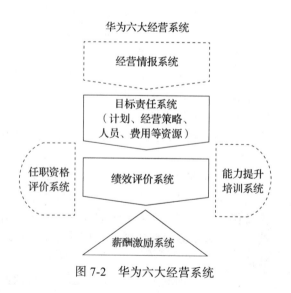

图7-2 华为六大经营系统

核心模块一：薪酬激励系统

这是最受大家关注的系统。薪酬激励系统是企业运行的一个中心枢纽，关乎企业上上下下的运行。

"分钱"的三个基本问题是：

（1）多少钱可分？
（2）分给谁？
（3）怎么分？

大多数企业可分的钱都很有限（经济学的资源有限性）。因此"如何把有限的钱合理分配"，即分钱规则成了核心问题。

把钱分给谁？按照什么规则分钱？仁者见仁，智者见智。如果100个人展开大讨论，那么大约95%的人会达成一个共同的意见，即按照"绩效"来分钱，分给那些绩效好的，绩效好的多分点，绩效差的少分点。这下清楚了，原来分钱的前提是"绩效评价系统"，得先搞清楚谁干得好，谁干得坏，然后才好分钱。这就是图中的"绩效评价系统"模块。

核心模块二：绩效评价系统

"绩效评价系统"要解决的核心命题是绩效前提和评价标准。绩效包括几个要素，即部门、个人的工作是否符合和支持公司战略、是否完成任务、做出了贡献，所以绩效评价的前提是"任务"（或者目标）和"完成情况"。

这就是绩效的前提，也就是图中"绩效评价系统"模块上方的"目标责任系统"模块要解决的核心命题。如果绩效评价系统缺位，如何分钱就成了问题，然后就凭感觉、凭印象分钱，最后就成了大锅饭，干好干坏一个样，再然后就没有然后了。

核心模块三：目标责任系统

要对一个部门或者个人的绩效做出比较合理的评价，其前提就是这个部门或者个人的目标任务是清晰的，即俗称的OKRs（objectives and key results）和KPI（key performance indicator）。OKRs说的是要干什么事（德鲁克所说的"做正确的事"），KPI说的是要干到什么程度（德鲁克所说的"正确地做事"）。缺乏这个目标责任设定和分解过程，绩效评价就没有抓手，无从谈起。

是不是有了目标责任系统就万事大吉了？还不是，在企业管理实践中，目标责任是最难确定的。而要制定切实可行的目标，需要基于完善的"经营情报系统"，遵守SMART原则来实现。

核心模块四：经营情报系统

经营情报系统，指企业深入了解市场的情况，即了解市场潜力、竞争对手的动态。经营情报越准确，设定目标就越科学合理。

我们知道，上述四个模块顺畅运行的外在条件是有充足的人员储备，否则员工不认目标、不能胜任，整个运营系统也运转不起来。比如，你明明知道一名经理业绩不佳，但你更清楚除了此人之外，别无他人可用，那么企业就只好忍受低绩效，因为换个人可能比这个人还要差。于是还需要有另外两个辅助系统"能力提升系统"和"任职资格评价系统"。

辅助模块一：能力提升培训系统

如前所述，要保证企业核心运营系统的顺畅运行，需要胜任的人才，即当绩效不佳时，有备选的人员和方案。华为对这个问题的解决方案是依靠高效的培训系统，源源不断地往业务线输送储备人才。

辅助模块二：任职资格评价系统

培训系统的成果需要通过任职资格评价系统来检验，即确定这个岗位需要什么样的人才，什么样的教育背景、能力素质以及经验等。放了错误的人上去，你再怎么进行绩效考核都是失效的。

小结：冰冻三尺非一日之寒

华为薪酬激励的成功建立在上述六个系统相互配合的基础之上。这是一个庞大而复杂的工程，冰冻三尺非一日之寒，不可能一蹴而就，需要企业长年累月、点点滴滴、艰苦卓绝地长期摸索和配套建设。

资料来源：环球人力资源智库。

7.2 战略薪酬体系的构成

作为价值分配主要形式的薪酬管理要解决好四个基本问题，即薪酬导向是什么，怎么兑现，薪酬多少以及支付能力。所谓薪酬导向是指公司支付薪酬的一个基本思路和方针，例如，华为是按贡献付酬，强调茶壶里的饺子倒不出来是不被承认的；怎么兑现是指各种薪酬形式的定位，薪酬体系只有结构合理、定位清晰，才能发挥最大的作用；薪酬多少的确定，一是要考虑外部劳动力市场的报酬水平，二是要权衡内部应拉开多大的差距，有差距才有动力；企业支付能力是要在期望和可能之间找到平衡，以使薪酬政策保持稳定。合理、适度、长久是华为人力资源政策的长期方针。

薪酬就是企业对它的员工给企业所做的贡献，包括他们实现的绩效，付出的努力、时间、学识、技能、经验与创造所付给的相应的回报或答谢，这实质上是一种公平的交换或交易。从整体薪酬概念的角度来看，主要包括以下两大类别。

类别一：薪酬包括薪资、奖金、津贴、养老金以及其他各种福利保险收入。一般来讲，我们将薪酬划分为工资和间接薪酬，工资又分为基本薪酬和可变薪酬。基本薪酬包括基本工资、工龄工资、职务工资、津贴、岗位津贴和工作津贴等；可变薪酬包括奖金、全勤奖、生产奖、不休假奖、年终奖、效益奖和成就奖等。间接薪酬又分为基本福利和特殊福利。基本福利包括社会保险、伤病补助、庆贺慰问、抚恤金和带薪休假等；特殊福利包括住房补贴、住房信贷、住房公积金、购车信贷、交通补贴、交通工具、通信工具和通信补贴等。

在这个类别内，基于绩效的员工薪酬还可以分为两大部分：基本工资和绩效工资。由职位或技能决定的基本工资根据付酬周期按时发放，绩效工资则是根据每次的考核结果，对照预设的达标值按比例发放。同时，一些非强制性福利、培训、精神奖励、晋升等与绩效考核紧密挂钩。绩效薪酬可以有效地衡量员工的有效付出，将个人回报和个人对企业的有效付出挂钩，强调个体劳动的能动性，可以避免发生"干好干坏一个样"的不公平现象。制定一个完善的绩效评估体制，是有效实施绩效薪酬、实现内部公平的重要环节。体现绩效薪酬决定过程的公平，第一，要让员工参与业绩评估标准的制定。通过讨论、沟通等方式，让员工参与目标设定，使其有效行使知情权和参与权，从而使组织为其制定的绩效目标更客观、更公正、更具可接受性。第二，要与员工进行有效的绩效反馈和辅导。一旦目标设定，管理者必须提供信息反馈，而且信息反馈必须及时。绩效评估报告是以结果为主的，而反馈则更侧重过程。关注反馈和辅导，可以有效地避免完全的结果导向下由于对工作环境及其变化的忽视所引起的不公。第三，要克服绩效评估中的各种主观性、随意性错误，如第一印象、近期印象、克隆效应等，以确保评估的公平。

类别二：非经济性报酬，例如，宽敞的办公室、个人成长和学习的机会等是薪酬的重要方面，它不仅是物质激励的补充，更重要的是它满足了员工多层次的需要。非物质激励不应是心血来潮之举，而是要建立一个荣誉累积制度，对非物质激励要有系统性的规划。在竞争日益激烈的现代企业环境里以及新生代员工个体需要的不同，非物质激励开始发挥越来越大的作用。

薪酬概念的示意图如图7-3所示。

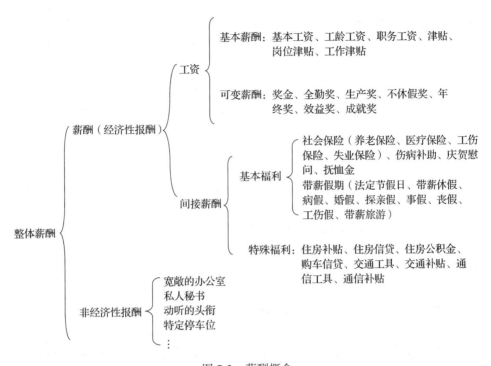

图 7-3 薪酬概念

资料来源：王少东，吴能全，余鑫.薪酬管理[M].北京：清华大学出版社，2009.

7.3 战略薪酬体系的设计与决策

7.3.1 战略薪酬体系的设计原则

战略薪酬管理强调薪酬体系的设计必须与企业的战略相匹配。因此，一个合理的战略薪酬体系不但可以充分体现岗位和员工的价值，还可以起到良好的激励、督促作用，有助于企业有效地实现战略目标。企业进行薪酬设计时要考虑组织外部和内部各种环境因素的影响，在设计的过程中必须遵循一定的原则，具体表现为以下几个方面。

（1）公平原则。
- 外部公平：同一行业或同一地区或同等规模的企业类似职务的薪酬应大致相等。
- 内部公平：同一家企业中不同职务所获薪酬正比于各自的贡献，比值一致才会被认为是公平的。
- 员工公平：企业应根据员工的个人因素诸如业绩和学历等，对完成类似工作的员工支付大致相同的薪酬。
- 小组公平：企业中不同任务小组所获薪酬应正比于各自的绩效水平。

同时，设计时应该注意以下三点：企业的薪酬制度应有明确一致的要求作为指导，并有统一的可以说明的规范作为根据；薪酬系统要有民主性和透明度；企业要为员工创造机会均等、公平竞争的条件，并引导员工把注意力从结果转到机会均等上来。

（2）竞争原则。企业制定的薪资标准应该在社会上和人才市场中有吸引力。

（3）激励原则。薪资标准应对员工有吸引力，且企业内部各级、各类职务的薪资水准应适当拉开差距，以调动员工的工作积极性，提高劳动生产率。

（4）经济原则。较高的薪资水准能提高其竞争性与激励性，但也必然导致人力成本上升。一套经济合理的薪资制度应当既能保持最大可能的劳动生产率，又能保持企业产品的市场竞争力。

（5）战略导向原则。企业制定的薪资标准应该与企业的战略方向相匹配。

（6）合法原则。薪资制度必须符合党和国家的政策与法律，如有关最低工资、职工保险等问题的法律法规等。

7.3.2 战略薪酬体系设计及薪酬决策

战略薪酬体系的设计需要基于企业的战略发展要求，制定相应的薪酬策略。具体包括以下三个过程。

（1）战略分析与制定薪酬策略。战略分析需要对公司的外部市场环境和内部因素进行分析。外部市场环境包括行业状况、竞争者的信息以及行业的长期发展前景；内部因素包括财务状况和职能能力，例如，市场营销和人力资源（Saridakis, Lai & Cooper, 2017）。

（2）市场薪酬调查。市场薪酬调查主要是收集竞争对手的薪酬数据并与之进行比较分析。薪酬调查主要关注竞争对手的工资、薪酬实践和福利。参照同行或同地区其他企业的现有薪资来调整本企业对应工作的薪资，以保证企业薪资制度的外在公平性。

（3）工作分析与工作评估。工作分析进行组织结构设计并编写职务说明书；工作评估确定薪酬因素，选择评价方法。这一活动是薪酬制度建立的依据，将产生企业组织机构系统图及所有工作说明与规格等文件。这一过程要以具体的金额来表示每一职务对本企业的相对价值，从而确定薪酬等级体系。

7.3.3 战略薪酬体系设计应注意的问题

建立现代战略薪酬管理制度是一项艰巨而复杂的系统工程，除了要对现代企业薪酬制度有一个全面、深入的了解外，还要掌握一套科学有效的方法，使薪酬体系的建立与企业战略目标相一致。薪酬管理体系的设计应注意以下几个方面的问题。

（1）薪酬管理策略能够推动企业战略目标的实现。企业的薪酬管理策略应根据企业在某个特定发展阶段的人力资源发展战略目标制定。有效的薪酬体系必须能够驱动人力资源战略目标的实现，从而使企业薪酬制度成为实现企业整体战略目标的成功因素之一。

（2）薪酬结构应具有可控性。薪酬结构是指员工薪酬的各构成项目及各自所占的比例。不同薪酬结构会对员工产生不同的激励作用。企业应根据实际情况，考虑企业特点进行选择。同一家企业在不同发展阶段，其薪酬构成项目和比例可以有所不同；同一企业内从事不同性质工作的员工或同一企业内岗位等级不同的员工，其薪酬构成项目和比例也可以有所不同。

（3）薪酬体系运作的过程应公平。过程是否公平在很大程度上影响到一家企业的薪酬体制是否具备了公平性，会直接对薪酬结果的公平性产生影响。企业薪酬体系运作过程的公平性，与企业的企业文化、薪酬体系的公开程度、管理者与员工之间的沟通、薪酬决策中员工的参与、员工申诉体系等密切相关。

7.3.4 企业生命周期与薪酬策略选择

企业生命周期理论将企业发展过程划分为若干阶段，一般要经历创业、高速增长、成熟平稳、衰退和再造这五个阶段。在薪酬管理过程中，企业如何根据这一规律选择薪酬水平策略，直接影响着企业的生存和发展。

（1）创业阶段薪酬水平策略选择。企业在创业阶段中，员工人数少，企业利润少，员工这时不会有过高要求，国家对处于创业阶段的企业的管理也很宽松。所以创业阶段的企业可以采用低于标杆企业薪酬水平的薪酬水平滞后策略，尽量降低人工成本，将有限的资金用于扩大生产经营。在实际操作中，由于福利和基本薪酬所具有的特性应使其尽量降低，而奖金应尽量与市场持平，采用长期激励的方式，以精神激励为主，鼓励大家"向前看"，并许以相应的承诺。

（2）高速增长阶段薪酬水平策略选择。高速增长阶段的企业有了相当的利润和经济效益，创业者的享乐主义开始滋生，员工也不会再像创业阶段那样不求索取只讲奉献了。这时企业应选择薪酬水平领先策略，支付高于标杆企业的薪酬，以激励员工和吸引所需的大量高素质人才。在实施过程中，基本薪酬由于其所具有的刚性，应与标杆企业薪酬水平持平。奖金因灵活性较大，企业可采用更高的奖金，并让员工享有较好的福利，从而使企业的薪酬水平高于市场竞争对手。

（3）成熟平稳阶段薪酬水平策略选择。企业处于成熟平稳发展阶段，员工考虑更多的是长远、稳定的工作和由此带来的长期收益。企业可以选择薪酬水平跟随策略，以维持企业员工享受与标杆企业员工同等的待遇。在进行薪酬结构管理时，基本薪酬保持与市场持平水平，而奖金绩效激励薪酬可调整到适当偏低或与市场竞争对手薪酬水平持平的状态，以增加员工的企业认同感和归属感。企业应着重处理好员工薪酬的内部公平性，调动员工的积极性，提高企业生产率，维持企业健康发展，尽量减少人工成本，创造更多的利润。

（4）衰退阶段薪酬水平策略选择。企业应尽量让员工知道企业所面临的困境，争取员工的理解和认同，选择薪酬水平滞后策略，奖金仍保持成熟平稳阶段的薪酬水平。从长远、大局出发，争取员工自觉与企业同舟共济，接受企业的薪酬水平调整策略，以适应企业经营战略目标的快速转移。

（5）再造阶段薪酬水平策略选择。企业再造阶段已经有了第一次创业的各种积累，为了使企业尽快焕发生机，企业应及时调整薪酬水平策略，选择薪酬水平领先策略，提高员工薪酬水平。在恢复员工基本薪酬和福利与市场水平持平的情况下，增大奖金激励薪酬，从企业外部吸引企业再造阶段所急需的人才，同时激发老员工的积极性和创造性，以实现企业新的战略目标，保证企业的可持续发展。

企业薪酬水平策略的选择是一个动态发展过程，不可能一劳永逸，企业在薪酬水平策略的宏观调控下，不仅要考虑不同薪酬部分的高低组合，还应综合考虑企业岗位和员工的实际情况，确定不同岗位和员工薪酬水平的高低结构，以保证企业薪酬作用的充分发挥，从而促进企业健康快速发展。

7.3.5 薪酬激励

1. 薪酬激励的类型

（1）奖酬激励。

1）谈判工资制度。雇主和员工双方就工资分配问题通过谈判后签订合同。它是兼顾双方利益的体现,既能充分反映知识型员工的自身价值,调动其工作积极性并增强其对企业的忠诚度,又有利于维护企业的利益。

2)项目奖金激励。为激励员工及时超额完成工作任务或取得优秀工作成绩而支付的额外薪酬。这项奖金不仅可以促进员工加快项目进度,而且可以提高项目的质量和水平。

3)股票期权激励。公司给予员工认股权证,员工可凭此权利在一定时期内以一定价格购买公司股票。股票期权至少要在一年以后才能实现,所以要求经营者努力改善企业的经营管理,以保持公司价值长期稳定增长,这样股票期权的持有者才能获得利益,所以股票期权具有长期激励的功能(包晨星和风里,2009)。

(2)福利激励。

1)强制性福利。为保障员工的合法权利,由政府统一规定必须提供的福利措施,主要包括社会养老保险、失业保险、医疗保险等基本保险。强制性福利是员工的基本工作福利,也是员工权益的重要组成部分,其激励作用不大,但却是员工必不可少的保障因素。

2)菜单式福利。由企业设计出一系列合适的福利项目,并平衡好所需费用,然后由员工根据自己的需要进行选择。其主要包括非工作时间报酬(假日、带薪休假、探亲假等)、津贴(交通津贴、服装津贴、住房津贴等)、服务(体育娱乐设施、集体旅游、节日慰问等)。

3)特殊性福利。特殊性福利主要针对为企业做出特殊贡献的员工,为员工带来心理上的自豪与满足感。其主要包括提供专车接送,提供宽敞住房,发放特殊津贴,享受全家度假等。

(3)成就激励。

1)职位消费激励。担任一定职位的员工在任期内为行使经营管理职能所消耗的费用,包括办公费、交通费、招待费、培训费、信息费及出差费等。职位消费的标准往往是员工表明自己身份和地位的一种象征,也是对员工成就的承认和补偿。

2)荣誉感激励。荣誉感奖励主要包括认可、正面表扬、嘉奖、鼓励、授予荣誉称号。其中认可是一个非常重要的激励措施。一个基本的要求就是公司文化向持续不断地提供质量的理念转型。一个被员工很好接受的计划既包括物质上的激励,也包括认可的因素。研究表明,被直线管理人员和同事认可相对其他公司计划有更大的影响力,这可以帮助员工建立自信,让员工更加期待接下来的工作,无论是长期还是短期,企业都鼓励员工把工作重点放在组织真正的需要上。

3)参与激励。创造和提供一切机会让员工参与管理,可以形成员工对企业的归属感、认同感和成就感,可以进一步满足员工的自尊和自我实现的需求。同时,员工的参与也可以使企业的决策、经营方案更加完美。

| SHRM 聚焦 |　　　"奋进者"计划,你怎么看

2016年9月6日,网络大V"互联网的那点事",发布了这样一条微博:"某大型互联网公司要求员工申请自愿放弃年休假以及实行6×12小时工作制,春节、国庆节随叫

随到……"该微博配有一张会议图片,图片中隐约可见某大型互联网公司标识"inspur",从图片看,会议正在进行的主题是"奋进者选拔"(fighter selection),议题是"奋进者申请书(讨论稿)"。

奋进者申请书(讨论稿)

1. 申请成为公司的奋进者,自愿放弃所有带薪年休假,自愿进行非指令性加班。
2. 自愿执行6×12小时工作制,即每天工作12个小时,每周工作6天。
3. 春节、国庆节等节假日如有需要愿无条件加班,随叫随到。
4. 坚决服从公司对于任何岗位和任何工作地点的安排。

申请人
身份证号码
推荐人
年 月 日

根据了解,该企业鼓励员工争当奋进者,"调动全员争做奋进者的积极性,允许每一名有志于成为奋进者的员工都有机会参与"。企业还将"规范奋进者申请、推荐、审批、公示、宣誓流程"。"首先从干部开始……9月启动。在干部的基础上,再进一步推动员工的申请"。不申请奋进者或申请后没有做到的,退出干部序列,年度评价不能评为S级和A级,其中S级为最优级别,工资涨幅30%左右。

某大型互联网公司的"奋进者"计划引发内部员工和网友的争论,各方对此褒贬不一。

有网友直言,签了这种"申请书",简直就是签了"卖身契",员工哪里是奋进者,不就是包身工吗?

还有网友认为,企业制定这种"申请书",就是为了规避法律风险。员工签了字,就意味着所有加班都变成自愿行为,与企业没有多少干系了。

另有网友直指这样做是"现代版的周扒皮",认为员工"帮公司打工赚钱,不是卖身给公司"。

尽管外界对"奋进者申请书(讨论稿)"或讽刺或批评,但多名某大型互联网公司内部员工却表示没什么大惊小怪的。提起这份"奋进者申请书(讨论稿)",有员工表示,并不是所有人都可以申请成为奋进者,一是要员工自愿,二是要符合筛选条件。该员工认为"奋进者申请书(讨论稿)"很合理,"更努力地工作换来更高的工资和更大的发展前景"。也有某大型互联网公司员工认为,发布微博的网友是在故意误导大众。

不过,也有任职某大型互联网公司的网友称"某大型互联网公司加班都算自愿加班,从来没见过加班费",根据其发出的某大型互联网公司内部管理平台截图,显示管理平台有"自愿加班工时"一项,反对"多劳多得"的说法。

律师:即使自愿签订也违法

律师表示奋进者申请书(讨论稿)违反了劳动法,因为申请条件完全超过了国家强制规定的工时限制,对法定节假日的加班工资也没有详细说明。

华为公司的"奋斗者协议"

据了解,某大型互联网公司这篇"奋进者申请书(讨论稿)",疑似借鉴了华为的"奋斗者协议"。

早在2010年,几乎所有的华为员工通过提交"奋斗者协议"申请成为"奋斗者",以换取公司在年终奖、配股分红、升迁与调薪方面的倾斜。而"奋斗者协议"须包括以下内容:"我申请成为与公司共同奋斗的目标责任制员工,自愿放弃所有带薪年休假,自愿放弃非指令性加班费,自愿放弃陪产假和婚假。"

结语

放眼整个互联网行业,加班几乎成为一种常态,企业出于公司发展的前景考虑需要提出一些新的策略,但在强调全员奋斗的同时要避免员工个人利益与企业整体发展的冲突。超强度的加班影响员工的个人生活,企业需要一套合理的激励机制以获得员工的支持。制度在实行之初有较多疏漏,需要在实行的过程中不断改进,例如,华为多年以来高报酬和高度的员工自我认同感使得员工甘愿加班,而某大型互联网公司的"奋进者"计划引来质疑和不满。对于企业领导者而言,这项计划是否有存在的必要,该项计划的侧重点和最终目的在哪里,如何调动员工参与的积极性,这才是重点,至于外界如何评说,相比之下都是无关紧要的。

资料来源:疑似某大型互联网公司"奋进者申请书"流出。不自愿加班影响评定(有删改),新浪山东。

(4)组织激励。

1)个人成长与职业生涯激励。一方面可以带动员工技能的提高,从而提升人力资源的整体水平;另一方面可使同组织目标方向一致的员工脱颖而出,为培养组织高层经营、管理或技术人员提供人才储备。只有当员工个人需要与组织需要有机统一起来,员工能清楚地看到自己在组织中的发展前途时,他才有动力为企业尽心尽力地贡献自己的力量,才能与组织结成长期合作、荣辱与共的伙伴关系(Wu, Kwan, Wei, et al., 2013)。

2)自我管理式团队(SMT)创新授权激励。通过独立战略单位的自由组合来挑选自己的成员、领导,确定其操作系统和工具,并利用信息技术来制定他们认为最好的内部工作方法。SMT 能使组织的相互依赖性降到最低程度,员工既可以充分发挥自身潜能和创造力,又可以与团队成员相互合作。由于该激励形式对员工的创新能力和协作能力具有极大的挑战性,迎合了员工的高层次需要,所以能起到很好的激励作用。

2. 员工奖励制度

(1)利润分享计划。利润分享计划(profit-sharing plan)是根据代表企业绩效的某种衡量标准(通常为利润或回报)来确定员工薪酬的计划(Han, Bartol & Kim, 2015)。它需要确定可用于分享的利润总额和每个员工的利润分享额,然后进行分配。该计划通常包括三种支付形式:一是现金现付制(cash or current payment plan),就是以现金方式及时兑付员工应得的利润份额;二是延期支付制(deferred plan),就是将员工应得的利润份额存入员工账户,留待将来支付;三是混合制(combined plan),是前两种形式的结合。利润分享旨在鼓励员工帮助企业赚取利润,加强员工对企业的投入感,提高他们继续留在企业的可能性。股权激励多用于对公司高级管理层的长期激励,其出发点是要使受激励人和企业形成一个利益共同体,减少股份公司的代理成本,并聚集一批优秀的人才,实现企业持续、快速、稳定发展。

例如,在华为公司,员工所获得的收入取决于公司的经营状况、员工所在部门的业绩以及其个人的绩效贡献。当公司的经营状况、组织业绩或员工个人绩效好时,其个人收入有可能增加,但当公司的经营状况、组织业绩或员工个人绩效不好时,其个人收入会相应减少,作为收入中浮动部分的奖金甚至会为零。该计划能够激发员工更多地考虑如何提高组织绩效。受益于利润分享计划的员工能够像企业所有者一样去思考企业的经营问题,从而有效降低代理成本,增强员工的合作精神。利润分享计划不涉及员工的基本工资,因此当企业的经营发生困难时,企业无须依据利润分享计划支出或过多地支出员工的薪酬,也就无须在很大程度上依靠解雇员工来解决问题，有利于实施长期性的雇用。

在利润分享计划下，员工所获得的利润分享收入的多寡并不能体现他们的工作绩效。并不是所有的员工都能够控制企业利润的多寡，对于普通员工来说，影响企业的利润水平更是一件遥不可及的事情。由于一般员工无法通过自己的行为控制组织的绩效，所以对利润分享收入的期望值很低，甚至为零，因此利润分享计划并不能起到很好的激励作用。

（2）员工持股计划。前面讲到的激励工资是个人短期的激励薪酬，长期激励计划把目光放到员工多年努力的成果上，也就是说，长期激励计划关注的是超过一年的绩效周期内员工的绩效，并对这个长期的绩效进行考核和奖励（ALDamoe，Sharif & Ab Hamid，2013）。最常见的长期激励计划是员工持股计划。除了员工持股计划外，还有很多长期激励形式。表 7-1 中列出了其他一些长期激励计划的形式。

表 7-1 长期激励计划示例

溢价股票期权	股票的预购价格高于发行时的市场价值，其目的在于比标准股权产生更强的激励作用
长期股权	将股权期限延长到 10 年以上，使授予期限比传统授予期限长三四年，目的是将公司高层管理人员长期留在公司
指数化股权	股票的预购价格按照一种股指上下变动，激励绩优股的产生
外部标准的长期激励	分期授予基于外部标准而不是内部的预算或目标。推动本公司与其他大公司进行业绩比较，尤其是同行业的大型公司。只有业绩继续高于这些公司，才能获得风险收益
职业津贴	在员工退休以前，股票不得全额兑现。这种方法适用于对公司核心员工的激励和约束。延长核心员工在组织中工作的时间

资料来源：改编自乔治 T. 米尔科维奇，等. 薪酬管理[M]. 6 版. 北京：中国人民大学出版社，2002：295.

员工持股计划（employee stock ownership plan，ESOP）是资本持有者、知识所有者等全体员工分享企业所有权和未来收益权的一种制度安排（Kim & Ouimet，2014）。员工持股计划是基于自愿行为，企业所有者自愿有计划地将企业的部分所有权和未来收益权转让给员工，员工也自愿认购或受赠企业的股权。企业通过员工持股计划实现知识资本化，使劳动、知识以及经营者的管理和风险的累计贡献得到体现与回报，从而使企业竞争优势的经验曲线得到不断延伸（Thompson，McWilliams & Shanley，2014）。从现代企业管理的角度看，员工持股计划是企业在由传统的简单契约向复杂契约转变的过程中，为了解决各种资本（资金、土地、劳动、技术、知识产权等）所有方的权利与利益分配问题，在资本所有者之间建立利益共同体和命运共同体的具体措施。例如，华为公司员工股权的指导思想之一是解决创业者、老员工和新员工的关系。新员工进来后，一定要让他们认同企业，把企业发展作为个人的事业，为企业做贡献，这在股权上体现出来，就是不断地吸纳新员工。这样，老员工的股份也是在不断的、动态的调整过程中，对那些虽然以前对企业做出过贡献，但是不再为企业创造效益的员工，实际上股份是在稀释的。理论上，它解决了华为公司的剩余价值到底是谁创造的问题。

目前，员工持股计划应用得越来越广泛：美国实行全员持股的公司有 17 000 多家，其中至少有 1 000 家企业的大股东是全体员工；在超过 1/4 的 500 强企业中，员工持有 10% 以上的股份。继美国之后，德、法、英、日等发达国家也把员工持股计划作为重新安排产权的一项重要措施加以实施。其中，日本在 20 世纪 60 年代后期开始建立员工持股计划，如今，日本的上市公司与非上市公司都普遍实行员工持股计划。目前，91% 的在本国证券市场上市的日本公司都提供了员工持股计划。

7.4 企业福利制度概述

|SHRM 聚焦|　　　　谷歌：员工福利之王

企业福利制度可以有效地吸引并留住人才。IT 行业对人才的竞争十分激烈，因为公司的发展需要创新，而创新需要人才的推动。谷歌的员工大多是知识性员工，来自各专业精通的领域，具有丰富的工作经验。谷歌用高福利吸引硅谷最优秀、最聪明的人才为它工作，促进企业的发展，又用这些高福利防止优秀人才的流失。

谷歌的福利主要有以下几方面。

1. 建立综合户外运动中心

为了让员工保持强健的体魄，谷歌花费重金开设大型户外运动中心，内设一个足球场、一个篮球场、两个网球场、两个室外的滚球场、两个用于掷马蹄游戏的马蹄坑、一个高尔夫球场和一个曲棍球场。

2. 室内娱乐设施丰富多彩

谷歌总部室内有四个保龄球道，足以让员工进行比赛。舞蹈室里从非洲的民族舞到实用的宴会舞，有 31 种不同的舞蹈课程供雇员选择。

3. 工作方式坐立自由

久坐不利于健康，因此在谷歌，员工用立式办公桌代替标准的坐式办公桌十分常见。员工只需在公司的 ErgoLAB 软件中，任意选择一款办公桌类型下单，就能收到一台与其身高相配的办公桌。

4. 安卓新品免费派发

谷歌有向员工派发安卓智能手机的传统，而且每部手机的背板均为定制的，嵌有谷歌服务部门的图标。

5. 免费餐饮和鱼补贴计划

谷歌每天为员工提供早、午两顿免费餐饮，味道比肩高级餐厅。主厨提出的鱼补贴计划得到了谷歌社区的一致支持，谷歌员工可以登记申请本地海鲜作为每周发放的补贴，由公司补上差价。

6. 名人到访

名人造访谷歌司空见惯，总统候选人、一些歌手（如亚瑟小子、Lady Gaga）均走进过谷歌。

7. 育儿服务

在谷歌，女员工可享受 18 周的假期，男员工假期为 12 周，远远超过规定的标准假期。谷歌每月举行新生儿送礼会，讲授育儿经，赠送优惠券，员工可在公司享受一次免费按摩。此外，初为人父母者还会收到 500 美元的宝宝感情培养费，用于宝宝诞生头几个月的中西医、清洁，甚至园艺等各项服务。

8. 去世员工的福利待遇

谷歌将福利待遇延伸至员工过世之后，并且没有员工任职年限的要求。在雇用期内不幸过世的员工，其未亡配偶或同居伴侣将连续十年每年获得该过世员工的半数年薪，其未亡配偶还会获得已故员工名下持有的公司股票，已故员工的每一位子女每月获得 1 000 美元补贴，直到他们 19 岁为止（如果子女是全职学生，则延长至 23 岁）。

9. 宽松自由的工作环境

谷歌的工作环境十分宽松，处处体现以人为本的管理理念：办公区沙发随处可见，员工可以随意喝咖啡聊天，配有无线网的免费班车和轮渡服务接载雇员上班，员工上下班时也可以工作。在谷歌，工作就是生活，且在一定程度上轻松愉快的工作环境有利于员工的创新。新入职的员工有100美元按自己的喜好来装饰、装修自己的办公区。

谷歌的福利主要由企业福利构成，各种各样的福利体现了福利的多样性。福利能够为员工提供一种物质补偿，体现了福利的补偿性。谷歌的福利是人人都能享受的，具有均等性和集体性。

谷歌的创始人谢尔盖布林说过："我们公司的创造力就是我们的员工。我们以后如果遇到瓶颈，那一定是我们没能以足够快的速度雇到最聪明、最能干的员工。所以，我们必须要对员工负责，让他们长期留在公司，为公司服务。"

资料来源：大海.谷歌：员工福利之王[J].公关世界月刊，2012（9）：50-51.

7.4.1 员工福利的构成、特点与类别

员工福利是企业为满足劳动者的生活需要，在工资收入之外，向员工本人及其家属提供的货币、实物及一些服务形式。

（1）员工福利的构成。员工的福利包括法定福利和企业福利。法定福利是指政府通过立法，要求企业必须提供给员工的福利和待遇。企业福利包括由企业提供的各种集体福利和企业为员工及其家庭提供的实物与服务（见图7-4）。

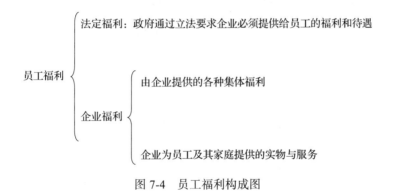

图 7-4　员工福利构成图

（2）员工福利的特点。

补偿性：员工福利是对劳动者为企业提供劳动的一种物质补偿，也是员工薪资收入的补充分配形式。

均等性：企业内履行了劳动义务的员工，都可以平均地享受企业的各种福利。

集体性：企业兴办各种集体福利事业，员工集体消费或使用共同物品等是员工福利的主体形式，也是员工福利的一个重要特征。

多样性：员工福利的给付形式多种多样，包括现金、实物、带薪休假以及各种服务，而且可以采用多种组合方式，要比其他形式的报酬更为复杂，更加难以计算和衡量，最常用的方式是实物给付形式，并且具有延期支付的特点，这与基本薪酬差异较大。

（3）员工福利的类别。其包括集体福利和个人福利（见图7-5）。集体福利是指企业通过社会服务机构，供员工集体享用的福利性设施和服务。集体福利包括：在住宅方面，公司和员工共同承担住房公积金；提供集体生活设施和服务，如员工食堂、托幼设施、卫生设施及医疗保健设施、文娱体育设施、集体交通工具等，对员工实行集体免费或低费服务；

员工享受休假、旅游待遇。个人福利是指由员工福利基金开支的,主要以货币形式直接支付给员工个人的福利补贴,它是员工福利的非主要形式。

```
员工福利 ┬─ 集体福利 ┬─ 住宅:公司和员工共同承担住房公积金
         │           ├─ 集体生活设施和服务:包括员工食堂、托幼设施、卫生设施及
         │           │   医疗保健设施、文娱体育设施、集体交
         │           │   通工具等,对员工实行集体免费或低费
         │           │   服务
         │           └─ 享受休假、旅游待遇
         │
         └─ 个人福利:指由员工福利基金开支的,主要以货币形式直接支付给员工个人的福利
                     补贴,它是员工福利的非主要形式
```

图 7-5 员工福利类别图

SHRM 聚焦 我为什么让员工带着孩子来上班

我是一家快速成长的高科技公司的 CEO。我也是三个孩子的母亲,他们依次是 9 岁、7 岁和 4 岁。我可以骄傲地说,我融入了儿子的生活。在过去十年中,我不得不兼顾孩子和事业,我不能把工作和家庭生活分开,因为我发现那样反而会带来更多压力。相反,我把两者融为一体后压力更小,在需要时,带着孩子去上班或者把工作带回家。这对我和 Palo Alto 软件公司都非常奏效,而且这已经成为公司文化的一部分。

我们并不是每天都把孩子带到办公室,我们也绝不是把这种自由当作幼儿园的替代品。但是当保姆需要半天假期,学校临时放假,或者某人的孩子不舒服时,我们都很欢迎并且鼓励员工让孩子在办公室待上一整天,公司甚至专门设计了一个房间,让待在办公室的孩子可以看电视、玩游戏、做手工、读书或者写作业。

我们的员工也不用受到严格的工作时间约束。无论原因,只要父母在"正常"工作时间需要和孩子待在一起,我们就理解并且

支持。因为我们看重的是工作结果和目标达成情况,而非在办公室的时间长短。公司对员工完成工作的地点与方式给予自由。

目前,各家公司都想吸引顶尖人才,因此公司福利与文化至关重要。我们都听说过硅谷公司一些荒谬的福利,例如,理发店、咖啡车、游戏室、免费干洗服务等。新员工还会收到最新科技小玩意儿作为入职奖励。

到了最后,这些福利其实都很肤浅,都是尽可能让员工在办公室待得久一些,而不是真的让员工快乐。为员工提供一个能保持忠诚、努力工作、因创新而获得奖赏的环境,才能促使他们为公司带来更好的业绩,同时吸引更优秀的人才加入公司。最优秀的人才更看重能够管理自己的时间、专注于结果,而且公司尊重他们的家庭生活和家人。

研究显示,一个人每天只有固定几小时可以保持高效率。之后,员工只是在浪费时间。有时工作时间太长,其实会对效率和结

果产生负面结果。因此，为什么要鼓励员工每周在办公室待上60、70甚至80小时，实际上员工效率反而更低，甚至导致跳槽？我赞成的企业文化是允许员工努力工作，同时每晚5:30或6:00回家来消除压力，恢复精力。

我的员工因此少干活了吗？公司是否因为我给员工提供的工作方式和福利而在财务上受损？恰恰相反，我们公司的发展速度从来没有这么迅速，并获得了财务成功。我们的员工快乐且热爱工作。

我们相信，无论是招募还是留住顶尖人才，我们需要提供让员工有发挥空间、展现创造力、主动积极的文化。正因如此，我们才会这么重视员工的个人生活，给予他们工作时间的弹性，以及必要时可以带着孩子来上班。

资料来源：Sabrina Parsons. 让员工带着孩子来上班，其实是公司赚翻了. 哈佛商业评论, 2017-04-24. www.hbrchina.org/2017-04-24/5167.html.

7.4.2 利用福利为企业创造竞争力

企业福利制度可以有效地吸引和留住人才。有吸引力的员工福利计划既能帮助企业招聘到高素质的员工，又能保证已招聘来的高素质员工继续留在企业工作。这样就能以较少的费用，分散企业巨大的风险，稳定企业经营，为企业创造更大的利润。另外，福利制度有助于营造和谐的企业文化，强化员工的忠诚度。企业通过福利形式为员工提供各种照顾，在雇用关系中增加了类似家庭关系的感情成分，以提高员工的工作满意度，降低不满情绪，增加向心力，体现企业以人为本的原则（Tang, Kwan, Zhang, et al., 2016）。员工工作满意度的上升，必然会带来员工生产效率的上升以及缺勤率和离职率的下降。而且对企业来说，尽管用于现金报酬和大多数员工福利的开支都可列为成本开支而不必纳税，但是增加员工的现金报酬却会导致企业必须交纳的社会保险费用上升，而大多数用来购买员工福利的成本却可享受免税待遇。这样，企业将一定的收入以福利的形式而不是以现金的形式提供给员工更具有成本方面的优势。

企业福利制度可以使员工的家庭生活质量获得保障。员工以福利形式所获得的收入无须交纳收入所得税。在企业薪酬成本一定的情况下，员工直接从企业获得福利，要比自己用拿到手里的薪酬收入再去购买福利的成本低许多。很多福利，企业可以集体购买实现规模经济效应。即使企业不为员工提供这些福利，员工个人也要花钱去购买，而集体购买显然比个人购买更具有价格方面的优势。另外，从经济学角度来讲，大多数劳动者在薪酬方面追求稳定性，与基本薪酬和福利薪酬相比，福利的稳定性更强。

员工在一家企业工作不仅有经济方面的需要，还会产生心理方面的需要，如受到尊重和公平待遇以及有归属感等。福利水平的高低会直接影响到一家企业内部雇用关系的性质，在那些力图培养企业和员工之间长期关系的企业中，福利项目往往较多，福利水平相对来说也会比较高。

7.5 薪酬体系的发展趋势

20世纪90年代以来，随着知识经济的崛起与组织理论的创新，扁平化的组织结构取代了传统多层次、等级化的组织结构，企业发展也日益依赖于员工团队合作、个人能力水平与创新精神。与此对应，企业的发展在客观上要求以更新的薪酬体系取代传统的薪酬体系，能力薪酬体系与宽带薪酬便应运而生，以人为本、注重人的发展的薪酬管理思想逐渐占据了主导地位，并得到广泛的应用。

7.5.1 能力薪酬体系

能力薪酬体系（pay for competency）是指企业根据员工的绩效行为能力来支付员工基本薪酬的一种薪酬体系（Ngo，Jiang & Loi，2014）。实际上它是在技能薪酬体系基础上的一种扩展，在很多时候，广义的技能薪酬体系也包括能力薪酬体系。能力薪酬体系实施的关键在于建立一套能力评估体系对员工所具有的综合素质或能力进行测评，并根据测评结果确定相应的薪酬等级，当员工的能力水平发生变化时，其薪酬等级也相应发生变化。近年在美国和欧洲进行的一项调查表明，在参加调查的700多家美国公司中，有16%的公司已经采用了这种薪酬体系，同时78%的公司表示将考虑采用该体系；欧洲大约有20%的公司采用了这种体系，并且一半以上的企业将其作为薪酬机制改革的首选方案。

胜任素质模型的提出为能力薪酬体系提供了理论基础。能力通常分为基础能力和战略性能力（Cohen，2015；Ngo，Jiang & Loi，2014）。其中，基础能力是与职能标准相对应的、履行某个职位职责应具备的能力；战略性能力则指的是较前者更难以获得的、能够影响组织竞争优势的能力。越来越多的人认为，能力高的员工能够在未来取得较高的绩效水平，因而应该得到较高的薪酬。但是要将这一理念付诸实施，就需要根据各类职位设计出相应的素质模型，在此基础上进行绩效评价指标的设计，以更好地预测员工的未来绩效，并将绩效评价的结果与薪酬挂钩。很显然，按员工"可能的业绩表现"提供薪酬比按员工"已有的业绩表现"提供薪酬更复杂。因此，这种薪酬制度的实施对管理者的要求较高。

能力薪酬体系的设计可按照以下步骤来进行。

第一步，构建胜任素质模型。企业可通过行为事件访谈法和工作分析法等构建胜任素质模型。

第二步，进行能力素质定价。能力素质定价就是对每种能力素质及其组合进行定价。定价的基本方法有两种：一种是基于市场的定价，就是根据相同素质在其他企业所能获得的薪酬来确定能力素质的价格；另一种是基于绩效的定价，就是根据每项能力素质与绩效的相关性来确定能力素质的价格。

第三步，建立基于能力素质的薪酬结构。基于能力素质的薪酬结构多数采用宽带薪酬结构。建立的基本步骤如下：一是确定宽带的个数；二是根据每个宽带的平均能力素质水平，结合能力素质定价水平，确定该宽带的中点值；三是确定每个宽带的上限和下限；四是确定每一水平能力素质的薪酬。

第四步，评估与认证员工能力素质，确定其薪酬水平。使用评价中心技术或基于胜任素质的360度反馈等方式对员工的能力进行评估，以充分了解员工的能力状态，与其所任职位的能力素质等级进行相应匹配，从而确定该员工的薪酬水平（Espinilla，de Andrés，Martínez，et al.，2013）。

最理想的情况是，不但具备让工作体系顺利运作的能力，而且还能将这些能力包含在角色里，使关键的业绩评估措施和公司业绩的评估方法直接联系。认识到个人价值和能力的关键作用,让增加的价值也体现在个人的收入中,建立能够满足员工和企业需求的雇用环境。

能力薪酬体系注重员工能力的培养和潜能的挖掘,它将员工从硬性的职位描述、严格的薪酬等级制度中解放出来,鼓励员工发展自身的能力,并将之应用到实际工作中。但是能力薪酬体系的运用成功与否,一个重要的前提就是所采用的胜任素质模型是否科学,而建立一套既全面又精练、既科学又合理的胜任素质模型是比较困难的。另外,对员工所具有的能力素质进行评定也是一个复杂且耗时、耗力的过程。因此,实施能力薪酬体系的难度较大,管理成本较高。

7.5.2 宽带薪酬

宽带薪酬(broadbanding compensation)始于20世纪90年代,是作为一种与企业组织扁平化、流程再造、团队导向、能力导向等新的管理战略和理念相配套的新型薪酬结构而出现的。它是对传统上那种带有大量等级层次的垂直型薪酬结构的一种改进或替代(Parasakthi & Kavitha,2017)。根据美国薪酬管理学会的定义,宽带薪酬结构就是指对多个薪酬等级以及薪酬变动范围进行重新组合,从而变成只有相对较少的薪酬等级以及相应的较宽薪酬变动范围。一般来说,每个薪酬等级的最高值与最低值之间的区间变动比率要达到100%或100%以上。一种典型的宽带薪酬结构可能只有不超过4个等级的薪酬级别,每个薪酬等级的最高值与最低值之间的薪酬变动比率则可能为200%~300%。而在传统薪酬结构中,这种薪酬区间的变动比率通常只有40%~50%。例如,IBM公司在20世纪90年代以前的薪酬等级一共有24个,后来被合并为10个范围更大的等级。

宽带薪酬最大的特点是压缩级别,将原来十几个甚至二三十个级别压缩成几个级别,并将每个级别对应的薪酬范围拉大,从而形成一个新的薪酬管理系统及操作流程,以便适应新的竞争环境和业务发展的需要(见图7-6)。

与传统的薪酬结构相比,宽带薪酬的特征及优势在于:

(1)支持扁平型组织结构。宽带薪酬打破了传统薪酬结构所维护和强化的等级观念,减少了工作之间的等级差别,有助于企业组织结构向扁平化发展,同时有利于企业提高效率以及创造学习型的企业文化,促使企业保持自身组织结构的灵活性和提高适应外部环境的能力。

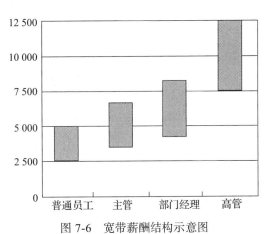

图7-6 宽带薪酬结构示意图

资料来源:董克用.人力资源管理概论[M].北京:中国人民大学出版社,2007.

(2)引导员工重视个人技能的增长和能力的提高。在传统等级薪酬结构中,员工即使能力达到了较高的水平,但只要企业没有出现职位的空缺,就无法获得较高的薪酬;在宽带薪酬体系下,即使在同一个薪酬宽带内,企业为员工提供的薪酬变动范围增大,员工只要注意培养企业所需要的技术和能力,并在本职职位上不断提高绩效,也可以获得较高的薪酬,这样极有利于引导员工将注意力从一味地追求职位晋升转向提高能力。

（3）有利于工作轮换和培育员工在组织中跨职能成长的能力。在传统等级薪酬结构中，员工的薪酬水平与其所担任的职位严格挂钩，同一职位级别的变动并不能带来薪酬水平的变化，但是这种变化又使得员工不得不学习新的东西，从而使工作难度增加、辛苦程度增大，因此，员工往往不愿意接受职位的同级轮换。在宽带薪酬体系下，由于薪酬的高低不是由职位来决定的，因此员工乐意通过相关职能领域的职务轮换来提升自己的能力，以此获得更大的回报。

（4）能够密切配合劳动力市场的供求变化。宽带薪酬结构以市场为导向，使企业员工从注重内部公平转向更加注重个人发展及自身在外部劳动力市场中的价值，这就使得薪酬设计与市场变化有着更为密切的联系。因为薪酬水平是以市场薪酬调查的数据以及企业薪酬定位为基础确定的，薪酬水平的定期审查与调整是企业把握其在市场上的竞争力的保证，同时也使企业能在市场的运作过程中做好薪酬成本控制。

（5）有利于提升企业的核心竞争优势和企业的整体绩效。在宽带薪酬中，上级对下级员工的薪酬有更大的决策权，从而可以增强组织的灵活性和创新性，有利于提高企业适应外部环境的能力。同时，宽带薪酬通过将薪酬变化与员工的能力和绩效表现挂钩，向员工传递一种弱化头衔与等级，而以绩效和能力为导向的企业文化，来引导员工之间的合作和知识共享，以此来培育积极的团队绩效文化，从而大大提升了企业的凝聚力和竞争力。

尽管宽带薪酬具有很多的优点，但也存在如下一些缺陷。

（1）导致员工晋升困难。传统薪酬制度下的职位级别多，员工比较容易得到晋升，然而宽带薪酬制度下的职位级别少，员工很可能始终在一个职级里移动，也可能在长时间内只有薪酬的变化而没有职位的晋升。在我国，对员工来说职位晋升也是一种相当重要的激励手段，尤其对于知识型员工或薪酬达到一定水平的员工来说更是如此，晋升机会减少可能导致员工士气低落从而失去进取热情。

（2）导致公司成本上升。实施宽带薪酬首先要求企业夯实和完善基础管理，这需要大量先行的设计和分析，而且要根据市场同质人力资源薪酬水平以及本企业的薪酬战略来确定薪酬水平和结构，这也是一项复杂的系统工程，所有这些都必须以一定数量的人力、物力、财力消耗为支撑才能完成。此外，由于薪酬的刚性特征，加上宽带薪酬结构在同一职级支持涨薪的导向性而丧失了传统薪酬结构中的自动遏止机制，因而使得实施宽带薪酬会大幅增加人工成本。

（3）增加绩效管理压力。实施宽带薪酬，组织从对职位的评价转向对人的评价，因此绩效成为确定员工薪酬水平的重要因素。但是，如果绩效管理不能有效、公正、合理地评价员工的业绩，就会伤害员工的工作积极性，打击员工的士气，降低员工对组织的忠诚感和归属感等。

（4）不适用于所有类型的组织。研究发现，宽带薪酬只适用于那些创新型、技术型的高科技企业和外贸企业。由于这些类型的组织所要强调的不仅仅是一种行为或价值观，他们不仅要适应变革以保持生产率，更要通过变革来获取竞争优势，因此希望通过一种更具有综合性的方法，将薪酬与新技能的掌握、能力的提高与最终的绩效联系起来，同时还要有利于员工的成长和多种职业生涯的开发。宽带薪酬的思想恰恰与这类组织的需求相吻合。劳动力密集型的企业一般不宜采用该方法。

为了克服宽带薪酬存在的不足，组织在实施宽带薪酬时，应该注意以下主要问题。

一是完善绩效管理系统。宽带薪酬主要以员工能力的高低和贡献大小为依据，而员工绩效水平的信息是否合理直接由企业绩效管理水平决定。若绩效管理不到位，则必然影响员工绩效评价的公正性、公平性、合理性，在这种情况下实行宽带薪酬，一方面会造成企业内人际关系的紧张，另一方面会大大影响宽带薪酬的实施效果。

二是重视沟通。引入宽带薪酬制度，需要管理层和员工进行及时全面的沟通，让全体员工能清晰地理解企业的薪酬决定因素以及企业发展战略，激励员工重视个人与企业发展的一致性，并让员工认识到自己在企业中的发展前途。而且，人力资源管理者不仅要协调好各部门的薪酬调整工作，还要注重向员工解释相关薪酬的发放标准，解答员工的疑难问题，妥善处理部门间的冲突。

三是注重团队奖励。为了促进团队成员之间的合作，同时防止上下级之间由于工作差距过大而导致的下层人员的心理不平衡，有必要重视对团队的奖励。

四是建立一支高素质的薪酬管理队伍。推行宽带薪酬制度需要人力资源部薪酬管理人员与各部门进行更加密切的合作，以提供优质服务的态度、以专业顾问的角色去为其他部门服务，根据员工业绩确定员工的加薪、了解市场薪酬信息及协助制订薪酬计划等。因此，引入宽带薪酬需要企业建立一支高素质的薪酬管理队伍，否则很难发挥宽带薪酬的优势。

▶ 本章小结

随着战略人力资源管理的发展，在以人本管理作为核心内容的现代企业管理中，越来越强调薪酬管理体系与企业战略的匹配性。以企业发展战略为依据，正确选择薪酬战略，系统设计薪酬体系并实施动态管理，使促进企业战略目标实现的战略薪酬管理更加符合现代管理的需求。

战略薪酬管理具有战略性、激励性、灵活性及沟通性四个特征，实施战略薪酬管理有助于企业应对外部环境变化，适应深化企业改革，加强科学管理。此外，企业薪酬作为联结雇主和雇员劳动关系的纽带，对双方都有不可替代的作用。

战略薪酬体系的设计具体包括战略分析与制定薪酬策略、市场薪酬调查、工作分析与工作评估三个过程。一个合理的战略薪酬体系不但可以充分体现岗位和员工的价值，还可以起到良好的激励、督促作用，有助于企业有效地实现战略目标。因此，企业进行薪酬设计时要考虑组织外部和内部各种环境因素的影响，在设计的过程中必须遵循公平、竞争、激励、经济、战略导向及合法原则。在设计薪酬体系时，企业还应使薪酬管理策略能够推动企业战略目标的实现，使薪酬结构具有可控性，使薪酬体系运作的过程公平。

随着员工需求多元化，为组织量身定制的奖励战略及福利措施对于吸引、留住员工具有重要意义。员工福利包括法定福利和企业福利，分为集体福利和个人福利两类，具有补偿性、均等性、集体性、多样性的特点。

目前，企业的发展要求以新型的薪酬制度取代传统的薪酬制度，能力薪酬体系与宽带薪酬模式便而生，以人为本、注重人的发展的薪酬管理思想逐渐占据了主导地位，并得到广泛的应用。

▶ 战略导图

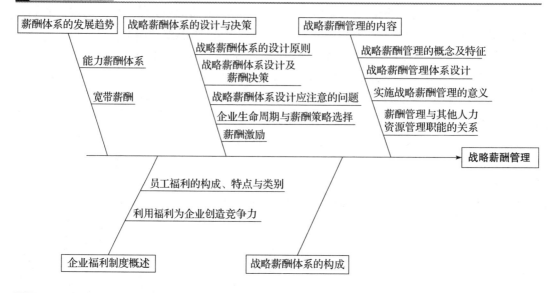

▶ 关键术语

战略薪酬管理　　　薪酬预算　　　能力薪酬体系
计件工资制　　　　薪酬控制　　　宽带薪酬
标准工时制　　　　薪酬沟通
员工持股计划　　　员工福利

▶ 复习思考题

1. 简述战略薪酬管理体系设计的基本步骤。
2. 简述实施战略薪酬管理的意义。
3. 简述战略薪酬管理与其他人力资源管理职能之间的关系。
4. 简述薪酬体系的构成以及薪酬的功能。
5. 简述战略薪酬体系的设计原则、过程和应注意的问题。
6. 简述薪酬策略如何与企业的生命周期相匹配。
7. 简述薪酬激励的类型。
8. 简述员工奖励制度。
9. 简述员工福利的构成、特点、类别以及作用。

▶ 文献导读

1. Environmental Performance and Executive Compensation: An Integrated Agency Institutional Perspective

　　随着环境问题的日益凸显,污染类企业面临着来自政府机构、媒体、环保激进主义等多方的环境保护压力。企业通过实行环境保护战略,提高环保绩效,降低对环境的排放来回应外部环保压力。实行环保策略能提高企业声誉,强化各利益相关主体之间的联系,因而Berrone和Gomez-Mejia(2009)认为,企业应奖励实施环境举措的高管,但关于环境绩效与高管薪酬之间的关系尚存疑。

　　Berrone和Gomez-Mejia(2009)综合了制度理论(institutional theory)、代理理论(agency theory)和环境管理等研究,提

出了六个理论假设。在污染行业,环境绩效与 CEO 薪酬正向相关;环境治理机制将强化上述关系;污染防治战略相对污染末端控制战略(end-of-pipe pollution control strategy)对 CEO 薪酬的作用更大;实行长期薪酬会增大污染防治的有效程度。同时,Berrone 和 Gomez-Mejia(2009)选取了美国 469 家企业的长期数据对以上假设做了实证检验,发现检验结果出乎意料。

资料来源:Berrone P, Gomez-Mejia L R. Environmental Performance and Executive Compensation: An Integrated Agency-institutional Perspective[J]. Academy of Management Journal, 2009, 52 (1): 103-126.

2. Team Reward Attitude: Construct Development and Initial Validation

基于团队的奖励(team-based rewards)方式在组织中愈发流行,目前美国有超过 80% 的企业正在实施基于团队的奖励。诸多研究表明,团队奖励有利于组织形成合作氛围,提高整体激励水平,但不利于个人激励水平的提升以及激发群体间的合作行为。

关于奖励形式选择的研究,较多的观点认为,奖励形式需要与任务结构、团队需要相匹配。但 Shaw、Duffy 和 Stark(2001)提出奖励形式还应关注个人对奖励的偏好,不同的偏好将影响对同一奖励形式的满意度,进而影响到奖励后的态度和行为。据此,Shaw、Duffy 和 Stark(2001)提出了影响团队奖励偏好的假设,并通过实证检验得出对团队型人物的偏好、感知的团队效能和外控型人格对团队奖励偏好均有正向作用,而个人能力水平与该奖励偏好呈负相关。

资料来源:Shaw J D, Duffy M K, Stark E M. Team Reward Attitude: Construct Development and Initial Validation[J]. Journal of Organizational Behavior, 2001, 22(8): 903-917.

▶ 应用案例

海底捞让华为、小米拜服和学习的根源是什么

再次说起海底捞的服务已经是老生常谈,但你不得不承认它绝对是餐饮行业的佼佼者,这样一家餐饮公司,能让无数大公司向它学习,是我们不得不思考的,一次次的流言并没有冲垮这个餐饮的老兵,可以说海底捞的核心竞争力并非是我们表面看到的风光,是"人",是"机制",是"文化"。

华为、小米、乐视这些千亿级大佬热衷于学习海底捞,不只是服务、用户体验,而是另一个大难题:如何让员工死心塌地?

第一把刀:人性之刀——让员工死心塌地的麻将哲学

有一篇报道写海底捞,说很多海底捞的员工见到张勇,激动时会拉着他的手直哭。在员工看来,是张勇给了他们高于同行的工资,还有生活的尊严,这种尊严不光是在同行面前有面子,更重要的是,这些学历不高、背井离乡来到大城市工作的员工,通过工作最终在北上广这样的大城市立住了脚,而且有人还买了房。

员工觉得张勇很善良,是一个好人。张勇自己可不这么认为。

海底捞的张勇能让员工死心塌地,我认为有以下三招。

第一,用一线城市的中等工资,吸引四线城市的打工者。

不能说海底捞里没有矛盾和抱怨,张勇自己也说,海底捞不是神话,也有问题。但是多数时候我们确实感觉到,海底捞的员工是发自内心的有热情,很用心地工作着。

海底捞是从四川简阳起家的企业,早期不少员工来自四川简阳。但海底捞的很多餐厅,都开在一二线城市。用一二线城市的中等收入,吸引三四线城市的打工者。这也是

张勇算的第一笔账。

其次，对于打工仔为主要劳动力的餐饮行业来说，什么是这些人的最主要需求？其实是生存，是有尊严的生活，然后是氛围。其实张勇把这个顺序摸得很清楚。很多人去学海底捞都是去观察文化、工作氛围，但是有一个根本的东西张勇自己也多次强调过，海底捞的工资是比一般餐饮企业高的。这是海底捞招工最直接的号召力之一。

张勇会直接鼓励员工：我们有很完善的晋升机制，层层提拔。我们会告诉刚进来的员工，你只要好好干，我们一定会提拔你，这是我们的承诺。

第二，用打麻将哲学激励员工。

四川人爱吃火锅，也爱打麻将。在麻将桌上，没人愿意迟到，而且从不挑环境。更重要的是，真正常打麻将的人，从不抱怨他人，牌不好而只说自己手气差。积极主动，任劳任怨，这是任何工作中的理想状态。打麻将哲学的背后是什么？是激发员工主动性，甚至激发员工的自我管理。

这也是海底捞让员工死心塌地的一个关键。为了激励员工的工作积极性，海底捞每个月会给大堂经理、店长以上干部、优秀员工的父母寄几百元钱。

更为关键的是，在保证员工能挣钱的基础上，海底捞做了另外一件事情：公平。

海底捞的员工大多在农村长大，家境不好、读书不多、见识不广、背井离乡，在大城市容易受人歧视、心理自卑。海底捞鼓励员工和食客交流，提供个性化的服务，有人把这个归纳为家文化。但是实际上，是因为张勇非常明白，对于这些朴实又有些玻璃心的打工者，公平比什么都重要。

我们可以举个例子，看张勇是如何洞悉人性的。在海底捞，员工有一定的免单权，因为顾客喜欢占小便宜，那么你就给他机会占。但是这样的权利下放到员工手里，很容易误用甚至滥用。

海底捞也曾经出现过，员工为了讨好顾客，在没有必要的情况下，多送菜给顾客。怎么避免这种情况呢？一方面鼓励举报，另一方面海底捞其实算是最早启用神秘顾客做法的。曾经有一位海底捞的经理，因为滥用免单权给自己的哥们朋友送菜，经过举报被核实，直接被开除了。在上面这个例子中，你会看到，张勇设计一个制度时，把消费者、员工、管理者三方面的利益都考虑到了，而且针对人性的缺点设计了补救措施。

第三，用户导向的考核。

张勇是少有的把用户满意当作核心战略、行动战略来考核的管理者。张勇对每个店长的考核，只有两项指标：一是顾客的满意度，二是员工的工作积极性。而对于服务员，不可能承诺让所有的顾客都满意，只要做到让大多数顾客满意，那就足够了。他们会邀请一些神秘嘉宾去店里用餐，以此对服务员进行考核。

第二把刀：破坏性之刀——计件工资

服务再好也敌不过资本价格战，而且过去的打麻将哲学对90后新员工失效，很多新员工觉得海底捞不公平，新人没有上升空间还要被压榨。虽然盛名在外，但张勇始终知道自己企业的根基是什么，是那些怀揣着梦想来城市打工的人。张勇需要让海底捞的工资在同行业中继续保持竞争力，但是这个钱又不可能从天上掉下来，怎么办呢？几年前，因为海底捞要做国际化，张勇也去美国看了美国的餐饮业，一个常见的场景引起了他的注意，就是小费制。

在中国，小费制不成立，所以张勇就动了脑筋，客人不能给你奖励，我用绩效工资的方式给你奖励不就得了，说白了就是计件工资。

张勇是希望在总工资支出不变的情况下，通过计件工资来变相增加员工的收入，多劳多得。简单来说，就是多劳多得，张勇是把懒人口袋里的钱掏出来给那些他认为勤快的人，他自己的成本并没有大幅上升。

这个措施在中国餐饮业也算创新，你猜效果怎么样，有的门店员工集体闹辞职，张勇不怕，说了四点以前不到岗，一律开除，结果三点半的时候，大多数员工都灰溜溜地回来了。

你可能也会担心，这么一来，员工如果有怨气，会不会撒到顾客头上。但是张勇觉得效果挺好，根据数据显示，2015年1月，有很多门店的员工能够拿到6 000元以上，高的拿到8 000元的工资。张勇始终觉得，只有当一个员工觉得这个店和他的利益息息相关的时候，他才会把它当作自己的家，爱它如命。

资料来源：改编自爱奇艺栏目《金错刀钱规则》。

讨论题

1. 海底捞快速发展和持续竞争优势建立的基础是什么？
2. 海底捞的薪酬政策有哪些特别之处？取得了什么效果？
3. 你认为海底捞的员工激励政策有哪些值得借鉴之处？

参考文献

[1] 包晨星，风里. 战略人力资源管理：化战略为行动［M］. 北京：电子工业出版社，2009.

[2] 陈维政，余凯成，程文文. 人力资源管理与开发高级教程［M］. 北京：高等教育出版社，2004.

[3] 大海. 谷歌：员工福利之王［J］. 公关世界月刊，2012（9）：50-51.

[4] 董克用. 人力资源管理概论［M］. 北京：中国人民大学出版社，2007.

[5] 方振邦，徐东华. 战略性人力资源管理［M］. 北京：中国人民大学出版社，2015.

[6] 康至军. HR转型突破［M］. 北京：机械工业出版社，2013.

[7] 宋培林. 战略人力资源管理：理论梳理和观点评述［M］. 北京：中国经济出版社，2011.

[8] 王少东，吴能全，余鑫. 薪酬管理［M］. 北京：清华大学出版社，2009.

[9] 乔治T米尔科维奇，等. 薪酬管理［M］. 6版. 北京：中国人民大学出版社，2002：295.

[10] 朱飞，文跃然. 战略性人力资源管理系统重构［M］. 北京：企业管理出版社，2013.

[11] ALDamoe F M A, Sharif M Y, Ab Hamid K. The Causal Relationship between HRM Practices, Affective Commitment, Employee Retention and Organizational Performance［J］. International Business Management, 2013, 7 (3): 191-197.

[12] Cohen D J. HR Past, Present and Future: A Call for Consistent Practices and a Focus on Competencies［J］. Human Resource Management Review, 2015, 25 (2): 205-215.

[13] Espinilla M, de Andrés R, Martínez F J, et al. A 360-degree Performance Appraisal Model Dealing with Heterogeneous Information and Dependent Criteria［J］. Information Sciences, 2013, 222: 459-471.

[14] Gupta N, Shaw J D. Employee Compensation: The Neglected Area of HRM Research［J］. Human Resource Management Review, 2014, 24 (1): 1-4.

[15] Han J H, Bartol K M, Kim S. Tightening up the Performance-pay Linkage: Roles of Contingent Reward Leadership and Profit-sharing in the Cross-level Influence of Individual Pay-for-Performance

[J]. Journal of Applied Psychology, 2015, 100 (2): 417.

[16] Kim E, Ouimet P. Broad-based Employee Stock Ownership: Motives and Outcomes[J]. The Journal of Finance, 2014, 69 (3): 1273-1319.

[17] Milkovich. Newman Compensatian (Sixth Edition) McGraw-Hill, 1999, p27.

[18] Ngo H, Jiang C Y, Loi R. Linking HRM Competency to Firm Performance: An Empirical Investigation of Chinese Firms[J]. Personnel Review, 2014, 43 (6): 898-914.

[19] Parasakthi D, Kavitha S. HR Audit: Auditing HR Practices of Public and Private Companies in Bsni and Reliance Communication[J]. International Journal of Scientific Research, 2017, 5 (10): 416-418.

[20] Saridakis G, Lai Y, Cooper C L. Exploring the Relationship between HRM and Firm Performance: A Meta-analysis of Longitudinal Studies[J]. Human Resource Management Review, 2017, 27 (1): 87-96.

[21] Schmid S, Wurster D J. Are International Top Executives Paid more? Empirical Evidence on Fixed and Variable Com-pensation in Management Boards of German MNCs[J]. European Journal of International Management, 2016, 10(1): 25-53.

[22] Tang G, Kwan H K, Zhang D, et al. Work-family Effects of Servant Leadership: The Roles of Emotional Exhaustion and Personal Learning[J]. Journal of Business Ethics, 2016, 137 (2): 285-297.

[23] Thompson P B, McWilliams A, Shanley M. Creating Competitive Advantage: A Stakeholder View of Employee Owner-ship[J]. International Journal of Strategic Change Management, 2014, 5(3): 262-279.

[24] Wu L Z, Kwan H K, Wei L Q, et al. Ingratiation in the Workplace: The Role of Subordinate and Supervisor Political Skill[J]. Journal of Management Studies, 2013, 50(6): 991-1017.

第 8 章

人力资源发展战略

职业生涯开发与管理：只要开始，永远不晚；只要进步，总有空间。

▶ **学习要点**

- 职业发展的含义、重要性与内容
- 职业发展职能的执行
- 职业发展与其他人力资源管理活动之间的关系
- 职业计划的主要内容
- 职业计划与职业开发
- 职业计划与传统的求职观念
- 职业生涯管理的含义与意义
- 职业生涯各阶段的主要特征
- 制定职业生涯的步骤

▶ **前沿探讨**

裸辞！你敢吗

在员工的职业生涯规划中，员工个人扮演着很重要的角色，需要对自己的能力、兴趣爱好以及对职业发展的要求和目标进行分析与评估。在没有找到新的工作之前，我们如何对待辞职呢？"90 后"已步入职场，成为职场未来发展的主力军，据中国之声《央广新闻》报道，"90 后"职场新人离职率高达 30%，那么我们应该在何时、何种情况下辞职，如何辞职才能不影响我们未来的职业发展呢？

我们不应该畏惧辞职，否则可能会损害你的职业生涯，尤其当你遇到以下两种情况时更应该毫不犹豫地辞职。

（1）当你遇到一些可能对你自身发展产生很坏的影响的、不合法或者不合理的情况时。

（2）当你目前的工作会对你的健康或者工作之外的生活不利的情况时。

但是，毫不犹豫地辞职也需要有充分的事前准备：需要对辞职时间、采用何种方式辞职和如何写好辞职信等事宜进行计划，以下是两个辞职成功的案例。

Beth 在合伙人欺骗顾客之后，果断放弃了工作和她的投资，选择辞职。她请来专业的律师来帮助她明确责任、确定辞职日期和写好一封辞职信。她的介绍人全部用事实支持她离职的原因，最后 Beth 不仅保护了自己的名誉，并且在 4 个月后重新步入职场。

同样，Paul 在公司经历了困难合并后，几乎没办法达到新老板要求，尽管之前同事或辞职或被辞退，但是为了维持家庭的生活，照顾他的特殊孩子，他没有选择辞职，也很庆幸自己没被辞退。但这个工作对他产生了负面影响，身体开始抱恙，并陷入了焦虑之中，于是他开始准备辞职。同样他也做了计划，找好了介绍人，最值得一提的是他的辞职信。在信中，出于对以后工作的考虑，Paul 并没有提及工作带给他身体的伤害，只是对之前未被老板辞退表示感谢，感恩于能够和同事一起学习，还说了自己以后想从事工作的方向。而这也帮助他很快找到了下一份工作。

最后，针对我们在没有找到工作之前辞职，我们有以下建议。

（1）制订一个关于你何时、以何种方式、向谁辞职的计划。将这些写进你的日程，最好加上辞职一事你需要告诉谁此消息这一项。

（2）找三个靠谱的介绍人。至少有一个应该是你现在的雇主，如果不合适也可以试试同事、顾客、直接上级等。

（3）写一封简短的辞职信。内容应该包含感谢你的领导和同事，提供新的可靠的工作方向等内容，就算亲自辞职，也需要一封简短的辞职信。切忌抱怨任何人包括自己，不然可能会给自己带来不利影响。

（4）坚强。辞职的那天将是你职业生涯全新的一天。

资料来源：Claman Priscilla. When You Should Quit Your Job Without Having Another One Lined Up[J]. Harvard Business Review, 2017.

基于战略观点的人力资源职业生涯规划与管理

在当今多变的超强竞争时代，人力资本已经成为比金融资本更为重要的战略资源，人力资源的开发、管理、创新和实践也已经成为企业营造持久竞争优势的核心所在（Lepak & Snell, 1999）。因此，人力资源发展战略作为企业人力资源管理中的一项重要内容，正在日益受到组织的重视。其中的原因有来自外部的环境因素，包括技术和市场竞争等方面的要求，也有来自企业内部管理的微观要求，这些因素促使企业真正从员工的职业需求和企业发展要求去进行管理。没有目标就没有方向，没有战略就没有发展。制定人力资源发展战略，也应以企业总体的发展战略为指导，以远景规划所规定的目标为方向。本章从介绍职业发展的基本概念入手，详细讨论了有关职业计划和职业培训与发展中的具体内容，包括职业培训的意义和方法、职业计划的内容、职业发展的几个阶段以及职业管理中的几个重要问题等。

 引 例

职业生涯管理：海底捞的晋升途径

2008 年，为了研究海底捞遍布大江南北的秘密，研究者从人力资源管理的角度出发对海底捞的各级人员进行了深入访谈，参与该公司的管理例会，同时从体验实际业务出发，专门安排研究助理进店体验了为期一周的服务员业务。研究表明海底捞的员工职业生涯管理是其成功的关键所在。

多种晋升

在海底捞，任何新来的员工都有三条不同方面的晋升途径可以选择（见图 8-1）。

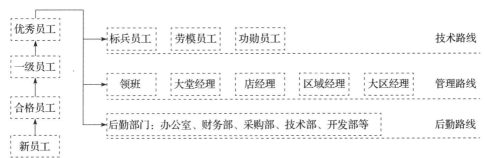

图 8-1　海底捞员工晋升途径

学历和工龄在海底捞不再是晋升的必要条件。不拘一格的选拔政策，不仅让这些长期处在社会底层的员工有了尊严，更是为这些没有上过大学的农民工子弟打开了一扇亮堂堂的窗户：只要努力，我的人生就有希望。

典型的例子是原小元——农村人，高中毕业，19 岁进入海底捞，最初的职位是门童，现在是北京和上海地区的总经理。"只要正直、勤奋、诚实，每个海底捞的员工都能够复制我的经历"，这是他对工作经验的总结。这样的事例确实不少。区域经理林忆今年只有 21 岁，掌握海底捞西单、牡丹园和大慧寺三个店的店长王燕只有 22 岁。这些大孩子一样的年轻人独立管理着几百名员工，每天接待上千名顾客，每年创造几千万元的营业额。他们不曾读过大学，但是他们脸上有着名牌大学毕业生未必有的自信。没有管理才能的员工，通过任劳任怨地做苦工也可以得到认可，如果做到功勋员工，那么工资收入只比店长差一点。

"造人"优先

海底捞的所有做法别人都可以复制，只有海底捞的人是没法复制的，而这恰恰是海底捞的核心竞争力。海底捞的核心竞争力恰恰就在于"造人"理念。任何一个经营餐馆的人都知道，一旦经营成连锁，流程和制度是重要的。海底捞的员工在入职前要经过严格的培训（包括详细的服务流程和手册），但是它的秘诀关键在于培养员工从心里相信双手能改变命运和相信媲美管理者的职场前辈的言传身教。海底捞的员工几乎都是熟人介绍的，但淘汰率居高不下，因为海底捞不仅劳动强度大（翻台次数差不多比同行高一倍），更关键的是海底捞要求员工视客户为衣食父母，对服务的创造性和主动性要求很高，这让新员工感到无所适从。因此，海底捞的员工不仅要经过统一的培训，还必须经过一对一"师徒式"的单兵教练。

海底捞的服务要求每个服务员都让客人感受到他们的尽心尽力，但是没有标准化的服务准则，只有因才制宜。比如，不善言语的服务员可以一溜小跑给客人买烟，喜欢说话的服务员可以陪客人海阔天空地聊天。这种服务精神轻易学不来，因为它要求每个服务员都从管理者的角度出发为顾客盘算。近年来海底捞的很多具体服务方式被其他餐馆所效仿，可是实际的客户体验是完全不同的，因为其他餐馆的员工仅仅是用双手服务的。

海底捞把培养合格员工的工作称为"造人"。张勇将"造人"视为海底捞发展战略的基石。如何储备更多拥有海底捞思维的管理者一线员工，占据了他现在绝大部分精力。海底捞对店长的考核只有两个指标：一是客人的满意度；二是员工的工作积极性，同时要求每个店必须按照实际需要的 110% 配备员工，为扩张提供人员保障。企业考核什么，员工就关注什么，于是大家每天都在努力"造人"，一家完全不知职业生涯规划为何物的海底捞，竟把员工职业生涯规划做得淋漓尽致。

资料来源：黄铁鹰.海底捞你学不会[M].北京：中信出版社，2015.

8.1 职业发展

8.1.1 职业发展的含义

职业又称（职业）生涯，从不同的角度对其定义有不同的理解。一般意义上讲，它是指一个人一生中从首次参加工作开始一直到退休离开某一组织的所有工作活动与工作经历，按时间的顺序连接而成的一个总的行为过程；从另外一个角度来看，职业生涯包含了一个人一生中随年龄增长而产生的价值观、态度以及积极性等方面的变化，这是它的主观含义。总的来说，它与组织和员工个体密切相关（Baruch，2006）。

职业发展（career development）包含着两个方面的含义。第一，企业组织的绝大多数员工，作为一个个体，都有从自己现在和未来的工作中得到成长、发展及获得满意结果的强烈愿望与要求。为了实现这种愿望与要求，他们不断地追求理想的职业，并希望在自己的职业生涯中得到顺利的成长和发展，从而制订了按照一定的目标不断地成长和发展以及不断地追求满意的职业计划（career planning）。第二，从企业组织的角度来看，在广大员工希望得到不断成长和发展的强烈要求的推动下，企业人力资源管理部门为了了解员工个人成长和发展的方向及兴趣，为了不断地增强他们的满意感，并使其能与企业组织的发展和需要统一协调起来，相应地开发了一个新的职能——职业管理（career management）（Lips-Wiersma & Hall，2007）。总结起来说，由企业组织一方，即企业人力资源管理部门或人事部门制订的，协调有关员工个人成长、发展的计划与组织需求和发展相结合的计划就称为职业管理，而员工个人自己希望从职业生涯的经历中不断得到成长和发展的计划，为其个人职业计划。一般来说，一个企业组织会对个人的职业计划提出指导，而员工个人也希望在听取组织意见的情况下制订职业计划。

企业通过培训不断提升员工的能力，通过内部晋升把那些具有战略眼光的、对组织具有最大价值的员工任命到高层管理岗位。这些具备更高能力的高级经理人员有利于组织制定更加清晰和合理的战略。企业在人力资源管理工作中通过员工参与和利润分享活动帮助普通员工积极了解企业的经营目标，并指导自己的行为以有助于企业的成功。例如，丰田对于岗位一线工人采用工作轮换的方式来培养和训练多功能作业员，这样既提高了工人的全面操作能力，又使一些生产骨干的经验得以传授，员工还能在此过程中，发现自己的优势在哪里，从而进行精准的定位，找到真正适合自己的岗位，一旦员工确立自己的职业锚，工作起来将会更具有积极性和主动性，效率将会有很大的提高。

丰田采用五年轮换一次工作的方式对各级管理人员进行重点培养，每年1月1日进行组织变革，一般以本单位相关部门为调换目标，调换幅度在5%左右，从短期来看，转岗需要有熟悉操作的适应过程，可能导致生产效率的降低，但从企业长久发展来看则利大于弊。经常的有序调换岗位还能给员工带来适度的压力，促使员工不断学习，使企业始终保持一种生机勃勃的氛围。

8.1.2 职业发展的重要性

西方国家的有关研究和管理实践经验表明，职业发展对企业的发展至少有以下几个方面的重要作用。

（1）有利于促进员工的成长和发展以及增加他们的满意感。随着社会和经济的发展，西方国家的企业组织中越来越多的员工越来越强烈地要求改善工作生活质量。他们希望不论是在经济发展，还是在经济停滞、萧条时都能改善工作生活质量。西方企业的员工要求改善或提高工作生活质量的含义不仅仅是要求得到一个工作，或提高工资福利待遇，更重要的是指：
- 使员工感觉工作有趣味性和挑战性，在工作中能不断地有成长和发展的机会并能从工作中不断地提高自己的满意程度。
- 使员工在工作中有独立性和自我决策性，希望参与管理，能够对自己上司的有关决策有越来越大的影响力。

西方企业组织的实践经验证明，凡重视了解开发员工兴趣，又符合逻辑地不断给员工提供具有挑战性的工作任务，并为他们的成长发展以及参与管理创造机会和有利条件，即重视职业生涯管理，才能使员工的满意程度增加，才能留住人才和吸引人才。否则，员工的不满意感就会增强，进而导致员工流失。

（2）适应现代企业组织有效地使用人才的迫切需要。现代科学技术的迅猛发展和市场竞争的日趋激烈，一方面使企业组织面临着严峻的挑战，另一方面给企业组织的发展和变革提供了机会（Chen，Tang，Jin，et al.，2014）。如果一个企业组织不善于培养和调动本组织的员工去迎接挑战，从事发展和变革所带来的新工作，那么必然会错过企业发展的良机和被自己的竞争对手击败。同时，如果一个企业组织不了解自己员工的职业兴趣以及他们对自己成长与发展的方向和要求，就无法合理地指导员工职业兴趣的开发和他们自我成长与发展的方向，从而也就无法培养和调动本组织的人才去适合发展与变革的需要。实践证明，职业发展既是为员工提供成长和发展的机会、提高员工满意程度的有效途径，又是现代企业组织培养人才最经济、最有效的方法之一（Herrbach，Mignonac，Vandenberghe，et al.，2009）。一个人职业发展过程的决定因素中有着客观的成分，即有被称为机遇的偶然性因素的影响，但人们的主观因素也会起相当大的作用。多数人对自己未来发展有一定的愿望、设想、预计与准备，还为实现个人抱负设置了目标，并为实现此目标而努力创造条件。完全凭命运摆布的人毕竟是少数，对个人职业发展道路影响最大的还是他们所工作的组织。如果企业看不到这一点，或者不重视职业发展在现代企业人才资源管理与开发中的重要作用，就会在严峻的挑战面前束手无策，进而丧失发展的机会。

（3）从企业的微观管理方面来看，围绕着企业人力资源管理活动的几个方面，如选拔、聘用、培训和考评等具体职能的实施，从根本上离不开企业员工的自主性和员工的内在积极性这一基础。企业必须首先鼓励并帮助他们完善和实现自己的个人目标，同时设法引导这种个人目标与组织需要相匹配（包晨星和风里，2009），这一过程不再是完全随机的，而是一个组织与员工个人双方合作努力，使组织需要与个人职业发展相符合和对员工个人进行培养的过程。也就是说，企业要想真正调动员工为企业服务和奉献的积极性，就必须站在员工的角度，真正为员工的切身利益着想，在尽力帮助员工谋求自我发展的同时，获得员工的尊敬，赢得人心，这样才能从根本上取得企业人力资源方面的竞争优势。

在我国，对这一现代管理概念的认识经历了一个曲折的过程。在过去的历史情况下，长期提倡组织成员应当无条件服从组织的需要与安排，应当"甘当螺丝钉"。这种状况一直延续下来，与当时的计划经济体制存在着一定的关系。

在改革开放时期，当我们从计划经济向社会主义市场经济过渡，企业取得越来越多的自主权时，作为社会及组织的最小单元——员工个人也要求拥有满足他们个人愿望与爱好、考虑如何更好地发挥他们特长的权利，这并不难理解。如果员工总是在组织的安排下进行工作，不能考虑自己的兴趣和专长，或者不必考虑自己在某个方向或领域里有所发展或有所作为，那么组织又如何发展呢？员工的创造力是无穷的，能否激发出来，同时使员工和组织受益，是现代企业面临激烈竞争时所需思考的一个重要课题。按照这样一个思路，现在确实到了我们的企业也要重视职工职业道路开发的时候了，因为它是现代人力资源管理的一个重要组成部分。

|SHRM 聚焦| 聪明的公司帮助员工发挥特长，笨的吗……

"找茬"是传统企业管理根深蒂固的一种心态。比如绩效考核，它的核心是指出员工的不足之处。另一种还未被多数企业认可的观点认为，我们应将注意力转移到员工的长处和兴趣上，进而建立更有活力、更高效的团队，并促进企业发展。

这一观点首先由资深企业管理咨询专家马库斯·白金汉（Marcus Buckingham）提出。他与柯特·柯夫曼（Curt Coffman）在盖洛普进行了20多年的企业领导力研究，他们在于1999年出版的《首先，打破一切常规》(*First, Break All the Rules*) 一书中指出，企业管理者应该选择忽视而非修正员工的弱点。这个观点在当时几乎与所有全球大公司的管理方式截然相反。2001年，白金汉又与唐纳德 O. 克利夫顿（Donald O. Clifton）合作出版了《发现我的天才》(*Now, Discover Your Strengths*)，进一步阐释了他的观点。白金汉与克利夫顿认为，每个成年人都有可能称之为"才能主题"（talent theme）的性格特征，这些性格特点决定了一个人更容易培养出哪些技能，在哪些领域更容易脱颖而出，以下是几个例子。

- 成就者：总是有完成任务冲动的人。
- 适应者：特别擅长根据具体情况调整策略/计划的人。
- 联合者：善于通过寻找共同点联合他人的人。
- 学习者：必须不停地接受挑战、学习新知来感知成功的人。

这些性格特点影响了人们的感知和行动，并帮助他们形成自己的优势。白金汉与克利夫顿认为，通过发现、利用员工的个人优势，员工能够在更适合的岗位轻松获取技能发挥所长，从而降低离职率，提升员工士气和企业的整体表现。这一理论发展为"基于优势的员工管理方式"：企业首先帮助员工找到自己的优势，然后企业管理者根据员工优势为他们分配相匹配的工作岗位。盖洛普于2011年发布的一项研究发现，"基于优势的员工管理方式"是否成功取决于企业是否能做到以下四点。

- 员工知道自己的优势是什么，也知道同事的优势是什么；
- 员工开始通过有意识地运用自己的优势来体验成功；
- 员工感知到同事和上司都真心相信优势哲学并乐于实践；
- 员工感知到企业领导层真心相信优势哲学并乐于实践。

研究人员发现，那些非常成功的企业往往营造了一个强有力的优势文化，员工可以全情投入，尽情发挥所长。然而只有3%的美国员工认为自己所在的公司倡导鼓励员工发挥优势。

谷歌的"20%时间"管理规定，就是鼓励员工发挥特长的一个例子。2004年，谷歌创始人拉里·佩奇和谢尔盖·布林在首次公开募股公开信中表示："我们鼓励员工在常规工作时间之内花20%的时间做他们认为能让谷歌收益的项目。这能让他们更有创造力和创新能力。我们许多突出的成绩都是以这种方式得到的。"很少有人知道，谷歌的这一做法早就在3M推行了。3M在公司内部实行"15%时间"管理规定，即员工可以在工作时间之内花15%的时间来发挥自己的创意。因为这个规定，3M推出了许多畅销产品，包括学生和办公室白领离不开的便利贴。

白金汉坦言最彻底施行他的研究成果的公司当属Facebook。2008年，Facebook人力资源与招聘副总裁罗莉·格勒尔将白金汉的研究发现作为Facebook员工管理的基石，并聘请白金汉为Facebook的管理顾问。Facebook招聘和管理员工的方式与众不同。他们有时会招募行业内的顶尖人才，却在员工入职时不为他们分配具体职位，而是允许他们根据自己的技能和兴趣找到合适的项目。每隔18个月，Facebook的工程师必须轮岗一次，做一些其他的任务。Facebook还组织骇客马拉松、每月熬夜日等活动，在这些活动中，任何想法、任何项目都能被提出来做。比如有一名员工想做出一个Facebook目前还不存在的功能，他可以提出来，找到合作伙伴，编出代码。许多Facebook广受欢迎的功能（比如私信和时间轴）就是在这些熬夜日被开发出来的。

白金汉认为，基于优势的员工管理方式能够成功，经理需要发挥重要作用。经理首先需要具备"个体化"的能力，即善于发现员工的不同之处。企业管理者还需要懂得放权，领导者需要改变为员工决定一切的心态，放手让员工自行做他们认为重要的事。与此同时，领导者可以给予员工适当的指导："反馈只有在指导的语境下才会起作用。不要告诉你的下属他们现在做得怎样，没有人想知道这个，他们想知道如何能够做到更好。"

资料来源：中国人力资源网。

8.1.3　职业发展方面的活动

职业发展方面的活动可分为组织和个人两个方面。

1. 职业管理

组织所从事的推动员工职业发展方面的活动，称为职业管理（career management）（Baruch & Peiperl，2000）。其目的在于把员工的个人需要与组织的需要统一起来，做到人尽其才并最大限度地调动员工的积极性，同时使他们感到自己在组织中能够有所作为，从而极大提高其对组织的归属感。此活动涉及一系列人力资源管理职能的发挥。

（1）人力资源规划，包括通过仔细评估与选拔找出重点培养对象（"苗子"或接班人或后备梯队），认真安排他们的岗位与升迁路线。

（2）指导与考评，包括帮助他们做好自我分析，提供企业中可供选择的发展途径的信息，考核他们的绩效并及时给予反馈等。

（3）培训与开发，给员工提高自己的机会，组织若有预见地拟订出正式的培养计划，当然事半功倍。

（4）奖励措施，包括合理奖酬制度的建立与实施，鼓励职工在发展道路上的任何可取进展。

企业职业管理的实施需要明确由谁来承担这项责任。应该说企业中承担这项重任的首先是各级主管干部,因为他们最了解自己下级的长短、喜恶、需要和抱负以及他们的过去与现状,又了解企业中存在的机会与备选发展途径,便于向下级介绍前景,提供指导、监督,并培养和鼓励他们上进。人力资源管理部门在这方面也起着重要作用,可以当好各级主管干部的助手与参谋,向他们提供信息、技术与建议,例如,介绍全公司存在着哪些发展选择,这些备选途径间的相互关系,每条途径的前提要求及串接顺序等。

从理论上来讲,组织有责任在发展方面照顾到每名职工,但限于实际可行的条件,往往要分清主次;最重要的是领导层的后备梯队问题,做好接任计划(succession planning),然后才顾及中层和基层(Sharma, Chrisman & Chua, 2003)。

2. 职业计划

员工个人所承担的职业发展的活动称为职业计划(career planning)(Handler & Lane, 1997)。这种计划中包含了一系列职业生涯中重大转折性的选择,如专业发展方向的选择、就业单位的选择、职务的选择等。首先需在做好自我分析(包括个人的优势、劣势、经历、绩效、能力等)的基础上,在本人价值观的指导下,确定自己的长期与近期的发展目标,并拟出具体的发展道路规划。个人职业计划应具有一定的灵活性,以便根据自己实际的表现而加以调整。

这两种活动需要密切配合、协调统一。不难看出,个人职业计划的成功还需要组织的扶持。美国以管理优异闻名的大企业 IBM 公司有一句名言:"职工能力与责任的提高,是企业的成功之源。"现代企业看到了职工职业发展道路的开发给企业带来的巨大利益:能发现人才,尤其是后备干部,这样保证了企业领导层质量的连续性;实现人尽其才,充分开发本企业人力资源潜力;满足职工个人的荣誉、自尊与自我发展需要,引导其个人目标与组织目标一致,保证了职工的积极性、创造性和对组织的忠诚与归属感。

8.1.4　职业发展职能的执行

职业计划或职业管理是西方企业组织人力资源管理与开发部门的一个相对比较新的职能。而在我国企业组织中,许多员工,甚至人事部门都还对职业计划或职业管理感到陌生。但是职业计划或职业管理必将会在我国企业组织和广大员工中得到推广与发扬。根据西方学者的研究和企业实践的经验,我们认为,人力资源管理部门应对职业发展持积极的态度。在执行职业发展职能时应注意以下问题。

(1)必须充分认识现代员工职业发展的重要性。可以说现代绝大多数的员工,随着对工作生活质量要求的增加,越来越追求具有挑战性,能不断地有成长和发展机会的工作,希望自己的满意感在愿望或个人职业目标实现的过程中不断得到满足。企业只有不断地通过提供各种适宜的培训与制定发展员工的措施,才能不断地激励他们,发挥他们在工作中的创造性和积极性。这是组织培养人才、挖掘人才的有效途径,必须重视。

(2)要重视对员工职业计划的咨询。以前在我国企业组织中总有一种错误的观念,认为个人注重自身职业计划目标并为之实现而做出努力是个人主义的表现。其实,作为个人也应同一个国家或一个组织一样,总要有一个发展计划,有一个奋斗目标。如果一个人在自己的职业生涯中没有一个计划,没有一个目标,只是做一天和尚撞一天钟,那么他是不会有所作为的,这对企业的发展也极为不利。作为人力资源管理部门,应将本组织有关各种工作分析、工作变动情况、空缺职位等信息及时地提供给员工,以利于员工制订和修改自己的职业计划,并协助员工正确地评估自己的技能和潜力,结合本企业组织的发展和需要制定出切实可行的职业目标。除了对员工上述问题进行咨询和指导外,人力资源管理部门还要积极热情地为其创造实现职业目标的机会。

（3）对员工要一视同仁,要积极地提倡公开而平等的竞争。一段时间以来,在我国的一些企业内都还未形成良好的竞争气氛。在调动工作、晋升或分配任务中,不将有关信息公开给所有的员工,不敢大胆地公布信息,让大家都去竞争某一工作或某一职务,有的甚至是避开广大员工,几个人关起门来做决定。近年来,越来越多的组织采用公开招聘、公开晋升,让大家都了解晋升的条件,让更多的人来参加竞争,而组织上则通过对竞争候选人的各种测评,公开公正地选拔人才。这种方法有利于形成广大员工奋发向上的良好气氛,有利于员工职业计划目标的实现。人力资源管理部门应该避免那种机会不均等、不敢公开信息、不敢动员广大员工参加竞争某一职务的老做法。且不说其是否能真正选到具有真才实学、能承担新的工作岗位的人选,这一做法体现出的机会不均等、不平等的竞争也会大大地挫伤多数员工的积极性。

（4）随时关注处于职业发展不同阶段的员工。处于不同职业发展阶段的员工有不同的需要。人力资源管理部门不能千篇一律地对待他们,而应深入了解他们各自合理的要求,并指导和帮助他们去实现各自的需要,解决在不同职业发展阶段出现的问题。

|SHRM 聚焦| 员工的职业发展：以中石化第十建设公司为例

"得人才者得天下"。随着我国加入世界贸易组织,企业之间对于人才的竞争日趋激烈。如何吸引和留住人才是关系到企业生死存亡的头等大事,已成为一个十分重要而紧迫的课题。那么用什么措施留住人才而不使其外流呢？待遇、感情、环境是留住人才的重要条件,用事业留人也是必不可少的。

据了解,许多企事业单位人才外流的重要因素,并不仅仅是工资福利或待遇问题,缺乏有吸引力的员工职业生涯设计,也会导致很多员工对企业单位和个人的发展前景不明晰,在事业发展上感觉无望,进而产生离职倾向和行为。那么企业如何为员工提供个人发展成长的机会呢？

中石化第十建设公司（原中国石化集团第十建设公司）是中国石油化工集团直属的大型综合性施工企业,以承建石油化工、煤化工、油气储运、医药、市政、环保、锅炉、电站及送变电等新建、改扩建、检维修等工程为主,兼营设备制造、大型设备吊装、运输、大型吊装机械修理及工程项目监理业务,拥有化工石油工程施工总承包一级、对外承包工程等多项资质证书。中石化第十建设公司是从以下五个方面完善员工职业发展规划的。

1. 人才成长通道制度

为了畅通各类人才的成长通道,建立科学的选才、育才、用才、聚才工作机制,实施人才成长通道建设,公司根据目前人才成长的现状,梳理了经营管理、专业技术、技能操作三个成长通道,形成了三个序列四个层次的职位管理体系。

2. 导师制

为了加快专业技术人才的培养进度,创建学习型组织,保障每一位新入职的员工能尽快熟悉环境,获得工作所需要的专业知识,公司为每一位新入职的大学生协商指定一位优秀的老员工作为"导师"。在相对稳定的一段时间内，由导师负责教导新员工专业技术知识，同时公司根据学员的发展情况对导师进行考核与奖励。

3. 激励性的职业资格考试

中石化第十建设公司十分鼓励员工考取各种职业资格证书，并对考取职业资格证书的员工进行物质奖励。每年公司都会组织员工参加特定的职业资格考试培训，对于人数较多的考试，由公司安排行程和住宿。中石化第十建设公司坚信，只有员工的发展，才能带来企业的长远进步。

4. 宽广的发展空间

中石化第十建设公司采用项目部管理制，对于分布于全国各地以及部分海外项目而言，每个项目部的成立都会需要大量的管理岗位。随着公司规模的不断扩大，公司业务的扩展，新建的项目部越来越多，员工拥有宽广的发展空间和晋升速度，这在国内企业中都是十分罕见的。

5. 丰富多样的培训

中石化第十建设公司除了每年完成集团公司规定的培训计划以外，公司还针对自己公司的特点，开展多种多样的专业培训，保证每位员工的知识更新，帮助员工进一步提升工作能力。公司还依托集团公司的 e-learning 远程培训系统，帮助每位员工可以在自己方便的时间不断"充电"，同时公司对远程学习的员工实行学分制管理，对长时间坚持学习的员工予以鼓励。

资料来源：中石化第十建设有限公司官网。

8.2 职业发展与其他人力资源管理活动之间的关系

从员工的角度来看，进入某一企业工作了一段时期或上司对其工作的表现进行了评估以后，就会考虑或制定自己在本企业组织内的职业计划。而从企业组织的角度来看，员工职业计划或职业管理则是开发部门或人力资源管理部门长期的重要管理职能之一。人力资源管理部门的这一重要职能与人力资源管理部门的其他职能紧密相关。

8.2.1 职业发展与工作分析

职业管理人员的重要职责之一就是经常而又及时地将本组织中职业发展的机会传递给员工。因此，职业管理人员要为有关员工制订职业发展的具体计划，即要制定有关员工符合逻辑的从某一工作转到另一工作的具体发展途径。为了制订转岗的职业发展计划，就必须对该员工下一步希望从事的工作进行认真的分析。只有通过具体的工作分析，才能有助于员工制订自己切实可行的职业发展计划，也才可能通过组织与其本人的努力，让员工的职业目标一步一步地得以实现。

8.2.2 职业发展与员工绩效评价

企业人力资源管理部门总要对员工的工作绩效进行定期或不定期的评估。通过对员工工作绩效的评估，企业人力资源管理部门可以了解到某一职工的工作表现、长处和不足，也可以了解到他的技能及其他方面的表现在企业组织内或小组内所排的位置，还可了解到他是否有可能得到晋升的机会。所有这些信息，对于员工个人职业计划的可行性和实现的可能性都有重大的现实意义。

一般来说，一个企业组织常采用一些正式与非正式的方式对员工的工作绩效进行评估，同时对其目前的技能和潜能进行分析评估。在目前工作岗位上的工作绩效突出、技能比较全面、具有一定潜能的员工就可以通过提拔到更重要、责任更大的工作岗位上，使其潜力得到进一步发挥，为其职业发展创造机会。

8.2.3 职业发展与招聘

提供给员工良好的职业发展平台和晋升机会的企业更能够吸引人才。在学习型企业中，知识型员工注重的是提升自己的机会以及自己在企业中的晋升空间，如果企业能够给员工提供清晰的职业发展道路，帮助员工在工作过程中进行自身的职业道路规划，员工会对这家企业产生良好的印象，更愿意进入企业工作。以山东海科集团为例，企业给员工提供如下三种发展路线。

- 管理路线：主要包括高级管理层、中级管理层和初级管理层。集团有黄浦人才培训工程，员工可以进修。
- 技术路线：主要包括高级专家、专家、高级专业师、中级专业师、初级专业师等。薪酬和同级的管理人员是同样的。
- 技能路线：主要包括首席技师、高级技师、主任技师、技师、技工。

此外，海科集团采用内部竞聘的选拔机制，充分吸引和利用人才。

8.2.4 职业发展与员工培训

详细的工作分析和对员工工作绩效的合理评价，为员工的职业发展提供了依据与可能的机会。但是，即使是一个在目前工作岗位上工作绩效很突出的人，要转到另一个更重要、责任更重大的工作岗位上，也要进行适当的培训，才能使他较快地适应新的工作。另外，为了给员工的职业发展做好准备，也要对其进行培训，以便其事先学习和掌握未来工作岗位所需的知识与技能（陈维政、余凯成和程文文，2004）。培训既基于员工目前的情况，又立足于为其工作的变动提供学习所需的知识和技能的机会。培训是帮助员工职业计划目标实现的重要一环。

8.3 职业计划的内容

8.3.1 职业计划的主要内容

职业计划一般包括如下几方面的主要内容。

（1）员工个人对自己的能力、兴趣爱好，以及自己职业发展的要求和目标进行分析与评估。以前有不少员工，特别是受过良好教育的员工，在初次就业时，没有认真地对自己的能力、兴趣，以及自己职业发展的要求和目标进行分析与评估，而盲目地寻找工作或就业。然而也有不少员工，特别是文化知识水准较低的员工在寻找工作时，无论是在经济发展状况较好的环境条件下就业较容易的时期，还是在经济萧条、难于就业的情况下，都重视寻找具有挑战性的工作。他们持续且有计划地追求自己已定的人生发展的要求和目标，这是建立在对自己的能力、兴趣、人生发展需求和目标进行科学的分析与评价的基础上的。对自己上述方面的分析与评价不是一时的事情，而是较长时期地进行自我解剖、自我分析的不断往返的过程。这一过程可通过回答一系列自我评价的问题而实现，对这些问题的回答可以帮助我们分析自己的能力、兴趣爱好，从而提出符合自己的能力、兴趣爱好和人生发展需要的计划。

通过对类似表 8-1 的分析研究，员工个人可分析出自己的能力、兴趣爱好以及对职业发展的要求和目标，这是进行职业计划的重要内容。

表 8-1　员工通过自我评价并从中了解自己人生发展中的需要和目标程序

1. 从下述第三条所列项目中选出你近期最感兴趣的项目
2. 从下述第三条所列项目中选出你近期最不感兴趣的项目
3. 填写出下列表中未列出，而你又最感兴趣或最想干的工作： （1）有自由支配时间的工作　　　　　　（2）有权力性的工作 （3）工资福利待遇高的工作　　　　　　（4）有独立自主性的工作 （5）有趣味性的工作　　　　　　　　　（6）有安全性的工作 （7）有专业性的工作　　　　　　　　　（8）有挑战性的工作 （9）无忧无虑的工作　　　　　　　　　（10）有广泛接触性，能广交朋友的工作 （11）有声誉性的工作　　　　　　　　（12）能表现自己，且能让别人看得见的工作 （13）有地区选择性的工作　　　　　　（14）有娱乐活动性的工作 （15）环境气氛和谐的工作　　　　　　（16）有教育设施和机会性的工作 （17）领导性的工作　　　　　　　　　（18）有专家性的工作 （19）有旅行性的工作　　　　　　　　（20）可与家人有更多时间在一起的工作
4. 目前你从事哪一类性质的工作？它能满足你下一步所从事工作的要求吗？说说为什么能，为什么不能的理由
5. 你希望接着从事的工作能满足你的要求吗？如希望，如何进行或计划；如果不希望，请说明理由
6. 请具体描述你下一步最希望从事的工作
7. 根据你的实际爱好和能力，说明你最希望从事的工作的各种具体活动或内容，不要描述其工作的头衔，而要说明其具体的工作活动和内容。说明你将如何去实现自己的愿望
8. 为了你下一步从事的工作，你是否需要接受培训或自学等形式来学习和掌握新的知识或技能？如果需要，请详细说明，并说明学习或获得这方面知识和技能的途径或方法
9. 你的这些要求是否可在你目前从事的工作的以外方面得到满足？如果可能，你是否希望发展或晋升到更重要或更高一级的岗位上
10. 概述你自己的希望和你能干什么工作，以满足你的需要

　　（2）组织对员工个人能力和潜力的评估。本企业组织能否正确评价每位员工个人的能力和潜力是职业计划制订与实施的关键。它对组织合理地开发、利用人才和个人职业计划目标的实现都有着极其重要的作用。企业组织对员工个人能力和潜力进行评估的方法很多。

　　1）在选聘员工的过程中收集有关的信息资料。这些信息资料包括各种能力测试，员工填写的有关教育、工作经历的表格以及人才信息库中的有关资料。

　　2）收集员工目前工作岗位上表现方面的信息资料，包括工作绩效评估资料，有关晋升、推荐或工资提级等方面的情况。

　　就企业组织来讲，大都通过对员工工作的绩效评价这一传统的方法来对员工的能力和潜力进行评估。当然，这种传统的方法是建立在"从过去的表现可以看到目前的表现，从过去和目前的表现又可预测出其未来的表现"的传统观念基础上的。其实，这种方法存在着许多问题，甚至会造成许多失误。第一，工作绩效评估很难真正地评估出一个人的能力和潜力。因为在工作绩效评估中往往会因评估人的偏爱或歧视以及评估体系的局限而造成效度和信度偏低。第二，即使通过工作评价，发现某些员工目前在自己的工作岗位上干得不错，但也无法确切地认定他是否具有能力和潜力去从事更高级或更复杂的工作，同样，也不能说明某些在目前工作上干得不理想的员工就不能胜任更高级或更复杂的工作。因此，这种传统的评估方法已受到了严峻的挑战。

从 20 世纪 70 年代以来，西方许多企业组织逐渐采用更为科学的方法——心理测试和评价中心等方法来测评员工的能力与潜力。这两种方法已在西方得到了广泛的采用。员工自我评估以及测评中心的测评，能较确切地测评出员工的能力与潜力，对制订切实可行的职业计划具有重要的指导作用。

（3）企业组织及时地提供在本组织内职业发展的有关信息，给予公平竞争的机会。一个员工进入一个企业组织以后，要想制订出自己在本组织内切实可行的职业计划，就必须获得组织内有关职业选择、职业变动和空缺的工作岗位等方面的信息。同样，为了使员工的个人职业计划目标的制订具有实际意义并有助于其目标的实现，企业组织必须公平地将有关员工职业发展的方向，职业发展途径以及有关职位候选人在技能、知识等方面的要求，及时地利用企业内部报刊、公告或口头传达等形式传递给广大的员工，以便对该职位感兴趣、又符合自己职业发展方向的员工进行公平的竞争。职业发展就是员工能有逻辑性地从一个工作岗位转移到另一个更高级、更复杂、对其更有吸引力的工作岗位上。

企业员工职业发展途径，或工作岗位或职务更动或升迁的方法是从低级到高级一级一级地升，如助理工程师—工程师—高级工程师，科员—科长—处长—经理等，而现代职业发展计划的职务升迁则打破了这种阶梯式一级一级往上升的传统方法，它既允许有能力、有潜力的年资较浅的员工进行跳跃式的升迁，也允许横向性的流动。当然，空缺的岗位总比要求职业发展、职业升迁的人少。因此，从组织角度来说，一方面不能只依赖于"空缺"的岗位，要创造更多的岗位或新的职位，以让更多员工的职业计划目标得以实现；另一方面要严格地根据公平竞争的原则、公平合理的测评方法选拔人才。

（4）提供职业咨询指导。企业组织的人力资源管理与开发部门或人事部门，以及各级管理人员要切实关心每位员工职业需求和目标的可行性，并要给予他们各方面的咨询帮助，使每个员工的职业计划目标切实可行，并得以实现。从咨询人员的角度来说，要做好咨询或指导，就要切实地了解并正确地从各方面的信息资料分析中，对员工的技能和潜能做出正确的评价，并在此基础上，对他们的职业计划目标实现的道路或途径提出建议或指导。在西方企业员工职业计划咨询中，员工往往会对其上司或人力资源管理与开发部门的人员，提出类似于下面的一些问题。

- 我现在掌握了哪些技能？技能水平如何？我如何去发展和学习新技能？发展与学习哪方面的新技能最为可行，最好？
- 我在目前工作岗位上真正的需要是什么？如何才能在目前的工作岗位上既达到让上司满意，又让自己满意的程度？
- 根据我目前的知识和技能，我是否可以或有可能从事更高一级的工作？
- 我下一步朝哪个职位（或工作）发展为好？如何去实现这个目标？
- 我的计划目标定得是否符合本组织的情况？如果我要在本组织实现我的职业计划目标，我应接受哪些方面的培训？

当然，本企业组织员工的职业计划的制订及其目标的实现需要各级管理人员和人力资源管理与开发部门或人事部门的工作人员的协助，他们应帮助员工回答上述的一系列问题。在咨询过程中，要在对员工技能和潜力进行正确评估的基础上，根据本组织的实际要求和可能，协助其制订出切实可行的职业计划，并对其职业计划目标的实现和途径进行具体的指导与提供必要的支持。

8.3.2 职业计划与职业开发

职业计划与职业开发（career development）两者既有紧密的联系，又有很大的不同，两者并不是同义词（Adekola，2011）。

从两者的定义来看：职业计划主要是从员工个人的角度，鼓励员工个人对自己的职业生涯做出规划、设想和安排。现代的员工都希望能够在现在或未来的工作中从事具有挑战性，并有利于自己成长、发展和满意感增加的工作，为了实现自己的这种愿望和要求，他们都有一个实现这种目标的途径——从一个工作通向另一个更具有挑战性的、更有利于自己成长和发展的工作的考虑或计划，即个人职业计划或个人职业追求目标（Ren & Chadee，2017）。当然，员工的职业计划也离不开企业人力资源管理部门的支持，企业必须在员工制订职业计划的过程中，结合本组织的可能和发展的需要，给员工以多方面的咨询和指导，使员工个人的职业计划更符合实际，并为他们创造机会和条件，促进其个人职业目标的实现。

职业开发是指为了使员工能承担未来某一特定的工作而进行的有针对性的培训活动和过程，是员工为了获得或改进个人与工作有关的知识、技能、动机、态度、行为等因素，以利于提高其工作绩效、实现其职业生涯目标的各种有目标、有计划、有系统的努力（Akkermans，Brenninkmeijer，Schaufeli，et al.，2015）。

从两者的定义中可以看出职业计划与职业开发有很大的不同之处。

（1）两者的目的不同。职业计划的根本目的在于，在工作中或工作的变动中追求有利于自己成长与发展的具有挑战性的工作，并在实现自己的愿望中不断地增加自己的满意感。而职业开发则是为了使自己能承担未来某一工作而参加培训的活动和过程。前者目标较宽，后者则较窄。

（2）两者的时间跨度不同。职业计划指一个人在职业生涯中的长期跨度，是持续不断的。而职业开发则指某一阶段或某一特定时期的培训活动，当然，也可能有一个接着一个的持续性的培训活动，但对某一个特定的员工来说，这种持续性培训的可能性较少，即使有，也可能只是间断性的持续。

（3）职业计划之所以为计划是因为员工本人对自己的职业生涯每一阶段的进程都有一个明确而具体的计划和目标，是主动的，而职业开发对个人来说则是较被动、较难于做出长远计划的。

8.3.3 职业计划与传统的求职观念

职业计划与传统的求职观念截然不同。传统的求职观念多指为了生存或某些原因而去找一份工作。例如，大学生毕业后去寻找工作、待业青年寻找工作，或失业人员去寻找工作等都属于我们传统观念上的求职。求职更多考虑的是经济上的收入，很少或根本就没有考虑从工作中去寻找具有挑战性的工作任务或内容，或从工作中得到成长与发展的机会，更谈不上从工作中去追求满意的问题。一般来说，经济文化较落后的国家或地区，或经济收入较少、文化水准较低的人为了生存，为获得菲薄的工资而去找工作，这就是我们传统观念上的求职。而职业计划，则是在现代社会中，伴随着人们要求改善工作生活质量的呼声的提高而出现的，随着经济和社会的发展，人们已不再满足于找到一份工作，或找到一份工资高的工作，而是要求找到一份具有挑战性的工作，并希望在工作中自我成长、自我发展、自我实现。因此，职业计划对职业目标的追求是现代企业员工在经济文化发展到某一特定阶段以后的必然趋势，已经超出了我们传统观念上的求职概念。

8.4 职业生涯管理

8.4.1 职业生涯管理的含义

职业生涯管理是组织和个人对其职业生涯的发展与变化进行全程跟踪与管理。它是人力资源管理的重要职能之一，分为组织职业生涯管理（organizational career management）和个体职业生涯管理（individual career management）(Sturges, Conway, Guest, et al., 2005)。组织职业生涯管理是组织将个人发展与组织目标相结合，对决定员工职业生涯的主客观因素进行分析、测定和总结，并通过规划、设计、执行、评估和反馈，使每位员工的职业生涯目标与公司发展的战略目标相一致的过程；员工个体的职业生涯管理则是以实现员工个人发展的成就最大化为目的，通过对个人兴趣、能力和个人发展目标的有效管理来实现员工发展愿望的过程。

职业生涯管理一般包括员工个人层面的职业生涯规划、职业生涯发展，以及组织层面的组织职业生涯管理。职业生涯规划（career planning）主要是确定员工个人的发展目标和发展道路，这种发展目标和发展道路不仅是员工个人的需要，也是企业组织的需要。职业生涯发展（career development）就是职业生涯规划的实施，是通过组织和个人的共同努力，实现员工个人人生目标或理想。组织职业生涯管理是针对企业组织而言的，即企业组织帮助全体员工制定其生涯规划以及帮助其生涯发展的一系列活动。职业生涯管理的关键环节是职业生涯规划（宋培林，2011），缺少职业生涯规划或职业生涯规划设计失误，都必将导致职业生涯管理的失败。

8.4.2 职业生涯管理的意义

职业生涯管理无论对组织还是员工，都具有重要的意义。

1. 职业生涯管理对组织的意义

（1）促使员工的职业生涯目标与企业的发展目标相一致。职业生涯管理可以帮助企业了解其员工的情况，如性格、兴趣、特长、情绪、价值观等，也可以帮助员工个人了解和掌握企业的有关信息，如企业的发展战略、经营理念、职位的空缺和晋升情况等，进而协调员工个人职业理想与企业现实需要之间的矛盾，使员工的职业生涯目标与企业的发展目标相一致（Sturges, Conway, Guest, et al., 2005）。

（2）有利于企业保持长盛不衰。任何成功的企业，其成功的根本原因都是拥有并利用高质量的优秀人才。职业生涯管理由于针对企业和员工的特点"量身定做"，与一般奖惩激励措施相比具有更强的独特性和"排他性"，因此能够更加合理有效地激励与利用人力资源；同时，为员工提供施展才华的舞台，帮助员工实现自我价值，满足他们的尊重需要和自我实现的需要，从而留住人才、凝聚人才，有利于企业保持长盛不衰（Noe, 1996）。

（3）有利于人才的选拔、使用和培养。人力资源配置的标准就是合适的人在合适的时间处于合适的位置。职业生涯管理是在充分了解员工能力、兴趣、特长、性格等因素的基础上，与员工一起设计其职业发展规划，并纳入组织的目标中，可以随时根据组织的需要进行有针对性的培养和使用。

2. 职业生涯管理对员工的意义

（1）能够增强员工把握职业的能力，提高其竞争力。职业生涯管理及所开展的职业生涯规划等方面的工作，不仅可以使员工了解自身的长处和短处，养成对环境和工作目标进行分析的习惯，还可以使员工合理规划、安排时间和精力开展学习与培训，以胜任本职工作，提高职业技能（朱飞和文跃然，2011）。这些活动的开展都有利于增强员工对职业环境的把握能力和对职业困境的控制能力。而且员工通过职业生涯管理，可以在组织中获取各种有价值的知识与技能，从而提高自身的竞争力（Raabe，Frese & Beehr，2000）。

（2）能够为员工提供公平的就业和发展机会。职业生涯管理考虑了员工不同的特点和需要，并据此设计不同的职业发展通道，以利于不同类型员工在职业生活中扬长避短。在职业生涯管理中，对员工年龄、学历、性别、性格等的差异，不是采取歧视态度，而是根据这些差异帮助员工确定不同的职业发展方向和途径，这就为员工在组织中提供了更为公平的就业和发展机会（Dreher & Dougherty，1997）。因此，职业生涯管理的深入实施，有利于组织人力资源水平的稳定和提高，对于促进组织的持续发展具有至关重要的作用。

（3）能够协调和统筹员工职业与生活的关系。有效的职业生涯管理和职业生涯规划，可以帮助员工综合地考虑职业与个人追求、家庭目标等生活目标的平衡，避免陷入顾此失彼、左右为难的窘境；同时，员工可以从更高的角度看待职业中的各种问题和选择，将相互矛盾的事件结合在一起，使之联系起来，共同服务于职业目标，使职业生活更加充实和富有成效（De Vos & Soens，2008）。

8.4.3　职业发展的阶段及主要特征

西方绝大多数学者和实际工作者认为，一个人职业发展的主要内容和面临的主要问题会随着职业生涯发展的阶段不同而有所不同。职业发展可划分为如下几个阶段。

（1）职业准备阶段（preparation stage）。广义上讲，一个人从刚出生到完成一定程度的中、高等教育的过程都可以被认定为是为其将来进入某一职业做准备的阶段。在这一阶段中，个人在家庭成员、朋友以及老师的影响下，逐渐形成了自我的观念，建立起一定的世界观和价值观，尤其在完成从儿童向青少年转变的过程中，开始试图独自进行对外部事物的分析和判断，通常在这个阶段中也开始形成了对自己兴趣和爱好的某些基本看法。这样他们就有可能开始对各种可供选择的职业进行某些现实性的思考了。

（2）职业探索阶段（trial stage）。这一阶段是从青年人到刚涉足工作（通常是大学毕业或者完成其他形式的教育活动，一般在18～24岁的时间里）。这一时期职业发展的特点是：个人在试探性地选择自己的职业，试图通过经历不同的工作或工作单位而选定自己一生将从事的职业。这是青年人就业初期试探职业生涯的必然发展趋势。在这个时期里，员工常常不满足于某种固定的工作，调换不同工作的愿望十分强烈，如在本单位得不到满足，往往就会离开，因此流动率较高。企业组织就应该了解就业初期青年人的这一特点，给予选择职业方面的引导，并努力为他们提供多种工作机会，特别是具有挑战性又能吸引他们兴趣的工作机会和自我探索的机会。

（3）职业确立阶段（establishment stage）。这一阶段的年龄一般是24～44岁，是大多数人职业生命周期的核心阶段。心理学、行为学以及调查研究分析表明，一个员工经过对职业的各方探索和努力过程后,会逐渐选定自己的职业,即立业。这时他们在职业生涯中主要关心的便是在工作中的成长、发展或晋升。他们的成就感和晋升感强烈,而成就、发展或晋升对他们的激励作用也最大。一般来说,处于这一阶段的员工,自己都具有成长和发展的计划,并会为其目标的实现而竭尽全力。企业组织要多给处于这一阶段的员工提供在知识、技能上具有挑战性的工作和任务,并放手让他们大胆去干,让他们有更多的自我决策、自我管理的独立性,同时要给他们的工作提供咨询和各方面的大力支持,为其出成果创造良好的机会,使他们在从事具有挑战性的工作任务中成长、发展和感受到自己的成就,也要对他们的成果给予表扬等各方面的激励,促进他们向更高的方向发展。职业确立阶段本身又可以划分为几个子阶段:尝试子阶段(trail substage)、稳定子阶段(stabilization substage)以及职业危机子阶段(crisis substage)。尝试子阶段通常发生于一个人的 25～30 岁,是人们通过对自己当前所选职业的考虑后,确定是否合适的过程,如果不合适,则做出一定的变化。当人们进入 30～40 岁时,通常进入了稳定子阶段中,在这一阶段中,人们基本上已经选定了职业目标,并制订了较为明确的职业发展计划,如自己将如何进一步发展,自己的潜力方向何在,以及为达到一定的事业目标应进行哪些方面的培训与学习等。尽管如此,人们仍然可能在 30～40 岁的某一个时间进入一个职业危机子阶段,这往往伴随着人们在将自己的理想和目标与现实自身的职业进步情况进行对比时所做出的重新评价。他们可能会发现,自己现在的努力与早先设立的目标之间存在着偏差,或者自己已经实现的任务目标与理想之间还有较大的差距。在这一阶段中,人们还会更多地思考自己工作与人生中其他追求的关系,衡量职业在自己人生中的地位,对自己的真正需求做深入的思考和审视。

(4)职业中期阶段(mid-career stage),又称为维持阶段。这一时期的年龄一般为 45～60 岁。处于这一阶段的员工,特别是在这一阶段的早期,期望能够在自己确定的职业方面获得相对永久的发展,但在这一阶段的更多时期内,他们对成就和发展的期望会减弱,如果自身各方面素质也不断下降,他们希望维持或保留自己已得到的地位和成就的愿望就会加强。他们在希望更新自己专业领域的知识和技能时,也会尝试学习和掌握一些其他领域的知识或技能,以便在经济停滞或萧条时保持住自己的地位,以免遭淘汰,或便于在企业减员时另谋其他出路。大多数处于这一职业阶段的员工都有自己的计划,希望再获得更多的成果,同时更加注重更新自己的知识和技能或学习其他领域的知识技能。组织则应该关心并为他们提供有利于更新知识、技能或学习其他领域知识、技能的机会。

(5)职业后期阶段(late-career stage),又称为下降阶段。这一职业阶段的年龄一般指 60 岁以后。我国男性员工的一般退休年龄为 55～60 岁,而在西方,例如,在北美一般在 65 岁左右。处于这一阶段的员工在准备着退休,并希望为适应退休后的环境而学习或培养自己某一方面的爱好,如读书、听音乐、下棋等有利于身心健康的活动。企业组织就要重视在他们退休前为他们多创造条件,以培养或促进他们对某一娱乐活动的兴趣和爱好,并要有计划地为退休员工多开展一些他们喜爱又有利于他们身心健康的娱乐活动。

8.4.4 战略性地规划自我职业生涯

目标清晰的、有步骤和长远考虑的自我职业生涯规划有助于员工个体顺利和更卓有成效地成长。员工职业生涯规划主要是在组织的支持与帮助下,员工通过充分认识自己、客观分析环境、正确选择职业、科学树立目标,并运用适当的方法与采取有效的措施,克服职业生涯发展的困阻,以获得事业的成功。员工职业生涯可以通过自我剖析、环境与机会评估、职业定位、目标设定、策略实施、评估与校正六个步骤展开（见图 8-2）。

图 8-2　员工职业生涯规划的步骤

1. 自我剖析

有效的职业生涯规划必须在充分正确认识自身条件的基础上进行，所以员工职业生涯规划的第一步是全面分析和认识自己。对自我剖析得越透彻，越能做好职业生涯规划。自我剖析是指员工全面、深入、客观地分析和了解自己，弄清自己为人处世所遵循的价值观念，明确自己的价值目标，熟悉自己掌握的知识与技能，剖析自己的人格特征、兴趣、性格等多方面的个人情况，以便了解自己的优势和不足，进而对自己形成一个客观、全面的认识和定位。

2. 环境与机会评估

职业生涯规划的第二步是评估职业环境与机会，主要是评估各种环境因素对自己职业生涯发展的影响。每个人都处在一定的环境中，离开了这个环境便无法生存与成长，因此在制定个人的职业生涯规划时，员工要分析环境条件的特点、环境的发展变化情况、自己与环境的关系、自己在这个环境中的地位、环境对自己提出的要求以及环境对自己有利与不利的条件等。在这个过程中，员工要多思考以下问题：社会需要什么样的人？什么样的行业、职业是否具有良好的发展前景？我理想的职业需要具备什么样的能力与素质？等等。只有充分了解职业环境因素与发展机会，才能做到在复杂的环境中趋利避害，为确立职业发展方向和路径奠定基础，并使自己的职业生涯规划具有实际意义。

以上两步实际上是对客观自我和环境做了一个 SWOT 分析，即优势、劣势、机会、威胁分析。具体来讲，就是要明白这几个问题：我自身有什么优势和劣势？周围环境对我有什么优势和劣势？会给我带来哪些机会？又会对我产生哪些威胁？弄清这些问题后，就为职业定位与选择奠定了基础。

3. 职业定位

通过自我剖析和环境与机会评估，员工在"知己"与"知彼"的基础上，便可进行下一步的工作，即职业定位。职业定位就是为员工的职业目标、自身潜能以及主客观条件谋求最佳匹配。职业定位或职业选择正确与否，直接关系到人生事业的成功与否。员工可以充分利用职业选择理论与职业发展理论来指导自己的职业定位或职业选择。例如，根据霍兰德的职业倾向理论，员工所追求或从事的最佳职业应该与霍兰德的职业六角形模型中的一个顶点重合，否则就应选择与之相邻的两个顶点之一的职业。

良好的职业定位是以员工的最佳才能、最优性格、最大兴趣、最有利的环境等信息为依据的。职业定位过程中应该重点考虑性格与职业的匹配、特长与职业的匹配、专业与职业的匹配等，需要特别注意以下问题：①依据客观现实，考虑个人与社会、组织的联系，以便从总体上把握自己的发展空间和发展机会；②对比职业的条件、要求、性质与自身条件的匹配情况，选择符合本人特长、自己更感兴趣，而且经过努力很快就可胜任的、有发展前途的职业；③扬长避短，不要追求十全十美的职业；④审时度势，根据情况变化适时动态调整职业选择与发展目标，不能有一成不变、固执己见的思想。

4. 目标设定

职业生涯的目标设定是职业生涯规划的核心。一个人事业的成败，很大程度上取决于有无正确、适当的目标。没有目标如同驶入大海的孤舟，没有方向，不知道自己该走向何方。只有树立了目标，才能明确奋斗方向，目标犹如海洋中的灯塔，引导你避开暗礁险滩，走向成功。职业生涯目标通常分为短期目标、中期目标、长期目标和人生目标。短期目标一般为一两年，中期目标一般为3～5年，长期目标一般为5～10年，人生目标一般是个人终生为之奋斗的长远目标。

在设定目标时，应根据主客观条件进行设计，要保证目标适中，不可过高或过低；要把长远目标和短期目标结合起来，通过不断实现短期目标以最终实现长远目标。目标设定一般应遵循以下三个准则。

（1）择己所爱。员工要选择在自己钟爱的职业方向上发展，要将自己的兴趣爱好与事业发展有机地结合起来，这样有利于事业的成功。

（2）择己所长。员工应尽可能地将职业与自己的长处或优点结合起来，这样有助于取得更好的成绩。

（3）择世所需。员工要将社会的需要、所在组织的目标和个人的利益有机地整合起来，这样才有施展才华的广阔舞台。

5. 策略实施

在确定了职业生涯目标后，下一步便是实施目标实现策略。职业生涯策略是指实现职业生涯目标的行动计划，一般都是具体的、可行性较强的。没有行动，目标就难以实现。这里的行动主要是指落实目标的具体措施，主要包括员工在工作中的表现及业绩、教育与培训、构建人际关系网以及为平衡职业目标和其他目标而付出的努力等。例如，员工为了达到目标，在工作方面，计划采取什么措施提高工作效率？在业务素质方面，计划学习哪些知识，掌握哪些技能以提高业务能力？在潜能开发方面，采取什么措施开发潜能？

6. 评估与校正

在职业生涯规划制定好后，员工将沿着设计的发展通道不断地从一个职位转移到另一个职位，从较低层次上升到较高层次，直到实现职业生涯目标。在这个过程中，伴随着职位和层次的变化，员工必须不断提高自身素质，改善素质结构，同时组织仍需加强对员工职业生涯规划实施跟踪和指导，定期或不定期地对之进行评估、反馈与校正。其内容包括职业的重新选择，职业生涯路径的选择，人生目标的修正，实施措施与计划的变更，等等。评估与校正可以纠正职业生涯规划各个分阶段中出现的偏差，进而可以极大地增强员工实现目标的信心。

8.4.5 企业如何有效展开战略性职业生涯管理

最好的企业之道，就是帮助员工实现梦想，满足需要。现代企业的战略人力资源管理的最终目标，就是要通过对企业人力资源的整合来驱动企业能力的形成和保持，保持企业持久的竞争力（Baruch & Peiperl，2000）。然而企业在对于员工进行职业生涯管理的过程中常常会遇到以下问题。

1."现实震动"

战略性的视角更强调灵活务实的实践措施，以员工职业生涯初期的一个典型现象为例，所谓"现实震动"（reality shock），是指员工刚刚完成一定的教育过程进入组织时的特有现象，即员工对组织的过高期望与现实之间的差距。从企业的角度来说，一个基本没有实践经验的年轻人，应该从头做起，通过在工作中不断地学习和积累经验，才能不断成熟，然后才能委以重任。但对于受过一定系统教育的员工个人来讲，他们希望进入组织后就立即获得一定的职位，在与自身专业达到一致方面和任务的重要程度方面都期望比较高。由于在这样一个差异之中企业作为用人方常常具有主动性，而员工个人处于被动的地位，因此便产生了以企业的安排为基础的员工"期望过高"的现象。对于这个问题，从现代企业人力资源管理的根本出发，还应该从两个方面入手，由双方来共同解决：作为员工个体，一方面，要首先认识到自身在实践经验方面的不足，踏踏实实一步步做起，在工作中不断成长；另一方面，限于青年人在自我评估和自我认识方面的不足，作为教育者，应该能够对他们进行进入组织之前的辅导与咨询，帮助他们避免不现实的过高期望。作为企业组织，在意识到这个问题的基础上，应该尽力为新员工提供一些有挑战性的工作机会，帮助他们能够迅速地成长起来，真正使他们能够在发挥自己特长方面起积极的促进作用。

2. 压力管理

压力是战略人力资源管理要解决的基本问题之一。员工在组织的工作过程中会遇到来自各方面的种种压力，包括各项具体工作任务的压力，同事之间的人际关系压力，上下级的关系压力，甚至包括来自工作与家庭关系的压力等。面对各种压力，员工的承受力如何，处理压力的能力如何，以及对待压力的基本态度都会直接或间接地影响到员工的工作态度和工作效果。企业组织通过对发生在员工身上的压力状况进行分析之后，应该积极地帮助他们克服和改善环境的不利状况，帮助他们做出调整，以轻松的心态投入工作。更加值得一提的是，企业在帮助员工减压方面的作为应该更多地体现在对员工内心的承受力和自我协调能力的疏导与培养，即通过内在的强化起作用，而非外在的强制手段。只有员工自身的认识水平和抵抗力、承受力提高了，才能从根本上解决问题。

3. 职业途径管理

（1）职业途径。战略性职业生涯管理在组织层面的一个重要特征体现在员工职业途径的设计上。所谓职业途径，是指员工依照何种路径或按何种方向实现职业生涯的不断进步和发展。事实上，组织有不同的发展道路可供职工选择，这些道路对选择者提出不同的素质与能力要求。职业途径主要是专业技术型与行政管理型这两类。

1）专业技术型发展道路是指工程、财会、销售、生产、人事、法律等专业方向。它们的共同特点是都要求有一定的专门技术性知识与能力，并需具备较好的分析能力，这都是需要较长期的培训与锻炼才能具备的，而这些又是循着这些道路获得进展与成功所要求的。

有志于这些方向的职工，他们感兴趣的是专业技术内容及其活动本身，并追求这方面的提高和成就。在这类人中较极端的会厌恶行政性的事务工作，对人际关系不敏感、回避甚至反感，害怕卷入人事纠纷，更害怕脱离和丢弃了专业；即使被委派了管理责任，也不肯离开专业。这类人的发展途径是技术职称的晋升和技术性成就认可与奖励等级的提高及物质待遇的改善。

在这一领域中还存在着另一平行的途径，这是为那些虽然开始时选择了专业技术方向，但在管理上仍有一定兴趣的员工准备的。起先是横向的，在组织内外扩大和充实自己的专业知识，打好较宽的技术基础。然后他们将寻找机会向专业技术部门的管理职位发展，兴趣转为向上的方向，在专业上花的时间相对减少，部分精力转到解决别人的问题及人际的问题上。他们的晋升台阶是从一个技术部门到另外一个技术部门，然后向上成为基层管理者，再到一定的部门主管，直到进入企业决策层分管一定专业技术的副职，形成了类似于网状的职业途径。通过一定的工作轮换得到较扎实的技术能力基础之后，进入相应的管理职位，然后在不同的管理层上进行各种可能的任务调换，最终进入高层职务，是典型的通过网状职业途径向上发展的过程。这对于企业培养多面手的管理人才是一条不错的路径。

2）行政管理型发展道路所吸引的员工不同于走专业技术道路的员工，他们把管理这个职业本身视为自己的目标。这类员工对地位和影响力以及与这些相伴而生的威望、荣誉及待遇感兴趣，但他们的激励源泉还是与人打交道的兴趣和通过处理人际关系以解决问题。

这类人的发展规律一般总是先在基层职能部门锻炼，表现出才能与政绩后，才会获得提升，不过不一定仍坚守最初的专业领域，他们的兴趣在于培养胜任管理工作所需要的个人素质、思维能力与人际关系技巧。

这条道路实际上也有几条分支：这类人中思维能力突出的，可以担任技术部门的主管干部；既有思维能力又善于处理人际关系的，可胜任职能部门的主管干部，其中的优秀者可以进一步晋升到企业决策层去从事全面管理工作，但虽善于处理人际关系，却欠缺思维分析力及感情耐受力的，便不宜提升到高层，只能保留在低层领导岗位上。

（2）组织中职业发展道路的运动方向。职工在组织中职业发展道路可能的运动方向，通常不外乎横向与纵向两种。横向运动途径是指跨越职能边界的调动，例如，由工程技术转到采购供应或市场销售等，这种运动有助于扩大个人的专业技术知识与经历，为进一步深入精通某一专业打下较宽广的基础，这种工作（岗位）轮换的锻炼对将来担当全企业总体管理人很有帮助。纵向运动途径是向上的，即沿着组织的等级层系跨越等级边界，获得职务的晋升，其中第一步是从纯专业技术职务升到专业中的管理性职位。这两类运动可通过以职能为横轴、层级为纵轴的两维组织结构系统图来观察。

（3）企业员工职业途径的管理。优秀的现代企业总是对职工的各种需要，尤其是他们的高层次需要十分敏感，他们鼓励、支持并帮助职工实现其职业上的抱负。因为他们懂得"不想当元帅的士兵不是优秀的士兵"，很清楚人尽其才就是高效率地利用了企业最宝贵的资源。这也体现了一种战略思维，有利于人才的长远发展（Baruch，2003）。

为了管理好职工的职业发展，首先，要制订企业的人力资源开发的综合计划，并把它纳入企业总的战略发展计划中，真正把此事提到应有的高度，并与其他方面的计划协调一致。其次，要建立本企业的人力资源档案，通过日常绩效考评及专门的人才评估活动，了解职工现有的才能、特长、绩效、经历和志趣，评估出他们在专业技术、管理和创业开拓方面的潜力，确定他们目前所处的职业发展道路阶段，记录在档案中，作为制订具体的培养、命名计划的依据。

这种管理的重点通常是发现和培训有管理潜质的苗子。对青年新职工，要着重从日常实践与考绩中评估他们的管理潜质，先把他们安排在基层主管职位，指派其直接主管上级对他们进行在职指导、言传身教；也可针对他们的不足与弱点组织培训。在某一职位所需能力已经掌握后，企业便有计划地对他们做横向调动，通过工作轮换，扩大他们的知识面，并在适当的时候把他们派赴中层干部培训班，学习分析思维及人际关系处理等管理技能（Tang, Cai, Liu, et al, 2015）。待他们对基层管理熟练后，即可提升到中层管理职位上。其中表现突出的优秀员工，便可在经过中层锻炼后升入高层。但在提升前或初上岗不久，应再对他们进行专门培训，以培训其战略分析及决策的能力。

在整个过程中，要保持上下沟通渠道的畅通，经常开展纵向对话，直接了解下级的进展与不足，并促进相互需要的满足，适时地调整、修正原计划，以符合实际的情况。

8.5　职业发展的实施

在前面，我们已讲了开展职业发展的重要性以及我们所面临的各种挑战。我们必须对员工职业发展采取切实而具体的措施。同样，因为职业发展活动本身由员工的职业计划活动和企业的职业管理活动两部分构成，所以职业发展的实施也必将由企业和个人共同来完成（Baruch & Peiperl, 2000; Baruch, 2003）。

1. 提高员工对职业发展的认识

职业发展是现代人力资源管理与开发中一个比较新的职能。我国企业组织的人力资源管理部门和广大员工对职业发展还缺乏认识与了解。可以说，我国绝大多数企业组织的人力资源管理部门还没有设立职业管理这一职能，广大员工也仍不知道什么是职业计划，或对其重要性认识不足。因此，我国企业组织的人力资源管理部门和各级管理人员，要加强对职业发展的了解，要加深对职业计划或职业管理重要性的认识。现代企业面临着人才争夺的严重形势，职业计划或职业管理是自身培养人才、调动广大员工的积极性和创造性、吸引人才、留住人才的最有效方法之一。对广大员工来说，一个人在自己的职业生涯中应有一个目标，有一个计划，并按照既定目标一步一步地去实现，在目标实现的过程中使自己不断成长和发展，以增强自己各方面的知识和技能，增强自己的竞争能力。

| SHRM 聚焦 |　　　　规划你的职业，像希拉里竞选一样

你可能会犹豫，是否要像这样来设定并实现你的职业目标？

为了竞选总统，竞选者的幕后团队总会以倒计时的方式来进行备战。他们会计算预期结果，预估大概要得多少选票才能当选。竞选前的每个月，团队都会制订详细计划，

为了实现这个结果，得开展哪些具体活动。这些活动都具体到最周密的细节，比如在每个地理区域需要招募多少志愿者，需要筹集多少钱，亲自拜访多少选民等。

答案当然是：YES！

从选举政治中学习，意义不在于成为马

基雅维利式的权力斗争者。因为从长远来看，操纵和利用别人只会伤害到自己。但是如果你花时间设定清晰的目标，改善工作技能，寻找支持者，建立并运用影响力，就会像总统成功当选一样，实现自己的职场抱负。

你可能还会犹豫，毕竟日常工作已经占用了你的全部时间，真的还需要这样深谋远虑吗？努力工作本身不是已经说明问题了吗？令人遗憾的是，事情真的不是你想的那样。

琳达·希尔（Linda Hill）和肯特·莱恩巴克（Kent Lineback）在《做老板：成为伟大领导者必须做的三件事》中谈到，组织天生就是政治实体，所有忽视政治动态的人最终都将变得力不从心。只有当你确定自己想要达到的目标，并且制订出实现目标的计划之后，成功才会到来。

1. 确定职场里程碑设定目标

进行职业规划的第一步是确定目标，哪怕只是暂定的目标。你可以周期性地更新自己的计划，或者创建新的简历，使之与改变后的新目标相匹配。然后选择一个目标并开始准备，倒计时开始执行你的工作计划。

在职业生涯之初，伦尼·亚干（Lenny Achan）是纽约西奈山医学中心的一名护士。在一次上夜班的时候，伦尼决定，自己的目标是成为一个高级医疗经理，所以他便开始制订计划。"我开始提前写我五年或者十年后的简历，所以在2002年的时候，我就有了2012年的简历。我会列出需要接受什么样的教育，加入什么委员会或者团体，以及在空闲时间需要做什么等。我把这些都写下来，以便让自己有前进的目标。"

2. 建立职场日志设定日程

你为职业生涯所设定的日程是职业规划的核心内容。但是，该如何确定具体步骤？记得要保持灵活度。候选人总是会留出时间，为竞选辩论、政策评议和公开演讲进行相关的准备，你也应该为你想要获得的技能做准备，最大程度地利用日程表上的空闲时间。

为了实现目标，伦尼详细研究他想要模仿的人拥有什么技巧和社会关系，同时找出自己的差距。当他意识到医院高管需要有很强的财务背景时，他找了一个可以让他负责有关损益业务的行政职务。他说："我能找出自身不足之处，是因为我了解自己的最终目标是什么。"

伦尼的准备计划开阔了他的视野。"这变成了一项长期而不是短期策略，"他说，"这跟我想要得到提拔或者想在一两年内拥有更多钱无关。而是十年后我的工作会是什么状况？"现在，年仅35岁的伦尼已经是西奈山医学中心的宣传主管。然而十年前，这样高级别的职务对他来说是不可想象的。

你可以运用下面三步来找到自己前进的方向。

- 对于那些已经实现你目标的人，确定他们所拥有的技能。
- 确认哪些是你可以自学的技能。对于不能自学达到的，确认正式的学习需要多长时间。
- 在你的竞选日历上绘制出你的技能发展规划。

3. 瞄准职场贵人搭建人脉

政治和职业生涯的关键因素都是你所认识的人。当一家《财富》500强的财务人员克里斯想要得到一个令人垂涎的副总职位时，他意识到是整个委员会而不仅仅是他的老板决定了他是否会被提升，所以他开始行动起来。他把公司网站上所有副总的简历打印出来并标上不同的颜色：绿色是他的盟友，黄色是有一点熟识的人，红色是他完全不认识的人。"我发现页面上有很多红色，我需要改变它。"克里斯有了下一步目标。

除了有直接权力的人外，你也要考虑有间接影响力的人。找到一个对你的老板有影响力的人，比如他的配偶、不同部门的同事等。政治人物早就了解到，影响力并不总是明显的，所以他们总是制定出一些利用间接影响力的竞选策略。

最后,加入并参与有影响力的团体活动很关键。正如政治人物需要当地选区委员会或者退伍军人协会的支持一样。想一想,哪些团体可以帮助你与想要认识的人建立联系,同时避开那些浪费你时间或者会产出最少回报的活动。

以下方法,可以帮助你精确找到你的职场贵人。

- 画一个权力地图,利用圈子来显示谁对你的职业有最大的影响力,相应地,什么人对这些人最有影响力。
- 找出你能为这些贵人做什么:贡献你的专业知识,提供项目协助,帮忙建立关系网络,并找到方法学习有价值的特殊知识和技能。
- 对于你想加入的团队,列一个清单。

4. 争取职场选票建立影响力

在政治学中,有一条谚语是:选民至少七次听到你的名字才会记住你。同样,为了有效进行职业规划,你必须让人们知道你是谁。

在总统竞选中,一个通常有效的政治竞选策略是:候选人经常拜访有影响力的捐赠人,并培养一群意见领袖。在职场中,你也需要制定策略,通过"回音室",让权力地图上的所有人都认识你。总之,确保他们在哪都听到你的名字。

最后,当确认了有影响力的目标和策略之后,你就应该做出预约安排,并设定最后期限和实施计划了。你的计划应当包含所有关键因素,从由外部确定的标志性大事件(你的年度评审)到长远目标(获取一个博士学位)到短期策略(志愿到一个会员委员会担任领导工作)。所有这些事情都有助于开创出一条清晰的路径图,从而帮助你达到目标。

像竞选战略家那样思考,能够帮助你设定清晰的目标,学习新的技能,以及与职业生涯中的重要人士建立联系。制订竞选计划,能够保证你每天都有持续和重要的进步,让你更好地定位自己,去迎接制胜的未来。

资料来源:Dorie Clark,规划你的职业,像希拉里竞选一样,《哈佛商业评论》,2015-04-16.www.hbrchina.org/2015-04-16/12890.html.

2. 帮助员工制订各自的职业计划

在提高对职业计划认识的基础上,企业管理人员和人力资源管理部门要帮助员工制订各自具体的职业计划。参照西方企业员工在这方面的经验,并结合我国的实际情况,在帮助员工制订各自的职业计划中可从以下几方面着手。

(1)发动员工对自己目前工作的实绩进行自我评估。特别是对自己工作中的表现,如生产工人对生产产品的数量、合格率、报废率以及节料、节能等情况进行总结,从中了解自己在知识、技能方面掌握的程度,以及行为表现中存在的问题。当然,员工在自我评估的过程中,也可听听同事或班组长的意见,以求自我评估更为确切。

(2)各级管理人员及人力资源管理部门对员工各自的自我评估做出审核,依据工作职责说明书中的工作内容和职责对各个员工的绩效做出合理的评估,在定量的基础上对其在目前工作岗位上所掌握的知识、技术水平和行为进行具体的评估。

(3)在自我评估与组织评估的基础上,组织要指导并帮助员工,根据自己的实际情况及组织目前与未来发展的可能和要求,制订出自己短期、中期、长期职业发展的计划(Tang, Cai, Liu, et al., 2015)。职业计划的短期计划要具体,如在两年内技术水平达到哪一级程度,希望业务或职务升到哪一级,还要说明通过什么途径去实现这种目标,如培训、进修、辅导、自学等。中期、长期计划可以粗略一些,但方向、目标要明确。组织上还要尽可能使员工个人的职业计划、职业目标与组织的发展目标相协调。个人职业计划目标的实现,一方面靠自己主观的努力，另一方面有赖于组织上公平且及时地提供各种有关的信息和机会。

3. 培养员工基本职业素质

目前，我国企业员工的整体素质，特别是文化技术方面的素质还是比较低的。因此，在职业计划开展与职业开发培训中，要注重对企业组织员工的基本素质的培养。所谓员工的基本素质是指德智体方面的素质。

（1）"德"方面的素质。"德"是指员工的政治素质，一个员工的"德"决定着他的世界观、人生观、价值观，并会深刻地体现在他对现实的态度与习惯的行为方式之中。具体地说，一个员工良好的"德"的素质应体现在：对待事业与本职工作的态度有高的标准，即事业性、纪律性或法制观念、原则性强；具有实事求是、奉公守法、公平竞争性和坚韧不拔、热爱祖国、热爱集体、团结友爱等良好精神。随着我国改革与开放的深入，我们必须重视"德"，即精神文明方面的建设。

（2）"智"方面的素质。"智"主要是指对员工在文化知识和技术方面的要求。员工应了解并掌握本职工作中所需要的文化知识和各方面的技术水准，要坚持不懈地学习，不断地追求新的科学技术知识，热情地欢迎和参加各种新的培训与教育，不断地更新知识，只有这样才能适应社会发展的需要。目前，在我国企业员工中，中学教育水平以下的人数还占很大的比例，为此，提高我国企业组织员工整体的文化素质是非常紧迫的任务。

（3）"体"方面的素质。员工"体"方面的素质不仅包括健康的体魄，还包括具有良好的心理素质。有的人体壮如牛，但心理素质很差。有的人在顺利时，或取得一点进步，受到表扬时，就沾沾自喜，而在逆境，或受到一点批评或碰到困难时，就灰心丧气，这就是心理因素不健康的表现。因此，"体"方面的素质，不仅包括身体方面的生理素质，还包含心理素质。我们既要身体好，又要心理素质好，只有这样，才能迎接各种挑战，才能永远精神奋发，勇敢地面对未来；或在受到挫折时，才能百折不挠，勇往直前。

4. 提供良好的职业发展空间

良好的职业发展空间包括员工在企业有自我发展的机会，能充分发挥自己的才能；能获得良好的培训，不断提高业务水平；能承担富有挑战的工作；有公平的晋升机会等是影响员工职业发展的重要因素。例如，知名企业爱立信"给员工创造持续发展的空间"。爱立信的用人哲学是"职业精神，相互尊重"。爱立信要求员工为公司创造价值，也积极鼓励员工自身持续的发展。因此，爱立信主张"给员工创造持续发展的空间"，为员工提供机会以改善其适应能力并从变化中受益。为此，爱立信设立了对公司员工进行培训的专门机构，并且建立了一整套完善的培训制度。

5. 建设内部人才市场

企业应该建立横向换岗机制，建设内部人才市场，实现人才合理流动（Cappelli，2008）。对于在同一岗位上工作超过一定年限的领导或者员工，组织上应主动关心了解，如个人有换岗需求，也有合适的新岗位安排，在做好工作交接的前提下开展横向换岗，以避免职业疲劳。建设内部人才市场，为那些期望到更适合自己的岗位上做出更大贡献的员工，以及组织精简释放的人员等，提供内部岗位选择和变动机会，员工在符合一定条件下可以不经部门审批直接进入内部人才市场。对于部分老员工根据身体状况和意愿，申请调整到较低级别的岗位工作，胜任新岗位要求且接受易岗易薪的现象，公司在氛围上要正常化这种选择，而不应作为负面现象来看待，提高员工的工作积极性和归属感。

6. 鼓励员工参加职业开发的活动

企业组织应采取积极的态度和各种措施，鼓励员工积极地参加职业开发的各种活动。具体来说，企业组织应：

- 向职工反复宣传职业开发的各种活动的重要意义以及各种活动的主要内容和要求。
- 要从时间和物质上给予员工参加职业开发培训活动的保证。
- 要对积极参加职业开发培训的各种活动、取得明显进步的员工给予精神上和物质上的不断鼓励，以激励他们积极参加职业开发的各种活动。
- 要重视各种职业开发活动的内容针对性，以及内容和形式的多样性。要重视职业开发活动的效果，只有这样才能吸引更多的员工积极参加职业开发的各种活动。

│SHRM 聚焦│ 职业规划：有效激励知识型员工的达·芬奇密码

引言：我的未来在何方

王雷毕业于北京航空航天大学计算机专业，本科毕业后就进了国内某大型软件集团下属一家公司从事软件开发工作，做了两年后，因与主管不和选择了辞职。科班出身再加上有丰富的编程经验，他离职第二天就去了另外一家大型的软件公司。然而，他没想到的是，此后每年6月他就会换工作，有时候是因为薪水不够理想，有时候是觉得工作氛围太压抑……但是最近两次他是在没有具体原因的情况下选择了离职。同事和朋友都觉得很奇怪，干着自己喜欢的专业，拿着不菲的薪水，怎么还经常跳槽？实际上，他自己也没想明白，只是感觉自己的职业方向越来越不清晰，未来越来越茫然。

困惑："不安分"的知识型员工

在全国各地，和王雷一样面临职业发展困惑的"三无人员"（无职业规划、无实现手段、无信心保障）很多，他们往往拥有较高的学历，也有扎实的专业技能，是典型的知识型员工。企业的发展和创新要依靠知识型员工，而知识型员工往往是企业中最难管理的一群人。他们拥有自己深刻的见解和想法，并且往往不容易被说服。关于如何管理他们，是一个具有挑战性的问题。

知识型员工重视自身价值的实现，重视自身知识的获取与提高。他们追求终身就业能力而非终身就业饭碗，为了更新知识，他们渴望获得教育和培训机会，因此他们希望到更多更优秀的企业学习新的知识，通过流动实现增值。一旦现有工作没有足够的吸引力，或缺乏充分的个人成长机会和发展空间，他们会很容易地转向其他公司，寻求新的职业机会。

探索：知识型员工的成长路径

我们可以按照管理能力和技术能力高低两个纬度把知识型员工分为四类（见图8-3）。

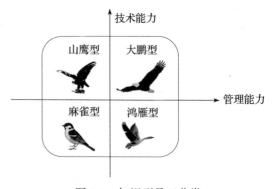

图 8-3　知识型员工分类

"麻雀"型：具备一定的技术能力，基本没有什么管理能力，从事一些简单的基层技术工作。

"鸿雁"型：具备一定的管理意识和技能，

相对而言，平时关注管理能力提升能力而忽略技术方面的提升，逐渐从一名技术人员逐步转变成为一名管理人员。

"山鹰"型：属典型的技术专才，对技术有着非常浓厚的兴趣，对管理则是漠然处之，甚至有点桀骜不驯。

"大鹏"型：集技术和管理于一身，不仅能独自攻克技术难题，更能带领手下攻城略池，成为企业领军人物。

知识型员工的职业发展可以有以下四条路径。

路径一：麻雀→鸿雁。从技术人员做到管理人员，遵循了中国传统知识人员较为普遍的"学而优则仕，技而优则仕"的职业路径选择。

路径二：麻雀→山鹰。这部分知识型员工一般对技术具有天生的迷恋，不为周边环境所影响，对技术的追求贯穿其一生，最终在技术方面实现人生价值。

路径三：麻雀→鸿雁→大鹏。这些人一开始就发现自己在管理方面的潜力要明显优于技术方面的潜力，同时也会尽可能更新自己的技术储备，但是在每个职业选择的十字路口，都会毫不犹豫地选择管理作为自己的职业发展生命线。

路径四：麻雀→山鹰→大鹏。这些人在技术方面的禀赋超人，在很长一段时间内都恪守自己的技术梦想，但是他们也不排斥管理，而且当遇见技术职业发展通道的天花板时，能迅速提升自己的管理技能，从而拓宽自己的职业发展通道。

密码：为知识型员工做好职业规划

在知识型员工的职业发展中，企业有两方面的工作要做：首先是基于公司人力资源规划来设计员工的职业发展序列，既要考虑到员工纵向的职业发展通道，更要考虑到职位序列横向发展的通道。其次企业还可以通过采取一些积极措施来帮助知识型员工实现职业发展目标。

企业可以通过加强职业培训来提高知识型员工的综合能力，拓宽这些员工的职业发展通道。欧莱雅中国公司将对综合型、未来型人才的培养视为企业的生命。优秀的大学毕业生进入公司后，先不分配具体的工作，而要接受3～6个月的培训，接受公司的文化和价值观；然后到全国各地的不同分支机构实习，感受公司的运营状况。实习期结束，新员工会根据个人兴趣选择工作。在以后的工作中，员工还会不断地得到长期或短期培训机会。

企业还可以为员工选择职业发展方向提供机会，鼓励员工在职业发展方面去尝试和锻炼。如索尼公司定期公布职位的空缺情况，员工可以不通过本部门主管直接去应聘，如果应聘成功，则可以得到新工作；如果应聘不上，则仍从事原工作，同时等待下一次机会，而且不必担心会受到原主管偏见的影响，因为整个应聘过程是保密的。

结语：给员工足够多的机会

杰克韦尔奇曾说："确保组织在未来的成功关键在于有合适的人去解决最重要的业务问题，无论他处在企业的哪一个等级和组织的何种职位，也无论他处在世界上的任何角落。"这句话值得每个企业在管理知识型员工的过程中好好体会。

资料来源：林彬.有效激励知识型员工的达·芬奇密码[J].人力资本，2006（10）：68-71.

▶ 本章小结

当今时代，人力资源的开发、管理、创新和实践已经成为企业营造持久竞争优势的核心所在。因此，人力资源发展战略作为企业人力资源管理中的一项重要内容，日益受到组织重视。

职业发展包含职业计划、职业管理两方面的含义，因此职业发展的实施也由企业和个人共同完成。一方面有利于促进员工的成长和发展以及增加他们的满意感，另一方面能够适应现代企业组织有效地使用人才的迫切需要。

职业发展可划分为职业准备阶段、职业探索阶段、职业确立阶段、职业中期阶段、职业后期阶段五个阶段，包括以下四方面的内容：员工个人对自己的能力、兴趣爱好以及自己职业发展的要求和目标进行分析与评估，组织对员工个人能力和潜力的评估，企业组织及时地提供在本组织内职业发展的有关信息，提供职业咨询指导。

职业计划与职业开发两者既有紧密的联系，又有很大的不同。职业计划是企业职业发展的一个方面，主要是从员工个人的角度，鼓励员工个人对自己的职业生涯做出规划、设想和安排。而职业开发则是为了使员工能承担未来某一特定的工作而进行的有针对性的培训活动和过程，以利于提高其工作绩效，实现其职业生涯目标的各种有目标、有计划、有系统的努力。

与传统的为了生存或某些原因而求职的观念截然不同，职业计划对职业目标的追求是现代企业员工在经济文化发展到某一特定阶段以后的必然趋势。

作为人力资源管理的重要职能之一，职业生涯管理分为组织职业生涯管理和员工职业生涯管理，一般包括职业生涯规划、职业生涯发展、职业生涯管理三个层面的内容，对组织、个人都具有重要意义。具体而言，员工职业生涯可以通过自我剖析、环境与机会评估、职业定位、目标设定、策略实施、评估与校正六个步骤展开。

▶ 战略导图

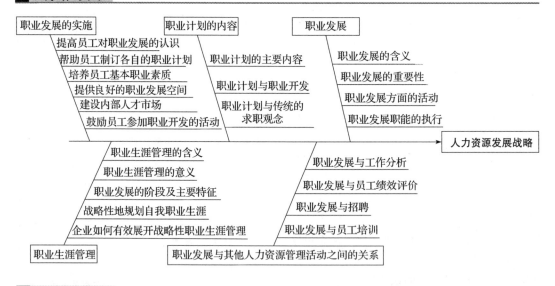

▶ 关键术语

职业发展　　　　职业计划　　　　职业生涯管理　　　　职业途径
职业管理　　　　职业开发

▶ 复习思考题

1. 企业人力资源管理部门实施员工职业发展的重要意义是什么？

2. 职业发展的两个重要组成部分是什么？分别有什么特点？

3. 企业在协助员工制订职业计划的过程中应该发挥什么样的作用?
4. 如何认识员工职业发展途径的概念?企业应如何帮助员工按照一定的职业发展途径不断提高自我?

文献导读

1. Career Management Practices: An Empirical Survey and Implications

企业在实践中发展出了丰富多彩的职业生涯管理活动,但多种职业生涯管理方式如何相互匹配,在管理中发挥最大的效能仍然存疑。Baruch 和 Peiperl 于 2000 年在 *Human Resource Management* 上发表的 "Career Management Practices: An Empirical Survey and Implications" 一文回答了上述问题,该研究通过对 194 家英国企业进行的调查,结合各自适用情景和条件,归纳出以下五类职业生涯管理活动(见图 8-4)。

正式型活动	多向型活动	
撰写个人职业计划	同级评价	
双轨制职业晋升	上级评估	
职业指南/小册子	主动管理型活动	主动规划的活动
普通职业路径	评估中心	绩效评估
	正式指导	职业咨询
	职业工作坊	(直接上级,HR部门)
		继任计划
	基本型活动	
	工作招聘	
	正式教育	
	退休准备	
	横向流动	

图 8-4
资料来源:作者根据相关资料整理而成。

基本型活动(basic activities):适用于动态环境下,群体导向和积极主动氛围较强的情景。

主动规划的活动(active planning activities):与动态、开放以及积极主动的氛围联系紧密。

主动管理型活动(active management):与诸多组织氛围都没有较强的联系,但和积极主动的环境相关。

正式型活动(formal activities):与氛围关系不大,这类活动较少采用,与积极管理类似,组织规模和内部劳动市场在该类型活动中存在作用。

多向型活动(multi-directional activities):与开放的氛围有关,这类活动中同级和上级的评估与反馈是该类型活动取得成功的基础。

Baruch 和 Peiperl 结合已有文献,将上述五类活动根据两个标准进行了分类:组织职业生涯管理实践的复杂程度和组织参与程度。该项研究将不同的职业生涯管理活动进行了明确的区分和联系,同时给出了不同活动的特点和适用情景,HR 从业者可以根据不同的组织特征和管理目标进行决策。

资料来源:Baruch Y, Peiperl M. Career Management Practices: An Empirical Survey and Implications[J]. Human Resource Management, 2000, 39 (4): 347-366.

2. Organizational Career Development is not Dead: A Case Study on Managing the New Career During Organizational Change

随着新型职业的不断涌现,个人面临的职业环境更加不稳定,组织也需要面对更加激烈的竞争环境,持续的变革与更新成为组织的常态。以往研究表示组织变化并不利于员工持续稳定的职业生涯发展,并可能导致员工对组织变革的抵制和不配合行为。在这种情景下,个人是否可以并如何为自身职业生涯发展承担责任,个人与组织各自在员工职业生涯发展过程中扮演怎样的角色亟待回答。

Lips-Wiersma 和 Hall (2007) 采用案例分析法对上述问题进行了研究。研究表明,在有效的职业生涯发展中,个人需要承担起自身职业生涯发展的责任。同时发现,目标企业也在积极地投入职业发展和管理活动中,但不同于以往传统的自上而下单向的职业管理,组织与个人在职业发展过程中更倾向于是一种"共舞"的关系,双方都展现出了高度的互动,在追求各自目标的过程中共同促进,实现共赢。

资料来源:Lips-Wiersma M, Hall D T. Organizational Career Development is not Dead: A Case Study on Managing the New Career During Organizational Change [J]. Journal of Organizational Behavior, 2007, 28(6): 771-792.

参考文献

[1] 包晨星,风里. 战略人力资源管理:化战略为行动 [M]. 北京:电子工业出版社,2009.

[2] 陈维政,余凯成,程文文. 人力资源管理与开发高级教程 [M]. 北京:高等教育出版社,2004.

[3] 黄铁鹰. 海底捞你学不会 [M]. 北京:中信出版社,2015.

[4] 林彬. 有效激励知识型员工的达·芬奇密码 [J]. 人力资本,2006(10):68-71.

[5] 宋培林. 战略人力资源管理:理论梳理和观点评述 [M]. 北京:中国经济出版社,2011.

[6] 朱飞,文跃然. 战略性人力资源管理系统重构 [M]. 北京:企业管理出版社,2013.

[7] Adekola B. Career Planning and Career Management as Correlates for Career Development and Job Satisfaction. A Case Study of Nigerian Bank Employees [J]. Australian Journal of Business and Management Research, 2011, 2.

[8] Akkermans J, Brenninkmeijer V, Schaufeli W B, et al. It's all about Career Skills: Effectiveness of a Career Development Intervention for Young Employees [J]. Human Resource Man-agement, 2015, 54 (4): 533-551.

[9] Baruch Y, Peiperl M. Career Management Practices: An Empirical Survey and Implications [J]. Human Resource Management, 2000, 39 (4): 347-366.

[10] Baruch Y. Career Development in Organizations and Beyond: Balancing Traditional and Contemporary Viewpoints [J]. Human Resource Management Review, 2006, 16 (2): 125-138.

[11] Baruch Y. Career Systems in Transition: A Normative Model for Organizational Career Practices [J]. Personnel Review, 2003, 32 (2): 231-251.

[12] Cappelli P. Talent Management for the Twenty-first Century [J]. Harvard Business Review, 2008, 86 (3): 74.

[13] Chen Y, Tang G, Jin J, et al. CEOs' Transformational Leadership and Product Innovation Performance: The Roles of Corporate Entrepreneurship and Technology Orientation [J]. Journal of Product Innovation Management, 2014, 31 (S1): 2-17.

[14] De Vos A, Soens N. Protean Attitude and Career Success: The Mediating Role of Self-management [J]. Journal of Vocational Behavior, 2008, 73 (3): 449-456.

[15] Dreher G F, Dougherty T W. Substitutes for Career Mentoring: Promoting Equal Opportunity through Career Management and Assessment Systems [J]. Journal of Vocational Behavior, 1997, 51 (1): 110-124.

[16] Handler C A, Lane I M. Career Planning

and Expatriate Couples [J]. Human Resource Management Journal, 1997, 7 (3): 67-78.

[17] Herrbach O, Mignonac K, Vandenberghe C, et al. Perceived HRM Practices, Organizational Commitment, and Voluntary Early Retirement Among Late-career Managers [J]. Human Resource Management, 2009, 48 (6): 895-915.

[18] Lepak D P, Snell S A. The Human Resource Architecture: Toward a Theory of Human Capital Allocation and Development [J]. Academy of Management Review, 1999, 24 (1): 31-48.

[19] Lips-Wiersma M, Hall D T. Organizational Career Development is not Dead: A Case Study on Managing the New Career During Organizational Change [J]. Journal of Organizational Behavior, 2007, 28 (6): 771-792.

[20] Martin G, Staines H, Pate J. Linking Job Security and Career Development in a New Psychological Contract [J]. Human Resource Management Journal, 1998, 8 (3): 20-40.

[21] Noe R A. Is Career Management Related to Employee Development and Performance? [J]. Journal of Organizational Behavior, 1996: 119-133.

[22] Raabe B, Frese M, Beehr T A. Action Regulation Theory and Career Self-management [J]. Journal of Vocational Behavior, 2007, 70 (2): 297-311.

[23] Ren S, Chadee D. Influence of Work Pressure on Proactive Skill Development in China: The Role of Career Networking Behavior and Guanxi HRM [J]. Journal of Vocational Behavior, 2017, 98: 152-162.

[24] Sharma P, Chrisman J J, Chua J H. Succession Planning as Planned Beha-vior: Some Empirical Results [J]. Family Business Review, 2003, 16 (1): 1-15.

[25] Sturges J, Conway N, Guest D, et al. Managing the Career Deal: The Psychological Contract as a Framework for Understanding Career Management, Organizational Commitment and Work Behavior [J]. Journal of Organi-zational Behavior, 2005, 26 (7): 821-838.

[26] Tang G, Cai Z, Liu Z, et al. The Importance of Ethical Leadership in Employees' Value Congruence and Turnover [J]. Cornell Hospitality Quarterly, 2015, 56 (4): 397-410.

第 9 章

转型期的中国企业战略人力资源管理

现代企业进行战略调整和转型的关键因素是人力资源管理的转型升级，从常规性人力资源管理升级为战略人力资源管理。

——苏永华

▶ 学习要点

- 中国经济转型期的概念
- 中国经济所处的宏观环境
- 转型期我国企业人力资源管理面临的挑战
- 我国中小企业人力资源管理现状
- 支持中国企业转型的战略人力资源管理措施

▶ 前沿探讨

不要把变革"想"难了

在转型期，无论是整个企业的总体发展战略，还是战略人力资源的制定，都需要因地制宜、因势而变。因此，企业要敢于变革，敢于顺应潮流，"停止使用'组织的变革太难了'这样的借口"。一谈到组织变革，有些人就站出来，坚定地说："变革太难了！"从表面上看，这也没有什么不妥，因为变革需要努力。但问题是这种态度，这种"难等于失败"的态度，往往会在组织里渗透，从而阻碍我们的变革，这种负面影响比成功带来的影响更容易深入人心。

的确，变革的成功具有不确定性。例如，2009年麦肯锡咨询专家调查了1 546个CEO，38%的人回答："比起在改善组织方面的大约30%满意度，变革完全或者大部分在提升业绩方面是有利的。"根据麦肯锡研究的数据，有人可能倾向于总结：仅仅30%～38%的变革会完全成功，而剩下的只能失败。但是，麦肯锡的作者补充到"1/3 的CEO认为组织在这两方面都有成果"。换句话说，1/3 的CEO认为他们的变革是完全成功的，而另外1/3认为他们的变革更成功。仅仅1/10 的人认为变革是完全不成功或基本是失败的。这些说明什么呢？变革是困难的，就好比跑完马拉松比赛，这需要十分努力。但是在需要努力的心态中，不能掺杂把这种大多数人都承认的、变革会最终成功的这个事实给消极化的情绪。以前很多人都忽略了这一因素，但现在我们可以改变我们谈论改革的态度。作为领导，我们需要明白我们的团队并不是在茫然的状态下，投身改革的。以前听惯了改革的失败率很高这样的话，如果作为领导说类似于"变革是困难的",无异于助长了这种风气。

我们应该做什么?我们不应该"火上浇油",我们应该提醒我们的团队,我们已经具备了适应新环境的能力。每当我们心里觉得变革很难的时候,我们可以换个提醒自己的说法:物竞天择,适者生存。

资料来源:Tasler Nick. Stop Using the Excuse "Organizational Change Is Hard."[J]. Harvard Business Review, 2017: 2-5.

基于战略观点的人力资源管理设计

企业战略与人力资源的协同主要体现在战略人力资源管理之中。战略人力资源管理的提出赋予了人力资源管理活动明确的战略导向,使人力资源体系各个模块围绕战略统一规划。而中国现在正处在经济社会转型时期,在管理情境上和西方国家相比存在诸多差异。当中国企业开始强调末位淘汰、竞争上岗等诸多手段来提高企业用人效益的时候,西方研究则开始强调为员工提供长期就业保障。所以,对本土的战略人力资源管理实践进行讨论,揭示在中国情境下怎样开展战略人力资源管理具有一定的借鉴价值。

引 例

德勤《2016年人力资本趋势》报告发布

德勤日前发布了其第四份年度报告《2016年全球人力资本趋势》,报告发现:为应对数字化技术、商业模式和劳动力人口的急速变化,92%的商业和人力资源领导者已经确定要重构其组织,以满足全球业务需求。该报告还揭示了2016年十大人力资本趋势。

1. 组织设计:团队的崛起

公司正拥有更灵活、以客户为中心的组织结构,从传统的、功能型模式向互联化、灵活的团队方向发展。事实上,在某种程度上,企业不再像传统企业,而是更像好莱坞电影制作团队,大家一起去完成项目,一旦项目完成,项目团队随之解散并移动至新的工作项目中。这种新的组织结构有广泛的影响,促使企业领导力发展、绩效管理、学习和职业发展去适应这种变化。

2. 领导力觉醒:代际、团队、科学

在今年的调查中,有89%的高管将加强、再造以及提高组织领导作为重要优先事项。传统的金字塔型领导力发展模型根本无法适应快节奏的业务需求和变化的步伐。虽然企业对领导力发展的投资自2015年以来已增长了10%,但进展并不平衡,超过1/5的企业(21%)是没有领导力计划的。我们的研究结果表明,组织需要提高严谨性,用更加结构化和科学的方法来识别、评估与发展领导力,这一过程需要在领导力的早期职业生涯就开始进行。

3. 文化塑造:战略推进

有86%的人认为,文化是一个重要或非常重要的问题。为何要对文化和敬业度单独排名?因为它们都是当今至关重要的人力资本问题,都需要首席执行官的承诺和人力资源部的大力支持,以此来确保两者被理解、衡量和改进。然而,两者是不同的概念,各自需要不同的关注点和解决方案。文化是关于"公司的工作方式",而敬业度则是"人们如何看待公司的工作方式"。

4. 员工敬业度:挑战一直存在

员工敬业度是业务和人力资源面临的重要问题。今年受访的绝大多数高管(85%)都将敬业度视为首要任务(即重要或非常重要）。年度敬业度调查正在被"员工聆听"工具所取代，如脉冲调查、匿名的社交工具以及经理定期反馈考核。所有这些新方法和工具都令"员工聆听"官——人力资源的一个重要新角色呼之欲出。

5. 学习项目：发挥员工自主性

今年，84%的管理者认为，学习项目的重要性日益凸显，主要是由于合适的学习机会是提升员工敬业度、塑造强大工作环境的推动因素。学习项目是员工价值主张的有机组成部分，而非仅是提高技能。新的学习方式就像"客户定制"一样，让设计思维、内容集展、综合模型相整合，提供端到端的定制学习体验。

6. 设计思维：提升员工体验

创新的人力资源部门将设计思维融入管理和培训员工的工作中。相较于构建项目与流程，领先的人力资源管理部门通过开发手机应用和工具帮助员工减轻压力，让他们更具生产力。调研发现，79%的管理者将设计思维列为高度优先的工作。仅12%的调研对象认为，设计思维在他们目前的人才项目中十分流行，50%的管理者表示采用设计思维后，人才管理项目得到极大改善，高绩效的组织更习惯在管理员工中采用设计思维。

7. 人力资源部门：面对新趋势正在迎头而上

在今年的调查中，超过2/3（68%）的管理人员认为，他们的企业有扎实的人力资源专业发展计划，相比一年前，今年他们的人力资源部门在人才发展和推动业务结果方面有很大提升的受访者比例有所上升，达到60%。四年来，首次在全球人力资本趋势报告有真正变化与进步的迹象：人力资源团队正在学习新的知识，尝试新的想法；他们也正在快速地提升自身技能，并且更加年轻、富有活力、更具商业思维以及拥有技术的新生代正在进入这个行业。

8. 人才分析：正在加速

77%的管理人员现在将人才分析作为一个重要的优先级，这个比例相比去年略有上升。作为对策，企业也正在建设人才分析团队，从而快速取代传统系统。同时，企业将各自独立的分析团队整合进人力资源部门从而发挥战略性功能。如今，几乎每个人才管理供应商都可以提供员工反馈与敬业度系统，实时的实证分析以及现成的预测模型。企业开始进入一个人才分析的"黄金时代"，并且这过程正在不断加速。

9. 数字化HR：颠覆性变革，而非缓慢演化

创新型组织正在整合移动和云技术来建立基于手机移动应用的人力资源服务系统，将人力资源管理项目融入员工的日常生活中。数字化HR意味着建立一整套易于操作的服务平台，而非简单地替代传统的HR管理系统。通过整合设计思维和移动技术，组织可以自行开发客户服务手机移动应用，使得工作更易操作、效率更高、体验更好。

10. 零工经济：分散抑或摧毁劳动力

为了满足不断增加的人才需求，组织需要不断学习整合并充分利用兼职和临时雇员。超过70%的人力资源高管（71%）认为这个趋势极为重要。随着组织临时雇员的规模和范围不断扩大，未来组织需要采用更多审慎的方式进行管理。同时，未来组织劳动力管理也需要应对认知技术和智能技术兴起带来的一系列挑战，诸如工作职位的消失、工作性质的变化甚至可能摧毁劳动力。

资料来源：德勤《2016年人力资本趋势》报告：2016年十大人力资本趋势。

9.1 中国企业面临转型

9.1.1 转型期的概念

转型期通常分为经济转型期和社会转型期。经济转型期是指中国的经济体制由原来的计划经济体制向现在的市场经济体制转变、企业制度由传统企业制度向现代企业制度转变的特定的转轨时期。在这一历史时期，中国将逐步淡化计划经济体制对资源配置和经济发展的影响，逐步使市场机制在资源的优化配置中发挥主导作用，建立起中国特色的社会主义市场经济体系和有国际竞争力的现代制度。

社会转型期是指社会形态转换或是过渡的特定时期。在这一时期内，社会各个方面因为社会形态的转变而发生重大变化。

9.1.2 转型期中国企业面临的宏观环境

改革开放40年来，特别是加入世界贸易组织的10多年来，中国经济高速发展，但这种发展是以资源的高消耗和环境的高污染为代价的经济高速增长，不足以支持经济的可持续发展，而且随着贫富差距的不断加大，社会问题也日益突出，导致了内部环境的复杂多变。与此同时，国际上欧美经济复苏乏力，各国对中国商品的抵制和贸易壁垒不断加强。

中国企业将面临更加复杂多变的发展环境。首先从全球来看，国际经济都将可能处于增长乏力、摩擦加剧和复杂多变的阶段。美国经济复苏放缓趋势明显；欧洲主权债务危机不断向核心国家法国和德国蔓延，欧债危机持续恶化向实体经济冲击的风险突现；新兴市场国家通胀压力不断加大，经济增长减速风险上升；投资者缺乏信心，国际金融市场持续动荡不安。其次从国内来看，企业可能面临市场、成本与价格、节能减排、产能过剩等多方面的压力。再次从企业内部来看，今年企业仍然面临较大的经营压力，具体表现在：一是能源、资源及其大宗商品高位震荡，原材料价格上涨；二是劳动力长期的低工资水平和人口红利减弱导致劳动力成本补偿性上升，用地紧张和更加严格的土地管理制度导致土地成本升高；三是物价上涨的内外压力交织和融资难、融资成本提高，导致部分企业资金链更趋紧张；四是我国经济总需求下降、经济增速下滑带来的部分产能过剩、企业亏损风险加剧（薛澜、张强和钟开斌，2003）。

为了保持经济社会的平稳快速发展，中国经济必须在发展中转型。在这样的背景下，中国经济发展的模式面临新的挑战，变革势在必行。

1. 经济发展的方式要从出口导向型向内需拉动型逐步转变

投资、出口和消费作为推动经济增长的三驾马车，在经济增长中的作用和构成比例决定着不同的经济增长模式。出口是外需，投资和消费是内需，当出口对GDP的贡献大于20%时，就称为出口导向型经济增长模式，反之是内需拉动型经济增长模式。实践证明，出口导向型经济增长模式潜伏着两种巨大的风险：一是当国际市场需求旺盛时，中国对外出口太大，会形成巨大的资本顺差和贸易顺差，导致大量外汇涌入中国，货币供应量大量增加，进而引发总需求膨胀；二是当国际市场需求极度萎缩时，由于企业对国际市场的过度依赖，造成企业因为没有市场，而收缩生产和投资，甚至倒闭，从而生产过剩、工人失业、经济增长速度快速下滑。因此，中国的经济增长模式必须由当前的出口拉动转变成出口、投资和消费共同拉动。

2. 经济增长的模式由粗放型向集约型转变

长期以来，中国的经济增长是以牺牲资源和环境为代价而获得的，资源的巨大消耗和浪费，环境的严重污染，已经使得中国的资源加速枯竭，环境急剧恶化。随着人们环保意识的逐渐加强和提高，以及经济社会可持续发展的现实需要，转变经济发展方式，建立环境友好型和节约型社会是必然趋势（Chen，Tang，Jin，et al.，2015）。集约型发展方式依靠生产要素的优化组合，通过技术进步，提高劳动者的素质，提高资金、原材料、设备的利用率来提高生产要素的质量和使用效率，从而实现经济的增长。

3. 中国社会正面临着全方位的结构性战略转型

当前，中国积极提倡科学发展观，构建社会主义和谐社会，和谐社会的建设是政治建设、经济建设、文化建设、社会建设、生态建设五位一体的全方位的多元化改革，从而推动中国的发展更加坚持以人为本，更加注重环境友好，更加注重社会公平和改善民生，这对中国企业的发展同样具有指导意义。

4. 企业传统成本优势降低，技术领先和创新成为新型优势

传统成本优势是指企业因低价劳动力、较低的土地价格等外部原因而获得的低成本优势，但自2004年之后，土地、能源、劳动力等各种生产要素价格迅猛上涨，加上人民币升值的压力，中国企业成本优势已经开始逐渐丧失，实际上进入了高成本的时代。在这种情况下，通过大力推进技术创新所获得的技术优势已经成为企业竞争力的主要来源，而深化企业改革，建立有竞争力的团队及高效的组织和人力资源管理是技术上创新的坚实后盾。

9.2 转型期对人力资源管理提出的要求和挑战

1. 人力资源管理向战略人力资源管理转变

战略管理是"将组织的主要目标、政策和行为按顺序整合为一个具有内在有机联系的整体的模式或规划"的过程，是为企业赢得竞争优势的重要手段。这些战略，既可以是一般性的竞争战略，也可以是针对某种特定情况采取的一些具体的整合性的措施或行为（Paauwe & Boselie，2003）。战略管理是一个分析企业竞争环境、确定企业战略目标、设计企业计划及对有助于提高实现目标可能性的资源（人力资源、物力资源和组织资源）进行优化配置的过程。

人力资源管理者也应该能够从战略上考虑如何来应对企业所面临的问题。战略人力资源管理指的是"有计划的人力资源使用模式以及旨在使组织能够实现其目标的各种活动"。人力资源管理战略化要求企业在人力资源职能中将企业应当如何获取优势或者在战略形成过程中将所有与人有关的经营问题考虑在内（Marler & Fisher，2013）。将人力资源的职能融入企业的战略规划之中，可以帮助企业的战略小组制定出有效的战略决策。而一旦制定出战略选择，人力资源就必须在战略执行过程中继续扮演着积极的角色（朱飞、文跃然，2013）。

2. 战略人力资源管理逐步转变为企业管理的核心

人力资源管理的重要目的和作用是为了更好地吸引人才、留住人才、培养人才以及激发员工的积极性，增强企业的竞争优势，最大化企业收益。传统的人事管理往往只注重招聘员工的合同管理，而在员工的考勤、考核、调动、培训及绩效评估、薪金制度等与公司内部员工有关的业务性工作方面，采取的管理方式大多是事后的修补措施。但是在知识爆

炸和信息经济时代，企业的竞争归根到底是人才的竞争，而人才的竞争主要取决于企业人力资源的开发、利用与管理。现在的战略人力资源管理已经突破了传统的管理模式，将人上升到资源的角度，进行优化配置和管理，人力资源规划、人力招聘与配置、人力培训与开发、绩效管理、薪酬福利管理和劳动关系管理成为新型人力资源管理的六大模块。通过对人力资源的有效配置和管理，构建一个有效的具有竞争力的人才团队，对提高企业的竞争力有至关重要的作用（Akhtar, Ding & Ge, 2008）。因此，战略人力资源管理在企业中的地位日益重要，逐渐成为企业管理的核心。

3. 增强人力资源管理实施效果，确实落地有效措施

作为企业构建核心竞争优势的关键资源，人力资源越来越受到企业管理者和相关学者的关注与重视。然而，企业只需构建完善的人力资源管理内容体系，就能够有效提高组织绩效，最终建立起核心竞争力吗？

近期，我们通过问卷形式对全国315家企业人力资源管理强度的调研发现，目前我国大部分企业仍一味地侧重于人力资源管理职能的优化与提高，而忽视人力资源管理过程。这导致人力资源管理措施流于形式或是仅限于书面文件，难以切实落实并为员工所理解与接受。可见，倘若缺乏有效执行，再完善、科学的人力资源管理措施也难以达到预期的实施效果。措施制定与实施过程都值得关注，"强度"才是现代企业人力资源管理的关键（唐贵瑶、魏立群和贾建锋，2013）。

（1）解析"强"逻辑：因为重结果，所以重过程。企业只构建完善的人力资源管理内容体系，却缺乏有效执行，那么再完善、科学的人力资源管理措施也难以达到预期的实施效果。想让企业的人力资源管理系统变"强"，必须把注意力从构建完善的人力资源管理内容体系，转移到关注人力资源管理体系的实施过程上。

人力资源管理强度主要关注人力资源管理体系的实施过程。这一概念首次将关注点由人力资源管理的内容扩展到人力资源管理的过程，站在员工的视角研究人力资源管理体系，强调员工对于人力资源管理措施的感知，以促使员工理解并使其行为符合组织期望，从而有助于个人与组织目标的实现。

人力资源管理强度由三个维度构成，即独特性、一致性和共识性。独特性指人力资源措施能够引起员工关注、激发兴趣的突出特点，包括可视性、可理解性、职权的正当性和相关性。一致性指组织的各项人力资源管理措施向员工传递一致的信息，使得员工对于组织期望的行为形成一致的归因。共识性指员工对于人力资源管理措施的一致认知和普遍认同，人力资源管理决策者之间的一致性和系统公平性（程序公平、分配公平和人际公平）都会影响员工达成共识。

这些特性的作用在于，可向所有员工传递关于组织人力资源管理措施的有效信息，使得员工清楚了解组织重要的战略目标以及组织期望和奖励的员工行为（见图9-1）。

相关实证研究已经验证，人力资源管理强度对于员工工作态度和工作绩效具有积极影响（贾建锋、王露、闫佳祺，等，2016）。有学者通过结构方程建模证明，人力资源管理强度对一般组织绩效和组织创新绩效有很强的正向作用。也有学者研究发现，人力资源管理强度对员工组织承诺有积极影响。还有学者通过对三家中国五星级酒店的调查数据分析得出，人力资源管理系统的独特性对于员工工作满意度、精力和离职倾向均有显著影响。

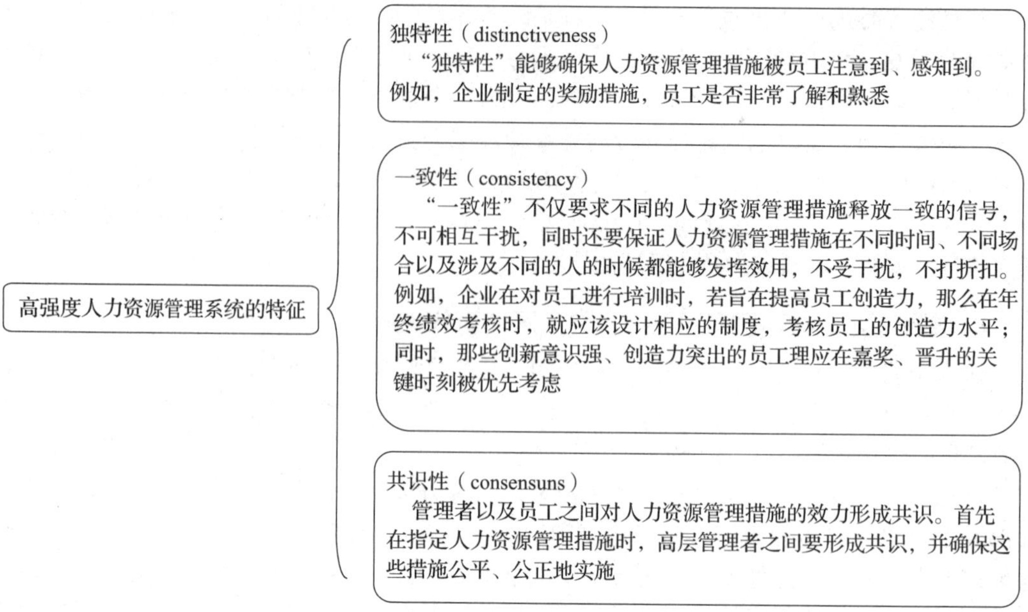

```
                          ┌─ 独特性（distinctiveness）
                          │   "独特性"能够确保人力资源管理措施被员工注意到、感知到。
                          │   例如，企业制定的奖励措施，员工是否非常了解和熟悉
                          │
                          │  一致性（consistency）
                          │   "一致性"不仅要求不同的人力资源管理措施释放一致的信号，
                          │   不可相互干扰，同时还要保证人力资源管理措施在不同时间、不同场
高强度人力资源管理系统的特征 ─┤   合以及涉及不同的人的时候都能够发挥效用，不受干扰，不打折扣。
                          │   例如，企业在对员工进行培训时，若旨在提高员工创造力，那么在年
                          │   终绩效考核时，就应该设计相应的制度，考核员工的创造力水平；
                          │   同时，那些创新意识强、创造力突出的员工理应在嘉奖、晋升的关
                          │   键时刻被优先考虑
                          │
                          │  共识性（consensuns）
                          │   管理者以及员工之间对人力资源管理措施的效力形成共识。首先
                          └   在指定人力资源管理措施时，高层管理者之间要形成共识，并确保这
                              些措施公平、公正地实施
```

图 9-1　高强度人力资源管理系统的特征

资料来源：唐贵瑶，魏立群．让人力资源管理更"强"[J]．北大商业评论．2016，(7)：78-85．

（2）打通"隔山墙"：上下错缝，内外搭砌。只关注人力资源实践内容的选择问题，并不能有效地提高人力资源管理活动的质量，人力资源管理措施是否能够高效执行这一问题才更应受到重视。真正提高人力资源管理强度，需要确保企业上下以及系统内外的沟通无碍。

提升内外部匹配度。人力资源管理系统的内部匹配认为，企业采用内部协调一致的各项人力资源实践才能提高组织绩效，即认为存在"最佳人力资源管理实践"，企业可以通过应用最佳人力资源实践促进组织层面的产出。例如，通过优秀的招聘措施吸引和选拔来的优秀人才，如果没有合理的薪酬措施照样会离职。然而，基于权变理论的人力资源管理系统的外部匹配认为，不存在适用于所有组织的一套最佳管理实践，只有构建符合企业实际发展阶段和当下战略的人力资源实践，才是最有效的。

有人认为，人力资源管理系统的内外部匹配并不是矛盾的，应用最佳人力资源管理实践，能够帮助所有类型的企业实现良好的绩效。在此条件下，如果管理者根据企业外部环境和其特定战略对人力资源管理实践进行相应调整，企业会取得额外的绩效增益。比如所有的企业都通过采用科学的培训体系而有效提升了组织绩效，但是由于组织战略目标和所处环境不同，不同企业培训的目标和强调的重点也因之而异。

因此，为了提高人力资源管理强度，企业应当保证人力资源管理系统的内外匹配，既要以系统视角整合人力资源管理措施，使各职能之间相互匹配与互补，同时应积极承接组织战略，在战略指导下进行人力资源实践，以向员工传递一致的人力资源管理信息。

促进上下有效沟通。从员工对人力资源管理过程的理解出发，探究人力资源管理活动的有效性。一是企业应当积极将员工纳入各项人力资源管理措施的制定过程。比如采取员工代表的形式让员工参与决策过程，让员工更深入理解人力资源措施的深刻内涵，清楚了解组织期望的行为模式，而这也能够增强其对于管理措施的接受程度，减少决策推行的

阻力。二是畅通信息沟通渠道，注重双向沟通。这要求企业建立有效的沟通机制，使得基层员工的意见与建议能够及时地反馈到各层管理者，并且在沟通中增加反馈环节，促进双向沟通。这能够有效降低信息传递过程的失真，令企业上下形成一致认知，并及时调整不合理的政策方针以更好地适应员工工作需求（唐贵瑶，2016）。

（3）巧用"系铃人"：直线主导，高层协调。提高我国企业的人力资源管理强度，进而正向影响员工工作态度与绩效，除了从组织层面着手保证顺畅沟通外，还应充分发挥企业关键人物，即人力资源管理中"系铃人"的作用。

重视直线经理的作用。在国外，直线经理掌管越来越多的人力资源管理职责已经为一种普遍趋势。他们直接面向员工，与员工接触交流，而员工感知到的组织特点很大程度上来源于直线经理传递的信息，因此直线经理在增强组织人力资源管理强度中的作用格外重要（Bowen & Ostroff, 2004）。

例如，在绩效管理过程中，绩效计划、绩效监控、绩效评估和绩效反馈面谈都需要直线经理的参与主导，并且在整个管理过程中贯穿以持续沟通。倘若直线经理无法有效运用绩效管理工具，导致绩效管理过程中绩效计划不切合员工实际、绩效记录不准确、绩效评估缺乏公平性、反馈面谈流于形式，人力资源管理缺乏一致性和共识性，员工就会对直线经理甚至对组织产生不满情绪。因此提高直线经理的人力资源管理能力，对于人力资源管理过程的有效实施十分关键。

提高直线经理的人力资源管理水平：一是可以对直线经理定期培训，使之掌握相应的人力资源管理工具的运用；二是注重提升人力资源部门的咨询顾问角色，保证他们能够有效处理各项工作冲突并有效进行员工沟通与管理。

发挥高层管理者的关键角色。CEO 既有助于为人力资源管理者提供职权、领导力和资源，以创造一个独特的人力资源管理系统，同时在促进高管团队内部对于人力资源重要性的一致认同方面发挥着重要作用。只有高层管理者树立以人为本的理念，重视人力资源的价值增值作用，将人力资源管理提升到企业战略的高度，人力资源管理的各项措施与政策，才能与企业战略真正匹配，其贯彻落实才能畅通无阻。

劝说和影响程度取决于信息传递者的可信性与信息接受者的结果参与度的共同作用。高层管理者作为组织发言人，其对于人力资源管理的支持增强了人力资源管理措施的可信性，而同时员工作为信息接受者，对人力资源管理结果的控制程度也是影响其对人力资源信息接受度的关键变量。因此，企业在增强高管支持度的同时，也应当注意提升员工自身对各项管理实践结果的影响程度，增强个人努力与个人绩效之间的关联，使员工对工作结果具有较强的可控性（Ostroff & Bowen, 2016）。

9.3 中国企业发展战略人力资源管理的现状

中国的企业，无论是私营企业还是国有企业，大都处于转型这一背景下。转型可分为两种：一是业务转型，二是管理转型。业务转型有很多类型，如区域扩张，从局部到区域再到全国；产品转型，从产品到服务；业务价值转型，关注点从市场转向顾客；核心能力转型，从大而全到小而精。管理转型主要包括规模形态的变化，如从车间门店到大中型企业；文化转型，从"老板文化"或"机关文化"到企业文化构建；组织模式转型，从简单架构到组织再造；从模仿到创新，从普适学习到个性化创新等（陈维政，余凯成和程文文，2004）。

改革开放以来，虽然中国已实施了一系列的劳动和人事制度改革，并取得了很大进展，但社会和经济发展的不平衡造成了我国不同地区、不同行业以及不同类型企业的管理理念仍存在着重大分歧，大多数中国企业仍然在人事管理向人力资源管理的过渡阶段（Wei & Wu，2013）。在这个阶段中，企业人力资源管理表现突出的特点如下。

第一，大多数企业依然处于传统的人事管理阶段。近年来，虽然一些公司过去的人事部门变成了人力资源部门，但仍遵循着传统的劳动人事管理。此外，在管理思想和管理风格上没有根本性的变化，管理的重点是把一个人的管理定位为"工具"。同时，企业家关注的是用人成本，如何对人进行使用和控制，而忽视了人的积极性以及创造性，也就是说，原有的人事管理职能并没有实质性的变化。

第二，尚未建立科学的战略人力资源管理系统。中国企业的战略人力资源管理依然处于过渡阶段。实际上，从传统的人事管理发展到战略人力资源管理，往往存在基础工作薄弱的问题，甚至都没有一个完善的、科学的、系统的人力资源管理系统。根据有关资料的最新统计数据结果显示如下。

- 职位的职责分析：只有少数企业已经完成了工作分析，企业工作的规范化管理水平仍然偏低。
- 绩效评估的现状：一般情况下，员工评估、绩效考核的效果还不是很明显。
- 补偿和激励管理现状：补偿管理与企业战略脱离，薪酬制度缺乏激励作用，忽视非经济补偿等问题的重要性。
- 人力资源规划和机构建设：绝大多数企业拥有说明工作规则与工作评价的一系列正式文件以及人力资源管理系统，但普遍缺乏一个长期的人力资源规划。

第三，当前战略人力资源管理的实施程度低。当前，中国企业战略人力资源管理的定位较低，从而无法统筹管理全公司的人力资源。其具体主要体现在以下几个方面：人力资源管理、工资管理、培训、健康、安全和与这些领域相关的战略人力资源管理，人力资源管理部门在制定政策、组织管理和组织发展方面拥有的影响力和权力是非常有限的。企业人力资源部门报告的一项调查显示，人力资源管理部门60%的精力用来处理各种行政服务，如档案管理、填写相关表格等，只有30%的精力为员工提供咨询服务，10%的精力进行战略管理，为公司提供人力支持。很多人力资源管理部门工作的人虽然筋疲力尽，但也无法得到其他部门和员工的认可（Sims，2007）。

第四，人力资本投资严重不足。据抽样调查表明，中国主要城市的100多家企业，超过30%的企业仅有人均10元的教育和培训成本，近20%介于10～30元。大多数企业是一样的，往往都没有一套完整的岗前培训、教育以及培训方案或计划；同时较少地考虑对长期雇员的技能培训和智力发展。在人才库中，大多数企业都缺乏发展的概念，这样导致后备力量严重不足（Hansson，2007）。

总之，在中国，企业的人力资源管理整体水平落后。中国企业人力资源管理的基础是薄弱的整体管理中的"人本管理"，在过渡期内，企业倾向于现代人力资源管理中的传统人事管理，但是人力资源管理的影响会越来越大，权利会越来越多（Cooke，2005）。

9.4 支持中国企业转型的战略人力资源管理措施

人力资源管理之所以是人力资源的管理，而非人事管理，其根本在于其资源特性对战略支撑的重要性。

战略管理明确企业发展的基本方向、目标愿景、路径规划和方针政策，而人力资源管理是对这些战略要素实施的有关人和人才资源的有力支持。人力资源管理也必然是基于战略，而非基于职能的，这也许是目前基于职能的人力资源管理不被成长型企业高层重视的重要原因（Chow，Huang & Liu，2008）。

在成长型民营企业工作的人力资源从业者，必须理解人力资源管理的重大意义。重新定义作为人力资源管理工作者自身的使命和责任，将推动企业创新当成自身新的而且改变企业命运的核心目标和重大任务，是人力资源管理者体现自身价值和改变自身命运的重大选择。

9.4.1 战略人力资源管理新角色

传统的人力资源部和财务、IT、行政综合类部门一样，被视为成本中心。但越来越多的企业经营管理者在追求利润与提升竞争力的同时，开始关注到人力资源管理的职能的投资回报率。

战略人力资源职能的终极使命，是保证企业人力资本的持续性及竞争性。当公司的业务迅速发展时，人力资源的管理问题日益成为CEO的一块心病。直线经理越来越期望人力资源管理能够真正担负起业务合作伙伴的角色，而人力资源员工也希望自身能够从事务性、重复性的行政工作中解放出来，更多参与企业战略制定工作（包晨星和风里，2009）。扮演好这一新角色，要求人力资源寻求转型，实现从传统人力资源管理向战略人力资源管理的转变。重新塑造人力资源管理体系，修订HR政策与实践，重构胜任资格体系已经成为今天所有组织必须面对的战略选择（Caldwell，2008）。

在欧美发达国家，1/4左右的企业已经完成人力资源管理的职能转型，超过50%以上的企业正在进行转型。在亚洲，这个数字是40%左右，在中国约有1/3的企业正在着手进行人力资源管理的职能转型。

9.4.2 实现战略人力资源管理的五大转型

实施卓有成效的战略人力资源管理，要从传统"守门人"的角色，转变为企业的策略伙伴，了解企业的策略并提供人力资源管理方面的策略性价值，在人力资源服务中建立客户服务的观念，提供客户全方位的服务系统；在组织变革管理方面，则是扮演变革推动的角色，甚至在员工关系方面，由被动的福利行政，转变为主动的员工关怀者的角色，协助员工提高附加价值，并建立员工有效沟通机制。新的人力资源定位，必须以新的心态及新的技能，加强设计、执行、规划与策略等高附加价值的业务，并以自动化或流程改造，来减少一般行政等低附加价值的事务。

从AT&T到IBM公司，大量的企业成功转型的最新研究与案例分析均表明，推动HR从业务流程的末端到企业战略领导者的转型，既可以推动组织目标的实现，也能有效帮助组织提升战略与竞争优势（Ruona & Gibson，2004）。

转型1：管理模式转型

中国企业在发展过程中，多数都是靠经验直觉，边走边看。这一时期的人力资源管理，处于传统的人事管理时代，是企业的成本中心。人力资源管理的职能多限于传统的事务性处理，承担考勤、考核、发薪、培训、招聘等工作，战略规划、组织建设等功能并不具备。

随着企业转型开始，一些企业依靠系统性思考制定发展战略，人力资源管理模式也必须发生变革。变传统型为现代型人力资源管理模式，变成本型为利润型人力资源管理模式，向管理要效益，向人才要利润是人力资源管理变革的大势所趋。而 HR 要真正能够创造价值，必须从为股东降低成本转变成为股东、员工和顾客创造价值（Carlson & Rotondo, 2001）。HR 部门要成为企业的利润中心，人力资源管理者在企业中必须扮演伙伴的角色。人力资源管理者的主要精力集中在将人力资源战略和管理行为与企业整体经营战略结合起来，通过实施组织建设、流程再造等，协助企业转型。从这个意义上说，建立企业利润中心型人力资源管理模式是 HR 转型的当务之急。

转型 2：管理观念转型

改革开放 40 年来，中国企业大多数都经历了从粗放式管理向精细化管理的过程。粗放式管理时期，人力资源管理的专业化程度并不高，服务观念是以"管理"为主线，认为人力资源部所起到的作用是"管理"好人力资本，并使其增值。

随着企业管理向精细化管理纵深发展，管理方法科学化、专业化，管理流程精细化、系统化成为企业提升效益的一个有效手段。相应地，HR 的服务观念也需要从"管理"向"服务"转变，从一个缺乏体系的"管理"范式向提供成体系的"价值服务"范式转型。对于人力资源部来说，要树立广义客户的概念，除了购买产品或服务的消费者对象外，还包括企业内部员工；另外，人力资源部还要设法使员工清楚谁是自己的客户（Varey，1995）。以客户为导向的理念有助于人力资源部与管理层共同制定政策、业务实践和宗旨，打造一支目标明确、努力敬业的员工队伍。例如，原长城国际设立客户服务中心，专门负责处理员工的各项诉求。客户服务中心经常要深入员工中了解客户的状况及需求，反馈回人力资源部，然后有针对性地解决。

转型 3：服务模式转型

伴随着信息技术的发展及其与管理科学的不断融合，人力资源管理信息系统（HCMS）得到空前的发展。随着互联网等相关技术的日新月异和商务智能的兴起，人力资源管理者和员工可以在任何一个与网络相通的角落进行信息查询与使用的自助服务。与过去不同，当今的人力资源信息系统将更多关注于帮助人力资源工作者更好地获取与分析人员的业务管理数据信息，实时进行人才管理，进而为组织的业务发展提供有效的建议支持，而不仅仅是简单地管理人事数据和程序。

借助信息技术的支持，众多跨国企业已经通过建立人力资源服务中心和专家中心的模式，实现人力资源业务的转型。服务中心将大部分的事务性工作进行"内包"或"外包"，面向全体员工或某个区域提供基础的人力资源服务；人力资源专家或业务伙伴则可以从各个关联系统中获取实时、准确的人才管理数据，因地制宜地制订管理策略与方案（魏立群和汪洋，2003；Bondarouk, Kees Looise & Lempsink, 2009）。

这种共享服务模式，有效地提高了人力资源管理的效率与服务品质，提高了人力资源管理活动中事务性工作的效率，使人力资源部的工作得以聚焦到更重要的战略性事务中。例如，深圳航空公司为给员工提供更为集中化的高效服务，人力资源部成立员工服务中心，通过人力资源管理信息系统，大幅改善和提高行政事务性工作的服务效率，赢得内部员工的高度认同。

转型 4：从文化建设到文化管理转型

企业间的竞争、地区间的竞争，都是文化的竞争。比尔·盖茨曾说，20 年后微软的产品可能会消失，苹果公司的市值超过一度看似无法超越的微软，主要是因为苹果在文化上占了上风：苹果手机给人的感觉确实是以人为本，不仅卖服务，也卖文化。

同理，企业间的人才竞争，也取决于企业文化的竞争（Wei，Liu & Herndon，2011）。一直以来，人力资源部都被赋予建设企业文化的职能。但在企业文化建设上，HR 并不具有主导权，更多的是事务性的执行工作。在这个文化竞争时代，要发挥人力资源管理的战略合作伙伴角色，人力资源管理必须从传统的文化建设向文化管理转型，掌握企业文化建设的主导权，改变传统的由 CEO 或老板个人决定企业文化风格的做法。

在组织内部，文化管理解决的是员工对组织的认识、态度和基本判断。只有通过主导文化建设与管理，才能引导员工认同组织的理念和价值观，增强组织归属感，从而在人才竞争与组织效率中赢得先机（Wei，Wu，Cheung，et al.，2011）。

转型 5：从传统的人才培训向领导力发展转型

人力资源管理的一个传统职能是培训，通过培训提高员工的技能与技巧，从而达到提升组织效率的目的。在传统人力资源管理中，领导者发展并不由 HR 主导，这主要缘于 HR 过度忙于事务性工作，难以脱身出来做好组织的人才规划，相对地，对领导力发展的关注度也就随之下降。

要扮演好企业的战略合作伙伴角色，人力资源管理必须清醒地认识到，建设一支强有力的人才梯队，进行长期有效的人才梯队建设，是人力资源管理在支持突破企业转型发展瓶颈中最为关键和最为艰巨的工作。

例如，在台湾积体电路制造股份有限公司（简称台积电），主管是其最主要的干部，而由于台积电大部分管理团队是理工科背景出身，为培育高层主管领导及商务管理的能力，人力资源部设立了主管培训专案（management development program，MDP），设立学习型组织，并打造量身定制的个人培训计划，搭建管理学习的阶梯。一方面邀请国际知名教授将国际知名的课程、教授、学习方法带入台积电；另一方面派出一些主管参加世界名校的课程或专业会议。除此之外，针对新的主管，由高层主管担任为期 6 个月的教练式训练，帮助新主管迅速融入台积电的文化。

中国目前大部分企业都面临着如何规模化和可持续发展两大成长瓶颈，突破成长瓶颈就意味着必须面对转型。想让企业成功转型，首先必须实现人力资源管理的转型。企业转型离不开人力资源管理转型，唯有实现了人力资源管理转型，才能真正突破企业的成长与发展瓶颈。

| SHRM 聚焦 |　　　　　腾讯 HR 转型揭秘

一、腾讯人力资源发展三阶段

第一阶段：人力资源管理建立期（1998～2003 年）

这个时期属于公司的初创期，公司亟须建立起独立的人力资源管理体系；人力资源管理工作以招聘、薪酬等职能性工作为主；角色职能为行政职能类角色，较为单一。这个时期的人力资源管理组织结构是以职能为导向的，但已出现客户价值导向的理念与思想的萌芽。

第二阶段：人力资源管理发展转型期（2003～2009 年）

这个时期以公司的企业文化管理委员会和腾讯学院的建立为标志。在这个时期，腾讯面临着企业文化被稀释，人才储备和培养跟不上企业发展等问题；公司对人力资源管理的要求剧增，公司逐步建立起职业发展体系、培训体系，进行企业文化的优化与变革等，人力资源管理的职能与角色急剧扩增，战略性角色和员工合作伙伴角色开始显现。随着员工规模的不断扩大，公司专门成立文化管理委员会，推广企业的价值观，加快新人融入公司的步伐（奚丹）。

第三阶段：人力资源管理新型组织结构的建立期（2009年至今）

这个时期公司业务和员工对人力资源管理的需求日益多元化和差异化。公司期望人力资源管理工作能够融汇公司战略、推动组织变革、提供专业快捷的人力资源服务、灵活高效地支持一线业务单元的人力资源工作。人力资源管理角色更加多元化，战略性角色特征十分明显。这个阶段人力资源管理组织的建立完善了人力资源专家线、人力资源共享中心和人力资源业务合作伙伴这三大组织结构，腾讯形成了以客户价值为导向的人力资源管理组织结构（马化腾）。

二、腾讯HR三支柱分工及定位

1. 腾讯人力资源专家中心（COE）

其主要职责是负责人力资源前瞻性的研究；参与并解读公司战略，对接企业战略；规划人力资源战略；制定人力资源制度和政策；作为智囊团，提供人力资源专家支持。这个部分主要有招聘管理、绩效管理、薪酬福利管理、组织发展管理、员工关系管理、企业文化等。

2. 腾讯人力资源业务合作伙伴（HRBP）

其主要职责是针对公司内部客户，即员工的需求提供人力资源的专业分析和支持，协助各业务部门负责人以及管理干部在员工发展、梳理需求、发掘人才、整合资源、培养能力等方面的工作。

针对不同事业群的员工需求，积极主动地发挥人力资源的专业价值，从专家角度来帮助各个事业群分析人员需求、招聘计划、培训要求等各个方面，在各业务部门落实与推广公司的人力资源管理政策、制度规范，帮助业务部门各级干部培养和发展人力资源管理能力，并协助业务部门开展人力资源管理工作。此外，HRBP需要了解业务，能够针对业务部门的个性化需求，提供专业的解决方案，将人力资源和其自身的价值真正内嵌到各业务部门的价值模块中。

3. 腾讯人力资源平台部（SSC）

腾讯人力资源平台部是处于人力资源专家中心（COE）和人力资源业务合作伙伴（HRBP）之间的一个承接部门，它为各个事业群内部客户提供统一的专业化和标准化服务，从而达到整合资源、降低成本和提高效率的目的。其主要职责是人力资源管理的日常职能性工作；承接并落实COE要贯彻的人力资源战略；在各个事业群的HRBP对其人力资源需求进行分析后，人力资源平台部要交付招聘、培训、员工关系等人力资源需求。

三、腾讯HR未来的发展

1. 体系化

人力资源COE需要项目化，主要关注钻研与引领前瞻；HRBP需要进行前沿诊断，关注个性输出。但是整个人力资源仍需要有体系的运转。因此，腾讯HR需要在体系化方面不断发挥其专业性。

2. 可持续性

人力资源需要保证公司的基业长青，因此，需要根据业务发展的生命周期变化进行总结和最佳实践的沉淀，并且将HR的工作不断地、可持续地传承下去。

3. 可被信赖

企业的任何一个业务需求，都不是通过某一位HR或某一个角色解决的，而是一种通力合作的形式。怎样让合作伙伴予以信任，不仅是HR单一模块的发展方向，也是腾讯整个人力资源未来的发展方向。

四、腾讯人力转型给我们的启示

1. 人力资源管理应主动参与战略

在企业的发展过程中，随着竞争的加剧，人才作用的日益凸显，企业的人力资源管理更要具有战略前瞻性，敢于从专业化的角度帮助或影响公司高层制定方案和决策。

2. 坚持人力资源管理自身创新性

人力资源管理不一定需要颠覆创新，但要持续自我创新才能更好地支撑企业对人力资源的要求，才能更好地调动人力资源为企业的发展创造价值。

3. 人力资源从业者要建立客户和产品的观念意识

在企业的运作过程中，不同业务群、部门、员工都有着差异化的需求，同时在他们之间还可能存在着矛盾。人力资源管理人员要具备业务知识，建立客户和产品导向的思维模式，具备产品经理的意识，更好地满足各个业务单元和员工的需求，同时要及时地化解部门、员工之间的内部矛盾，成为人才有力的保障者。

资料来源：中国人力资源开发网。

9.4.3 支持中国企业转型的战略人力资源管理措施

| SHRM 聚焦 | 华为之路：如何从偶然性成功到必然性成功

华为向前迈的每一步，都与它不断完善的管理模式有关。在复杂多变的市场形势下，一个不断变革的管理制度，是企业做大做强的引擎。经过15年努力，华为的管理方式已经从定性走向定量，从"语文"走向"数学"，实现了基于数据、事实和理性分析的实时管理。

记得我刚进公司做研发的时候，华为既没有严格的产品工程概念，也没有科学的流程和制度，一个项目能否取得成功，主要靠项目经理和运气。产品获得成功具有一定的偶然性。可以说，那个时代华为研发依靠的是"个人英雄"。

正是看到了这种偶然的成功和个人英雄主义有可能给公司带来的不确定性，华为在1999年引入IBM，开始了管理体系的变革和建设。任总当时提出了"先僵化、后优化、再固化"的变革指导思想。在这个思想的指导下，我们经历了削足适履、"穿美国鞋"的痛苦，实现了从依赖个人、偶然地推出成功产品，到可以制度化、可持续地推出满足客户需求的、有市场竞争力的成功产品的转变。

1999年，在 IPD（integrated product development）之后公司又启动了 ISC（integrated service chain）项目。当时公司的收入还不到100亿元，依靠单工厂主要供应国内市场。供应链连基本的业务计划和预测体系都没有建立起来，经常因供不上货、发错货被投诉，为此还专门成立了"发正确的货小组"，运动式地解决发货问题。

通过 ISC 变革，我们以 SCOR 模型（supply-chain operations reference model）为基准，坚持软件包驱动业务变革的策略，用一个统一的"ERP+APS"取代了几十个零散的IT系统，瞄准客户建立了包括六个供应中心、七个 Hub 以及国家中心仓库的、集成的全球供应网络，使公司在供应的质量、成本、柔性和客户响应速度上都取得了根本性的改善，有效支撑了业务的全球大发展。

通过 IFS（integrated finance service）变革，我们构建了全球化的财经管理体系，财经融入业务，在加速现金流入、准确确认收入、项目损益可见和经营风险可控等方面取得了根本性的进步，支撑公司可持续、可盈利地增长。各级CFO通过IFS变革，也逐步成长为值得信赖的业务伙伴，并促进业务部门从"外蒙（外行）估"变成了"内蒙（内行）估"，基于及时、准确的经营数据快速决策。

我们用了25年时间，在西方顾问的帮助下，建立起了包括选、用、留、育、管在内的，完整的人力资源管理体系。坚持"猛将必发于卒伍，宰相必取于州郡"，推行基于责任与贡献的价值评价和价值分配机制，贯彻"以客户为中心，以奋斗者为本，长期坚持艰苦奋斗"的核心价值观，凝聚起15万全球华为人共同奋斗。在推动华为成为全球领先公司的过程中，人力资源管理功不可没。

管理体系的建设是一个庞大的系统工程，我们取得的成绩远不止以上这些。通过持续渐进的管理变革，我们建立了一个"以客户为中心、以生存为底线"的管理体系，研发、销售、供应、交付和财经等各个领域内部的能力和运营效率有了很大提升，但我们也必须清醒地看到，公司各大流程之间的结合部依然是今天管理变革面对的硬骨头，管理变革出现了"流程功能化、变革部门化"的突出问题，使流程能力和效率的进一步提升受到制约。IPD变革开展了15年，TPM近几年却一直徘徊在3.3分而无法提升，就是一个很好的例子。

公司已经确定下一步管理变革的目标是提升一线组织的作战能力，多打粮食。我们要围绕这一目标开展跨功能、跨流程的集成变革。业务流程建设的本质是为客户创造价值，因此必须是端到端的。通过下一步的管理变革，我们要真正实现"从客户中来、到客户中去"，持续提高为客户创造价值的能力，并确保公司管理体系能像眼镜蛇的骨骼一样环环相扣、灵活运转、支撑有力。

在下一步的变革中，我们也要遵循"云、雨、沟"的规律，不断提炼和归纳华为过去20多年的经营管理思想、变革的经验与教训，以及我们对经营管理规律的认识（云），指导公司未来的战略制定和经营管理工作，持续提升运营效率和盈利能力（雨），并通过持续渐进的管理变革，使华为的管理从目前的带有很强部门特色的"段到段"，逐步走向以"面向客户做生意"和"基于市场的创新"两个业务流为核心的、"端到端"的数字化管理体系。我们的管理方式要从定性走向定量，从"语文"走向"数学"，实现基于数据、事实和理性分析的实时管理。

没有制度，什么都无法持续。没有人，什么都无法实现。历史经验告诉我们，变革人才队伍建设既是驱动公司持续变革的关键，也是决定公司管理变革成败的关键。我们一定要像过去重视研发、市场一样，重视管理人才队伍的建设。

华为的目标，是建立一个严格、有序、简单的管理体系，从而支撑公司成为ICT行业真正的全球性领导者。

资料来源：华为轮值CEO郭平，在华为"蓝血十杰"颁奖大会上的致辞。

1. 建立结果为导向的绩效考核体系

以前，多数中国企业没有正式的绩效考核制度，或者只有泛泛的定性评估而没有明确的考核目标。考核结果和员工的薪酬、晋升之间也缺乏联系，因此，考核没有成为调动员工工作积极性的手段。现阶段，中国企业普遍重视结果导向的绩效考核体系，让员工拥有明确而具体的考核目标，并且把考核结果和员工的报酬、晋升相联系。这种以结果为导向的考核体系向员工有效传递了工作目标和工作压力，对提高组织的整体业绩非常有帮助。

2. 建立规范的员工招聘选拔体系

在计划经济时代，企业不需要建立员工招聘选拔体系，因为政府会把工人和大学生分配到企业中。但是，现在企业需要有科学的招聘流程和甄选方法从市场中挑选优秀人才，从而提升企业在市场中的竞争力。因此,招聘选拔体系帮助企业提升了员工的整体素质和人力资本积累,从而提高绩效。

3. 建立人才的竞争流动机制

人才的竞争流动机制近年来在中国企业中得到了广泛的应用,这种竞争有多种表现形式,如实行竞争上岗、管理人员能上能下、员工末位淘汰等。通过建立人才的竞争流动机制,员工需要在竞争中体现出能力和业绩,从而保住自己的工作岗位和获得更高的职位。可以说,人才的竞争流动机制针对我国企业普遍存在的用人弊病,通过竞争发挥了员工的工作潜力,提高了企业的人力资源配置效率。

4. 重视建立和绩效挂钩的薪酬体系

在中国,由于受计划经济体制的影响,个人绩效对收入的作用往往得不到体现,阻碍了员工工作积极性的提高。市场经济改革以来,薪酬和绩效挂钩已经深入人心,也已经成为绝大多数高绩效企业的普遍做法。因此,与绩效挂钩的薪酬能够有效激励员工努力工作。

5. 重视培训管理

任何产品和服务的生产、任何战略的执行,都需要员工的知识、技术和能力的投入(Chen, Tang, Jin, et al., 2014)。基于对培训的重视,包括联想、海尔、华为等中国知名企业都建立了自己的企业大学或是人才培训基地,每年投入相当可观的培训经费。培训对企业的影响是多方面的。除了增加员工的知识和技能外,培训还存在良好的激励作用,能够提高员工的满意度和实现对组织的承诺,以及对企业的使命、愿景和战略目标的理解与认同。

因为东西方的管理情景不同,现阶段西方国家的企业重视信息分享、参与管理、决策分权、内部劳动力市场、申诉机制、就业保障等方面的参与型和承诺型人力资源实践(Björkman & Xiucheng, 2002)。但上述的六条对转型期的中国企业效果更明显。

▶ 本章小结

虽然自改革开放以来,中国已实施了一系列的劳动和人事制度改革,并取得了很大进展。但社会和经济发展的不平衡造成了我国不同地区、不同行业以及不同类型的企业的管理理念仍存在着重大分歧,大多数中国企业仍然处在人事管理向人力资源管理的过渡阶段。此外,中国企业还面临着转型期中来自国际和国内环境的风险与不确定性。为了适应新的环境和迎接新的挑战,并在日益变化的环境中取得竞争优势以生存和发展,企业自身必须重视战略的重要性。企业的竞争优势不仅来源于战略的制定,更来源于战略的执行,因此怎样在转型期开展战略人力资源管理也尤为重要。

传统的人力资源管理在转型期面临着向战略人力资源管理转变的趋势,实施战略人力资源管理能将人力资源的职能融入企业的战略规划之中,支持企业制定出有效的战略决策,并促进战略执行的顺畅进行。尤其是在目前企业人才成为应对国际国内市场激烈竞争、实现企业战略和可持续发展首要资源的情况下,人力资源的有效配置和管理能吸引优秀人才,用好现有人才,培养储备人才,吸纳新生力量,进而能帮助企业构建一个有效的、具有竞争力的人才团队,赢得竞争优势。

实施卓有成效的战略人力资源管理,要从传统"守门人"的角色,转变为企业的策略伙伴,同时在组织变革管理方面扮演变革推动的角色,甚至在员工关系方面,由被动的福利行政，转变为主动的员工关怀者的角色，协助员工提高附加价值，并有效建立员工沟通机制。唯有对人力资源进行新的定位，以新的心态及新的技能，加强设计、执行、规划与策略等高附加价值的业务，建立以结果为导向的绩效考核体系，建立规范的员工招聘选拔体系，建立人才的竞争流动机制，重视建立和绩效挂钩的薪酬体系，重视培训管理才能更好地在转型期发挥战略人力资源管理的作用，为企业的成功转型护航。

▶ 战略导图

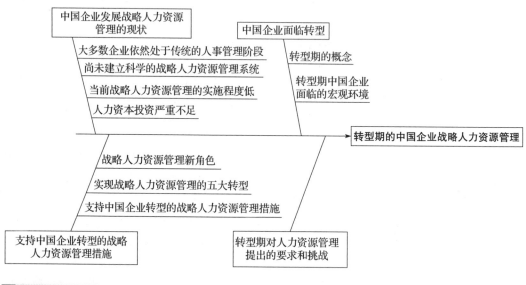

▶ 关键术语

经济转型期　　　　　　　　　　社会转型期

▶ 复习思考题

1. 转型期企业面临的战略人力资源管理的变化。
2. 中国企业战略人力资源管理的现状和特点。
3. 战略人力资源管理的五大转型。
4. 支持中国企业转型的具体战略人力资源管理措施。

▶ 文献导读

1. Understanding HRM-firm Performance Linkages: The Role of the "Strength" of the HRM System

很多企业尽管倾注了大量心血，建立了完善的人力资源管理体系，却因为员工不了解具体措施或者措施实施不到位而未能真正提高竞争力。

Bowen 和 Ostroff（2004）通过提出"人力资源管理强度"概念强调全体员工在人力资源管理过程中的作用，并指出企业可以通过人力资源管理者、直线经理及各种措施创造一种员工充分参与、充分信任的环境，使人力资源管理的各项实践措施能够在这种环境中有效运行，从而改善员工的工作态度和行为，提高企业的绩效表现。

"人力资源管理强度"是人力资源管理领域的重要概念，这一概念强调组织不仅要重视人力资源管理各项具体措施本身，而且要重视措施的执行及其效果。也就是说，要想提高人力资源管理活动的质量，仅仅关注人力资源管理的内容选择是不够的，还应该通过有效的人力资源管理过程保证人力资源管理措施的高效执行。

同时，Bowen 和 Ostroff（2004）根据社会影响（social influence）理论指出，人力资源管理强度应该包含独特性、一致性和共识性三个主要维度（见图9-2）。

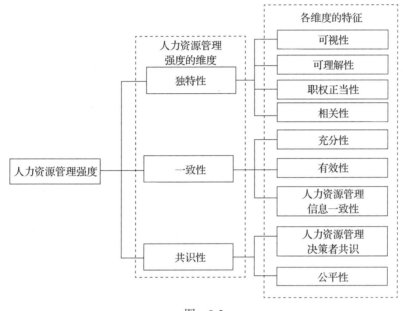

图 9-2

资料来源：Bowen D E, Ostroff C. Understanding HRM-firm Performance Linkages : The Role of the "Strength" of the HRM System [J]. Academy of Management Review, 2004, 29 (2): 203-221.

2. Information Technology Usage and Human Resource Roles and Effectiveness

人力资源管理正在经历剧烈的变化，信息技术（information technology）将更频繁地被纳入人力资源管理转型中。相对其他复杂的职能，信息技术的使用则更多地包括了常规性、流程化活动的自动化。伴随这个过程，HR 职能会变得更为高效，并且更有可能投入更具战略价值的活动中，成为战略合作伙伴。

Haines 和 Lafleur（2008）采取实证的方法，探究了信息技术使用与人力资源角色、效率之间的联系。研究结果支持了信息技术使用对 HR 投入战略价值创造和发挥商业伙伴价值上的作用。同时，信息技术的使用与技术、战略效率提升之间的正向关系显示了人力资源管理信息化转型的潜在价值。

资料来源：Haines V Y, Lafleur G. Information Technology Usage and Human Resource Roles and Effectiveness [J]. Human Resource Management, 2008, 47 (3): 525-540.

▶ 应用案例

中国石油人力资源管理及 SAP HR 深化应用项目

案例背景

中国石油一直希望能在全集团范围内建成统一的人力资源管理系统。从员工数来看，这已经算得上是全球最大的人力资源管理系统,但一系列的问题也正在发生,最关键的是如何通过统一系统平台去促进管理转型,发掘其人力资源的价值,进而支撑公司发展战略的执行和实现。

资源战略是中国石油三大战略之首。要在全球范围内谋求油气资源最大化,中国石油所能倚仗的是其人力资源的巨大储备和潜力。据此,"加大人力资源开发力度"成为集团最高领导者年度报告的主题之一,而其中人才资源是第一资源,百万员工是中国石油宝贵的资源和财富,更是中国石油战略眼光的具体体现。

摆在面前的是诸多挑战(见图9-3)。

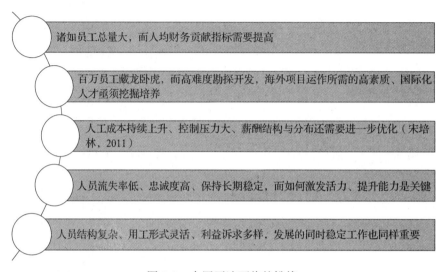

图9-3 中国石油面临的挑战

分析

中国石油转型的重点就是要在支撑公司总体战略、匹配业务发展要求、打造卓越专业能力、提高人事服务效能四个方面再上一个台阶,而转型的起点则是人力资源系统平台的建设。

作为拥有多年海外勘探开发经验的国际化公司,中国石油将国际大型石油公司看作自己的竞争对手,进而引进《财富》500强中唯一的一家国际咨询公司作为实施伙伴,意在将先进的管理思想引入企业,求新求变,以便在全球舞台上获得竞争优势。

一、集中战略、统一平台、定位决定收益

转型的要义是支撑业务战略,而业务战略决定系统部署和实施策略。在集中模式还是分散模式这个重大决策点上,中国石油选择了集团级高度系统。

集中策略带来的不仅是数据的一致性、管理的规范性,同时也是比分散模式更经济的总体投资。软硬件投资、实施费用和运行维护成本都较分散式架构更低。而如此庞大的项目能在短时间内推广完成,也有赖于集中组织推广的实施策略。

通常,在企业管理系统实施中,人力资源系统是作为ERP的一个子模块按照ERP进度安排统一推进。虽然这不失为一种选择,但是ERP实施的复杂度和长周期会使人力资源系统在较长时间后才见效。经过慎重研究,中国石油决定将人力资源系统实施开立项,单独制定时间表,先行整体上线,以快速见效,同时树立标杆效应,带动公司整体信息化建设。而选择在人力资源管理咨询和企业级系统实施方面都具有丰富经验的国际咨询公司作为合作伙伴,则是对实施速度和质量的有力保障。

二、树立标杆、锐意创新、变革造就成功

中国石油人力资源系统的设计融合了西方管理理念与企业特色,体现了前瞻性、系统性、适用性和独特性的平衡，树立了 SAP HR 系统应用的标杆。在具体实施过程中，中国石油规划了包含核心人事业务处理、战略人力资源管理、人力资源分析、协同及自助服务四个层次，组织、人事、薪资、考勤、招聘、绩效、培训及员工发展八个模块的蓝图框架。

同时，中国石油积极发掘系统功能与业务需求的最佳结合点，实现管理理念和方式的创新。总部人事部门各业务条线充分利用系统平台加强纵向管理，机构变动统一审批，用工计划实时监控，高管薪酬集中发放，招聘、培训计划统一部署，高级专业及技能人才统一管理，有力地提升了集约化管理水平；利用成熟套装软件的集成性，辅之以工作流程及表单的定制开发，使业务流程横向贯通、融合，大大提高人力资源一体化管理的力度；数据仓库、管理驾驶舱等功能的应用，为公司管理人员提供强大的决策支持工具；门户协同、自助服务等功能的实施，能够发挥管理者、专业人员和员工的协同作用，为提高人力资源管理和服务水平提供了先进的工具与方法。

大型国企引入西方管理软件，变革管理是成功的关键。变革管理的难点在于如何平衡好变革、发展和稳定三者之间的关系。中国石油所采用的变革管理方法论从高层投入、沟通宣导、业务影响和培训支持入手，明确变革的方向、重点、力度和手段，协助中国石油走过这一段变革之旅。

业务变革需要借助信息化手段加以巩固和强化，而信息化建设是业务变革的重要推动力。随着系统中蕴含的管理理念被逐步理解和接受，员工的工作习惯和方式将会逐渐改变，而这反过来又会促进新的变革的推进。组织变革中最核心的问题是如何改变人们的行为，这种改变容易被忽视，但影响极为深远。

三、加强管控、提升管理、能力支撑战略

中国石油通过人力资源系统的建设，全面提升了人力资源管理的关键业务能力，以更为有效地支撑公司发展战略和人才战略。

人力资源管理系统的建设，成为啮合战略与执行的齿轮，为人力资源宏观管理要求在下属各级企业的高效执行提供了强有力的管控手段。中国石油制定了一系列人力资源关键监控指标和控制方法，通过系统平台，公司机构分布情况、人员配置情况、薪酬水平和结构以及各类用工情况可以随时展现在公司决策者面前，使规划制定、指标控制、责任分解、考核落实等诸多管理难题变得有章可循，有据可依，使管控的科学性、指导性、针对性和可执行性都得到加强。

从某种意义上讲，集团管控就是集权和分权的艺术，而问题的关键在于如何平衡。人力资源系统平台就像是帮助调节管控力度松紧的调控器，将企业纷繁复杂的管理数据进行筛选整理，使管理层知道问题出在哪里，决策效果如何，导向应偏向何处。而信息的透明和信息质量的提升，使总部在把握宏观管控方向和指标的同时，可以合理分配管控权限，实行分级管理，提高管控效率。

在加强集团管控能力的同时，中国石油人力资源系统的另一重点是通过贯通员工职业生命周期全过程的管理，提升人才管理能力。相较于国外石油公司实施人力资源管理系统的案例，中国石油更加关注如何激发现有人员活力，优化人力资源配置，培养开发人才队伍，形成自身独有的优势。

此外，通过人力资源系统的实施，人力资源专业服务能力也得到了加强。中国石油人事部门既是政策制定部门，又具体承担着大量事务性工作。人力资源系统的应用一方面提高了事务性工作的效率，另一方面加强了战略性工作的有效性。

讨论题

1. 中国石油面临怎样的转型？
2. 中国石油怎样进行人力资源管理转型？

参考文献

[1] 包晨星, 风里. 战略人力资源管理: 化战略为行动 [M]. 北京: 电子工业出版社, 2009.

[2] 陈维政, 余凯成, 程文文. 人力资源管理与开发高级教程 [M]. 北京: 高等教育出版社, 2004.

[3] 贾建锋, 王露, 闫佳祺, 等. 研究型大学教师胜任特征与工作绩效——人力资源管理强度的调节效应 [J]. 软科学, 2016, 30 (11): 105-108.

[4] 宋培林. 战略人力资源管理: 理论梳理和观点评述 [M]. 北京: 中国经济出版社, 2011.

[5] 唐贵瑶, 魏立群, 贾建锋. 人力资源管理强度研究述评与展望 [J]. 外国经济与管理, 2013, 35 (4): 40-48.

[6] 唐贵瑶, 魏立群. 让人力资源管理更"强" [J]. 北大商业评论, 2016 (7): 78-85.

[7] 唐贵瑶, 于冰洁, 陈梦媛, 等. 基于人力资源管理强度中介作用的组织沟通与员工创新行为研究 [J]. 管理学报, 2016, 13 (1): 76-84.

[8] 魏立群, 汪洋. 人力资源管理外包的策略分析 [J]. 中国人力资源开发, 2003 (12): 23-26.

[9] 薛澜, 张强, 钟开斌. 危机管理: 转型期中国面临的挑战 [J]. 中国软科学, 2003 (4): 6-12.

[10] 朱飞, 文跃然. 战略性人力资源管理系统重构: 基于外部劳动力市场主导的雇佣关系模式 [M]. 北京: 企业管理出版社, 2013.

[11] 中智. 2011-2012 年企业人力资源管理转型与 HR 外包调研报告发布 [J]. 人力资源管理, 2012 (7): 47-47.

[12] Akhtar S, Ding D Z, Ge G L. Strategic HRM Practices and Their Impact on Company Performance in Chinese Enterprises [J]. Human Resource Management, 2008, 47 (1): 15-32.

[13] Björkman I, Xiucheng F. Human Resource Management and the Performance of Western Firms in China [J]. International Journal of Human Resource Management, 2002, 13 (6): 853-864.

[14] Bondarouk T, Kees Looise J, Lempsink B. Framing the Implementation of HRM Innovation: HR Professionals Vs Line Managers in a Construction Company [J]. Personnel Review, 2009, 38 (5): 472-491.

[15] Bowen D E, Ostroff C. Understanding HRM-firm Performance Linkages: The Role of the "Strength" of the HRM System [J]. Academy of Management Review, 2004, 29 (2): 203-221.

[16] Caldwell R. HR Business Partner Com-petency Models: Recontextualising Effectiveness [J]. Human Resource Management Journal, 2008, 18 (3): 275-294.

[17] Carlson D S, Rotondo D M. Differences in Promotion Stress Across Career Stage and Orientation [J]. Human Resource Management, 2001, 40 (2): 99-110.

[18] Chand M. The Impact of HRM Practices on Service Quality, Customer Satisfaction and Performance in the Indian Hotel Industry [J]. The International Journal of Human Resource Management, 2010, 21 (4): 551-566.

[19] Chen Y, Tang G, Jin J, et al. CEOs' Transformational Leadership and Product Innovation Performance: The Roles of Corporate Entrepreneurship and Technology Orientation [J]. Journal of Product Innovation Management, 2014, 31 (S1): 2-17.

[20] Chen Y, Tang G, Jin J, et al. Linking Market Orientation and Environmental Performance: The Influence of Environmental Strategy, Employee's Environmental Involvement, and Environmental Product Quality [J]. Journal of Business Ethics, 2015, 127 (2): 479-500.

[21] Chow I H, Huang J C, Liu S. Strategic HRM in China: Configurations and Competitive Advantage [J]. Human Resource Management, 2008, 47 (4): 687-706.

[22] Hansson B. Company-based Determinants of Training and the Impact of Training on Company Performance: Results from an International HRM Survey [J]. Personnel Review, 2007, 36 (2): 311-331.

[23] Lawler E E. From Human Resource Management to Organizational Effectiveness [J]. Human Resource Management, 2005, 44 (2): 165-169.

[24] Marler J H, Fisher S L. An Evidence-based Review of E-HRM and Strategic Human Resource Management [J]. Human Resource Management Review, 2013, 23 (1): 18-36.

[25] Ng E S W, Burke R J. Person-organization Fit and the War for Talent: Does Diversity Management Make a Difference? [J]. The International Journal of Human Resource Management, 2005, 16 (7): 1195-1210.

[26] Ngo H, Jiang C Y, Loi R. Linking HRM Competency to Firm Performance: An Empirical Investigation of Chinese Firms [J]. Personnel Review, 2014, 43 (6): 898-914.

[27] Ostroff C, Bowen D E. Reflections on the 2014 Decade Award: Is there Strength in the Construct of HR System Strength? [J]. Academy of Management Review, 2016, 41 (2): 196-214.

[28] Paauwe J, Boselie P. Challenging 'strategic HRM' and the Relevance of the Institutional Setting [J]. Human Resource Management Journal, 2003, 13 (3): 56-70.

[29] Pugh S D, Dietz J, Wiley J W, et al. Driving Service Effectiveness through Employee-customer Linkages [J]. The Academy of Management Executive, 2002, 16 (4): 73-84.

[30] Ruona W E A, Gibson S K. The Making of Twenty-first-century HR: An Ana-lysis of the Convergence of HRM, HRD, and OD [J]. Human Resource Mana-gement, 2004, 43 (1):49-66.

[31] Sims R R. Human Resource Management: Contemporary Issues, Challenges, and Opportunities [M]. IAP 2007.

[32] Varey R J. A Model of Internal Marketing for Building and Sustaining a Competitive Service Aadvantage [J]. Journal of Marketing Management, 1995, 11 (1-3): 41-54.

[33] Wei L Q, Liu J, Herndon N C. SHRM and Product Innovation: Testing the Moderating Effects of Organizational Culture and Structure in Chinese Firms [J]. The International Journal of Human Resource Management, 2011, 22 (01): 19-33.

[34] Wei L Q, Wu L Z, Cheung Y H, et al. Knowledge Resources, Learning Orien-tation and Firm Performance: The Mediating Effect of Organisational: Capability [J]. Journal of General Mana-gement, 2011, 37 (2): 69-88.

[35] Wei L Q, Wu L. What a Diverse Top Management Team Means: Testing an Integrated Model [J]. Journal of Management Studies, 2013, 50 (3): 389-412.

华章文渊系列

课程名称	书号	书名、作者及出版时间	定价
财务管理（公司理财）	即将出版	财务管理（刘淑莲）（2015年）	39
战略管理	978-7-111-32666-3	战略管理（第2版）（"十一五"国家级规划教材）（王方华）（2010年）	38
运营管理	978-7-111-42293-8	生产运作管理（第4版）（陈荣秋，马士华）（2013年）	49
企业文化	978-7-111-44522-7	企业文化（第2版）（"十二五"普通高等教育本科国家级规划教材）（陈春花）（2013年）	35
管理学	978-7-111-37505-0	管理学原理（第2版）（陈传明）（2012年）	36
管理沟通	978-7-111-46992-6	管理沟通：成功管理的基石（第3版）（魏江）（2014年）	39
创业管理	978-7-111-42860-2	创业管理（第3版）（基础版）（张玉利）（"十二五"普通高等教育本科国家级规划教材）（2013年）	29
创业管理	978-7-111-42833-6	创业管理（第3版）（张玉利）（"十二五"普通高等教育本科国家级规划教材）（2013年）	39
会计学	978-7-111-46849-3	基础会计学（潘爱玲）（2014年）	35
统计学	978-7-111-31321-2	统计学（曾五一）（2010年）	35
数量经济学	978-7-111-26575-7	应用数量经济学（"十一五"国家级规划教材）（张晓峒）（2009年）	45
管理经济学	978-7-111-39608-6	管理经济学（毛蕴诗）（"十二五"普通高等教育本科国家级规划教材）（2012年）	45
产业经济学	978-7-111-49568-0	产业经济学（刘志彪）（2015年）	39
组织行为学	978-7-111-39625-3	组织行为学（第2版）（陈春花）（2012年）	39
供应链（物流）管理	978-7-111-45453-3	供应链管理（第4版）（马士华）（2014年）	39

推荐阅读

领导变革（珍藏版）

作者：（美）约翰 P. 科特 著　ISBN：978-7-111-46977-3　定价：39.00元

领导与变革领域权威约翰 P. 科特经典之作
被《时代》杂志评为最有影响力的25本管理图书之一

变革之心（珍藏版）

作者：（美）约翰 P. 科特 等著　ISBN：978-7-111-44297-4　定价：35.00元

蝉联美国《商业周刊》畅销书排行榜12周、亚马逊十大最佳商业图书之一

书名	作者	ISBN	定价	简介
极客与怪杰：领导是怎样炼成的	沃伦·本尼斯 等	978-7-111-44114-4	35.00元	24位怪杰、17位极客现身说法，让成功的极客们分享他们年少有为的秘密；请卓越的怪杰们告诉我们，随着岁月的变迁，他们如何能保持旺盛的生命力和积极的投入感。
火线领导（珍藏版）	罗纳德 A. 海菲茨 等	978-7-111-46038-1	39.00元	领导力大师，哈佛大学最受欢迎的教授海菲兹经典之作！如何巧妙进行危机管理，解决迫在眉睫的问题，并利用危机获得成功。
系统思考（白金版）	丹尼斯·舍伍德	978-7-111-47024-3	45.00元	学习型组织必备读本，锻炼你系统思维的最佳图书。系统思考帮助我们打破原有的思维定势，看清事件背后的结构和逻辑，解决现实世界中的复杂问题。
沉静领导（白金版）	小约瑟夫 L. 巴达拉克	978-7-111-49547-5	39.00元	反英雄主义的另类图书，超越了企业类图书的范畴。沉静领导帮助我们在不危及事业和声誉的同时，坚持原则，找到变通规则的途径，达成目标。
温和激进领导（白金版）	黛布拉 E. 迈耶森	978-7-111-49546-8	45.00元	若你的一些价值观、行为方式与所处环境的"主流"存在根本的"不同"，既要保持个性，又不能太"异类"，本书将指导你如何"温和"地在组织中推动"激进"的变革。

推荐阅读

现代企业人力资源管理实务丛书　丛书主编：郑晓明
人力资源管理实务长销作品的常青树

前2版畅销10年　　　　　第1版畅销5年　　　　　前2版畅销10年
累计重印28次　　　　　　　　　　　　　　　　　　累计重印14次

人力资源管理导论（第3版）　　人才测评实务（第2版）　　人员培训实务（第3版）
ISBN: 978-7-111-33263　　　　ISBN: 978-7-111-32713　　　ISBN: 978-7-111-32264
作者：郑晓明　　　　　　　　作者：张志红 王倩倩 朱冽烈　作者：郭京生 潘立
定价：49.00元　　　　　　　　定价：38.00元　　　　　　　定价：36.00元
出版时间：2011-3　　　　　　出版时间：2011-3　　　　　　出版时间：2011-3

读者评论

- 领导推荐的一套书，很有用的工具书。让不了解人力资源管理的人能很快理解一些实用的内容。看一遍后还会再看一遍，加深理解。
- 这个系列的一套书全部都买了。很实用，配合资格考试的教材一起学习，即生动又具有可操作性。这是我目前买到的最理想一套书了。每天都会看，不学习时对工作的帮助也特别的大。
- 对于人力资源管理工作的从事者，这是非常必要的工具书。